普通高等院校“十三五”规划教材
21世纪会计技能教学系列教材

会计信息化初级实务操作教程

T3版

蒋建俊 费金华 陈国平 张燕／著

立信会计出版社
LIXIN ACCOUNTING PUBLISHING HOUSE

图书在版编目(CIP)数据

会计信息化初级实务操作教程：T3版 / 蒋建俊著
—上海：立信会计出版社，2020.5
普通高等院校“十三五”规划教材 21世纪会计技能
教学系列教材
ISBN 978-7-5429-6480-9

Ⅰ.①会… Ⅱ.①蒋… Ⅲ.①会计信息-财务管理系
统-高等学校-教材 Ⅳ.①F232

中国版本图书馆CIP数据核字(2020)第072756号

策划编辑 陈 旻
责任编辑 陈 旻
封面设计 南房间

会计信息化初级实务操作教程 T3版
Kuaiji Xinxihua Chuji Shiwu Caozuo Jiaocheng

出版发行	立信会计出版社		
地　　址	上海市中山西路2230号	邮政编码	200235
电　　话	(021)64411389	传　　真	(021)64411325
网　　址	www.lixinaph.com	电子邮箱	lixinaph2019@126.com
网上书店	http://lixin.jd.com		http://lxkjcbs.tmall.com
经　　销	各地新华书店		

印　　刷	上海天地海设计印刷有限公司		
开　　本	787毫米×1092毫米	1/16	
印　　张	15		
字　　数	384千字		
版　　次	2020年5月第1版		
印　　次	2020年5月第1次		
印　　数	1—2 100		
书　　号	ISBN 978-7-5429-6480-9/F		
定　　价	42.00元		

前言 Foreword

会计信息化实务操作是目前我国会计实务工作的主要内容，也是会计专业技能教学的核心内容。但是，目前我国会计学专业的会计信息化教学还停留在以功能模块为主导的内容体系上，一般设置“会计信息化”和“财务软件应用”两门课程。这种会计信息化教学的内容体系存在着明显的缺陷：一是忽视了各种不同经济业务在会计信息化软件系统中的具体操作流程和操作技巧；二是不能完全满足会计实际工作的需要。目前我国会计实际工作现状是会计信息化已经普及，手工账务处理基本消失，学校以功能模块为主导的教学内容过于粗糙，这必然导致学生学得没有深度和精度，踏上工作岗位后满足不了实际工作的需要。为此，我们认为应重新构建以功能模块为基础、以经济业务为导向的会计信息化课程体系，具体可设置五门课程，即“会计信息化基础”“会计信息化初级实务操作教程”“会计信息化中级实务操作教程”“会计信息化高级实务操作教程”和“会计信息化综合模拟实验”。

《会计信息化初级实务操作教程 T3 版》是会计信息化系列教材之一，它主要依托畅捷通 T3 云平台，围绕企业最基本的经济业务，重点讲解会计信息化实务操作的初始设置、总账模块、固定资产模块、工资模块和会计报表模块。本书具有以下几个特点：一是以经济业务为导向，详细讲解了每一笔经济业务在系统中的具体操作流程和操作技巧。二是内容完全符合实际，全书以一个新设企业连续两个月的经济业务为例，涉及的会计工作环境、会计操作流程较完整、真实，基本经济业务系统、全面。

本书由江苏理工学院商学院蒋建俊、费金华、陈国平和张燕同志撰写完成，在撰写过程中得到了胡群英等老师的大力支持，在此表示衷心的感谢！由于编者水平有限，书中难免有疏漏之处，恳请广大读者和专家批评指正。

著者

目录 Contents

第一部分　企业基本信息会计信息化处理

本书以新设的南京成功股份有限公司为例，对其基本信息的会计信息化处理进行操作。

一、公司简介

南京成功股份有限公司成立于2019年11月1日，是由江苏未来股份有限公司和江苏明星股份有限公司分别出资800万元和200万元组建而成的，是一家从事K01、S02产品的开发、生产和销售服务的公司。公司位于江苏省南京市国家高新区内，园区为吸引投资，给予入驻公司免除3年房屋租金的优惠政策。

公司基本信息如下：

公司税号：913201436012042987

公司住所：江苏省南京市国家高新区创业路1238号

公司法定代表人：李胜利

联系电话、传真：025-80982852

邮编：210000

公司账户：

中国建设银行南京市建邺区支行	基本结算账户	41622124757264
	保证金账户	3201824827607
交通银行南京市建邺区支行	一般结算户	41924996708646

财务部用户权限表，如表1-1所示。

表1-1　财务部用户权限表

编号	姓名	口令	部门	权　限
302101	周　琳	1	财务部	账套主管：拥有畅捷通T3云信息门户的所有权限
302102	将风明	2	财务部	会计：拥有公用目录设置、总账系统（除出纳签字、审核凭证、记账、恢复记账前状态、结账等权限外）、往来、固定资产、工资管理系统的所有操作权限
302103	陈雨涵	3	财务部	出纳：拥有现金管理、出纳签字的操作权限

二、公司组织结构

公司下设五个部门，各个部门职责和员工情况如下所述。

（一）办公室

办公室共有员工4名。办公室负责公司的行政管理和日常事务，当好领导的参谋，协助领导做好各部门之间的综合协调，加强对各项工作的督促和检查，建立并完善各项规章制度，促进公司各项工作的规范化管理；负责公司的公文、资料、信息和宣传报道工作，沟通内外联系，保证上情下达和下情上报；负责公司来往文电的处理和文书档案的管理工作；负责对会议、文件决定的事项进行催办、查办和落实；负责对外联络，拓展公关业务，促进公司与社会各界的广泛合作和友好往来，树立良好的企业形象；负责全公司组织系统及单位工作职责、编制人数的规划、研讨和修订；负责对各项管理制度的建议、推行与修订；负责公司的印章、营业执照、合同和法律事务；负责完成领导交办的其他工作。

（二）财务部

财务部共有员工 3 名。财务部是企业财务工作的管理、核算和监督指导部门，负责贯彻执行《会计法》及国家有关各项法规和规章制度，严格执行最新的《企业会计准则》和税收政策；负责制定企业财务管理的各项规章制度并监督执行；负责配合协助企业年度目标任务的制定与分解，编制并下达企业的财务计划，编制并上报企业年度财务预算；负责企业的财务管理、资金筹集、调拨和融通，制定资金使用管理办法，合理控制使用资金；负责成本核算管理工作，建立成本核算管理体制系，制定成本管理和考核办法，负责企业网上银行的安全与正常运营；负责企业的资产管理、债权债务的管理工作，参与企业的各项投资管理；负责企业年度财务决算工作，审核、编制有关财务报表，并进行综合分析；负责企业的会计电算化管理工作，制定相关规章制度，保证会计信息真实、准确和完整；负责企业的纳税管理，运用税收政策，依法纳税；负责财务会计凭证、账簿和报表等财务档案的分类、整理和移交档案。

（三）采购部

采购部共有员工 2 名。采购部负责贯彻执行公司制定的各项战略、方针、规划、政策及综合性计划；负责公司采购业务方面的管理，完成采购指标及业务目标；负责建立完整、严密的采购管理制度，规范采购工作流程、工作规范及各项采购业务标准，并监督检查执行情况；负责协助公司制定本部门的阶段工作计划及各个专项工作计划并组织实施；负责年度采购指标的分解并组织实施日常采购工作；负责组织配置本部门的各类资源，在优化商品结构的基础上，开发并统筹采购适销对路商品；负责监督各个商品的进、销、存工作，加强存货的监控调配，降低公司营运成本；负责与供应商的日常事务联络及相关问题的处理；负责定期召开部门例会，检查督促各岗位工作职责的执行情况及工作计划的完成情况，最大限度地减少、避免因滞销、过期商品造成的经济损失；负责定期评估考核本部门人员业绩及业务素质，定期安排有关采购业务及采购管理技能等方面的培训；负责公司各项采购成本及本部门办公费用的控制；负责进行本部门各项业务数据及相关资料的统计分析及维护，定期向相关部门及人员提供统计分析结果；负责各类采购协议、合同及供应商资料等采购业务方面档案管理。

（四）销售门市

销售门市属于专设销售机构，共有员工 2 名。销售门市负责制定销售管理制度，拟定销售管理办法、产品及物资管理制度、明确销售工作标准、建立销售管理网络，协调、指导、调度、检查、考核；负责编制年、季、月度产品销售计划，并按时交计划生产、财务部门，便于统一平衡、合理地下达计划、组织生产作业、及时回笼资金，随时关注生产计划完成进度和监督产品质量问题；负责产品入库、出库核对工作，进出库产品必须手续完整齐全，验收及时，标明型号、规格、数量等，出入库单据妥善保管，严格执行公司物资管理制度，认真办理产品出入库手续；负责编制销售统计报表，做好销售统计核算基础管理工作，建立健全各种原始记录、统计台账，及时汇总填报年、季、月度销售统计报表；负责及时汇总编制产品需求量计划，合理地平衡产品供货计划，组织产品的运输、调配，完善发运过程的交接手续；负责积极开展市场调查、分析和预测，做好市场信息的收集、整理和反馈，掌握市场动态，积极适时、合理、有效地开辟新的经销网点，努力拓宽业务渠道，不断扩大公司产品的市场占有率；负责对本部门人、财、物和业务工作管理、监督、协调和考核等工作；负责做好产品的售后服务工作，经常走访用户，及时处理好用户投诉，保证客户满意，提高企业信誉；负责拟定本部门工作目标，抓好本部门人员的考核、考评与管理教育工作；负责做好广告宣传，正确编制年度销售费用及广告费用计划。

（五）生产车间

生产车间共有员工 11 名，包括车间主任 1 名和生产工人 10 名，生产 K01 和 S02 两种产品。生产车间负责生产计划管理，在公司领导下，编制并实施年度、月度生产物料需求计划，年度、月度生产计划，每天车间生产作业计划；负责建立和完善车间组织架构，明确岗位职责，工序合理分工，不断开展员工企业理念、宗旨、目标、精神、企业文化和不断开展员工技能培训，加强员工思想教育，增强车间团队的凝聚力；负责贯彻执行公司方针政策、规章制度，制定和实施车间生产安全管理制度、车间定额管理制度；负责保证物料生产供给，合理安排员工每天的生产任务，车间作业现场的整顿，生产设备工装夹具的维护与管理，确保正常生产；负责产品质量和技术工艺标准的监督，加强原材料检验、加强生产过程工序、质控点的巡查、互检工作，严格控制不合格品的产生；负责编制并执行公司生产工艺流程、工艺技术标准、工艺文件，严肃车间工艺纪律，认真开展工艺纪律检查，坚持“按标准、按工艺、按图纸”组织生产，做好新技术、新产品和新工艺的引进，提高工艺创新能力，提高生产效率；负责严格贯彻执行国家有关安全生产和劳动保护的方针政策，遵守公司安全生产规章制度和设备操作流程，做好员工安全教育，杜绝安全事故；负责车间生产成本统计分析，加强对车间生产产量、质量、员工工时工资、效率进度、产品合格率材料损耗率等生产成本的统计分析，并形成报表；负责车间班组工序，员工年、月、日工作业绩、考核奖惩，开展“比、学、赶、帮、超”员工技能竞赛，激发员工工作的积极性和创造性；负责做好车间生产设备、检测设备、工装夹具的日常维护和保养，指导员工正确使用设备器具，确保安全生产操作和正常生产。

公司各部门编码、属性、名称表，如表 1-2 所示。

表 1-2　公司各部门编码、属性、名称表

一级部门编号	一级部门名称	二级或三级部门编号	二级或三级部门名称
1	管理部门	101	办公室
		102	财务部
		103	采购部
2	销售	201	销售门市
3	生产	301	生产车间

公司员工名单一览表，如表 1-3 所示。

表 1-3　公司员工名单一览表

工号	姓名	所属部门	职务	工号	姓名	所属部门	职务
101001	李胜利	办公室	法人总经理	301012	周络顺	生产车间	车间主任
101002	周长虹	办公室	办公室主任	301113	李　亚	生产车间	生产工人
101003	于成功	办公室	办公室职员	301114	蒋明洁	生产车间	生产工人
101004	张福平	办公室	仓管员	301115	黄忆成	生产车间	生产工人
102005	周　琳	财务部	财务经理	301116	周永海	生产车间	生产工人
102006	将风明	财务部	会计	301117	李永波	生产车间	生产工人
102007	陈雨涵	财务部	出纳	301118	蒋　敏	生产车间	生产工人
103008	强洪森	采购部	采购经理	301119	李洁洪	生产车间	生产工人
103009	李　娟	采购部	采购员	301120	周　强	生产车间	生产工人
201010	张玉林	销售门市	销售经理	301121	吴敏洁	生产车间	生产工人
201011	李晓明	销售门市	销售员	301122	陈立生	生产车间	生产工人

三、公司的资产

(一) 固定资产

公司的办公楼和厂房采用租赁方式，享受高新园区给予入驻公司免 3 年房屋租金的优惠政策；公司的生产设备有机器设备 KL 4 台、机器设备 UY 2 台；公司的电子设备有 HP 电脑 7 台，在公司设立后逐步购入。

(二) 产品及原材料

公司主要生产 K01 产品和 S02 产品，消耗的原材料为 RP 材料和 QA 材料，其中，单件 K01 产品消耗 RP 材料量为 0.6 千克，单件 S02 产品消耗 QA 材料量为 2 千克，生产过程中无损耗。

公司存货分类及档案表，如表 1-4 所示。

表 1-4　存货分类及档案表

存货分类				存货档案			
存货类别编号	存货类别名称	二级类别编号	二级存货类别名称	具体存货编号	具体存货名称	属　性	计量单位
11	原材料			11001	RP	外购、销售、生产耗用，税率 13%	千克
				11002	QA	外购、销售、生产耗用，税率 13%	千克
22	周转材料	2201	低值易耗品				
		2202	包装物				
33	库存商品			33001	K01	销售、自制、在制，税率 13%	件
				33002	S02	销售、自制、在制，税率 13%	件

四、公司的会计政策说明

(一) 主要会计政策

1. 会计期间

公司的会计期间分为年度和中期。会计年度自公历 1 月 1 日起至 12 月 31 日止;中期包括月度、季度和年度。

2. 记账本位币

公司以人民币为记账本位币。

3. 会计核算

公司以权责发生制为记账基础。除某些金融资产外,均以历史成本为计价原则。如果资产发生减值,则按照相关规定计提相应的减值准备。

4. 存货

(1) 存货分类。公司存货分为原材料、包装物、低值易耗品、在产品和库存商品等。

(2) 存货成本计算。存货按实际成本核算。具体核算要求如下所述。

① 材料采购发生的共同采购费用按照材料重量比例进行分配,分配率保留两位小数。材料发出采用月末一次加权平均法,其单位成本保留两位小数。

② 完工产品成本的计算采用品种法,设置直接材料、直接人工和制造费用三个成本项目。生产费用在完工产品与在产品之间的分配采用约当产量法(材料在生产开始时一次投入),分配率保留两位小数,如有尾差计入月末在产品成本。

③ 工资、"四险一金"均按工时比例在各产品之间分配,分配率均保留六位小数,尾差计入 S02 产品。企业承担"四险一金"及比例,分别为养老保险金 16%、医疗保险金 9.8%、失业保险金 0.5%、工伤保险金 0.08%和住房公积金 10%;职工个人承担社会保险费和住房公积金及比例,分别为养老保险金 8%、医疗保险金 2%、失业保险金 0.5%和住房公积金 10%。

④ 制造费用按照生产工时比例在各产品之间进行分配,分配率保留六位小数,如有尾差计入 S02 产品成本。

(3) 存货的盘存制度。存货盘存采用永续盘存制。

5. 固定资产

(1) 固定资产确认条件。固定资产是指为生产商品、提供劳务、出租或经营管理而持有的,使用寿命超过一个会计年度,单位价值较高的有形资产。固定资产同时满足下列条件的,才能予以确认:与该固定资产有关的经济利益很可能流入企业;该固定资产的成本能够可靠地计量。固定资产以取得时的实际成本入账,并从达到预定可使用状态的次月起,采用年限平均法计提折旧。汽车购置成本包括买价、车辆购置税、牌照费及印花税。

(2) 固定资产折旧规定。固定资产月折旧率保留四位小数。各类固定资产折旧计算条件一览表,如表 1-5 所示。

表 1-5　各类固定资产折旧计算条件一览表

固定资产类别	折旧年限(年)	残值率	月折旧率
房屋及建筑物	20	4%	0.004
机器设备	10	4%	0.008

（续表）

固定资产类别	折旧年限(年)	残值率	月折旧率
运输工具	4	4%	0.02
电子设备	3	4%	0.026 7

（3）固定资产的减值测试方法和减值计提方法。企业应当于期末对固定资产进行检查，如发现存在下列情况，应当计算固定资产的可收回金额，以确定资产是否已经发生减值。对可收回金额（指资产的销售净价，与预期从该资产的持续使用和使用寿命结束时的处置中形成的预计未来现金流量的现值进行比较，两者之间较高者）低于账面价值的固定资产，按该资产可收回金额低于其账面价值的差额计提固定资产减值准备。计提时，企业按单项资产计提，难以对单项资产的可收回金额进项估计的，按该资产所属的资产组为基础计提。减值准备一经计提，在资产存续期内转回。需计提固定资产减值的情况如下所述。

① 资产的市价当期大幅度下跌，其跌幅明显高于因时间的推移或者正常使用而预计的下跌。

② 企业经营所处的经济、技术或者法律等环境以及资产所处的市场在当期或者将在近期发生重大变化，从而对企业产生不利影响。

③ 市场利率或者其他市场投资报酬率在当期已经提高，从而影响企业计算的资产预计未来现金流量现值折现率，导致资产可收回金额大幅度降低。

④ 有证据表明资产已经陈旧过时或者其实体已经损坏。

⑤ 资产已经或者将被闲置、终止使用或者计划提前处置。

⑥ 企业内部报告的证据表明资产的经济绩效已经低于或者将低于预期，如资产所创造的净现金流量或者实现的营业利润（或者亏损）远远低于（或者高于）预计金额等。

⑦ 其他表明资产可能已经发生减值的迹象。

6. 收入

（1）收入确认原则。企业应在履行了合同中的履约义务，即在客户取得商品控制权时确认收入。取得相关商品控制权，是指能够主导该商品的使用并从中获得几乎全部的经济利益。

（2）收入确认条件。收入确认必须同时具备下述条件。

① 合同各方已经批准该合同，并承诺将履行各自的义务。

② 该合同明确了合同各方与所转让的商品（以下简称“转让商品”）相关的权利和义务。

③ 该合同有明确的与所转让的商品相关的支付条款。

④ 该合同具有商业实质，即履行该合同将改变企业未来现金流量的风险、时间分布或金额。

⑤ 企业因向客户转让商品而有权取得的对价很可能收回。

（3）特殊销售条款。公司根据“财会〔2017〕22 号”收入准则中的特殊销售条款规定，确定 K01 和 S02 产品销售时的预计退货率均为 1%，确定 K01 和 S02 产品销售时的预计退货期限均为 90 天。

7. 盈余公积的计提

公司年末按全年净利润的 10%计提法定盈余公积，按全年净利润的 5%计提任意盈余公积。

(二) 主要税费

(1) 增值税。企业适用的增值税税率为13%,企业取得的增值税专用发票均于当天在增值税发票选择确认平台办妥勾选确认;会计处理时各期确认的应交税费——应交增值税(进项税额)应当与当期增值税纳税申报表保持口径一致;按月申报。

(2) 城市维护建设税。按流转税额的7%计缴,按月申报。

(3) 教育费附加。按流转税额的5%计缴,其中,3%为教育费附加,2%为地方教育费附加,按月申报。

(4) 企业所得税。适用税率为25%,按实际利润额乘以适用税率预缴,年度汇算清缴。

(三) 说明事项

(1) 公司2019年度发生的交易均为非关联方交易。

(2) 公司每月月末应计算提取贷款的利息支出;银行于每月20日收取发放贷款的利息;银行于每季季末20日支付其收存存款的利息。

(3) 会计处理时各期确认的应交增值税应当与当期增值税纳税申报表保持口径一致;企业取得的增值税专用发票均已于当天在增值税专用发票选择确认平台办妥勾选确认。

(4) 电费分配率保留两位小数,电费和水费分配过程中如有尾差计入生产车间。

(5) 公司会计信息采用畅捷通T3云平台软件进行处理,本书根据教学要求,通过总账、工资、固定资产及财务报表等子系统对经济业务进行会计信息处理。

五、企业基本信息会计信息化实务操作

企业基本信息会计信息化实务操作的内容包括系统管理、基础设置、各子系统初始参数及初始数据录入的操作等。其中,系统管理操作内容主要包括增加操作员、新建账套、启用子系统、编码方案设置、操作员授权、账套备份、恢复和删除等;基础设置操作包括部门、职员档案、往来单位、财务、存货、仓库档案、产品结构和收付结算方式等方面的设置;各子系统初始设置操作包括工资子系统启用及设置、固定资产子系统启用与设置、总账系统参数设置及期初余额录入等。

(一) 系统管理操作

系统管理的具体操作工作在“系统管理”软件中进行,一般流程:增加操作员→建立账套→启用子系统→设置操作员权限→账套的修改、启用、备份、恢复等,详细流程如下所述。

1. 增加操作员

只有系统管理员(admin)才能增加操作员。一般流程为“以系统管理员身份登录系统管理”→执行“权限/操作员”命令→打开增加操作员对话框→录入第一个操作员信息,录入后单击“增加”按钮,保存第一个操作员信息,进入第二个操作员信息录入对话框,依次操作,直到录入全部操作员信息为止。

其具体操作流程如下所述。

1) 系统管理员注册系统管理

打开系统管理软件,在系统管理中以“admin”的身份注册,服务器信息默认(学员可通过畅捷教育云平台进行操作,通过授权账号在指定网址登录,以进入练习或考核的方式启动T3云平台软件),单击“系统管理”,进入系统管理界面,单击“系统”菜单下的“注册”命令,进

入注册页面，用户名中录入“admin”，其密码为空，单击“确定”按钮。

管理员注册系统管理流程，如图 1-1 所示。

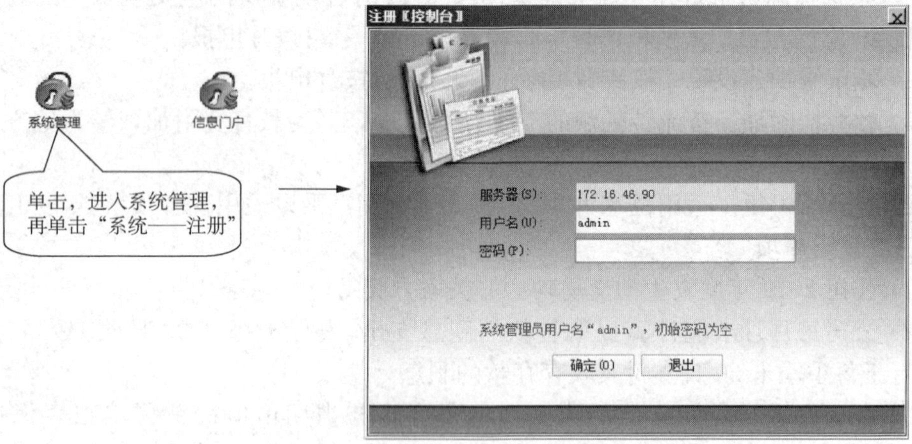

图 1-1　管理员注册系统管理流程

2）增加操作员

增加操作员的流程如下所述：

（1）以系统管理员的身份注册系统管理；在“权限”菜单下选择“操作员”子菜单命令，出现“操作员”界面，单击“增加”命令。

打开“操作员”命令界面，如图 1-2 所示。

（2）出现“增加操作员”对话框，根据“表 1-1 财务部用户权限表”的信息资料，输入周琳的信息资料，单击“增加”按钮，显示“添加成功”。

增加操作员界面，如图 1-3 所示。

图 1-2　打开“操作员”命令界面

图 1-3　增加操作员界面

（3）单击提示对话框中的“确定”按钮，进行下一个操作员的信息录入工作，全部操作员信息录入完成后，单击“退出”按钮。

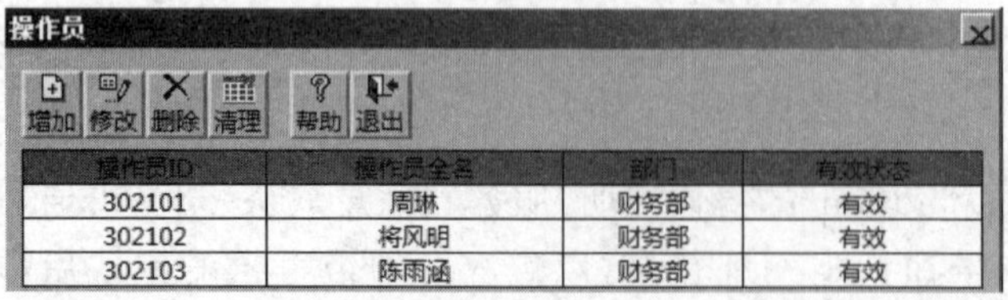

图 1-4　完成操作后“操作员”界面

完成操作后“操作员”界面，如图 1-4 所示。

需要说明的是：

在“操作员”对话框中，必须仔细检查操作员的录入信息是否正确，如果发现操作员姓名、部门等录入错误，需要修改操作员信息；如果发现操作员编号发生错误，则不允许修改，必须删除操作员。具体操作如下所述：

（1）操作员修改。具体操作是：在“操作员管理”界面选中该操作员，单击“修改”命令，出现“操作员信息修改”对话框，将错误信息修改完成后，单击“修改”按钮，完成操作员信息的修改工作。

操作员编号不允许修改。若编号错误且操作员没有正式使用，可以删除该操作员，然后以增加的方式，增加正确信息的操作员。

（2）操作员删除。具体操作是：在“操作员管理”界面选中该操作员，单击“删除”命令，按提示完成该操作员的删除工作。

如果该操作员已设置权限且进行了后续操作，则不能直接删除该操作员。系统管理员应根据倒推的原则，首先，删除该操作员全部后续操作；其次，删除该操作员全部权限；最后，才能删除该操作员。

2. 建立账套

系统管理员建立账套，所建立的账套号为“302”，账套名称为“南京成功股份有限公司”。建账过程在建账向导的引导下完成。具体步骤如下所述。

1）设置账套信息

以系统管理员的身份注册进入系统管理，单击“账套——建立”命令，进入“建账”对话框。

建立账套命令，如图 1-5 所示。

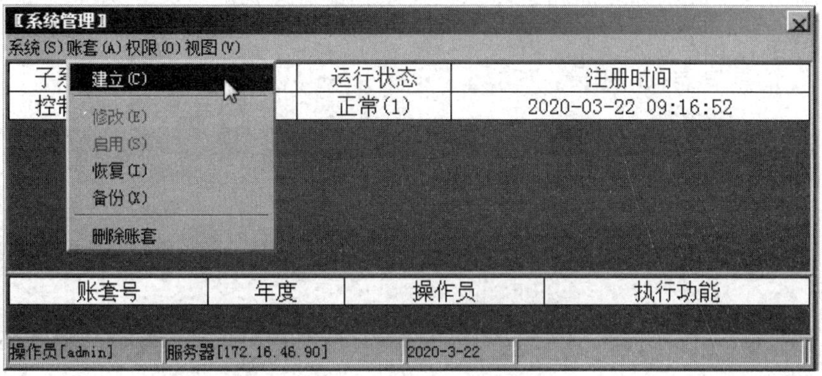

图 1-5　建立账套命令

2）录入账套信息

根据公司情况设置账套信息，单击“下一步”按钮。

设置账套信息界面，如图 1-6 所示。

需要说明的是：

（1）账套号是账套的唯一标识。账套号一般设置 3 位数字，但不允许与第 1 行中已存账套的账套号重复，账套号设置后将不允许修改。

（2）账套名称是账套的另一种标识方法。账套名称与账套号一起显示在系统正在运行的屏幕上，账套名称可以自行设置，并可以由账套主管在修改账套功能中进行修改。

（3）系统默认路径是 T3 平台的保存路径，云平台下不可以进行修改。

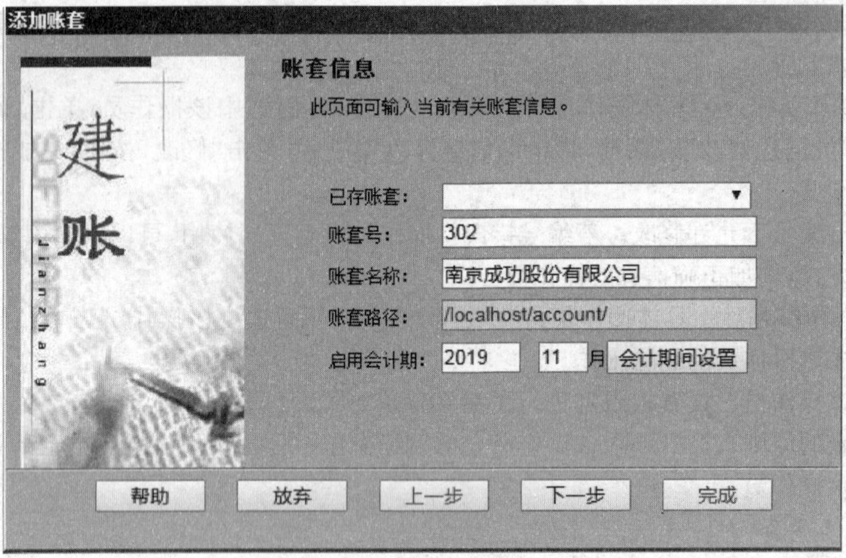

图 1-6　设置账套信息界面

（4）建立账套时系统会将电脑系统日期自动默认为启用会计期；若两者不一致，需要修改启用会计期为“2019 年 11 月”。

3）输入单位信息

输入单位信息时，单位名称和简称是必录项。单位名称应该是录入企业的全称，以便打印发票时使用。完成后单击“下一步”按钮。

输入单位信息界面，如图 1-7 所示。

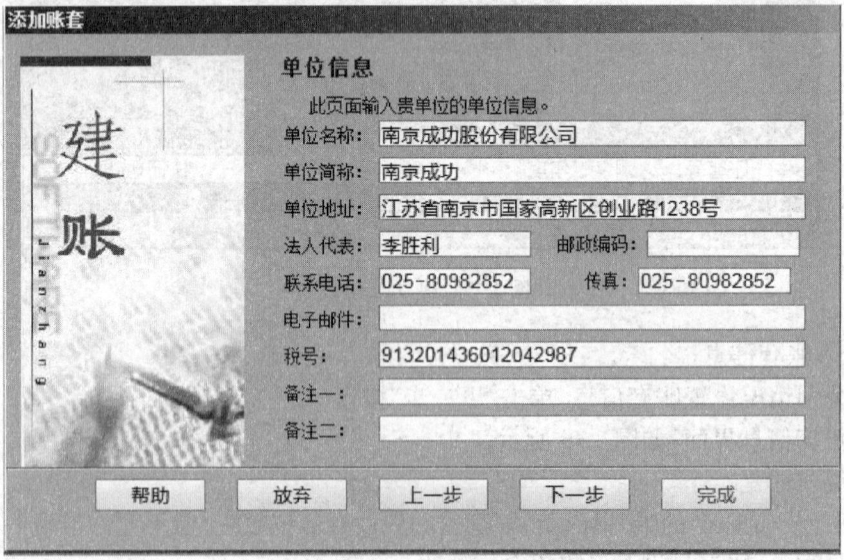

图 1-7　输入单位信息界面

4）设置核算类型

核算类型包括本位币、行业性质、账套主管及科目是否预置。完成后单击“下一步”按钮。

设置核算类型界面,如图 1-8 所示。

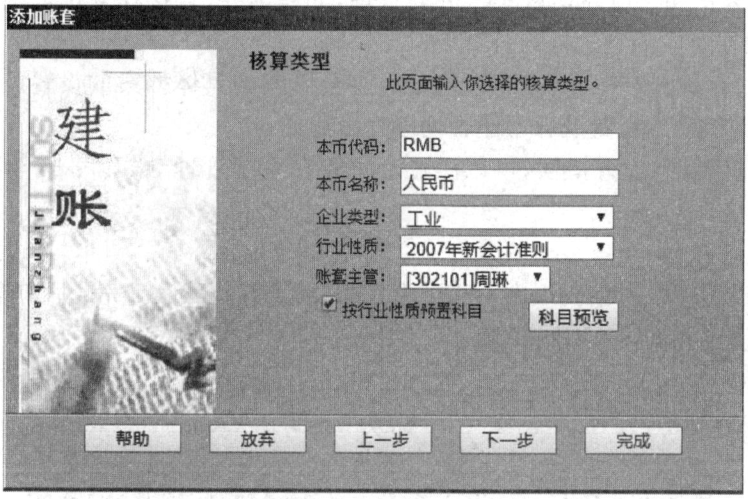

图 1-8　设置核算类型界面

需要说明的是:

(1) 企业类型和行业性质将决定系统预置科目的内容,必须选择正确。账套使用后企业类型和行业性质均不允许修改。

(2) 如果选择了按行业性质预置科目,则系统根据系统管理员所选择的企业类型和行业性质自动装入已预置财政部规定的一级科目。

(3) 必须选择已有某个操作员作为该账套主管,要求建账前添加该操作员。

5) 设置基础信息

基础信息包括存货是否分类、客户是否分类、供应商是否分类和有无外币核算四个方面。其中,存货和供应商均要求分类,在其前面的复选框中打"√"。单击"完成"按钮,进入第 6)步。

设置基础信息界面,如图 1-9 所示。

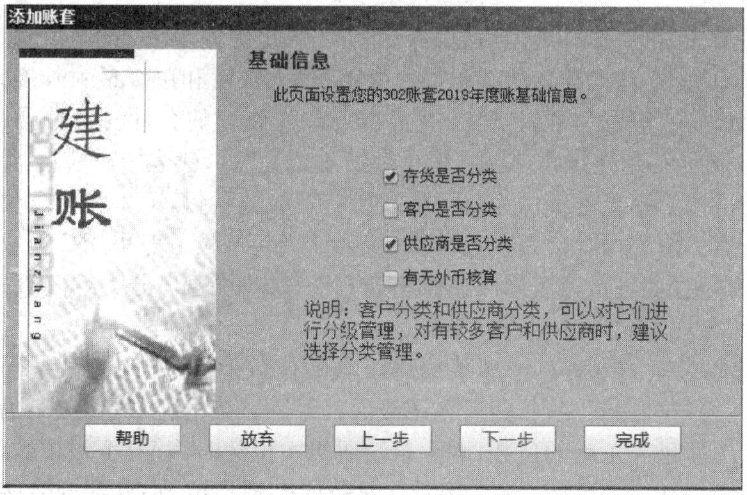

图 1-9　设置基础信息界面

需要说明的是：

(1) 存货、客户和供应商均可实行分类管理，如有需要，直接在复选框内打“√”。如有外币核算，必须在对应的复选框内打“√”。

(2) 是否对存货、客户及供应商进行分类将会影响到具体档案的设置。有无外币核算将会影响到基础信息的设置及日常能否处理外币业务。

(3) 如果基础信息设置错误，可以由账套主管在系统管理“账套”——“修改”菜单命令中进行修改。

6) 设置编码方案

编号方案设置中科目编码级次一般设为“42222”。其他默认。完成后单击“确认”按钮。

编号方案设置界面，如图 1-10 所示。

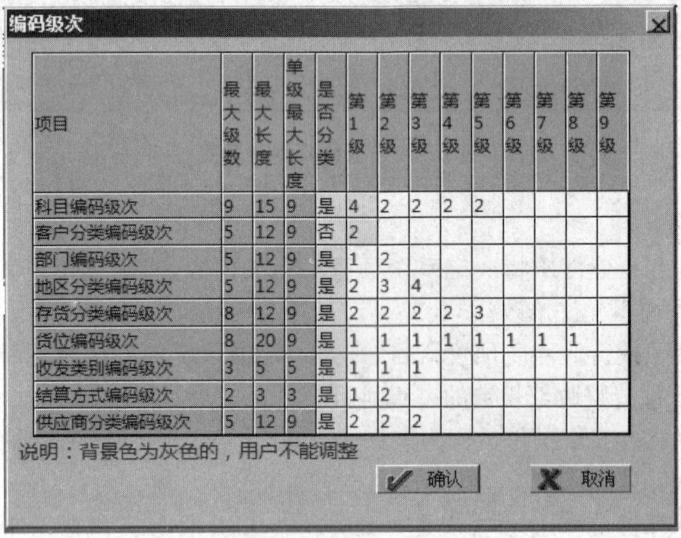

项目	最大级数	最大长度	单级最大长度	是否分类	第1级	第2级	第3级	第4级	第5级	第6级	第7级	第8级	第9级
科目编码级次	9	15	9	是	4	2	2	2	2				
客户分类编码级次	5	12	9	否	2								
部门编码级次	5	12	9	是	1	2							
地区分类编码级次	5	12	9	是	2	3	4						
存货分类编码级次	8	12	9	是	2	2	2	2	3				
货位编码级次	8	20	9	是	1	1	1	1	1	1	1	1	
收发类别编码级次	3	5	5	是	1	1	1						
结算方式编码级次	2	3	3	是	1	2							
供应商分类编码级次	5	12	9	是	2	2	2						

图 1-10 编码方案设置界面

需要说明的是：

(1) 编码是账套中涉及的具体信息的标识，可凭此快速录入、查询信息数据。图 1-10 列出了建账时涉及企业基本信息的编码最大级数、最大长度和单级最大长度。其中，最主要的是会计科目编码，一般设为 5 级，第 1 级根据财政部设置的会计科目编码，其编码长度为 4 位，显示灰色，表示不允许修改，其中，第 1 级第 1 位为“1”，代表资产科目，第 1 级第 1 位为“2”，代表负债科目，第 1 级第 1 位为“4”，代表所有者权益科目，第 1 级第 1 位为“5”，代表成本科目，第 1 级第 1 位为“6”，代表损益科目；从第 2 级起每级一般采用 2 位长度的编码。编码级次中显示为“灰色”表示无法修改或没有进行分类，如“客户分类编码级次”只有第 1 级且为灰色，表示“客户不允许进行分类”。

(2) 编辑编码方案的方法。增加某编码级次的位数前，应先检查该编码级次之前的级次位数均已存在且符合编码规则，然后在该级次处录入正确的位数；修改某编码级次的位数时，直接在该级次处录入正确的位数；删除某编码级次位数时，若有下级位数，则该级次位数无法直接删除，必须从该编码的最后一级起，向前依次删除位数，直到删除该编码级次的位数为止。

7）设置数据精度

（1）数据精度一般默认，完成后单击“确认”按钮。

数据精度设置界面，如图 1-11 所示。

（2）显示“账套创建成功”对话框，单击“确定”按钮，稍后系统弹出信息提示框。

账套创建成功及启用账套选择界面，如图 1-12 所示。

如果单击“取消”按钮，则先结束建账过程，之后由账套主管在系统管理中进行账套的启用工作；如果单击“确定”按钮，则直接进行“系统启用”设置。

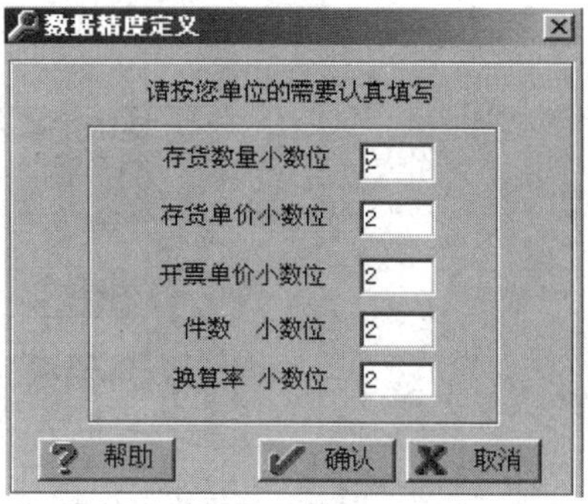

图 1-11　数据精度设置界面

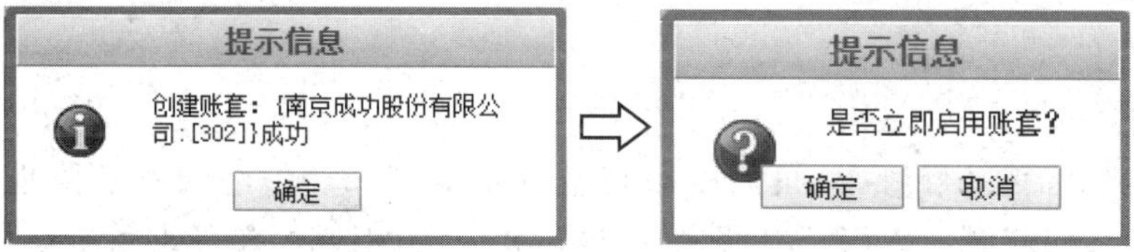

图 1-12　账套创建成功及启用账套选择界面

（3）提示信息单击“确定”按钮，此处仅启用总账和固定资产子系统。工资子系统在建账后单独启用。

① 启用固定资产与总账系统。在进行图 1-12 的操作时，在“是否立即启用账套”提示框中单击“确定”按钮，进入“系统启用”界面，在固定资产复选框中打“√”，启用会计期间选择“2019 年 11 月 1 日”。单击“确定”按钮。系统出现提示信息，单击“是”按钮。

固定资产子系统启用界面，如图 1-13 所示。

图 1-13　固定资产子系统启用界面

② 启用总账系统。在总账复选框中打“√”，启用会计期间选择“2019 年 11 月 1 日”，单击“确定”按钮。系统出现提示信息，单击“是”按钮。单击“退出”按钮。

子系统启用后“系统启用”界面，如图 1-14 所示。

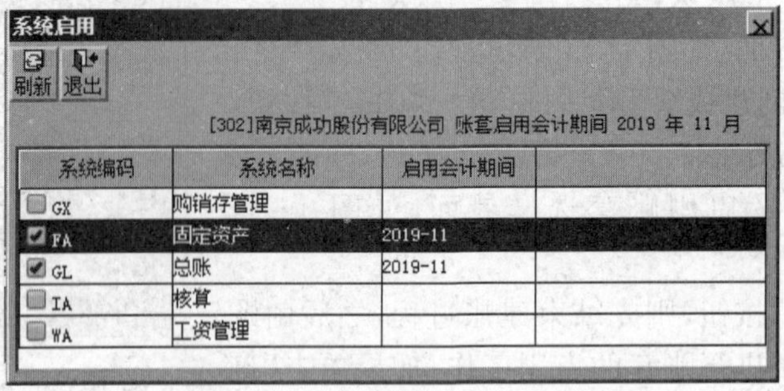

图 1-14　子系统启用后“系统启用”界面

3. 账套的修改和启用

1）账套的修改

对账套某些信息进行修改，只能以账套主管身份（302101）注册系统管理软件，在菜单“账套”中执行“修改”命令，过程与建账的引导过程一致，但其中单位名称等黑色部分可以修改，但如“启用会计期”等灰色部分则无法修改。

2）账套的启用

“启用账套”的操作，在建账完成时可直接由系统管理员进行启用的操作；在建账完成后只能以账套主管身份进行启用账套的操作，系统管理员无此权限。

建账完成后，启用“工资”子系统的操作流程如下所述：

(1) 以账套主管的身份（302101）登录系统管理软件：双击“系统管理”，用户名录入“302101”，密码录入“1”，账套名称和会计年度自动显示。单击“确定”按钮。

账套主管登录系统管理界面，如图 1-15 所示。

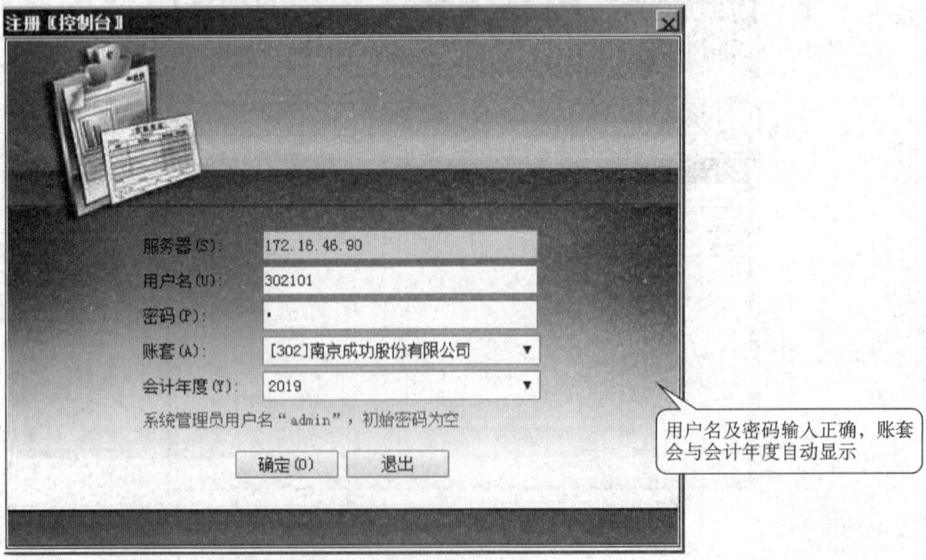

图 1-15　账套主管登录系统管理界面

（2）在“账套”中单击“启用”命令。

账套主管身份“账套”选择命令界面，如图 1-16 所示。

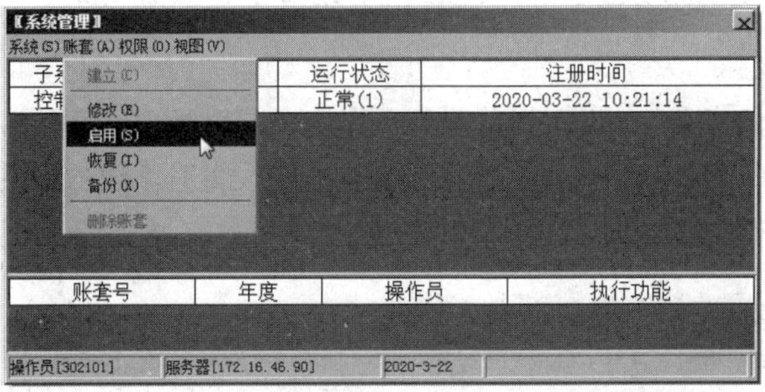

图 1-16　账套主管身份“账套”选择命令界面

（3）启用工资管理子系统。进入“系统启用”界面，在工资管理复选框打“√”，启用日期设为“2019 年 11 月 1 日”。单击“确定”按钮。

启用工资管理子系统界面，如图1-17 所示。

图 1-17　启用工资管理子系统界面

（4）单击“退出”按钮。总账、工资管理、固定资产子系统启用后“系统启用”界面，如图 1-18 所示。

图 1-18　总账、工资管理、固定资产子系统启用后“系统启用”界面

需要说明的是：

若子系统没有进行相应的账套启用操作，则任何操作员在登录 T3 云平台后，软件界面均不会显示该系统菜单，无法对该系统进行相应的操作。

4. 设置操作员权限

在操作员已存在的条件下，设置操作员权限的工作应由系统管理员或该账套的主管，在系统管理中的权限功能中完成。由账套主管在系统管理中设置其下属权限的具体步骤如下所述。

1）设置出纳“302103 陈雨涵”权限

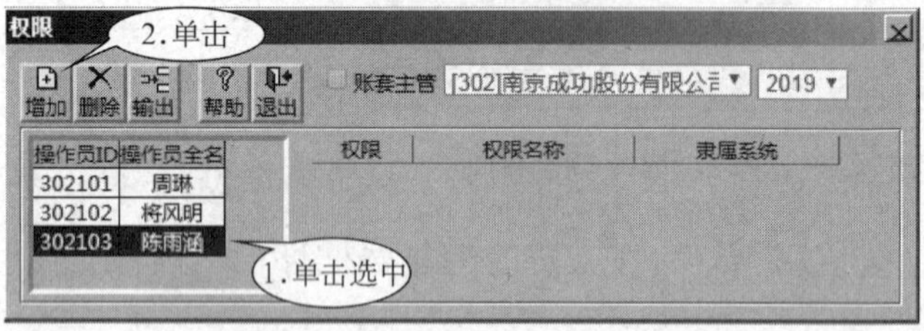

图 1-19 账套主管选择出纳授权流程

（1）以账套主管的身份（302101）注册系统管理。在“权限”菜单下单击“权限”命令，选择账套为“302 南京成功股份有限公司”，选中“302103 陈雨涵”，单击“增加”命令。

账套主管选择出纳授权流程，如图 1-19 所示。

（2）出现“增加权限”对话框。左侧是“产品分类选择”项，涵盖 T3 子系统大类授权；右侧是“明细权限选择”，主要是对系统大类下的明细权限进行授权。授予出纳现金管理全部权限时，根据表 1-1，在产品分类选择中“现金管理”大类项“授权”处双击鼠标，显示蓝色，则授予“302103”操作员现金管理大类的全部权限→在左侧单击“总账”进行定位查找，找到右侧明细权限“出纳签字”，在其“授权”处双击鼠标，则给与其“出纳签字”明细权限的设置。

出纳权限设置流程，如图 1-20 所示。

图 1-20 出纳权限设置流程

（3）单击“确定”按钮，则系统出现“添加成功”提示信息框，单击提示框中“确定”按钮。出纳权限设置后“权限”界面，如图 1-21 所示。

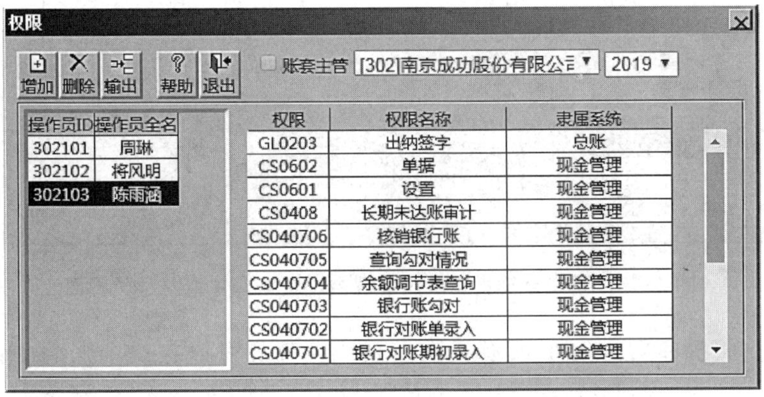

图 1-21　出纳权限设置后“权限”界面

2）会计“302102 将风明”权限设置的操作步骤

在“权限”中选择“302102 将风明”，单击“增加”按钮，应根据表 1-1 对会计的授权要求，在“增加权限”对话框左侧大类授权处双击，授予 302102 操作员规定的大类权限，但总账系统中有五项明细权限的限制，具体操作有两种方法：一是在双击该操作员左侧“总账”处，授予其全部权限，然后在右侧受限的明细权限在蓝色显示上直接双击以取消；二是在设置完成后，在系统管理“权限——权限”菜单下，选中该操作员，在右侧的明细权限下，除受限的明细权限外，其他明细权限双击授予。

在第一种方法下，账套主管设置会计权限界面，如图 1-22 所示。

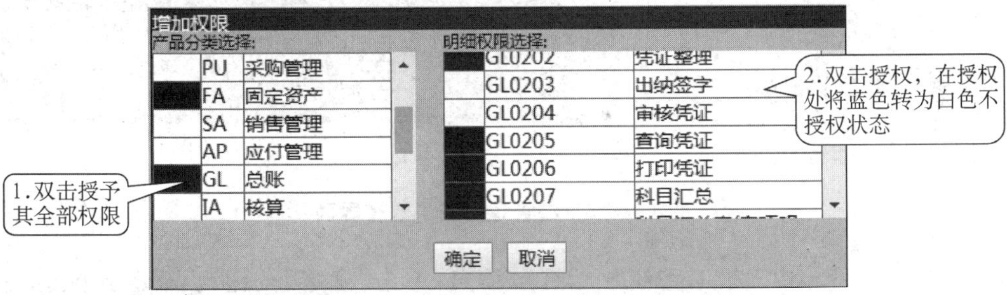

图 1-22　账套主管设置会计权限界面

需要说明的是：

(1) 只有系统管理员有权增加操作员、设置或取消账套主管权限。其中，账套主管的权限设置有两种方法：第一种方法是在系统管理员建立账套时选择账套主管，如图 1-8 所示；第二种方法是账套已建立后，以系统管理员的身份注册系统管理，进行授权，选择操作员“302101”，在账套主管复选框（注：用粗框标示位置）中打“√”，并在提示中单击“是”按钮。若取消账套主管权限，则在对应账套下，选中该操作员，在账套主管复选框中取消“√”，并在提示中单击“是”按钮。

系统管理员在系统管理中设置账套主管“权限”界面，如图 1-23 所示。

(2) 账套主管只能对所辖账套中已有操作员进行权限设置，不能增加操作员，也不能授予操作员账套主管权限。

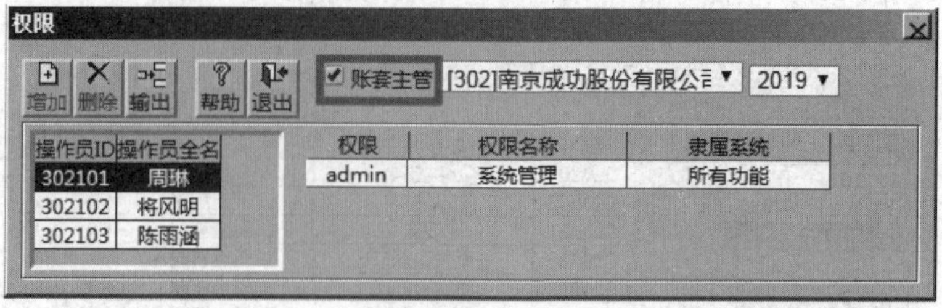

图 1-23　系统管理员在系统管理中设置账套主管“权限”界面

(3) 账套主管拥有该账套的所有权限。系统管理员可以在一个账套中设置多个账套主管。

5. 账套的备份和恢复

1) 账套的备份

账套备份工作应由系统管理员在系统管理中的“账套”——“备份”功能中完成。具体操作如下：

(1) 备份账套流程。由系统管理员注册系统管理。执行“账套”——“备份”命令，单击“选择要备份的账套”栏右侧下三角按钮(简称下拉键)，选择“302 南京成功股份有限公司”。

系统管理员备份账套界面，如图 1-24 所示。

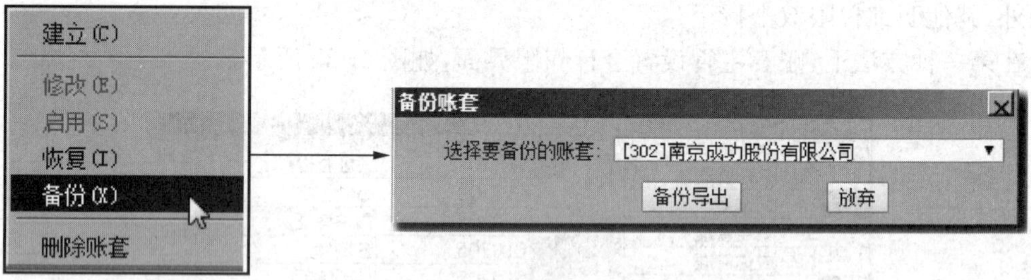

图 1-24　系统管理员备份账套界面

(2) 单击“备份导出”按钮，系统显示提示信息，单击“确定”按钮；出现备份账套完成信息框，单击“完成”按钮。

备份账套完成提示，如图 1-25 所示。

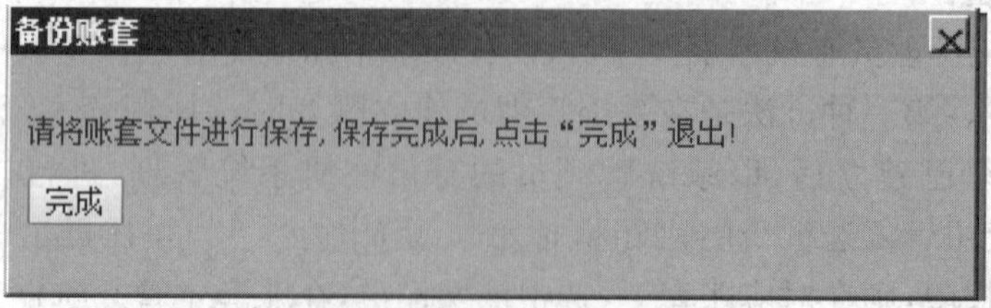

图 1-25　备份账套完成提示

(3) 其备份的账套保留在 C 盘用户的下载文件夹中。

备份账套的查询路径，如图 1-26 所示。

图 1-26　备份账套的查询路径

需要注意的是：

(1) 账套的备份只能由系统管理员执行。

(2)“删除账套”的操作使用“账套”菜单下的“删除账套”功能，单击“账套”中“删除账套”，在“清空账套”复选框中选择需删除账套，单击“确认”按钮，在提示中单击“确定”按钮，删除该账套。

删除账套界面，如图 1-27 所示。

2) 账套的恢复

恢复账套是将备份数据恢复到云平台下，其操作流程如下所述：

(1) 以系统管理员的身份进入系统管理。

(2) 执行“账套”菜单下“恢复”命令。

恢复账套命令界面，如图 1-28 所示。

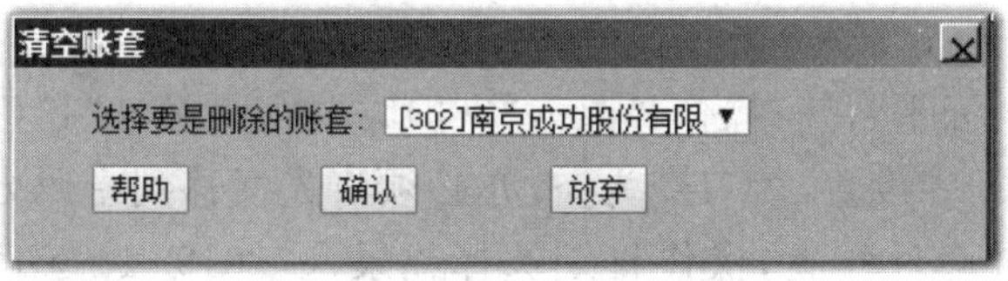

图 1-27　删除账套界面

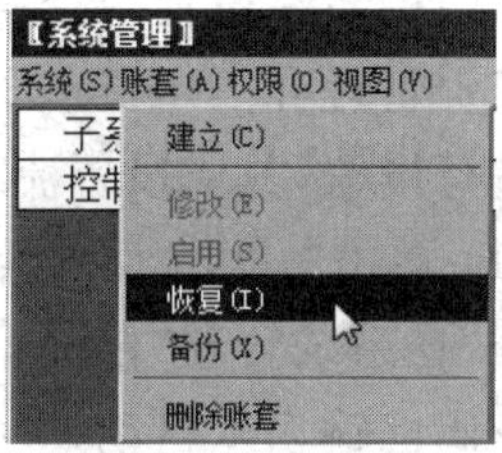

图 1-28　恢复账套命令界面

(3) 在打开的“恢复账套”对话框中，选择账套文件“302_南京成功股份有限公司_主管空_密码空_200322085940552612.dat”。

选中需要恢复账套的文件命令界面，如图 1-29 所示。

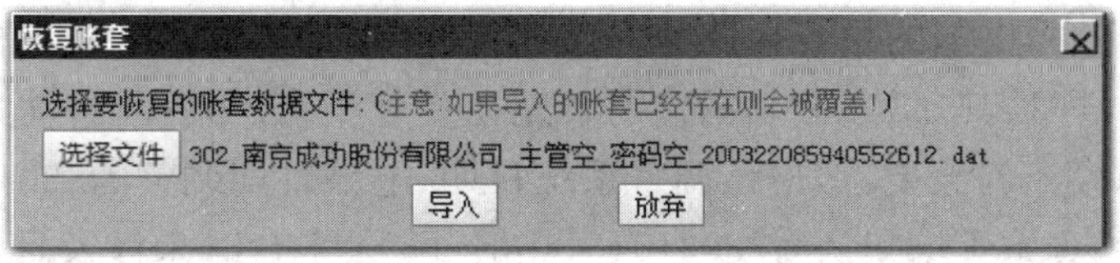

图 1-29　选中需要恢复账套的文件命令界面

(4) 单击“导入”按钮，系统弹出是否覆盖信息提示对话框。

覆盖原已有账套选择命令界面，如图 1-30 所示。

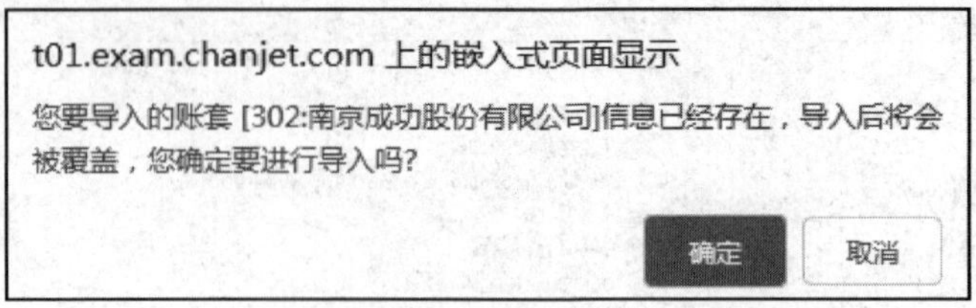

图 1-30　覆盖原已有账套选择命令界面

(5) 单击“确定”按钮，系统自动执行操作，执行完成后会弹出“账套恢复成功”信息提示对话框，单击“确定”按钮。

(二) 基础设置操作

基础设置操作包括编码方案设置、部门设置和职员档案录入、往来单位设置、财务操作设置、存货分类及存货档案的设置、仓库档案及产品结构的设置、收付结算的设置等。以下依次说明其操作流程。

1. 编码方案设置

编码方案设置有两种方法，不论采用哪种方法，其设置日期必须在账套使用之前完成。

方法一：在账套建立完成后，由系统管理员直接对弹出的编码方案和数据精度进行设置。

方法二：通过账套主管在系统管理中在“账套”菜单中的“修改”功能，修改账套信息，对编码方案和数据精度进行设置，修改方法与方法一相同。

2. 部门设置和职员档案录入

1) 增加部门档案

部门档案是设置会计科目中部门核算的依据，是进行个人核算中个人所属部门的依据，也是工资管理和固定资产子系统中必不可少的基础内容。302 账套的部门档案按表 1-2 的资料进行设置，具体设置流程如下所述：

(1) 单击“信息门户”(或称为 T3 云平台)→操作员录入“302101”，密码录入“1”(密码即为口令，在系统管理“权限——操作员”中设置，若口令为空，亦必须将光标移到密码处单击，表示密码已输入)，自动显示账套名及会计年度，操作日期选择或录入“2019-11-01”，单击“确定”按钮。

账套主管登录信息门户流程，如图 1-31 所示。

(2) 单击“基础设置”，选中“机构设置——部门档案”子菜单命令，并单击。

打开“部门档案”命令界面，如图 1-32 所示。

需要说明的是：

实际会计工作中，电脑的系统日期为启用会计期，也是进行基础设置的日期，公司的操作日期为 2019-11-01，其 T3 云平台的注册日期在登录 T3 云平台时自动为系统日期“2019-11-01”；若系统日期不符合要求，应该调整系统日期(电脑日期调整为“2019-11-01”)，后续基础设置流程中账套主管均默认为“302101”，注册 T3 云平台时未涉及日期的，均默认日期为“2019-11-01”。

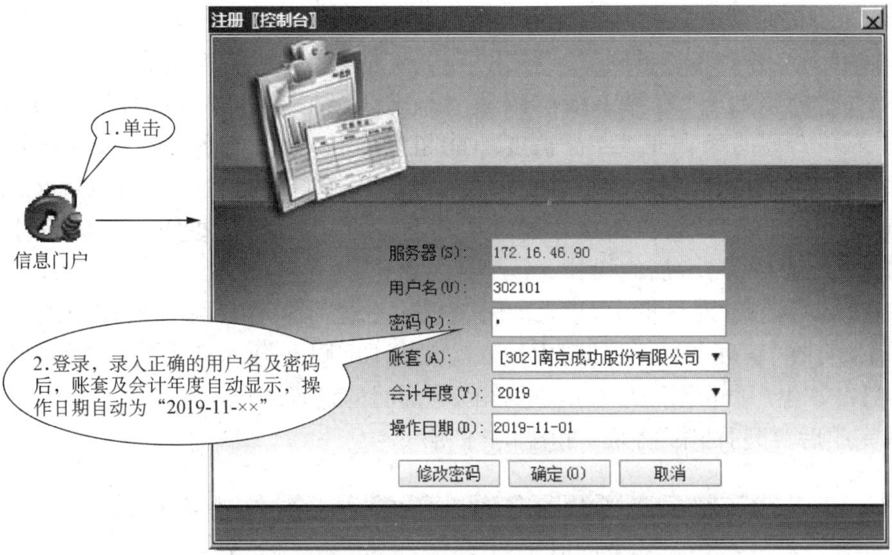

图 1-31　账套主管登录信息门户流程

(3) 采用二级部门设置的方式进行部门管理。第 1 级部门有“管理”“销售”和“生产”等，单击“增加”按钮，在“部门档案”对话框中部门编号录入“1”，部门名称录入“管理”；单击“保存”按钮，在左侧显示部分出现“(1)管理”说明 1 级部门管理设置完成。

增加 1 级部门“管理”档案界面，如图 1-33 所示。

需要说明的是：

凡涉及编码原则的，在档案中均有“编码原则：＊ ＊＊”之类的提示，这个编码原则显示的是最初根据建立该账套时或启用子系统时所设定的分类编码方案，

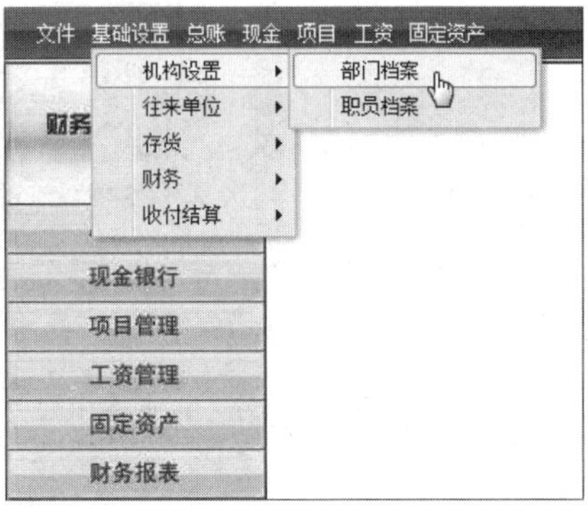

图 1-32　打开“部门档案”命令界面

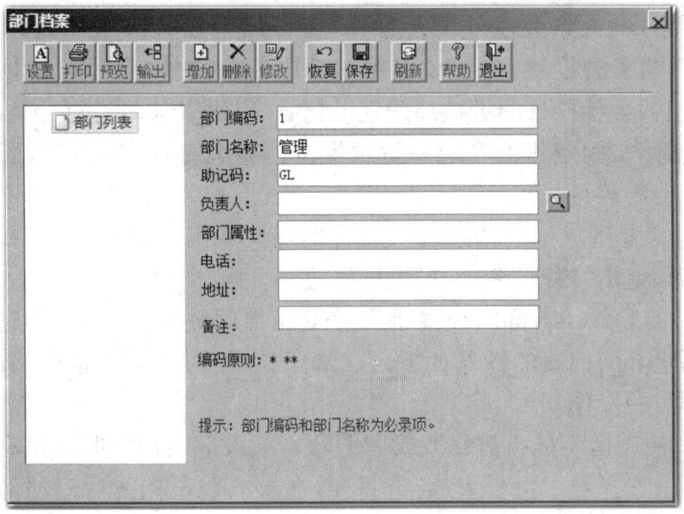

图 1-33　增加 1 级部门“管理”档案界面

如图 1-10 所示的是建立账套时已确定的分类编码方案；这种引号中的“ * ”代表位数和级次，第 1 个“ * ”和第 2、第 3 两个“ * ”之间有个空格，这个编码原则表示已设定的编码级次有 2 级（n 个空格数+1），第 1 级位数是“1”，第 2 级位数是“2”，系统操作员在定义时，必须先定义第 1 级的编码信息，且长度不能超过 1 位；可不定义第 2 级编码，若定义第 2 级编码时，其位数应该是第 1 级位数+第 2 级位数，共 3 位，且第 1 级位数必须已定义。只有先建立一级部门，系统操作员才能增加其下属的二级部门；每增加一个部门后必须保存后才能进行下一部门增加的操作。

（4）在“部门档案”对话框中，录入部门“101 办公室”，保存（部门编码首位是“1”的 2 级部门，自动保存在“管理”的下级部门中），依次完成 102 财务部、103 采购部，“销售”部门下属 201 销售门市，“生产”部门下属 301 生产车间等部门的设置工作。

录入完成后“部门档案”界面，如图 1-34 所示。

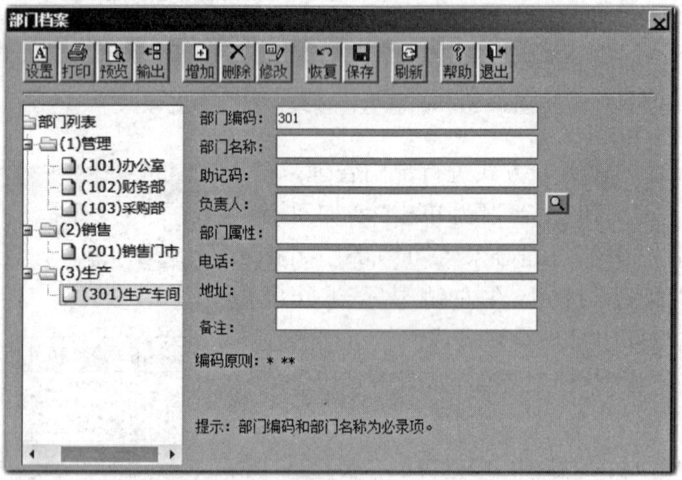

图 1-34 录入完成后“部门档案”界面

需要说明的是：

（1）部门档案的设置除上述分级设置外，也可以只设一级编码处理，如 1.“办公室”、2.“财务部”等部门档案的设置，除行政组织等部门使用之外，会计可根据共享原则灵活使用，一方面，可在相关会计科目中进行部门辅助核算，提供以部门进行分类的各种统计信息；另一方面，在工资管理、固定资产系统中可根据部门及其他条件确定折旧费用或工资等费用，应记入的成本费用等科目。

（2）部门档案的修改。部门档案录入后若发现文字出现错误，可以在“部门档案”对话框中选中错误部门，单击“修改”命令，可进行修改。

（3）部门档案的删除。若部门档案录入后发现部门编号错误，必须删除部门档案重新录入部门档案，删除部门档案的操作如下：在“部门档案”对话框中选中该部门，单击“删除”命令，完成删除部门的操作。

（4）部门档案使用后不能再被修改或者删除。录入部门档案时还没有进行职员档案的设置工作，此时无法选择部门负责人；若有需要，在录入职员档案后返回部门档案中进行补充设置。

2）录入职员档案

职员档案主要记录企业员工的信息资料，用于个人往来的核算或进行工资子系统的核算。具体操作流程如下所述：

（1）以账套主管的身份于 2019-11-01 登录 T3 云平台，在“基础设置”中执行“机构设置”——“职员档案”命令。

打开“职员档案”命令界面，如图 1-35 所示。

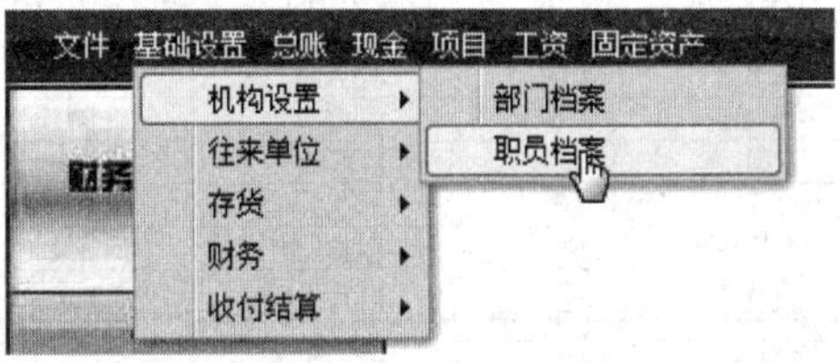

图 1-35　打开“职员档案”命令界面

（2）出现“职员档案”对话框，录入第 1 个职员档案，按回车键。第 1 行记录才能保存成功。

空白“职员档案”界面，如图 1-36 所示。

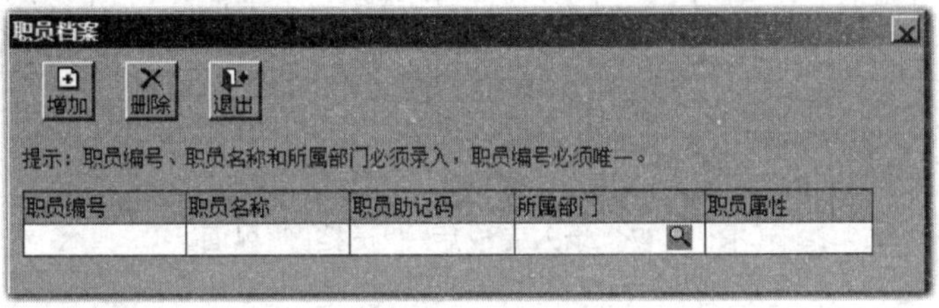

图 1-36　空白“职员档案”界面

（3）在“职员档案”对话框录入第 2 行职员档案，按回车键到第 3 行，录入第 3 行职员档案，依次操作，直到完成所有职员档案的录入工作。

录入完成后“职员档案”界面，如图 1-37 所示。

需要说明的是：

（1）职员编号。职员档案录入时职员编号必须唯一，其职员编号的设计原则一般为“部门编号＋顺序号”。

（2）职员档案修改。当职员档案录入错误时，可直接在错误处选中后进行修改，修改完成后按回车键，则进行了保存工作。

（3）职员档案作用。职员档案的设置，除行政、人事和劳动等部门使用之外，会计可根据共享原则灵活使用，可在相关会计科目中进行个人辅助核算，如“其他应收款——职工往来”，简化“其他应收款”明细科目设置的数量。

（4）职员档案删除。若需要删除职员档案，则在“职员档案”对话框中选中该职员，单击“删除”命令，按提示操作可完成删除职员档案工作；若该职员已在账套中使用，则不允许删除，只能进行修改。

3. 往来单位设置

往来单位的设置包括客户和供应商的设置。客户的设置，原则上应由营销部门完成；供

职员编号	职员名称	职员助记码	所属部门	职员属性
101001	李胜利	LSL	办公室	法人总经理
101002	周长虹	ZZH	办公室	办公室主任
101003	于成功	YCG	办公室	办公室职员
101004	张福平	ZFP	办公室	仓管员
102005	周琳	ZL	财务部	财务经理
102006	将风明	JFM	财务部	会计
102007	陈雨涵	CYH	财务部	出纳
103008	强洪森	QHS	采购部	采购经理
103009	李娟	LJ	采购部	采购员
201010	张玉林	ZYL	销售门市	销售经理
201011	李晓明	LXM	销售门市	销售员
301012	周络顺	ZLS	生产车间	车间主任
301113	李亚	LY	生产车间	生产工人
301114	蒋明洁	JMJ	生产车间	生产工人
301115	黄忆成	HYC	生产车间	生产工人
301116	周永海	ZYH	生产车间	生产工人
301117	李永波	LYB	生产车间	生产工人
301118	蒋敏	JM	生产车间	生产工人
301119	李洁洪	LJH	生产车间	生产工人
301120	周强	ZQ	生产车间	生产工人
301121	吴敏洁	WMJ	生产车间	生产工人
301122	陈立生	CLS	生产车间	生产工人

图 1-37　录入完成后“职员档案”界面

应商的设置，应由采购部门完成，其信息的输入可委托财会部门完成；往来单位的设置，除销售或采购部门使用之外，会计可根据共享原则灵活使用，一般可在相关会计科目中进行部门辅助核算，简化相关明细科目的设置工作，如客户档案用于应收或预收等与客户相关的科目中，供应商档案用于应付或预付等与供应商相关的科目中。客户或供应商的设置均包括分类设置和档案录入两个内容，依次进行说明。

1）客户设置

客户设置包括客户分类设置和客户档案录入。

（1）客户分类设置。在往来单位设置的客户分类中，主要是针对需要客户分类的，对其具体分类进行设置，操作流程如下所述。

账套主管身份登录 T3 软件→选择“基础设置”菜单，在“往来单位”子菜单下单击“客户分类”命令→出现“客户分类”对话框，单击“增加”命令→录入相应的信息（包括客户类别码和类别名称）→单击“保存”命令→全部类别录入完成后单击“退出”命令。

如果客户类别录入错误，需要进行修改或删除的，则在“客户分类”对话框中，选中该客户类别，选择“修改”或“删除”命令，可进行相应的修改或删除操作，修改操作完成后必须保存，删除完成后则无此条记录。

如果客户不分类，则会提示“客户无分类”（客户分类编码自动为“00”），不允许进行客户分类的操作。

（2）客户档案录入。公司于 2019 年 11 月设立时，暂无客户档案信息，客户档案的具体录入，将在相关业务发生时进行，但需要说明客户档案增加的流程。

客户档案的增加，其选择路径是“基础设置”——“客户档案”，选择的命令是“增加”，会出现“客户档案”卡片，在卡片中录入客户的编号、名称、简称、税号、开户行、账号、地址和电话等信息，完成后单击“保存”按钮。客户的增加必须在客户分类的最末级进行；如果客户无分类，则在默认的“00”类别下增加。

客户的修改，在“客户档案”界面，选中该客户，然后单击修改或双击，打开客户卡片，修改错误，完成后需要保存信息；客户的删除，在“客户档案”界面，选中该客户，然后单击删除命令，根据提示操作直接删除客户信息记录。

2）供应商设置

供应商设置包括供应商分类设置和供应商档案录入。

（1）供应商分类设置。在往来单位设置的供应商分类中主要是针对需要供应商分类的，本账套对供应商分类编码及名称分别设置为“21”“采购供应商”“22”“设备供应商”“23”“其他”，其具体分类进行设置操作流程如下所述。

账套主管身份登录 T3 软件→选择“基础设置”菜单，在“往来单位”子菜单下执行“供应商分类”命令→出现“供应商分类”对话框，单击“增加”命令→录入相应的信息（如供应商类别码“21”和类别名称“采购供应商”），单击“保存”命令→全部类别录入完成后单击“退出”命令。

供应商分类设置流程图，如图 1-38 所示。

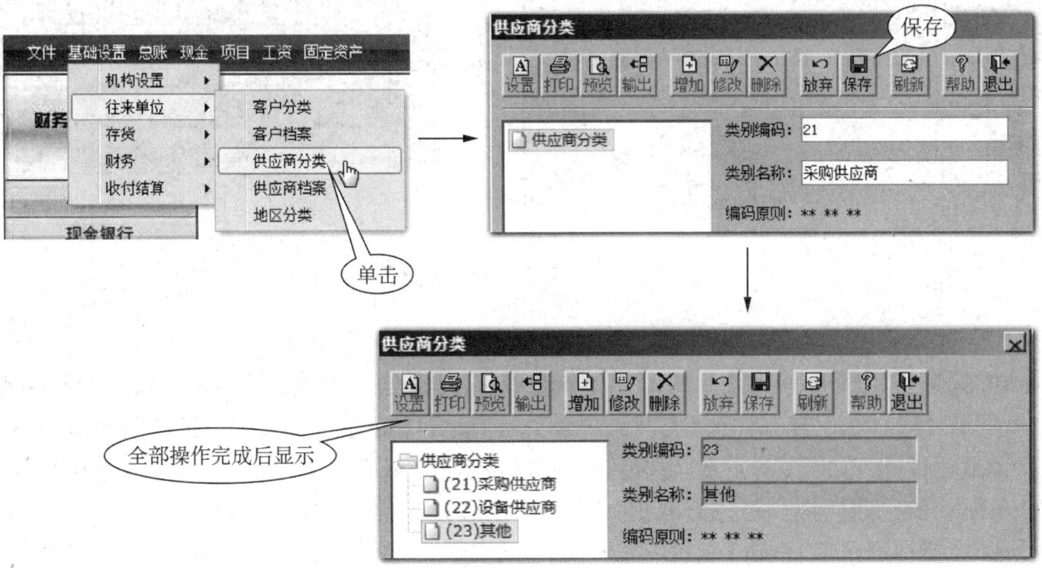

图 1-38　供应商分类设置流程图

如果供应商类别有错误，需要进行修改或删除的，则在“供应商分类”对话框中，选中该供应商类别，选择“修改”或“删除”命令，可进行相应的修改或删除操作；修改操作完成后必须保存信息，删除完成后则无此条记录。

如果供应商不分类，则系统会提示“供应商无分类”，不允许进行供应商分类的操作。

（2）供应商档案录入。公司于 2019 年 11 月设立，尚无供应商档案信息，供应商档案的具体录入，将在相关业务发生时进行处理。供应商档案增加的流程如下：

供应商档案的增加，其选择路径是“基础设置”——“供应商档案”菜单命令，单击“增加”命令，会出现“供应商档案”卡片，在卡片中录入供应商的编号、名称、简称、税号、开户行、账号、地址和电话等信息，完成后单击“保存”按钮。供应商的增加必须在供应商分类的最末级进行；如果供应商无分类，则在默认的“00”类别下增加。

供应商档案的修改，在“供应商档案”界面，选中该供应商，然后单击修改或双击，打开供应商卡片，修改错误，完成后需要保存信息；供应商的删除，在“供应商档案”界面，选中该供应商，然后单击“删除”命令，根据提示操作直接删除该供应商信息记录。

4. 财务设置操作

财务设置操作包括凭证类别设置、会计科目设置及项目目录设置等操作。

1) 凭证类别设置

凭证类别设置具体操作是，由账套主管的身份注册 T3 软件。在“基础设置”菜单中进入“财务”子菜单，单击“凭证类别”命令，打开“凭证类别预置”对话框，选中“记账凭证”，单击“确定”按钮，完成凭证类别的设置。

凭证类别设置流程，如图 1-39 所示。

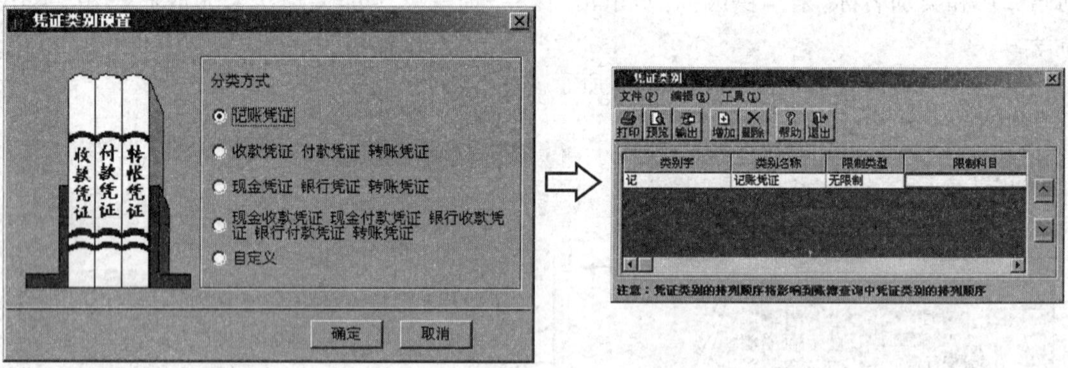

图 1-39 凭证类别设置流程

需要说明的是：

在“凭证类别预置”对话框中，可供选择的凭证类别分类方式很多，有“记账凭证”类型、“收款凭证 付款凭证 转账凭证”类型、“现金凭证 银行凭证 转账凭证”类型、“现金收款凭证 现金付款凭证 银行收款凭证 银行付款凭证 转账凭证”及“自定义”等类型。操作员可根据财务部熟悉的记账凭证类型进行合适的选择；“记账凭证”类型选择后，一般默认是通用型记账凭证，借贷科目没有任何限制；如果选择了“收款凭证 付款凭证 转账凭证”类型，则可以对特定凭证类型进行诸如“库存现金”“银行存款”等科目的限制条件。凭证类型及限制条件一览表，如表 1-6 所示。

表 1-6 凭证类型及限制条件一览表

类别字	类别名称	限制类型	科目名称
记	记账凭证	无	—
收	收款凭证	借方必有	1001，1002

（续表）

类别字	类别名称	限制类型	科目名称
付	付款凭证	贷方必有	1001，1002
转	转账凭证	凭证必无	1001，1002
现金	现金凭证	凭证必有	1001
银行	银行凭证	凭证必有	1002
现收	现金收款凭证	借方必有	1001
现付	现金付款凭证	贷方必有	1001
银收	银行收款凭证	借方必有	1002
银付	银行付款凭证	贷方必有	1002

2）会计科目设置

会计科目设置是基础设置中会计工作的核心设置，具体操作包括指定科目设置和会计科目设置等工作。

(1) 指定科目设置。指定科目设置是指定现金总账科目（此为专属名称，总账科目一般指总分类科目）和银行总账科目。指定科目的设置是进行出纳工作的必备条件，其具体设置流程如下所述：

① 以账套主管的身份注册 T3 软件。进入“基础设置”菜单，选择“财务”子菜单，执行“会计科目”命令，进入“会计科目”编辑界面。

“会计科目”编辑界面，如图 1-40 所示。

图 1-40 “会计科目”编辑界面

② 单击“编辑”中的“指定科目”命令。

会计科目编辑命令界面，如图 1-41 所示。

③ 进入“指定科目”对话框，单击选择“现金总账科目”，将待选科目中的“1001 库存现金”科目单击选中，单击“>”按钮，将该科目从待选科目转入已选科目。

图 1-41　会计科目编辑命令界面

指定现金总账科目界面,如图 1-42 所示。

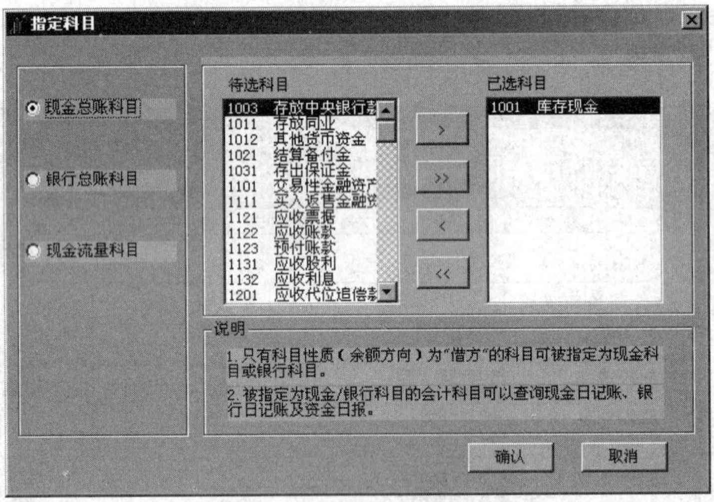

图 1-42　指定现金总账科目界面

④ 单击选中"银行总账科目",将待选科目中的"1002 银行存款"科目单击选中,单击">"按钮,将该科目从待选科目转入已选科目→单击"确认"按钮。

指定银行总账科目界面,如图 1-43 所示。

需要说明的是:

指定科目是启用现金科目或银行科目进行出纳工作的必要条件,如果不进行指定科目,则在编制记账凭证时,银行存款的结算方式不会启用,也不能查询现金、银行存款日记账和资金日报,不能与银行对账单进行核对以及出纳签字等出纳工作。

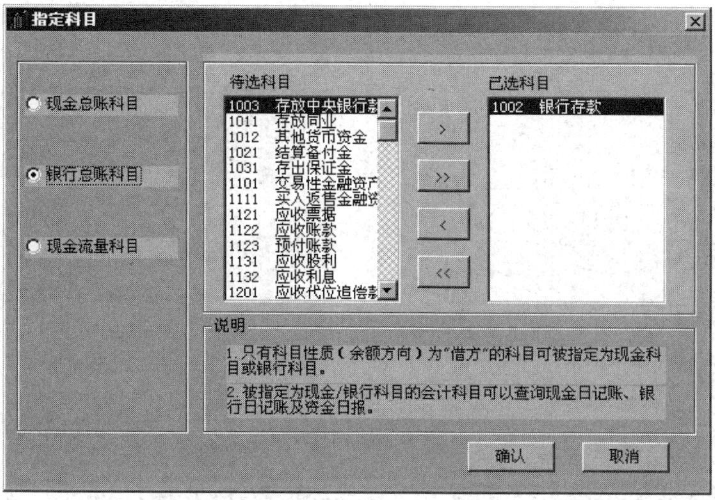

图 1-43　指定银行总账科目界面

(2) 会计科目设置。会计科目设置从操作角度包括会计科目的增加、修改和删除等操作。会计科目设置从内容设置角度包括总账及明细科目的增加、单位往来与个人往来科目的设置、项目核算科目及其他辅助核算科目的设置等。这里首先介绍会计科目的增加、修改、删除等会计科目的操作，其次把本书需要操作的科目完整地列表显示。

① 会计科目的增加操作。会计科目的增加，包括总分类科目的增加和所属明细科目的增加等。

A. 总分类科目增加的操作。其具体流程是：以账套主管的身份登录 T3 软件。在"基础设置"菜单下，单击"财务"子菜单，选择下级"会计科目"菜单，单击之；打开"会计科目"对话框，单击"增加"命令，在弹出的"新增科目"对话框中按要求录入总分类科目的信息，在此界面，依次录入科目代码、科目中文名称、属性、借贷方向等信息，总分类科目所有的信息都可以按需要设置的科目要求进行修改，当录入的科目信息经检查无误后，单击"确定"按钮，显示下一增加会计科目对话框。由于在建账时已预置了按财政部规定的行业总分类科目，因此，增加总分类科目的操作比较少，特别要注意新增总分类科目时该科目余额方向的选择是否正确。

B. 所属明细科目增加的操作。其具体步骤是：以账套主管的身份登录 T3 软件。在"基础设置"菜单下，选中"财务"子菜单，单击"会计科目"命令；打开"会计科目"对话框，单击"增加"命令，在弹出的"新增科目"对话框中，按要求录入明细科目的信息，一般录入科目编码、科目中文名称、所需要的辅助核算信息等，经检查无误后，单击"确定"按钮，完成明细科目的增加操作。注意，明细科目名称的字符不得超过 15 个，若超过，则分两步，第一步，增加科目，其科目名不超过 15 个字符；第二步，对该科目进行修改，添加科目名称后面的部分。如增加"100201"明细科目，先增加代码"100201"、名称为"建行"的明细科目，保存后退出增加对话框，然后双击该科目，进行修改，其明细科目添加完整，保存。

增加及修改银行存款明细科目界面，如图 1-44 所示。

若增加三级科目，则需先增加其上级的二级科目，只有二级科目增加成功，才能增加其下属的三级明细科目，依次类推。

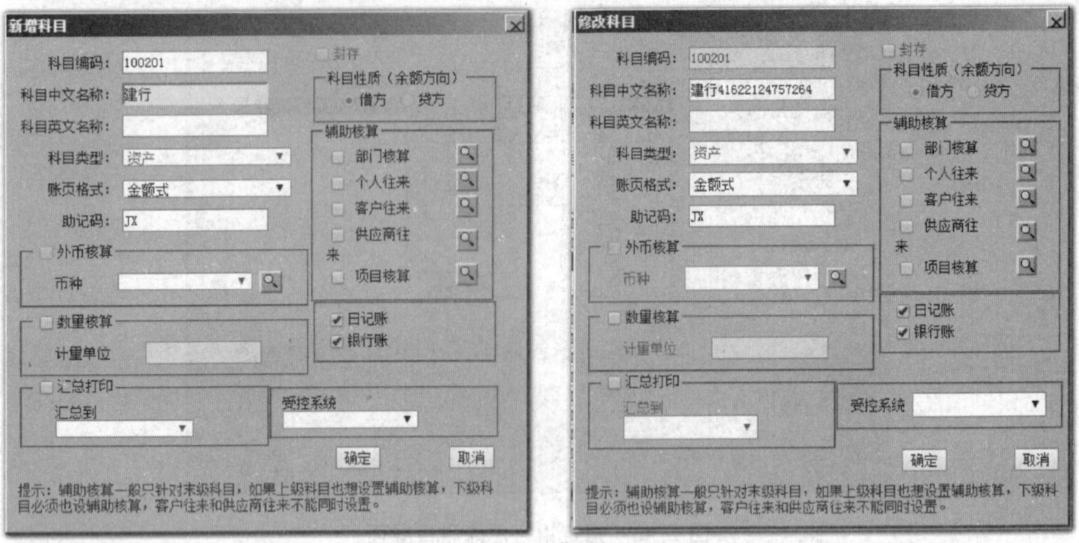

图 1-44　增加及修改银行存款明细科目界面

有些明细科目增加时还要求进行辅助核算设置，辅助核算包括部门核算、个人往来、客户往来、供应商往来和项目核算等。例如，“112301 供应商”科目增加时的要求，该明细科目要求供应商往来辅助核算。

增加含有供应商往来辅助核算的预付账款明细科目界面，如图 1-45 所示。

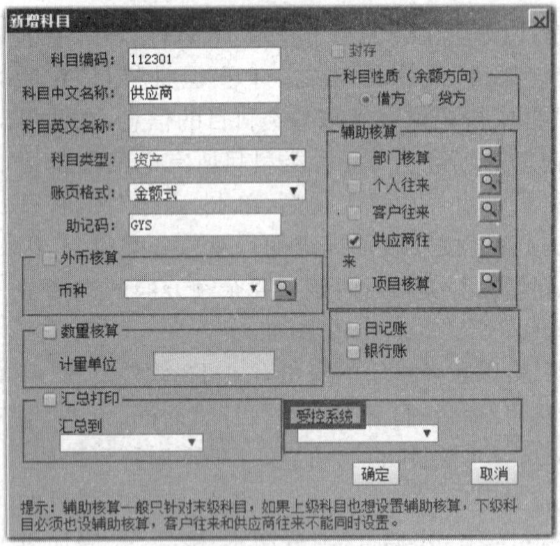

图 1-45　增加含有供应商往来辅助核算的预付账款明细科目界面

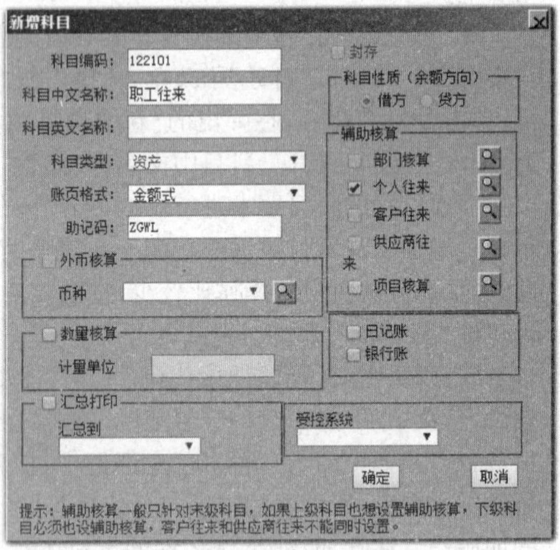

图 1-46　增加含有个人往来辅助核算的其他应收款明细科目界面

需要说明的是：

受控系统应选择为“空”，即带框的受控系统下单击下拉键，选择第 1 个空白，双击，即为受控系统为空。“122101 职工往来”科目增加时的操作，要求进行个人往来核算。

增加含有个人往来辅助核算的其他应收款明细科目界面，如图 1-46 所示。

需要说明的是：

增加明细科目时，系统默认其类型、余额方向等与上级科目保持一致，这是无法修改的；已经使用的末级会计科目不能再增加下级会计科目；已有数据的会计科目，应先将该科目或其明细科目余额清零后再进行修改。

② 会计科目的修改操作。会计科目的修改主要是对表内总分类科目进行修改，如科目编码“4001”，科目名称为“股本”，原已预置的“4001”科目“实收资本”。具体设置流程如下：

A. 一般修改方法。以账套主管的身份登录 T3 软件。在“基础设置”菜单下，选中“财务”子菜单，选择“会计科目”并单击；打开“会计科目”对话框，执行“查找”命令，在弹出的“查找”对话框中录入科目代码“4001”，单击“确定”按钮，查找到“实收资本”科目；选择“修改”命令或双击鼠标，弹出“修改科目”对话框，单击“修改”按钮，将科目中文名称从“实收资本”改为“股本”，并勾选项目辅助核算项，检查无误后，单击“确定”按钮，完成该总分类科目的修改工作。科目“营业税金及附加”改为“税金及附加”采用相同的操作方法。

B. 对辅助核算进行修改的方法。有些总分类科目除预置的属性外，还要求进行辅助核算，也是采用会计科目修改的方法完成。

a. 修改“1121 应收票据”总分类科目，勾选客户往来，受控系统选择为“空”。

修改含有客户往来辅助核算的应收票据总分类科目界面，如图 1-47 所示。

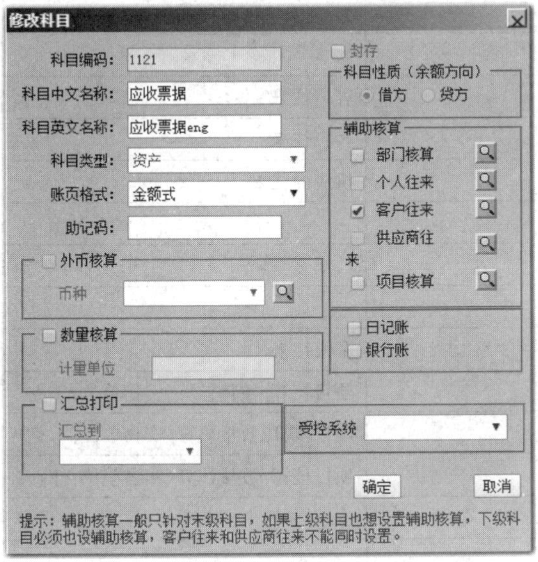

图 1-47　修改含有客户往来辅助核算的应收票据总分类科目界面

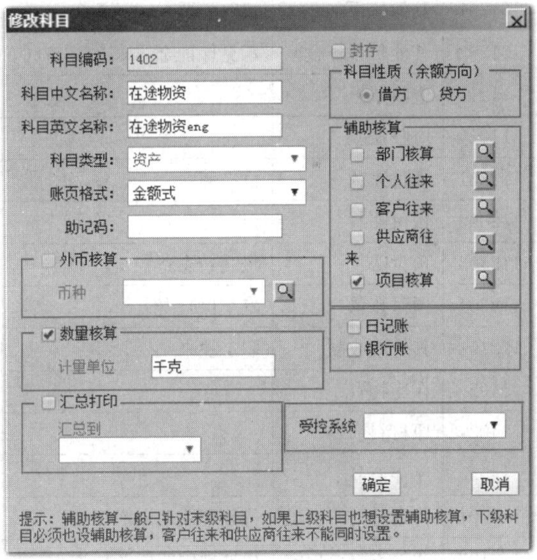

图 1-48　修改含有数量核算和项目核算等辅助核算的在途物资总分类科目界面

b. “1402”在途物资科目的修改。其中数量核算的设置方法是，在“修改科目”的编辑界面，数量核算复选框打“√”，然后在“计量单位”上录入实物单位“千克”。

修改含有数量核算和项目核算等辅助核算的在途物资总分类科目界面，如图 1-48 所示。

需要说明的是：

明细科目增加时，辅助核算的设置与会计科目中辅助核算的修改方法相同。若增加的明细科目辅助核算属性错误，直接在该明细科目中进行修改。在 T3 云平台下，会计科目的代码不能修改，在使用科目前发现其代码有问题，只能删除后再增加。若增加的总分类科目性质或余额方向错误，并由此增加了下级明细科目，此时必须删除该总分类科目下全部的明细分类科目，然后对该总分类科目进行修改。

③ 会计科目删除。如果会计科目在未使用前可以将其删除，具体操作是：在“会计科目”对话框中，选中“删除”命令，系统会提示“记录删除后不能修复！真的删除此记录吗？”的信息对话框，单击“确定”按钮，完成删除科目的操作。

（3）需编辑的科目体系。根据公司会计政策、管理等要求必须设置完整的总分类及明细科目体系，有关总分类及明细分类科目的设置必须根据完整的科目体系及已预置的会计科目分析出需编辑总分类及明细科目。需编辑总分类及明细科目全部设置完成后，才能进入工资、固定资产和总账等子系统的参数设置及期初余额录入等工作。

需编辑总分类及明细科目表，如表 1-7 所示。

表 1-7 需编辑总分类及明细科目表

科目代码	总账科目	二级明细科目	三级明细科目	辅助核算要求
100201	银行存款	建行 41622124757264		
100202	银行存款	交行 41924996708646		
101201	其他货币资金	银行汇票		
101202	其他货币资金	承兑保证金 3201824827607		
1121	应收票据			客户往来
1122	应收账款			客户往来
112301	预付账款	供应商		供应商往来
112302	预付账款	财产保险费		
112303	预付账款	报刊杂志费		
112304	预付账款	汽车保险费		
122101	其他应收款	职工往来		个人往来
1402	在途物资			项目核算/数量核算（实物单位：千克）
1403	原材料			项目核算/数量核算（实物单位：千克）
1405	库存商品			项目核算/数量核算（实物单位：件）
190101	待处理财产损溢	待处理流动资产损溢		
190102	待处理财产损溢	待处理固定资产损溢		
1902	应收退货成本			项目核算/数量核算（实物单位：件）
2201	应付票据			供应商往来
220201	应付账款	暂估应付账款		供应商往来
220202	应付账款	供应商		供应商往来
2204	合同负债			客户往来
221101	应付职工薪酬	工资		
221102	应付职工薪酬	职工福利		
22110301	应付职工薪酬	社会保险费	医疗保险	

（续表）

科目代码	总账科目	二级明细科目	三级明细科目	辅助核算要求
22110302	应付职工薪酬	社会保险费	工伤保险	
22110401	应付职工薪酬	设定提存计划	养老保险	
22110402	应付职工薪酬	设定提存计划	失业保险	
221105	应付职工薪酬	住房公积金		
22210101	应交税费	应交增值税	进项税额	
22210102	应交税费	应交增值税	已交税金	
22210103	应交税费	应交增值税	减免税款	
22210104	应交税费	应交增值税	转出未交增值税	
22210105	应交税费	应交增值税	销项税额	
22210106	应交税费	应交增值税	进项税额转出	
222102	应交税费	未交增值税		
222103	应交税费	简易计税		
222104	应交税费	应交所得税		
222105	应交税费	应交城市维护建设税		
222106	应交税费	应交教育费附加		
222107	应交税费	应交地方教育费附加		
222108	应交税费	应交车船税		
222109	应交税费	应交个人所得税		
222110	应交税费	应交印花税		
22410101	其他应付款	社会保险费	医疗保险	
22410201	其他应付款	设定提存计划	养老保险	
22410202	其他应付款	设定提存计划	失业保险	
224103	其他应付款	住房公积金		
280101	预计负债	应付退货款		项目核算/数量核算(实物单位:件)
4001	股本			项目核算
500101	生产成本	直接材料		项目核算
500102	生产成本	直接人工		项目核算
500103	生产成本	制造费用		项目核算
510101	制造费用	办公费		
510102	制造费用	财产保险费		
510103	制造费用	水电费		
510104	制造费用	差旅费		
510105	制造费用	通讯费		
510106	制造费用	工资		

（续表）

科目代码	总账科目	二级明细科目	三级明细科目	辅助核算要求
510107	制造费用	职工福利费		
510108	制造费用	“四险一金”		
510109	制造费用	折旧费		
6001	主营业务收入			项目核算/数量核算(实物单位:件)
605101	其他业务收入	材料销售		项目核算/数量核算(实物单位:千克)
6401	主营业务成本			项目核算/数量核算(实物单位:件)
640201	其他业务成本	材料销售		项目核算/数量核算(实物单位:千克)
640301	税金及附加	城市维护建设税		
640302	税金及附加	教育费附加		
640303	税金及附加	地方教育费附加		
640304	税金及附加	车船税		
640305	税金及附加	印花税		
660101	销售费用	包装费		
660102	销售费用	广告宣传费		
660103	销售费用	市内交通费		
660104	销售费用	工资		
660105	销售费用	职工福利费		
660106	销售费用	“四险一金”		
660107	销售费用	办公费		
660108	销售费用	水电费		
660109	销售费用	差旅费		
660110	销售费用	通讯费		
660111	销售费用	折旧费		
660112	销售费用	财产保险费		
660113	销售费用	汽车费用		
660114	销售费用	商品维修费		
660115	销售费用	运输装卸费		
660116	销售费用	商品保险费		
660201	管理费用	开办费		
660202	管理费用	咨询服务费		
660203	管理费用	董事会费		
660204	管理费用	技术维护费		
660205	管理费用	业务招待费		
660206	管理费用	交通费		

（续表）

科目代码	总账科目	二级明细科目	三级明细科目	辅助核算要求
660207	管理费用	无形资产摊销		
660208	管理费用	工资		
660209	管理费用	职工福利费		
660210	管理费用	“四险一金”		
660211	管理费用	办公费		
660212	管理费用	水电费		
660213	管理费用	差旅费		
660214	管理费用	通讯费		
660215	管理费用	折旧费		
660216	管理费用	固定资产维修费		
660217	管理费用	财产保险费		
660218	管理费用	汽车费用		
660219	管理费用	会务费		
660220	管理费用	盘盈利得		
660221	管理费用	盘亏损失		
660301	财务费用	利息支出		
660302	财务费用	利息收入		
660303	财务费用	工本及手续费		
660304	财务费用	现金折扣		

需要说明的是：

① 设置辅助核算的主要目的是达到信息共享并减少相关明细科目的设置工作。若科目选择“部门核算”，则该科目可以利用基础设置中部门档案信息进行核算，使用部门辅助核算的科目一般有多车间存在时的“生产成本”及“制造费用”科目、多个管理部门核算的“管理费用”科目等；如果科目选择“个人往来”，则该科目可以利用基础设置中职员档案信息进行核算，一般其他应收款中职工往来明细科目使用此辅助核算项目；如果科目选择“客户往来”，则该科目可以利用基础设置中客户档案信息进行核算，常用于“应收票据”“应收账款”和“合同负债”（一般预收货款业务通过“合同负债”科目进行核算，且其余额方向只允许在贷方）等科目；如果科目选择“供应商往来”，则该科目可以利用基础设置中供应商档案信息进行核算，常用于“应付票据”“应付账款”和“预付账款”等总账或明细科目；如果科目选择“项目核算”，则该科目可以在项目目录中设置各种项目（工程、费用、存货等）进行核算，其中工程项目适用于“在建工程”科目，费用科目常用于“制造费用”“销售费用”“管理费用”“辅助生产成本”等科目，专用存货核算项目，常用于库存存货的“原材料”“库存商品”“存货销售收入”“销售成本”“基本生产成本”等科目，其专有名称为“存货核算”。另外，出于提供详细信息的要求，科目可同时进行数量核算，数量核算多用于存货等需进行数量管理的科目，如“在途物资”“原材料”“库存商品”等科目。同一科目可同时选择最多两种辅助核算类型进行核

算。但部门核算和个人往来不能同时选择；客户往来和供应商往来不能同时选择。产品成本计算使用的项目核算有三种方式：一是使用普通项目（如“成本项目”等）；二是使用成本对象，其专有名称为“成本对象”，往往与产品结构配套使用；三是使用存货核算。辅助核算项目应用后还广泛用于相关项目信息的查询及汇总统计。

② 选择辅助核算项一般只针对末级科目。

③ 对于需要进行客户往来或供应商往来辅助核算的相关科目，除勾选“客户往来”或“供应商往来”外，还必须要注意受控系统的选择，受控系统主要包括受控为空、应收和应付等，其中受控为空指不能被采购、销售等业务系统控制的其他系统（如总账等）使用的科目；应收指被销售（含应收）、核算等业务系统使用的而不能被其他系统（如总账）使用的科目；应付指被采购（含应付）、核算等业务系统使用的而不能被其他系统（如总账）使用的科目；本书不涉及采购、销售等业务子系统，具有客户或供应商往来辅助核算的科目，应选择受控系统为“空”。

④ 项目辅助核算科目的设置不是单独的，必须与项目目录（或项目档案）的设置相配合，才能组成完整的设置，任缺其一均会导致设置的失败。

⑤ 在 T3 系统中使用不同子系统，其科目设置属性可能不同，如“在途物资”科目，在不涉及购销存系统时，为便于核算所购存货的实际采购成本，一般需要设置“项目核算”及“数量核算”；但需要进行购销存核算的，其科目对应的采购成本由系统按流程完成，且该科目包括所购存货不含税金额（数量×单价）、共耗性采购费用（如运输费等），此时存货档案及其对应的数量单位均不至 1 个，由于购销存详细记录的存货的各种采购成本且存货档案要求不同，因此，“在途物资”科目一般不进行项目核算和数量核算，只要求进行总分类核算。

⑥ 会计科目的余额方向，一般资产科目余额方向在借方，负债科目余额方向在贷方，权益科目余额方向在贷方，成本科目余额方向在借方，损益科目中收入科目余额方向在贷方，支出科目余额方向在借方；以上余额方向以总分类科目余额方向为依据，所属各明细科目余额方向均与其总分类科目余额方向一致。

3）项目目录（或项目档案）设置

项目目录的设置，不能单独进行，必须与会计科目的设置相结合，有时还要与其他基础设置相结合，如各种存货核算的项目处理，与基础设置中存货分类及存货档案相联结。

项目目录的具体步骤一般有以下五步：

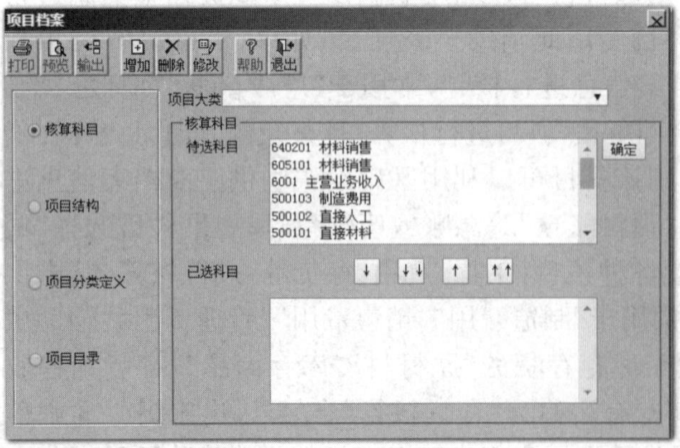

图 1-49 “项目档案”对话框

（1）以账套主管的身份在信息门户注册。在“财务”——“会计科目”中将有关联的会计科目设为“项目核算”。如图 1-48 所示，其科目多少应根据表 1-7 设置。

（2）在“财务”——“项目目录”中增加项目大类。选择“财务”选项，执行“项目目录”命令，显示“项目档案”对话框。

“项目档案”对话框，如图 1-49 所示。

单击“增加”命令按钮，选择“使用

存货目录定义项目”，则项目大类名称为专用名称“存货核算”。单击“完成”按钮。

增加“存货核算”大类，如图 1-50 所示。

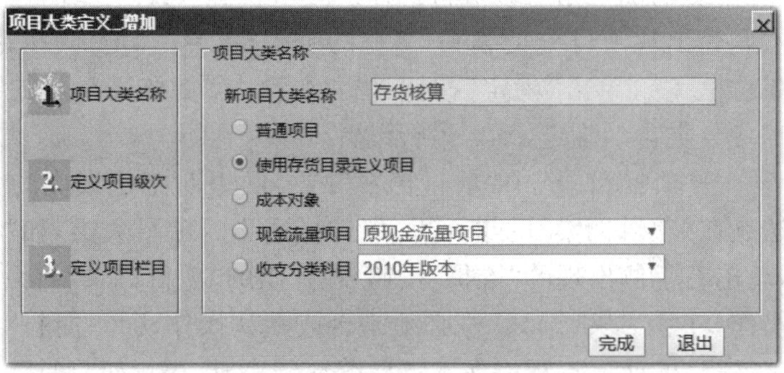

图 1-50　增加“存货核算”大类

增加普通项目“股东项目”，在“项目档案”对话框中单击“增加”按钮，默认勾选普通项目，新项目大类名称录入“股东项目”，单击“下一步”按钮，默认并单击“下一步”按钮，单击“完成”按钮。

(3) 在“财务”——“项目目录”中“项目档案”的界面里指定归属于某大类项目的会计科目。如大类名称选择“存货核算”，应归入该大类的会计科目包括“1402 在途物资”“1403 原材料”“1405 库存商品”“1902 应收退货成本”“280101 预计负债——应付退货款”“500101 生产成本——直接材料”“500102 生产成本——直接人工”“500103 生产成本——制造费用”“6001 主营业务收入”“605101 其他业务收入——材料销售”“6401 主营业务成本”和“640201 其他业务成本——材料销售”等，将这些科目从待选科目移入已选科目。完成后单击“确定”按钮；在提示信息中单击“确定”按钮。

存货核算大类所属科目设置完成后界面，如图 1-51 所示。

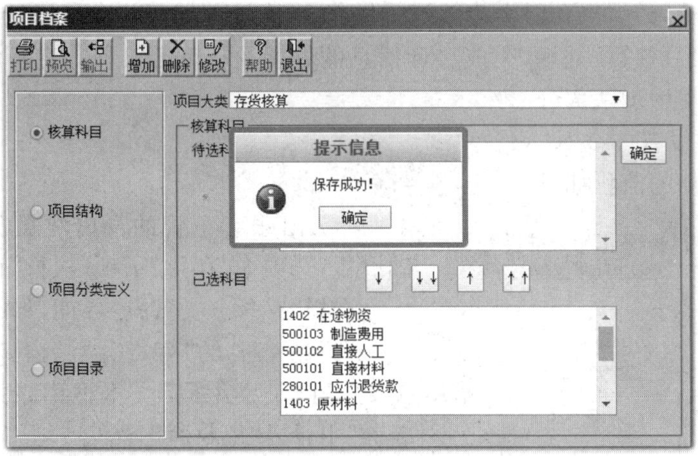

图 1-51　存货核算大类所属科目设置完成后界面

大类名称选择“股东项目”，将“股本”科目从待选科目移入已选科目，单击“确定”按钮，在提示信息中单击“确定”按钮。

(4) 在“财务”——“项目目录”中“项目档案”的界面里增加指定大类项目的小类。一般按需要设置某项目所属的小类。具体操作是在“项目档案”界面，首先选择合适的项目大类(通过项目大类名称右侧的倒三角可以进行选择)“股东项目”，其次选中“项目分类定义”，在项目分类定义的右侧会出现项目分类编码、名称的录入栏，单击“增加”按钮，录入分类编码“1”和分类名称“单位法人”，单击“确定”按钮进行保存。存货核算项目的小类根据基础设置——存货中的存货分类自动确定，不需另行设置。

(5) 在“财务”——“项目目录”中“项目档案”的界面里对指定大类的具体项目进行维护。一般操作方法是在“项目档案”的界面里，先选择适当的项目大类，如“股东项目”，然后选中“项目目录”，单击右下侧出现的“维护”按钮，在弹出的“项目目录”对话框中进行具体的项目档案的设置操作，注意“是否结算”栏必须是否或默认操作，而不能打“√”，因股东项目具体业务尚未发生，完整的业务流程将在本书后续部分完成；存货核算具体项目根据基础设置——存货档案自动生成，不需另行处理。

需要说明的是：

① 项目大类的增加根据需要可以进行各种选择。项目大类可选择为普通项目、使用存货目录定义项目、成本对象、现金流量项目及收支分类科目等；其中除普通项目外，其他项目种类均有专有名称，如存货目录定义项目为“存货核算”，普通项目名称不能与其他项目的专有名称相同。如果选择普通项目、成本对象等增加大类，则项目档案设置的过程必须有五步；如果项目大类选择使用存货目录定义或现金流量项目，则项目小类及具体项目已预置，不允许重复设置。

② 每个项目大类选择的科目一定要正确。如果项目大类选择科目错误会导致科目余额或业务数据的录入造成错误。当所有的项目大类选择完合适的科目后，不允许在“待选科目”中还存在会计科目，这些“无主”的科目在录入期初数据时系统必然发生错误。

5. 存货分类及存货档案的设置

公司可以根据表 1-4 对存货进行分类并设置相应的存货档案，存货分类及档案的设置应由仓库、采购、销售、生产和财会等部门协作完成，会计部门可将存货设置的内容作为科目辅助核算中的“项目核算”处理，完成会计信息的处理及查询等工作。存货设置包括存货分类设置和存货档案增加两部分。

1) 存货分类设置

存货分类增加的流程如下：

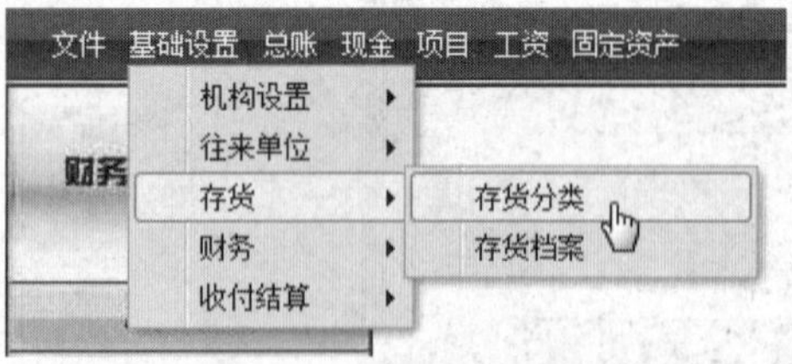

图 1-52　选择“存货分类”命令界面

(1) 由账套主管的身份注册 T3 软件。在“基础设置”选项中“存货”子项，执行“存货分类”命令。

选择“存货分类”命令界面，如图 1-52 所示。

(2) 在打开的“存货分类”窗口中，单击“增加”按钮。在“类别编码”文本框中录入“11”，在“类别名称”中录入“原材料”，然后单击“保存”按钮(存货分类编码规则是 22223，第 1 级需 2 位，因此将原材料定义为 11)。

(3) 重复“(2)”步骤中的操作。依次录入“22 周转材料”(周转材料第 1 级为“22”，与供应商中设备供应商分类“22”相同，但其总类别属于存货分类，系统已自动作了区别，因此下级编码相同不影响类别设置和使用)，及其"2201 低值易耗品"和"2202 包装物"二级分类。录入"33 库存商品"。单击"退出"按钮返回。

录入存货类别界面，如图 1-53 所示。

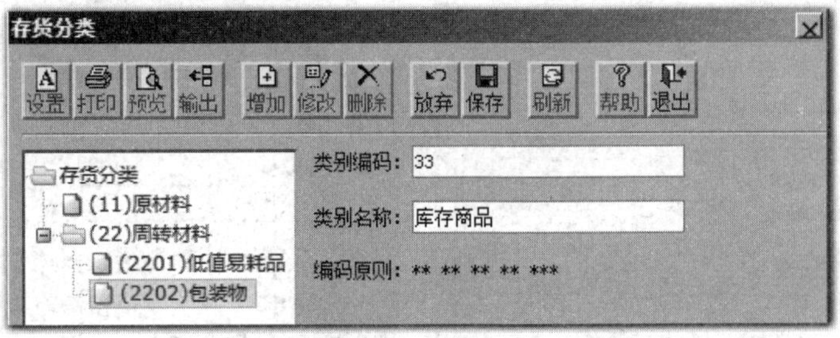

图 1-53　录入存货类别界面

需要说明的是：

(1) 存货分类必须按规定的编码方案录入。操作员录入上级存货分类并保存后，才能录入其下级分类。

(2) 存货分类的修改。若存货类别文字录入错误，操作员可以进行修改。修改的方法是：选中需修改的存货分类，单击"修改"命令，错误修改后必须单击"保存"按钮。

(3) 存货分类的删除。若存货类别编号错误，只能删除该存货类别，选中需删除存货分类，单击"删除"命令，按照系统提示，可完成存货分类的删除工作。

2) 存货档案增加

存货分类完成后才能进行存货档案的录入操作，存货档案录入的具体流程如下：

(1) 以账套主管的身份注册 T3 软件。在"基础设置"菜单中选择"存货"选项，单击"存货档案"命令。

(2) 在打开的"存货档案"窗口中，选择具体的下级分类"原材料"，单击"增加"命令，出现"存货档案卡片"对话框。录入 RP 原材料的存货编号、存货代码、存货名称、助记码计量单位、所属分类码、税率和存货属性等信息，完成后单击"保存"按钮，保存信息的同时进入下一个存货档案卡片的录入界面。

原材料 RP 档案录入界面，如图 1-54 所示。

(3) 按照上述(2)的操作方法，录入和保存 QA 等原材料、K01 和 S02 等产品信息。单击"退出"命令。

原材料 QA 档案录入界面，如图 1-55 所示。

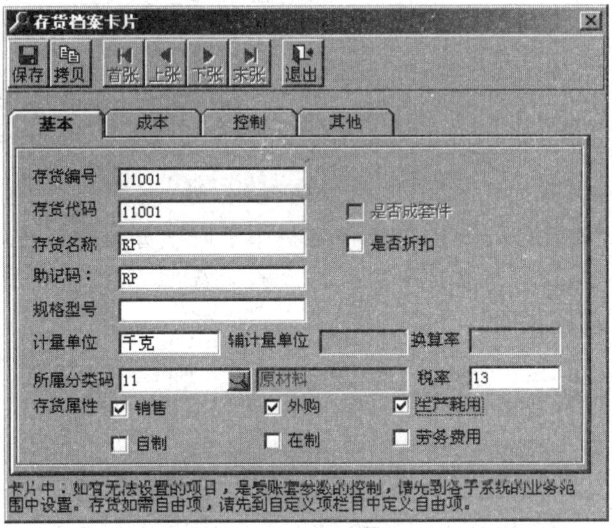

图 1-54　原材料 RP 档案录入界面

库存商品 K01 档案录入界面，如图 1-56 所示。

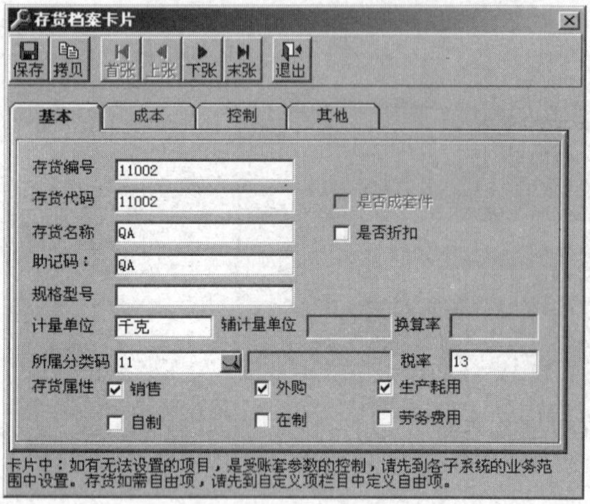

图 1-55　原材料 QA 档案录入界面

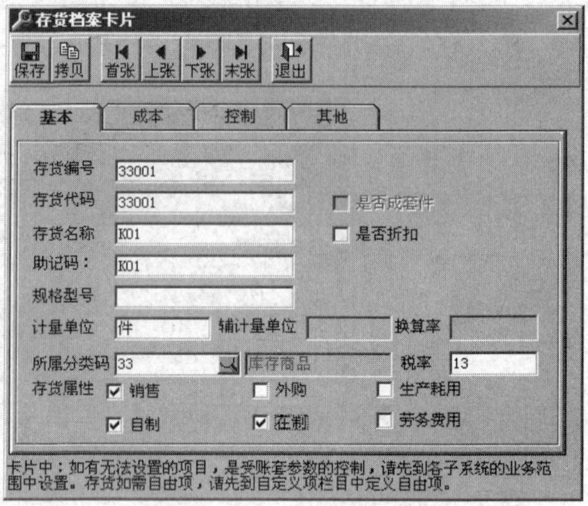

图 1-56　库存商品 K01 档案录入界面

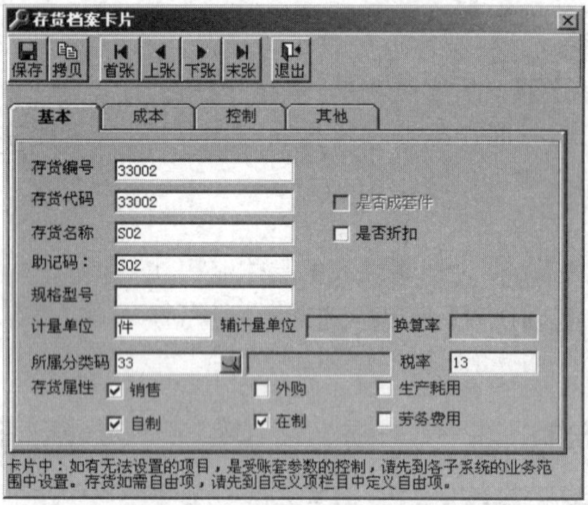

图 1-57　库存商品 S02 档案录入界面

库存商品 S02 档案录入界面，如图 1-57 所示。

需要说明的是：

连续增加不同类别的存货档案时，要严格审核“所需分类码”项目选择的正确性；要注意存货属性的选择是否正确；除了掌握存货档案的增加操作外，还要掌握存货档案的修改和删除操作。

(1) 存货属性。存货属性常用的包括销售、外购、生产耗用、自制、在制和劳务费用。一般存货只用于生产耗用且需要库存处理的，其属性往往是“外购”“生产耗用”；若存货除用于生产耗用，还可以用于销售的，其属性除“外购”“生产耗用”外，还要勾选“销售”；若库存商品则具有“销售”“自制”“在制”等属性；如果存货只用于成本分摊或匹配销售的，且不具有库存管理性质的，必须勾选“劳务费用”属性，如采购运费、采购折让和销售折让等(本书没有使用购销存系统，仅理论说明)。

(2) 存货档案修改。选中“基础设置”——“存货”，进入“存货档案”界面，选中需要修改的存货档案，双击鼠标或单击“修改”命令，进入“存货档案卡片”对话框中，对需要修改的信息进行修改，修改完成单击“保存”按钮。

(3) 存货档案删除。选中“基础设置”——“存货”，进入“存货档案”界面，选中需要删除的存货档案，单击“删除”命令，按系统提示的步骤完成存货档案删除的操作。

6. 仓库档案及产品结构的设置

仓库档案与产品结构的设置，扩展了会计信息的业务范围。其中，仓库档案的设置便于将来的财务业务一体化时进行库存存货收入、发出和结存的业务处理以及存货收发存成本的明细核算，其发出成本的确认主要是计价方式的选择，计价方式常用的包括全月平均法（即月末一次加权平均法）、先进先出法和个别计价法等，本书对各种存货是在总账中核算的，其发出计价方法默认使用的是全月平均法；产品结构则是 ERP 系统的基本因素，称为物料清单。物料清单（bill of materials，简称 BOM）是描述企业产品组成的技术文件，它表明了产品的总装件、分装件、组件、部件、零件，直到原材料之间的结构关系，以及所需的数量。仓库档案与产品结构的设置需要在启用购销存子系统的前提条件下进行。若购销存系统在系统管理中没有启用，本部分操作不做，不影响本书后续业务处理。

1）设置仓库档案

以账套主管的身份在 T3 软件中登录。在“基础设置”选项的“购销存”中执行“仓库档案”命令；在打开的“仓库档案”界面中单击“增加”命令，在弹出的“仓库档案卡片”对话框中录入仓库编码“K01”，仓库名称中录入“综合库”，计价方法默认为“全月平均法”。

仓库档案录入界面，如图 1-58 所示。

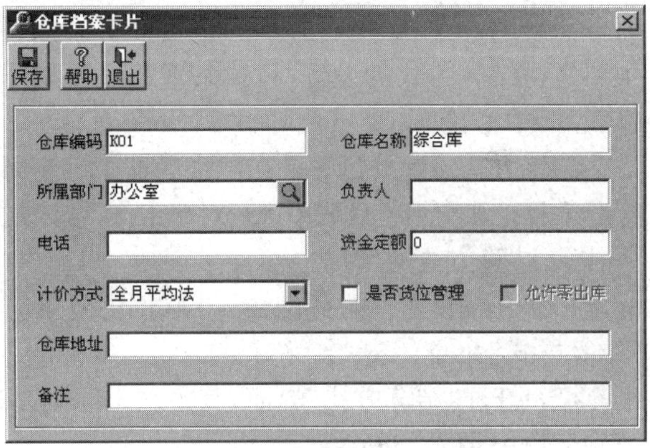

图 1-58　仓库档案录入界面

2）设置产品结构

具体的操作流程如下：

（1）以账套主管的身份在 T3 软件中登录，在“基础设置”选项，选择“购销存”中的“产品结构”，在打开的“产品结构”界面中单击“增加”命令，弹出“产品结构定义”对话框，录入“K01”产品的结构。

K01 产品结构定义界面，如图 1-59 所示。

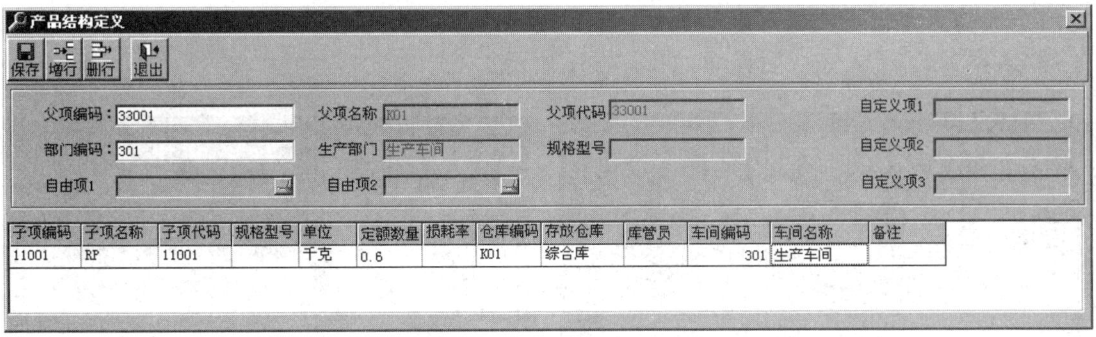

图 1-59　K01 产品结构定义界面

需要说明的是：父项应录入产品或半成品存货档案，子项应录入该产品消耗的材料档案。

（2）单击“保存”命令，自动进入第二种产品的增加对话框，录入“S02”产品结构。单击“保存”命令；单击“退出”命令。

S02 产品结构定义界面，如图 1-60 所示。

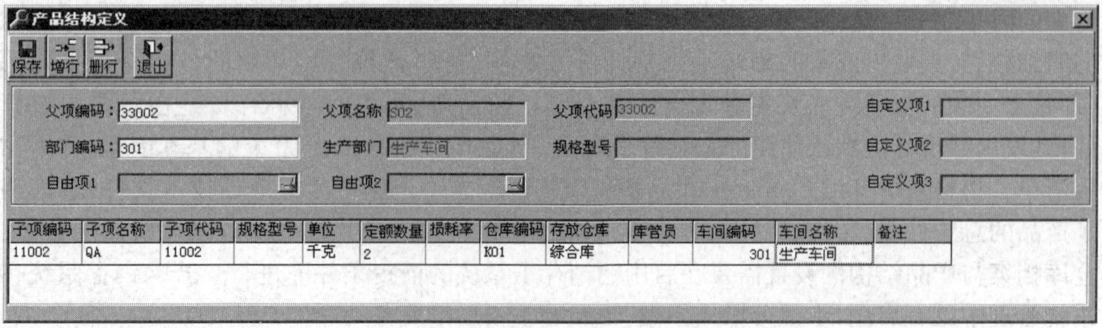

图 1-60 S02 产品结构定义界面

7. 收付结算的设置

收付结算的设置包括结算方式的设置、付款条件的设置和开户银行的设置。公司使用财务系统的总账、工资管理和固定资产等子系统的应用，没有涉及购销存及核算等子系统，主要进行结算方式的设置，付款条件的设置和开户银行的设置将在《会计信息化中级实务操作教程》中讨论。

结算方式设置的目的是在记账凭证中确定“银行存款”科目的转账结算方式，便于企业银行存款日记账与银行对账单进行对账工作，结算方式设置包括结算方式的增加、修改和删除等。

1）结算方式的增加

(1) 以账套主管的身份在 T3 软件中登录。在“基础设置”选项中选择“收付结算”，执行“结算方式”命令。

(2) 打开“结算方式”界面，其中编码原则是建立账套时预置的；在类别编码中录入“1”，类别名称中录入“现金结算”。

增加“现金结算”方式界面，如图 1-61 所示。

(3) 单击“保存”按钮，保存的同时进入下一个结算方式的录入界面。按照(2)的步骤，完成全部结算方式的录入工作。单击“退出”按钮返回。

“结算方式”录入完成后界面，如图 1-62 所示。

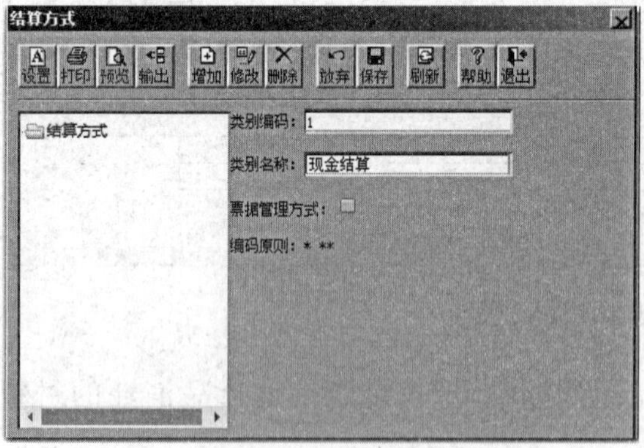

图 1-61 增加“现金结算”方式界面

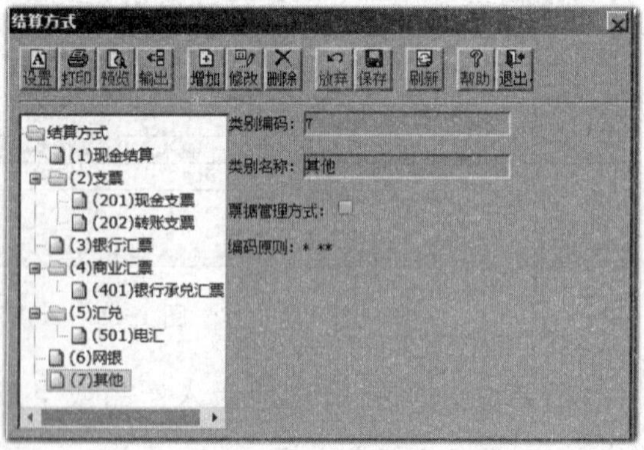

图 1-62 “结算方式”录入完成后界面

2）结算方式的修改和删除

结算方式的修改使用的是“修改”命令，其操作流程与结算方式的增加相似；而结算方式的删除使用的是“删除”命令，但必须先删除下级结算方式，再删除其上级结算方式。进行删除操作时，应按照系统的提示可完成删除的操作。

（三）各子系统初始设置操作

工资管理系统的初始设置包括工资管理子系统启用和工资管理子系统基础信息的设置。

1. 工资管理子系统启用

公司采用单工资类别，用于计算职工的代扣款项及实发工资，以及进行简单的工资费用和“四险一金”的分摊，用于生成分配工资及“四险一金”相关的记账凭证。至于多工资类别的设置将在《会计信息化中级实务操作教程》中讨论。

工资管理系统的启用，系统会采用“建立工资套”的引导方式完成设置，具体流程如下：

（1）以账套主管的身份登录 T3 软件。在软件界面上出现“工资”菜单，单击“工资”菜单，进行工资管理启用的设置引导界面。

建立工资账套“参数设置”界面，如图1-63所示。

需要说明的是：

当账套主管登录 T3 软件后，没有“工资”菜单，则说明“工资”子系统没有启用，需要在系统管理中进行工资启用的操作。如果是非账套主管登录 T3 软件后，没有“工资”菜单，则可能有两种情况：一种是工资系统没有启用；另一种是该操作员没有执行工资管理系统的权限。其他子系统出现上述情况时使用同样的判断方法。

（2）单击“下一步”按钮，进入扣税设置。操作员一般选择从工资中代扣个人所得税，在复选框中打“√”，税率表选择默认勾选。

建立工资账套“扣税设置”界面，如图 1-64 所示。

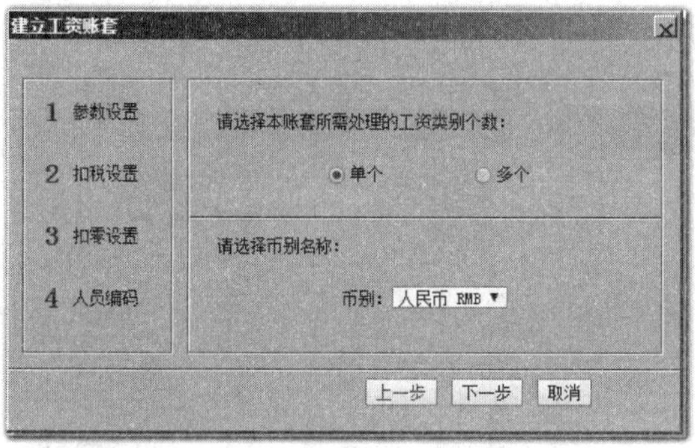

图 1-63 建立工资账套“参数设置”界面

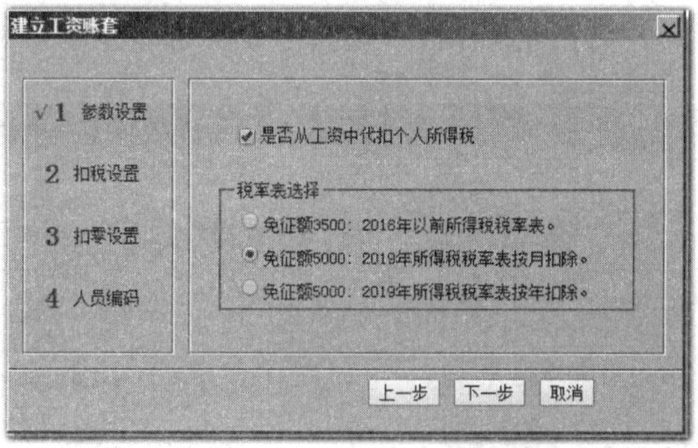

图 1-64 建立工资账套“扣税设置”界面

需要说明的是：

该选项也可在工资管理系统启用后，在“工资”——“设置”——“选项”中更改。

（3）单击“下一步”按钮，进入扣零设置。目前，公司支付职工工资，是通过银行转账支付，不再扣零，因此选择默认。

需要说明的是：该选项也可在工资管理系统启用后，在“工资”——“设置”——“选项”中更改。

建账完成后“扣零设置”界面，如图 1-65 所示。

（4）单击“下一步”按钮，进入人员编码设置。设置人员编码为 6 位，其他默认，单击

“完成”按钮。

建立工资账套“人员编码”等设置界面，如图 1-66 所示。

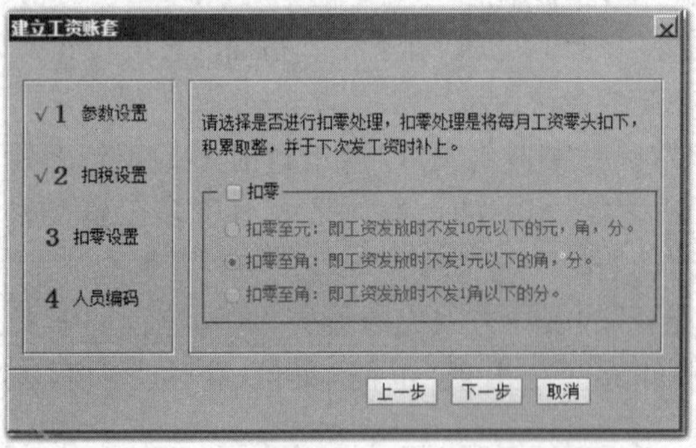

图 1-65　建账完成后“扣零设置”界面

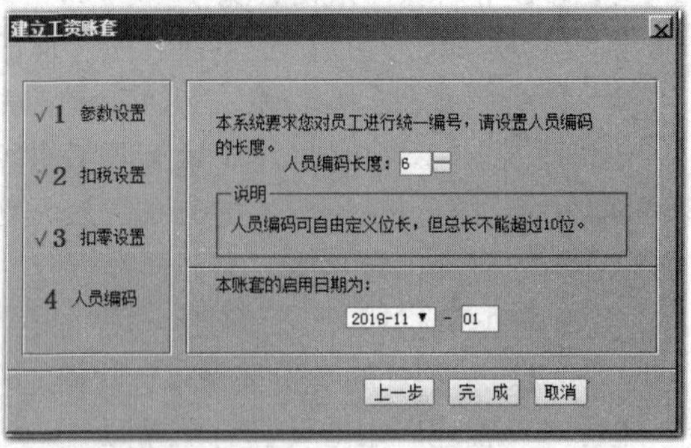

图 1-66　建立工资账套“人员编码”等设置界面

需要说明的是：

人员编码长度一经确定，不允许修改，且所有进入工资系统的人员档案均按此编码长度处理。

2. 工资管理子系统基础设置

工资管理系统的基础设置包括人员类别的设置、人员档案的录入、工资项目的设置及工资项目计算公式的设置等部分，这些部分一般按顺序进行设置。

1）人员类别的设置

（1）以账套主管的身份进入工资系统。选中设置中的“人员类别设置”。

“人员类别设置”选择命令界面，如图 1-67 所示。

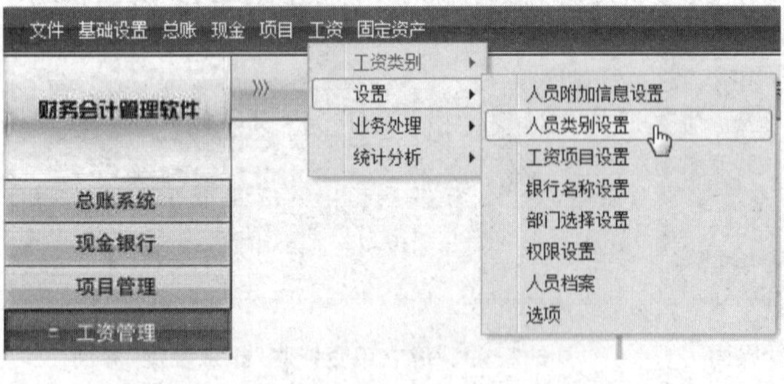

图 1-67　“人员类别设置”选择命令界面

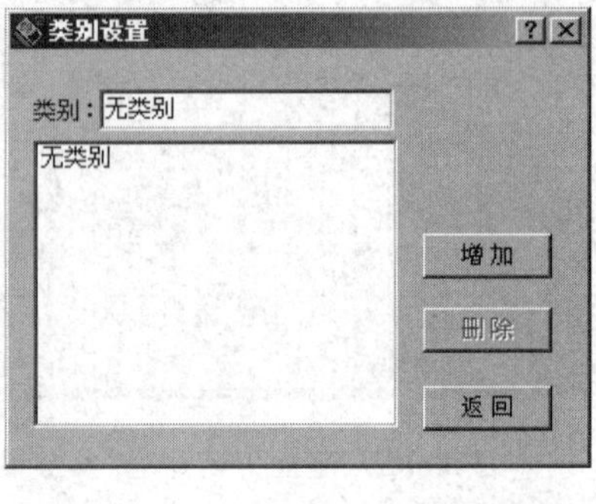

图 1-68　“类别设置”对话框界面

（2）进入“类别设置”对话框。

“类别设置”对话框界面，如图 1-68 所示。

（3）类别中“无类别”改为“管理”，单击“增加”按钮，保存录入类别的同时，进入下一个类别的录入界面。分别录入人员类别：“销售”“生产”“K01 人工分配”和“S02 人工分配”等，每个类别录入后均单击“增加”按钮。

类别设置完成后界面，如图 1-69 所示。

需要说明的是：

人员类别是按会计核算工资费用的要求进行设置的，如管理部门的人员及车间主任，其类别统一设置为“管理”，专设销售机构的人员，其类别设为“销售”，生产工人类别为“生产”，在计时工资下对于每种产品需负担的工资，则分别设置“K01 人工分配”和“S02 人工分配”等类别进行处理。

2）人员档案的录入

进入工资系统的下拉式菜单，选中设置中的“人员档案”。人员档案的增加方式有两种：一种是批增的方式；另一种是单个员工“增加”的方式，两者相辅相成。

人员档案打开路径界面，如图 1-70 所示。

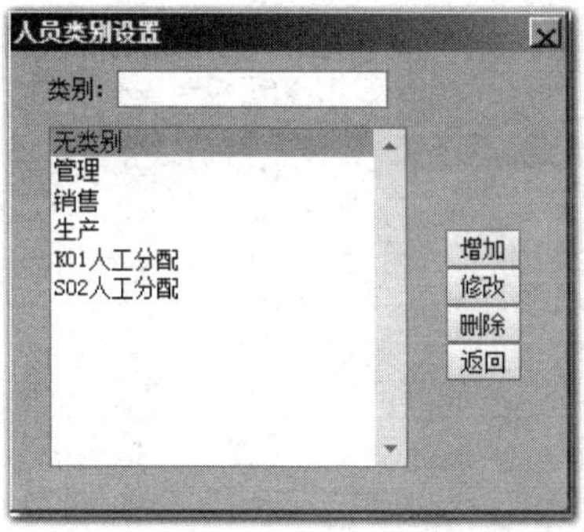

图 1-69　类别设置完成后界面

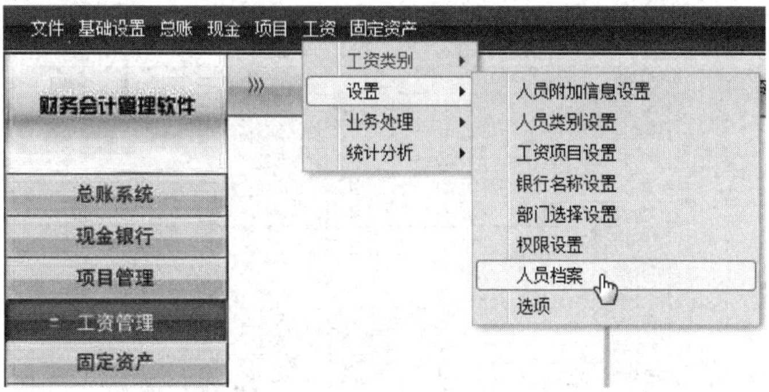

图 1-70　人员档案打开路径界面

（1）批增方式的设置流程。

① 在“人员档案”界面单击“批增”命令，进入“人员批量增加”对话框，在部门“办公室”前打“√”，系统会自动出现该部门的职员，其类别默认是“无类别”，根据办公室及职员职务选择正确类别，办公室人员类别均选择“管理”。

批增方式下设置办公室人员档案类别界面，如图 1-71 所示。

图 1-71　批增方式下设置办公室人员档案类别界面

② 单击“确定”按钮，分别完成财务部、采购部、销售门市和生产车间等部门批增人员档案的设置工作。

批增方式完成后“人员档案”界面，如图 1-72 所示。

需要说明的是：

批增方式增加人员档案借用了基础设置中已有职员档案信息，比较便捷，但有些信息，如“银行”和“账号”等信息是缺失的，还需要采用一定的方法补充完善。

部门名称	人员编号	人员姓名	人员类别	账号	中
办公室	101001	李胜利	管理		是
办公室	101002	周长虹	管理		是
办公室	101003	于成功	管理		是
办公室	101004	张福平	管理		是
财务部	102005	周琳	管理		是
财务部	102006	将风明	管理		是
财务部	102007	陈雨涵	管理		是
采购部	103008	强洪森	管理		是
采购部	103009	李娟	管理		是
销售门市	201010	张玉林	销售		是
销售门市	201011	李晓明	销售		是
生产车间	301012	周络顺	管理		是
生产车间	301113	李亚	生产		是
生产车间	301114	蒋明洁	生产		是
生产车间	301115	黄忆成	生产		是
生产车间	301116	周永海	生产		是
生产车间	301117	李永波	生产		是
生产车间	301118	蒋敏	生产		是
生产车间	301119	李洁洪	生产		是
生产车间	301120	周强	生产		是
生产车间	301121	吴敏洁	生产		是
生产车间	301122	陈立生	生产		是

图 1-72 批增方式完成后“人员档案”界面

（2）“增加”方式的流程。

① 由账套主管在 T3 系统中注册。在“人员档案”界面单击“增加”命令，进入“人员档案”对话框，录入公司为核算产品需负担工资费用而设置的“K01 产品”的信息。

“增加”方式下增加“K01 产品”档案界面，如图 1-73 所示。

② 单击“确认”按钮，保存已录信息，进入下一个人员档案的录入界面；录入“S02 产品”的档案信息。

“增加”方式下增加“S02 产品”档案界面，如图 1-74 所示。

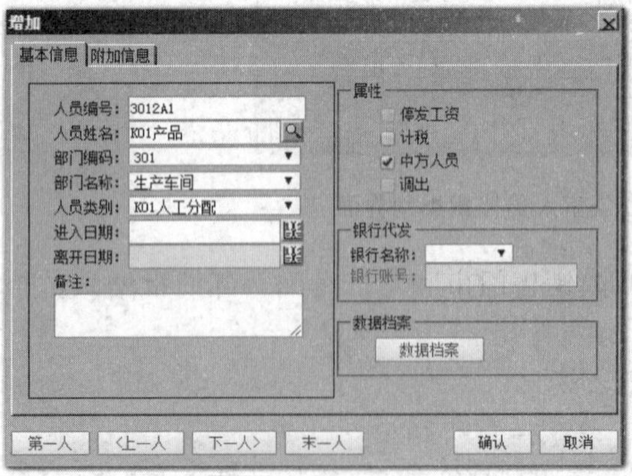

图 1-73 “增加”方式下增加“K01 产品”档案界面

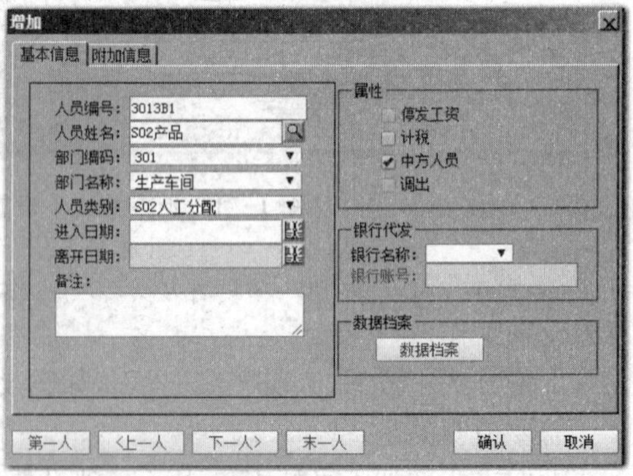

图 1-74 “增加”方式下增加“S02 产品”档案界面

③ 单击“确认”按钮→单击“取消”按钮。

需要说明的是：

人员档案的修改方式与“增加”流程相似，主要的区别是双击鼠标或使用“修改”命令进行修改操作；人员档案的删除则使用“删除”命令，按系统给与的提示可完成删除人员档案的操作。

3）工资项目的设置

工资项目设置的目的，一是用于职工工资及代扣款项的计算，最终计算出实发工资，其工资项目包括工资总额、应发合计、职工养老保险、职工医疗保险、职工失业保险、职工住房公积金、“三险一金”、计税工资、扣款合计、代扣税及实发合计等；二是用于计算公司负担的工资费用及“四险一金”，其工资项目包括直接计入、分配计入（各产品负担需要分配计算的工资费用）、工资费用合计、公司养老保险、公司医疗保险、公司失业保险、工伤保险、公司住房公积和“四险一金”等。

工资项目设置包括工资项目的增加、修改和删除。工资项目增加的流程如下：

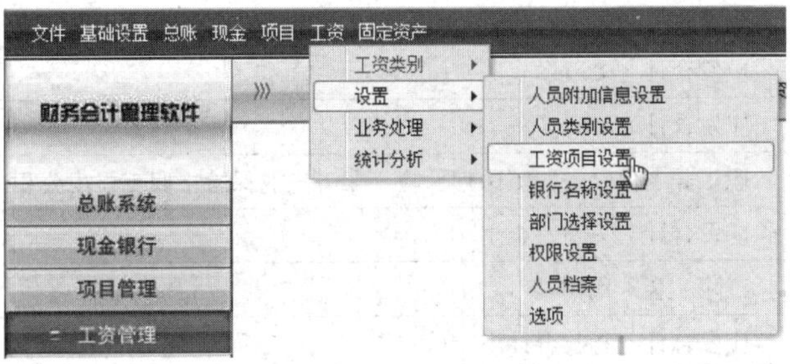

图 1-75 “工资项目设置”命令路径界面

（1）以账套主管的身份登录 T3 软件。在“工资”选项中的“设置”子选项中执行“工资项目设置”命令。

“工资项目设置”命令路径界面，如图 1-75 所示。

（2）工资项目设置界面中，左侧为“工资项目设置”，右侧为“公式设置”，默认“工资项目设置”对话框（字体变粗且有虚框），单击“增加”按钮，在默认的工资项目下增加一空白行，在蓝色部分录入工资项目名称、类型、长度、小数定义及增减项，录完一项后单击“增加”按钮，保存上一行信息的同时，进入下一行工资项目的录入操作；依次增加工资项目。

工资项目设置结束时“工资项目设置”界面，如图 1-76 所示。

（3）单击“确认”按钮，在保存信息的同时退出工资项目的设置。

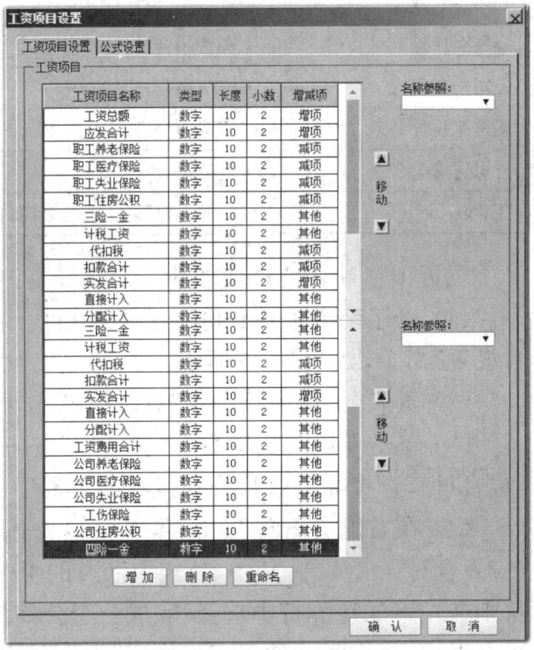

图 1-76 工资项目设置结束时“工资项目设置”界面

需要说明的是：

工资项目一般如图 1-76 先后顺序，通过“移动”设置，工资项目的排列顺序决定工资变动标题栏的顺序；代扣税、实发合计两个工资项目是系统预置，不能删除的，如果进行删除操作，会导致工资系统的崩溃；自定义设置的工资项目均为数字类型，长度均设为“10”，小数位设置为“2”，增减项按图 1-76 所示确定。

4）工资项目计算公式的设置

公司按照会计政策设置工资项目的计算公式，便于工资数据的自动计算。

工资项目计算公式一览表，如表 1-8 所示。

表 1-8　工资项目计算公式一览表

工资项目	计算公式
应发合计	工资总额
职工养老保险	应发合计×0.08
职工医疗保险	应发合计×0.02
职工失业保险	应发合计×0.005
职工住房公积金	应发合计×0.1
“三险一金”	职工养老保险＋职工医疗保险＋职工失业保险＋职工住房公积
计税工资	应发合计－三险一金
扣款合计	三险一金＋代扣税
实发合计	应发合计－扣款合计
直接计入	应发合计
工资费用合计	直接计入＋分配计入
公司养老保险	工资费用合计×0.16
公司医疗保险	工资费用合计×0.098
公司失业保险	工资费用合计×0.005
工伤保险	工资费用合计×0.000 8
公司住房公积金	工资费用合计×0.1
“四险一金”	公司养老保险＋公司医疗保险＋公司失业保险＋工伤保险＋公司住房公积

工资项目计算公式增加的一般流程是：

（1）以账套主管的身份登录 T3 软件。在“工资”选项中的“设置”子选项中执行“工资项目设置”命令，如图 1-75 所示。

（2）进入“工资项目设置”对话框中，选择右侧的“公式设置”，进入“公式设置”对话框。

（3）单击左侧工资项目下的“增加”按钮，在工资项目中会增加一个空白栏，在空白栏上双击鼠标，选择需要进行公式设置的工资项目，如“职工养老保险”工资项目。

（4）在右侧会出现“职工养老保险公式定义”字样，在空白栏中进行具体公式的设置：“应发合计×0.08”。其中，公式中涉及的工资项目可在显示的“工资项目”中选择确定；运算符则在左下的运算符中选择；完成一个公式的设置后必须单击“公式确认”，一是检查公式是否有误；二是作暂时的保存工作，若不作公式确认，则公式设置无效。

（5）全部的工资项目计算公式设置完成后，退出设置前必须单击“确认”按钮，保存公式完成，若单击“取消”按钮，则这次设置的公式没有保存并退出。

需要说明的是：

① 必须要有人员档案，才能设置公式。

② 云平台已预置四个项目，包括“应发合计”“代扣税”“扣款合计”和“实发合计”，其中“应发合计”“扣款合计”和“实发合计”三项在打开项目公式时已存在，这三项不能另行增加，必须在已有项目中设置公式。

③ 进行公式设置时，必须充分利用软件提供的公式输入参照提供的运算符和函数等。

④ 每完成一个公式必须单击“公式确认”，系统无提示的则是公式一般没有错误。

⑤ 若工资项目公式设置错误，则进行“工资项目”→“公式设置”界面，找到错误的工资项目后，对其左侧的公式进行修改。

⑥ 工资项目的计算公式也有排序，一般按工资项目设置的顺序排列，可减少工资变动的计算次数；设置完成退出时必须单击“确认”按钮。

⑦ iff 函数设置流程的特别说明。若工资项目“直接计入”的公式是“iff(人员类别＝"K01人工分配"or 人员类别＝"S02 人工分配",0,应发合计)”，其设置流程如下：

A. 进入公式设置。在工资项目的公式设置中单击“增加”，选中工资项目“直接计入”，然后单击“函数公式向导输入……”选择“iff”函数。

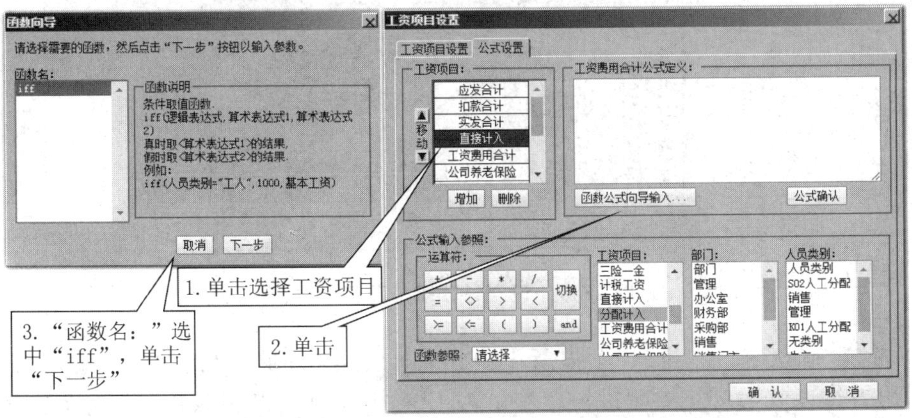

图 1-77 “函数公式向导输入”选择“iff”函数界面

“函数公式向导输入”选择“iff”函数界面，如图 1-77 所示。

B. 单击“下一步”按钮，在弹出的“函数向导”对话框中分别录入逻辑表达式（通过搜索按钮在“工资项目”中选择“工资总额”）、算术表达式 1 和算术表达式 2。

“函数向导”设置“iff”函数表达式界面，如图 1-78 所示。单击“完成”按钮。

C. 单击“公式确认”按钮，检查该工资项目设置的公式是否有误，并作临时的保存。

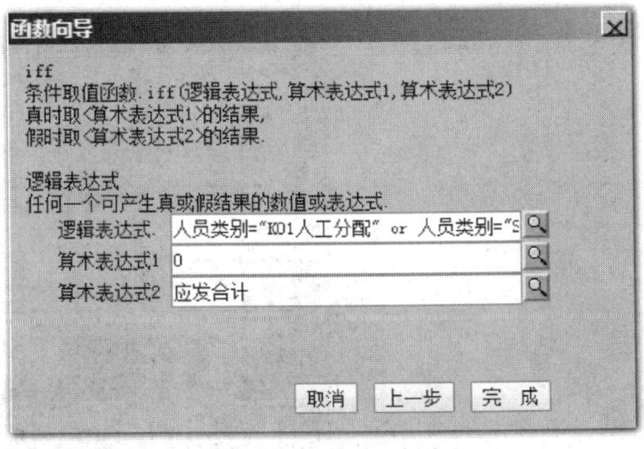

图 1-78 “函数向导”设置“iff”函数表达式界面

D. 单击“确认”按钮，保存公式设置并返回工资界面。

需要说明的是：

目前“iff”函数计算结果中不支持非数字，如工资项目代表的金额等，举例的公式还不能在 T3 软件中使用。因此，实际操作时需把“直接计入”项目的公式改为“应发合计”。

5）扣缴个人所得税计税基数的设置

计税基数的确认关系到个人所得税的计算是否正确的前提条件，其具体的操作流程如下：

（1）以账套主管的身份登录 T3 软件。在“工资”菜单下，进入工资“业务处理”选项，选择“扣缴所得税”，在打开的“栏目选择”对话框中，对应工资项目选择“计税工资”。

设置计税基数路径及界面，如图 1-79 所示。

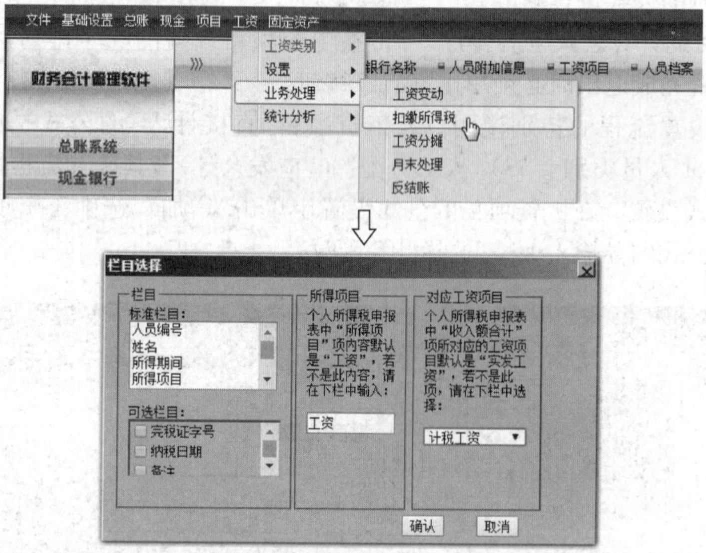

图 1-79 设置计税基数路径及界面

（2）单击“确认”按钮，进入“个人所得税扣缴申报表”界面，单击“税率”命令，进入税率表界面，检查纳税基数和级差累进税率等是否正确，若与现行个税条例不一致，则修改之，单击“确定”按钮，系统出现提示可以选择“否”。

税率表界面，如图 1-80 所示。

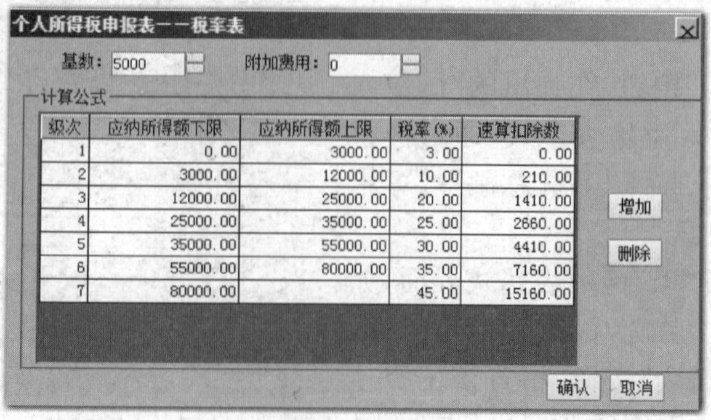

级次	应纳所得额下限	应纳所得额上限	税率(%)	速算扣除数
1	0.00	3000.00	3.00	0.00
2	3000.00	12000.00	10.00	210.00
3	12000.00	25000.00	20.00	1410.00
4	25000.00	35000.00	25.00	2660.00
5	35000.00	55000.00	30.00	4410.00
6	55000.00	80000.00	35.00	7160.00
7	80000.00		45.00	15160.00

图 1-80 税率表界面

6）设置编号为“302102”的会计拥有工资账套主管权限

这个设置是保证总账会计在工资业务发生后，有足够的权限完成工资系统的各项操作，完成工资业务的核算工作。设置工资账套主管权限的流程如下：

（1）以账套主管的身份登录 T3 软件后，进入“工资”中的“设置”选项，选择“权限设置”。

工资账套权限设置路径界面，如图 1-81 所示。

（2）在打开的“权限设置”对话框中，单击“修改”按钮，在工资类别主管复选框中打“√”，完成后单击“保存”按钮。单击“退出”按钮，返回到工资界面。

工资账套主管权限设置界面，如图 1-82 所示。

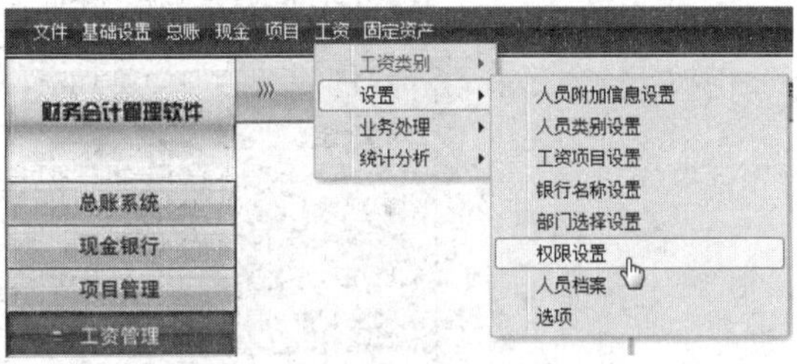

图 1-81　工资账套权限设置路径界面

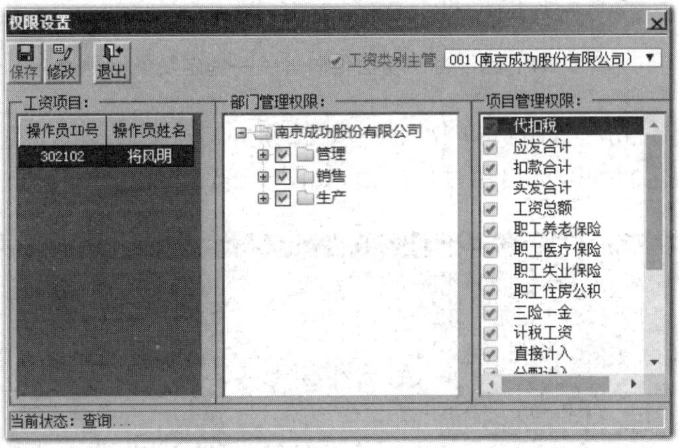

图 1-82　工资账套主管权限设置界面

（四）固定资产子系统初始设置

固定资产子系统初始设置包括固定资产子系统启用设置和固定资产子系统基础设置。

1. 固定资产子系统启用设置

固定资产子系统的启用，系统会采用“固定资产初始化向导”的引导方式完成设置，必须要在其他子系统关闭的状态下才能进行设置，具体流程如下：

（1）以账套主管的身份登录 T3 软件。选择“固定资产”菜单，进行初始化的设置，单击“确定”按钮。

初始化固定资产选择界面，如图 1-83 所示。

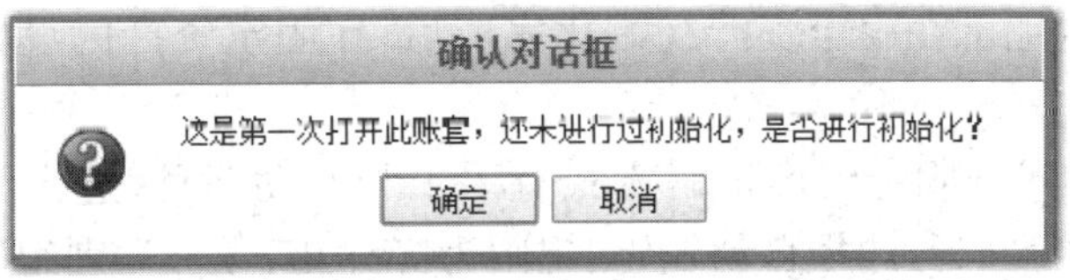

图 1-83　初始化固定资产选择界面

(2) 进入“约定及说明”。选中“我同意”,单击“下一步”按钮。

固定资产初始化向导——约定及说明界面,如图 1-84 所示。

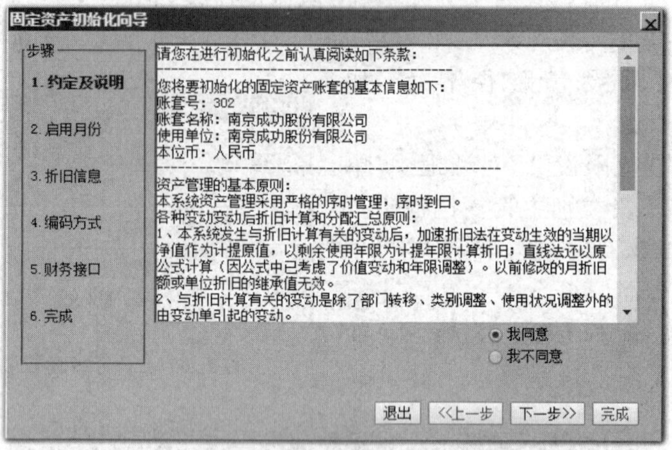

图 1-84 固定资产初始化向导——约定及说明界面

(3) 进入“启用月份”。默认,单击“下一步”按钮。

固定资产初始化向导——启用月份界面,如图 1-85 所示。

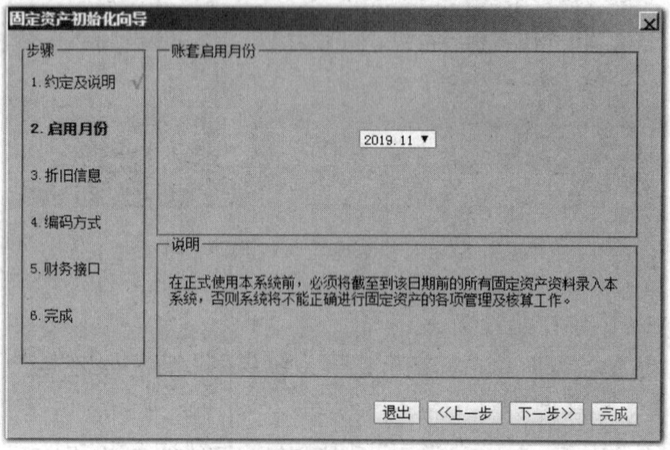

图 1-85 固定资产初始化向导——启用月份界面

(4) 进入折旧信息。默认选择折旧方法为“平均年限法(一)”,单击“下一步”按钮。

固定资产初始化向导——折旧信息界面,如图 1-86 所示。

需要说明的是:

折旧信息的设置也可在固定资产初始化完成后,在固定资产的设置——“选项”中进行更改。

(5) 进入编码方式。固定资产编码方式有手工和自动两种,进入编码方式后默认是手工,默认编码长度为“2112”,选择自动编码,规则为“部门编号+类别编码+序号”的方式,序号长度改为 3 位,进入下一步。

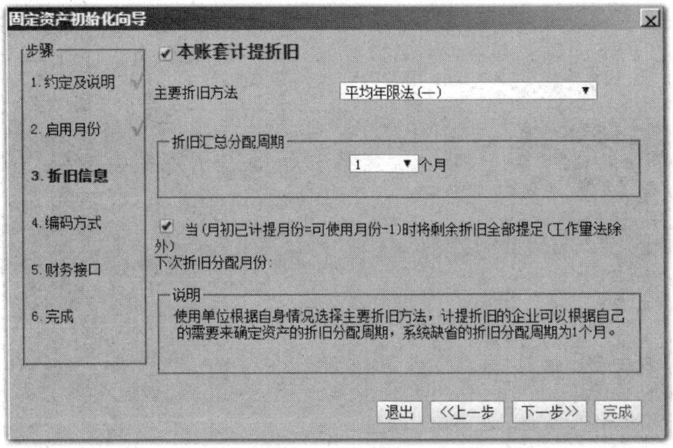

图 1-86　固定资产初始化向导——折旧信息界面

固定资产初始化向导——编码方式界面，如图 1-87 所示。

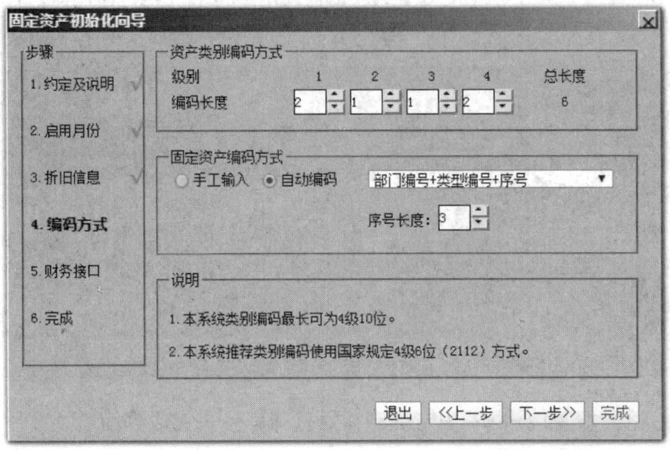

图 1-87　固定资产初始化向导——编码方式界面

需要说明的是：

资产类别编码使用国家规定 4 级 6 位方式，其中第 1、第 4 级分别是 2 位，第 2、第 3 级分别是 1 位，资产类别编码方式的设置也可在固定资产初始化完成后，在固定资产的设置——“选项”中进行更改，由手工改成自动方式，但设置成自动编码方式下则不允许修改为手工编码方式。

(6) 进入财务接口。选择与财务系统进行对账，并选择相应的对账科目，进入下一步。

固定资产初始化向导——财务接口界面，如图 1-88 所示。

(7) 进入完成阶段。查看相关信息，单击“完成”按钮。

固定资产初始化向导——完成界面，如图 1-89 所示。

2. 固定资产子系统基础设置

固定资产子系统基础设置主要包括选项设置、资产类别设置和部门对应折旧科目设置等。其具体设置流程如下：

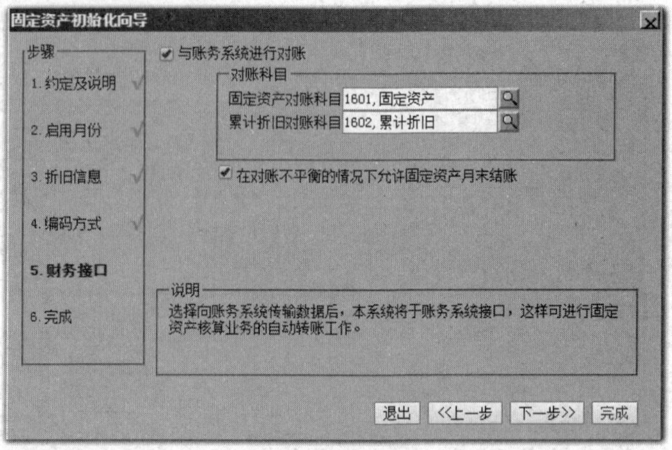

图 1-88　固定资产初始化向导——财务接口界面

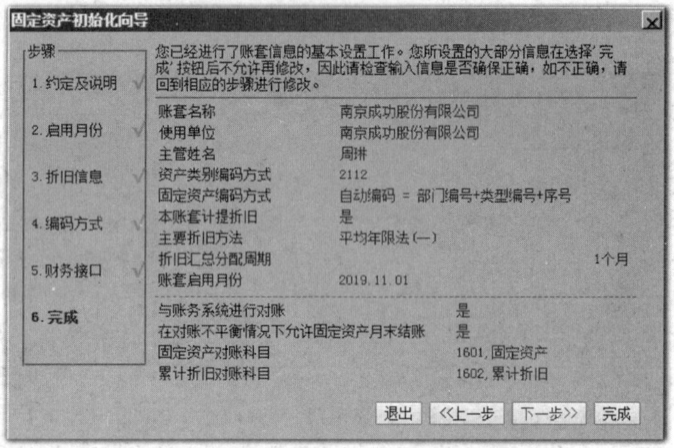

图 1-89　固定资产初始化向导——完成界面

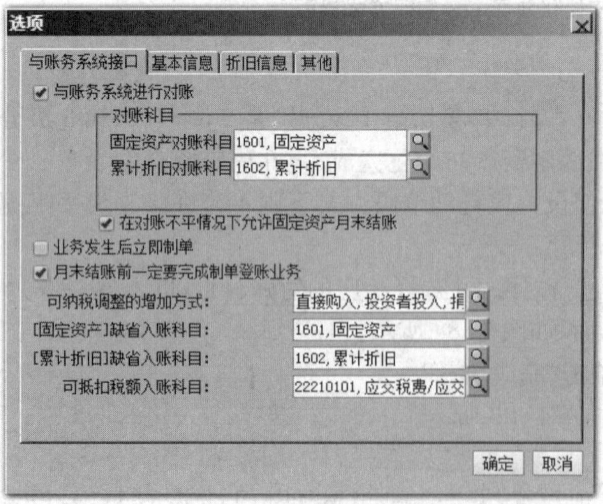

图 1-90　“选项”设置界面

1）选项设置

进入“固定资产”中的“设置”，选择“选项”，完成可纳税调整的增加方式、固定资产与累计折旧缺省入账科目及可抵扣税额入账科目的设置。

“选项”设置界面，如图 1-90 所示。

需要说明的是：

（1）有些固定资产选项既可以在固定资产系统启用时设置，也可以在固定资产启用后在选项设置中完成。

（2）选项中是否勾选“业务发生立即制单”，若勾选，每次新增卡片保存时，退出卡片新增，直接弹出记账凭证。

(3) 如果不设置“可纳税调整的增加方式”及“可抵扣税额入账科目”,生成凭证时无法自动生成“应交税费——应交增值税——进项税额”科目。

(4) 勾选“在对账不平情况下允许固定资产月末结账”,则表示固定资产子系统进行月末结账时,与财务总账中指定的对账科目“固定资产”及“累计折旧”分别进行核对,如果核对不平衡,系统提示后,仍然完成固定资产子系统进行月末结账,若在此项不勾选,则表示如果两个系统核对不平衡,系统提示后,不允许固定资产子系统进行月末结账。

2) 资产类别设置

(1) 以账套主管的身份登录 T3 软件。进入“固定资产”菜单中的“设置”,选择“资产类别”,单击“添加”,按固定资产政策分类增加资产类别,默认进入第 1 级类别的设置,其第 1 级类别编码“01”自动显示,需录入类别名称“房屋建筑物”和使用年限等其他信息。

固定资产类别设置界面,如图 1-91 所示。

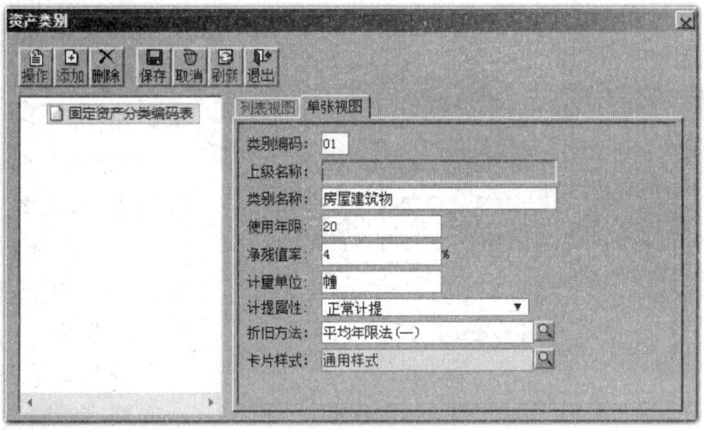

图 1-91 固定资产类别设置界面

(2) 单击“保存”命令,保存信息后自动进入下一个资产第 1 级类别的录入工作;全部资产第 1 级类别录入完成后,单击“退出”命令,返回到固定资产系统界面。

固定资产类别设置完成后视图界面,如图 1-92 所示。

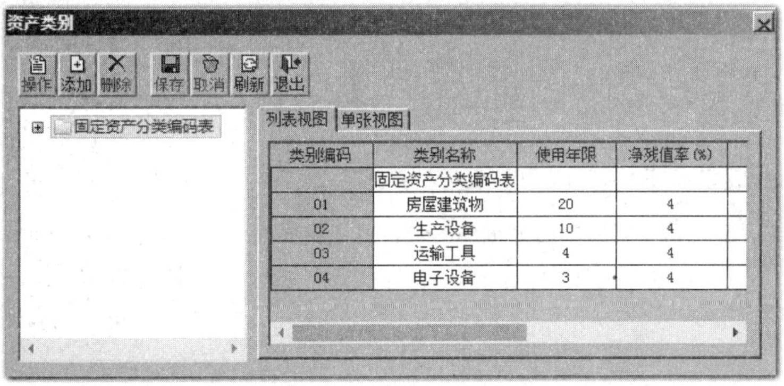

图 1-92 固定资产类别设置完成后视图界面

需要说明的是：

在某个分类第 1 级类别下增加第 2 级分类时，应在左侧已保存该分类第 1 级类别上单击选中，再单击“添加”命令，自动显示该类别第 2 级类别编码，将根据设定的第 2 级分类名称等信息录入，单击“保存”按钮。

3）部门对应折旧科目设置

（1）以账套主管的身份登录 T3 软件。进入“固定资产”菜单中的“设置”选项，选择“部门对应折旧科目”，进入部门对应折旧科目的设置界面。

部门对应折旧科目设置界面，如图 1-93 所示。

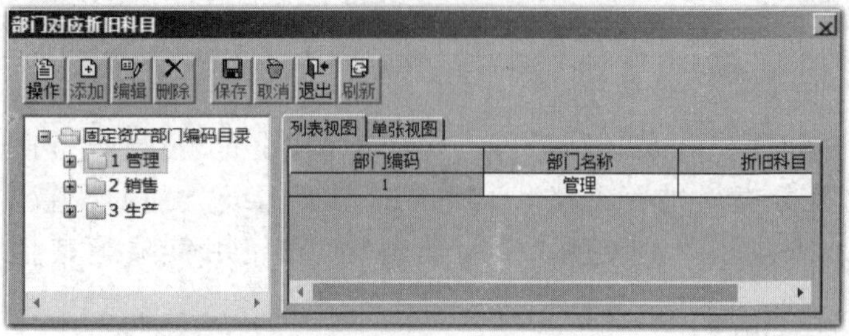

图 1-93　部门对应折旧科目设置界面

（2）选中部门“1 管理”，单击“操作”命令，在折旧科目中录入“管理费用——折旧费”科目，然后保存。

“管理”部门对应折旧科目设置界面，如图 1-94 所示。

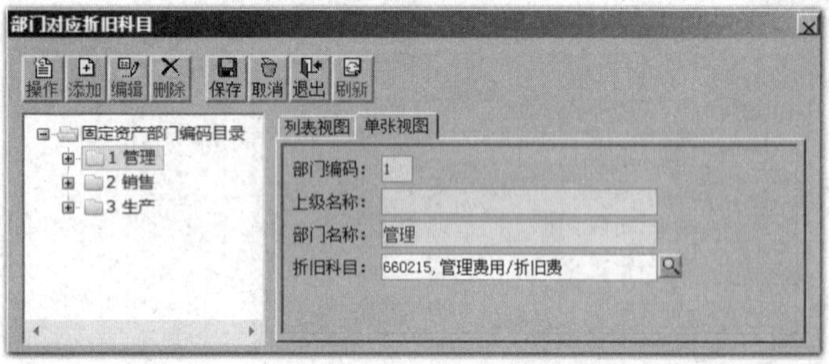

图 1-94　“管理”部门对应折旧科目设置界面

（3）选择“管理”，单击“刷新”命令，可以查询管理各部门均已设置科目为“管理费用——折旧费”；其他部门分别按销售、生产顺序设置，其中销售对应的折旧科目为“销售费用——折旧费”，生产对应的折旧科目为“制费用——折旧费”。完成后单击“退出”命令。

部门对应折旧科目设置完成后一级部门及科目视图界面，如图 1-95 所示。

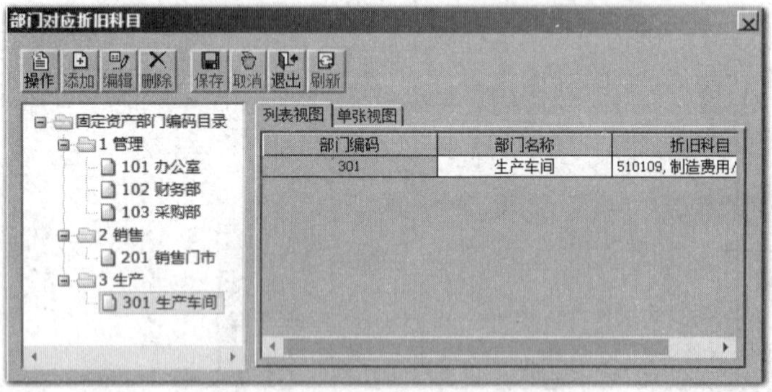

图 1-95　部门对应折旧科目设置完成后一级部门及科目视图界面

需要说明的是：

根据会计政策，固定资产折旧率保留四位小数，与固定资产系统的默认折旧率位数相一致，一般不宜更改。

第二部分　企业基本经济业务会计信息化处理（一）

在第一部分的基础上，以南京成功股份有限公司设立当月（即 2019 年 11 月）发生的经济业务为例，对其会计信息化处理进行讲解。

【业务 1】 2019-11-01，取得原始凭证 2 张。

表 2-1-1

中国建设银行客户专用回单

币别：人民币　　2019 年 11 月 01 日　　流水号 320120027J0500810041

付款人	全称	南京未来股份有限公司	收款人	全称	南京成功股份有限公司
	账号	41622124674738		账号	41622124757264
	开户行	中国建设银行南京市玄武区支行		开户行	中国建设银行南京市建邺区支行
金额		（大写）人民币 捌佰万元整		（小写）¥8000000.00	
凭证种类		网银	凭证号码		
结算方式		转账	用途	投资款	
			打印柜员：320125584257 打印机构：中国建设银行南京市建邺区支行 打印卡号：41622124757264	中国建设银行 电子回单 专用章	

第二联贷方（回单）

打印时间：2019-11-01　　交易柜员：320125584268　　交易机构：320117072

表 2-1-2

中国建设银行客户专用回单

币别：人民币　　2019 年 11 月 01 日　　流水号 320120027J0500810021

付款人	全称	江苏明星股份有限公司	收款人	全称	南京成功股份有限公司
	账号	41622124517852		账号	41622124757264
	开户行	中国建设银行南京市秦淮区支行		开户行	中国建设银行南京市建邺区支行
金额		（大写）人民币 贰佰万元整		（小写）¥2000000.00	
凭证种类		电汇凭证	凭证号码		
结算方式		电子汇划汇入	用途	投资款	
			打印柜员：320125584257 打印机构：中国建设银行南京市建邺区支行 打印卡号：41622124757264	中国建设银行 电子回单 专用章	

第二联贷方（回单）

打印时间：2019-11-01　　交易柜员：320125584268　　交易机构：320189146

上述原始凭证中：

表 2-1-1 是中国建设银行客户专用回单的第二联贷方回单联，此联应作为收款方收到款项的记账依据。该原始凭证注明，“付款人”是南京未来股份有限公司，“收款人”是本公司，“账号”为 41622124757264，这表明南京未来股份有限公司通过网银方式向本公司账号为 41622124757264 的基本结算账户划入了款项。进行会计核算时，应记入“银行存款——建行 41622124757264”科目的借方；同时，该原始凭证注明的其他内容表明，南京未来股份有限公司支付的款项是对本公司的投资款，进行会计核算时，应记入“股本”（辅助项为“江苏未来股份有限公司”）科目的贷方。

表 2-1-2 是中国建设银行客户专用回单的第二联贷方回单联，此联应作为收款方收到款项的记账依据。该原始凭证注明，“付款人”是江苏明星股份有限公司，“收款人”是本公司，“账号”为 41622124757264，这表明江苏明星股份有限公司通过电子汇款方式向本公司账号为 41622124757264 的基本结算账户划入了款项。进行会计核算时，应记入“银行存款——建行(41622124757264)”科目的借方；同时，该原始凭证注明的其他内容表明，江苏明星股份有限公司支付的款项是对本公司的投资款，进行会计核算时，应记入“股本”（辅助项为“江苏明星股份有限公司”）科目的贷方。

因此，该笔业务在 T3 系统中的操作流程如下所述。

1）项目目录的完善

（1）以“302102 会计将风明”的身份于“2019-11-01”登录。在“项目”菜单项下的“设置”中单击“项目目录”，项目大类选择“股东项目”→勾选项目目录，单击“维护”按钮。

股东项目项目目录维护进入页面，如图 2-1-1 所示。

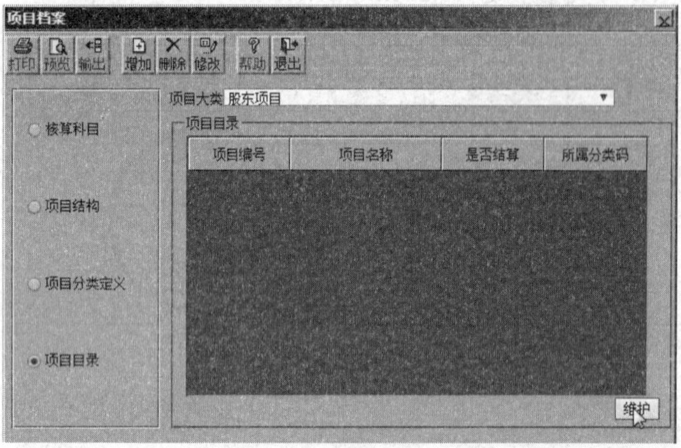

图 2-1-1　股东项目项目目录维护进入页面

（2）双击第 1 行项目编号空白处，在此处录入“5101”，项目名称录入“南京未来股份有限公司”，是否结算默认（不允许修改），所属分类码选择“1”；单击“增加”按钮，即保存已作记录行，增加空白行。在第 2 行项目编号录入“5102”，项目名称录入“江苏明星股份有限公司”，是否结算默认（不允许修改），所属分类码选择“1”；单击“增加”按钮。

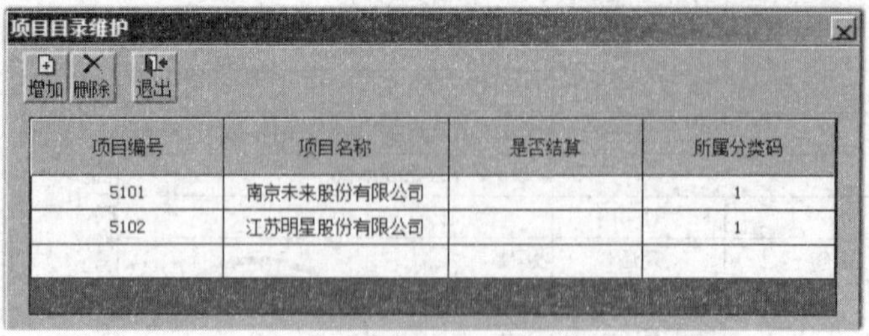

图 2-1-2　股东具体项目录入完成界面

股东具体项目录入完成界面，如图 2-1-2 所示。

（3）单击“退出”按钮。

2）填制记账凭证

（1）“总账”→“凭证”，单击“填制凭证”，打开记账凭证编制界面。单击“增加”按钮，增加一张空白凭证，凭证类型、凭证编号和制单日期自动生成；附单据数录入“2”。

（2）在第1行摘要处录入“接受货币投资”。

（3）输入借方科目名称，录入“100201”（录入科目代码后系统自动调整为代码对应的科目名称），按回车键，系统出现辅助项对话框，录入结算方式等信息（注：结算票号在本书中均按编号后8位录入处理）。

银行存款辅助核算项目录入界面，如图2-1-3所示。

图2-1-3　银行存款辅助核算项目录入界面

需要说明的是：

① 录入会计科目，有两种方式：一是可直接输入文字，录入总账科目名称，系统自动提供查询服务，选择正确的明细科目；二是录入总分类科目代码，系统自动提供查询服务，查找正确的明细科目。

② 凡是科目有辅助核算的，录入该科目后，会自动弹出“辅助项”对话框，根据原始凭证的信息资料录入相应的辅助信息，单击“确认”按钮，即完成辅助项的录入工作，辅助项内容必须录入；否则，无法查询到辅助核算相关资料。如果在填制该科目时没有填写辅助项或辅助项填制错误，可进行修改填制，在该凭证对话框中，选中该科目，将鼠标移至凭证左下方“票号日期”等辅助核算处，双击鼠标，会弹出辅助项对话框，填入辅助核算信息，单击“确认”按钮，完成辅助项资料的修改填制工作。

（4）单击辅助项对话框中的“确认”按钮，返回填制凭证，输入借方金额“8 000 000.00”（金额录入“8 000 000”后小数位默认“00”）。

填制凭证第1行银行存款明细科目及借方金额等信息界面，如图2-1-4所示。

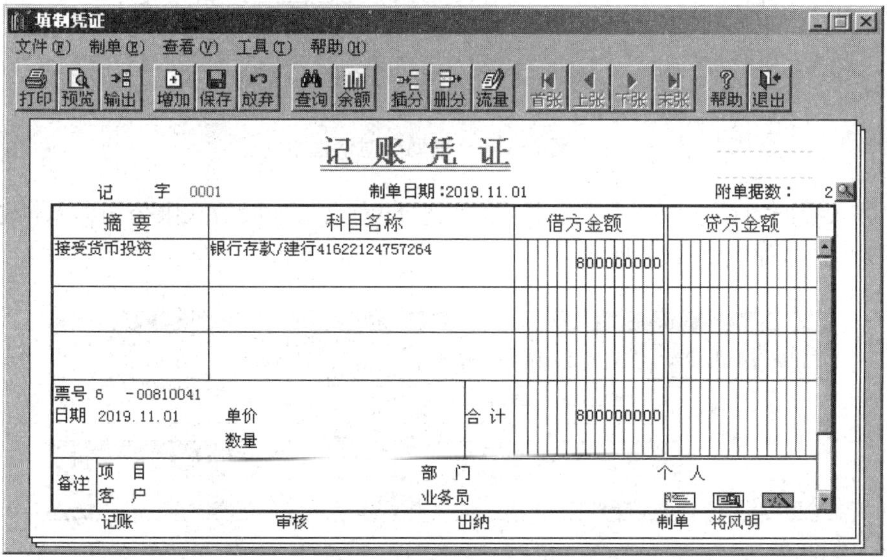

图2-1-4　填制凭证第1行银行存款明细科目及借方金额等信息界面

(5) 按回车键，换行后录入第 2 行科目："100201"，录入结算方式等信息，借方金额录入"2 000 000.00"。

填制凭证第 2 行银行存款明细科目、辅助核算项目及借方金额等信息界面，如图 2-1-5 所示。

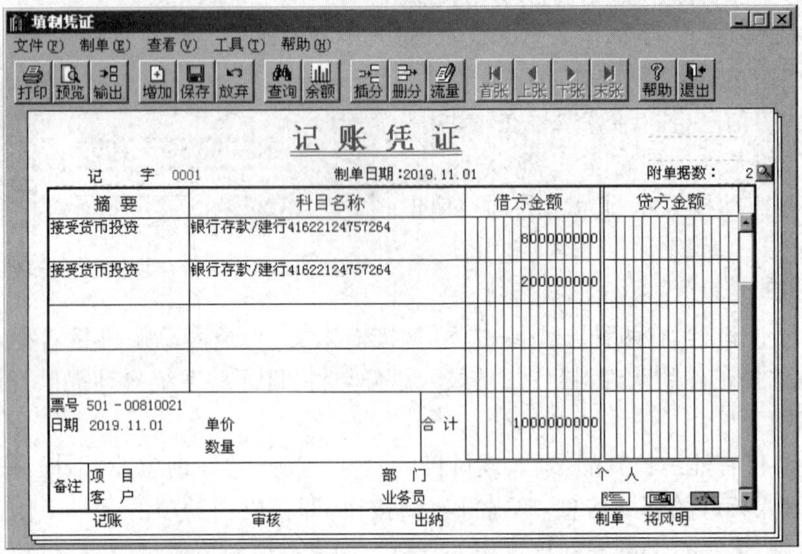

图 2-1-5 填制凭证第 2 行银行存款明细科目、辅助核算项目及借方金额等信息界面

(6) 按回车键。在第 3 行录入科目名称"股本"(可直接录入科目代码"4001")，弹出辅助项对话框，单击"项目"搜索标志。

辅助项对话框，如图 2-1-6 所示。

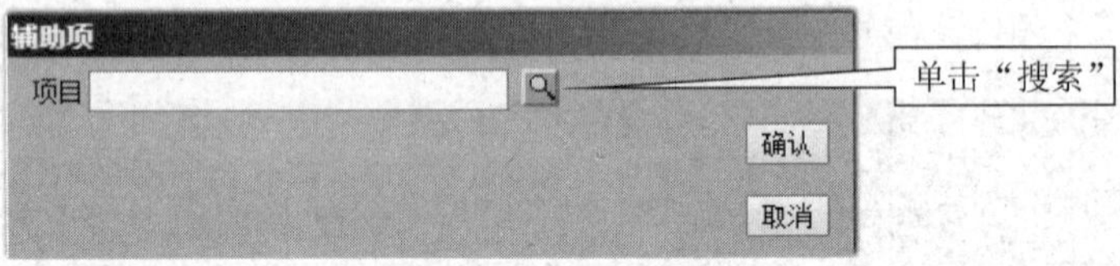

图 2-1-6 辅助项对话框

(7) 进入参照对话框，在"参照"对话框中选择"南京未来股份有限公司"，双击进入。

参照对话框，如图 2-1-7 所示。

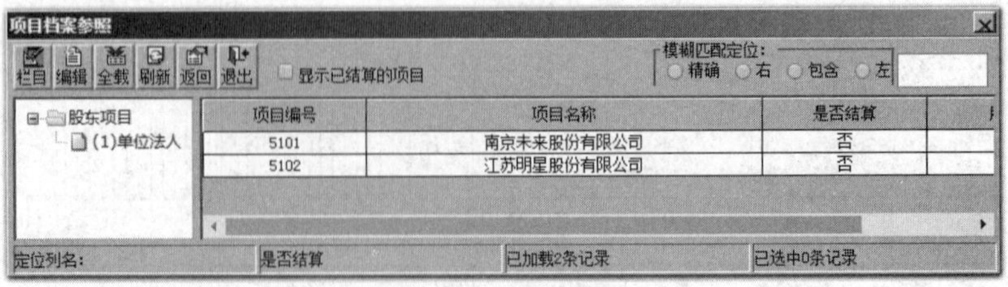

图 2-1-7 参照对话框

（8）单击“确认”按钮，返回凭证填制界面。

选择股东项目界面，如图 2-1-8 所示。

图 2-1-8　选择股东项目界面

（9）录入贷方金额“8 000 000.00”。

第 3 行“股本”科目及金额录入后界面，如图 2-1-9 所示。

图 2-1-9　第 3 行“股本”科目及金额录入后界面

（10）按回车键，在第 4 行科目栏录入“4001”，在弹出的辅助项对话框中选择项目“江苏明星股份有限公司”，点击“确认”按钮，返回凭证，输入贷方金额“2 000 000.00”。

（11）单击“保存”按钮，系统出现保存完成提示框，单击“确定”按钮。

凭证保存后界面，如图 2-1-10 所示。

需要说明的是：

“银行存款”科目需根据结算方式及结算票据号的不同分别行次填制，利于企业日记账与银行对账单进行定期对账操作；“股本”科目采用项目辅助核算方式，一方面可以减少股本明细科日的编辑工作量，另一方面利用已有股东项日档案还可以共享至“应付股利”科目（该科目需要设置相同的属性）；若下一业务为填制凭证业务，在操作时可以直接单击“增加”按钮（系统默认本凭证保存并跳到下一张可编辑的空白凭证）。

除填制凭证外，操作员还要熟练掌握记账凭证修改、作废、删除和查询等操作。

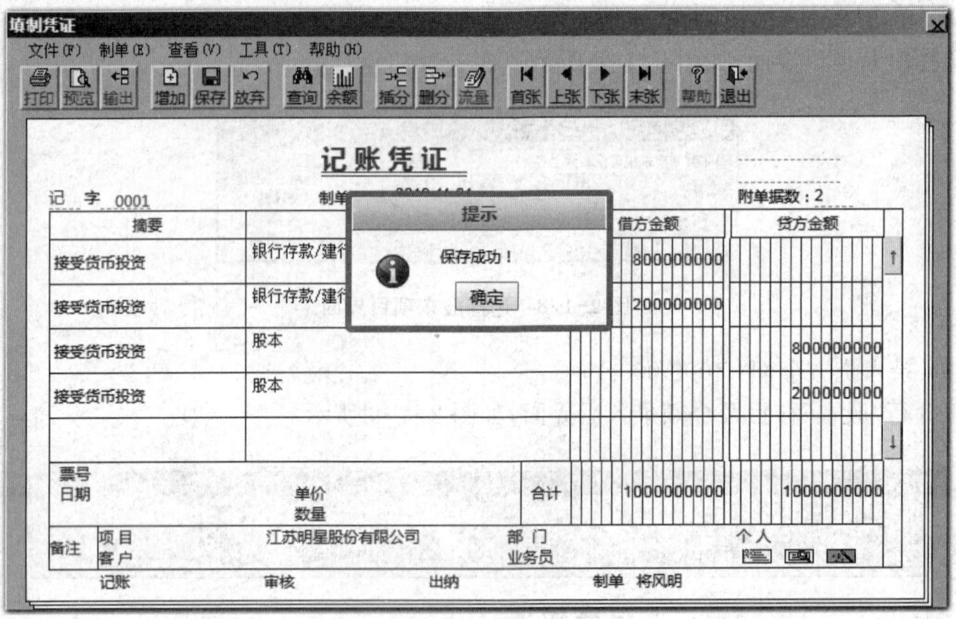

图 2-1-10　凭证保存后界面

(1) 凭证修改。记账凭证填制完成后，在未出纳签字、未审核前可以直接修改，必须由原制单人对错误的记账凭证进行修改。如果第一张记账填制错误，已保存退出 T3 软件，则记账凭证的修改流程如下：

① 以“302102 会计将风明”的身份于“2019-11-01”登录。

② “总账”→“凭证”，执行“填制凭证”命令，打开记账凭证编制界面，在第 1 张记账凭证中，将错误之处进行更改，一般可修改的部分是记账凭证增加时填制的部分均可修改，更改完成单击“保存”按钮，记账凭证修改完成，若不是第一张凭证进行修改，在打开填制凭证的界面后通过“首页”“上一页”“下一页”等翻页功能或通过查询命令的方式找到需要修改的凭证进行修改。

(2) 凭证作废。

① 单击“凭证”下的“填制凭证”选项，打开“填制凭证”对话框，找到要作废的记账凭证。

② 在“填制凭证”对话框中，选择“制单”菜单下的“作废/恢复”命令，凭证左上角显示“作废”字样，表示已将该凭证作废；该凭证的作废操作主要是在凭证上作个“作废”的标记，并没有进行物理上的删除；可通过“制单”菜单下的“作废/恢复”命令恢复为有效凭证。

(3) 凭证删除。作废凭证不想保留，可以通过凭证整理功能彻底删除，并将其他未记账凭证进行重新编号。一般子系统中凭证删除或总账凭证作废后，均应进行凭证清理。其流程如下：

① 单击“凭证”下的“填制凭证”选项，打开“填制凭证”对话框。

② 在“填制凭证”对话框中，选择“制单”菜单下的“整理凭证”命令，系统弹出“作废凭证表”对话框。

③ 双击“作废凭证表”中需删除凭证的“删除”栏，然后单击“确定”按钮，系统删除凭证并对凭证号重新整理。凭证的作废和整理往往同时进行，组合起来就是对凭证删除的完整操作。

(4) 凭证查询。单击“凭证”下的“查询凭证”选项，打开“凭证查询”对话框，单击“确定”按钮，屏幕显示凭证一览表，然后在表中查到需要查询的凭证，双击，则屏幕上显示该张凭证内容。

【业务 2】 2019-11-01，取得原始凭证 3 张。

表 2-2-1

中国建设银行

业务收费凭证

币别：人民币　　2019 年 11 月 01 日　　流水号：3201420J050816

付款人南京成功股份有限公司			账号 41622124757264		
项目名称	工本费	手续费	电子汇划费	邮电费	金额
现金支票	200.00		0.00	0.00	200.00
转账支票	200.00		0.00	0.00	200.00
金额（大写）肆佰元整					¥400.00
付款方式	银行转账				

中国建设银行 南京市建邺区支行 2019-11-01 办讫 (01)

第二联 客户回单

会计主管　　授权　　复核　　录入郭君

表 2-2-2

3201183140　　江苏增值税专用发票　　№ 47819327　　3201183140 47819327

全国统一发票监制章 江苏 国家税务总局监制

抵扣联

开票日期：2019年11月01日

购买方	名称：南京成功股份有限公司 纳税人识别号：913201436012042987 地址、电话：江苏省南京市国家高新区创业路1238号 025—80982852 开户行及账号：中国建设银行南京市建邺区支行 41622124757264				密码区	16*3187<4/+6418<+95-59+7<196 8932<0-->>-6>525<270485->7*7 87*3187<4/+8490<+60631714103 8+<712/<1+9016>1617++>84>054		
货物或应税劳务、服务名称	规格型号	单位	数量	单价	金额	税率	税额	
直接收费金融服务			1	377.36	377.36	6%	22.64	
合计					¥377.36		¥22.64	
价税合计（大写）	⊗肆佰元整				（小写）¥400.00			
销售方	名称：中国建设银行股份有限公司南京市分行 纳税人识别号：913201058554830878 地址、电话：江苏省南京市建邺区彭怀街孟立路29号 025-57904319 开户行及账号：中国建设银行股份有限公司南京市营业部 32010578583802164856				备注			

收款人：　　复核：　　开票人：孙胜利　　销售方：（章）

中国建设银行南京市建邺区支行 913201058554830878 发票专用章

税总函【XXXX】XXX号 XXXXXXX公司

第二联：抵扣联 购买方扣税凭证

表 2-2-3

3201183140　　江苏增值税专用发票　　№ 47819327　　3201183140 47819327

（全国统一发票监制章 江苏 国家税务总局监制）　发票联

开票日期：2019年11月01日

税总函【XXXX】XXX号 XXXXXXX公司

购买方	名　　称：南京成功股份有限公司 纳税人识别号：913201436012042987 地 址、电 话：江苏省南京市国家高新区创业路1238号 025—80982852 开户行及账号：中国建设银行南京市建邺区支行 41622124757264				密码区	16*3187<4/+6418<+95-59+7<196 8932<0-->>-6>525<270485->7*7 87*3187<4/+8490<+60631714103 8+<712/<1+9016>1617++>84>054		
货物或应税劳务、服务名称	规格型号	单位	数量	单价	金额	税率	税额	
直接收费金融服务			1	377.36	377.36	6%	22.64	
合　　计					¥377.36		¥22.64	
价税合计（大写）	⊗肆佰元整				（小写）¥400.00			
销售方	名　　称：中国建设银行股份有限公司南京市分行 纳税人识别号：913201058554830878 地 址、电 话：江苏省南京市建邺区彭怀街孟立路29号 025-57904319 开户行及账号：中国建设银行股份有限公司南京市营业部 32010578583802164856				备注			

收款人：　　复核：　　开票人：孙胜利　　销售方：（章）

（中国建设银行南京市建邺区支行 913201058554830878 发票专用章）

第三联：发票联　购买方记账凭证

上述原始凭证中：

表 2-2-1 是中国建设银行业务收费凭证的第二联客户回单联，此联应作为付款方支付款项的记账依据。该原始凭证注明，“付款人”是本公司，“账号”为 41622124757264，“项目名称”是现金支票和转账支票，“金额”均为 200 元，这表明本公司从账号为 41622124757264 的基本结算账户支付了款项，在进行会计核算时，应均记入“银行存款——建行 41622124757264”科目的贷方。

表 2-2-2 是江苏增值税专用发票的第二联抵扣联，此联应作为购买方抵扣进项税额的依据。该抵扣联不能作为记账凭证的附件，专门用于在规定期限内到税务机关办理认证或在平台办理勾选确认，并在认证通过或勾选确认的次月申报期内，向主管税务机关申报抵扣进项税额。

表 2-2-3 是江苏增值税专用发票的第三联发票联，此联应作为购买方的记账依据。该原始凭证注明，“购买方”是本公司，“销售方”是中国建设银行股份有限公司南京市分行，“货物或应税劳务、服务名称”是直接收费金融服务，这表明本公司取得了中国建设银行股份有限公司南京市分行的金融服务。进行会计核算时，“金额”应记入“财务费用——工本及手续费”科目的借方，“税额”应记入“应交税费——应交增值税——进项税额”科目的借方。

该笔业务在 T3 系统中的操作流程如下：

(1) 以 302102 会计将风明的身份于“2019-11-01”登录。“总账”→“凭证”，单击“填制凭证”，打开记账凭证编制界面。

(2) 单击“增加”按钮，增加一张空白凭证，凭证类型、凭证编号、制单日期自动生成；附单据数录入“2”。

(3) 在第 1 行摘要处录入“购买空白支票”。

(4) 输入借方科目名称“财务费用——工本及手续费”，输入借方金额“377.36”，按回车键；输入借方科目名称“应交税费——应交增值税——进项税额”，输入借方金额“22.64”。

（5）按回车键，第 3、第 4 行均输入贷方科目名称“银行存款——建行 41622124757264”，结算方式均为其他，结算票据号均为“0J050816”，分别输入贷方金额“200.00”和“200.00”。

（6）单击“保存”按钮。

11 月“0002”号记账凭证填制完成后界面，如图 2-2-1 所示。

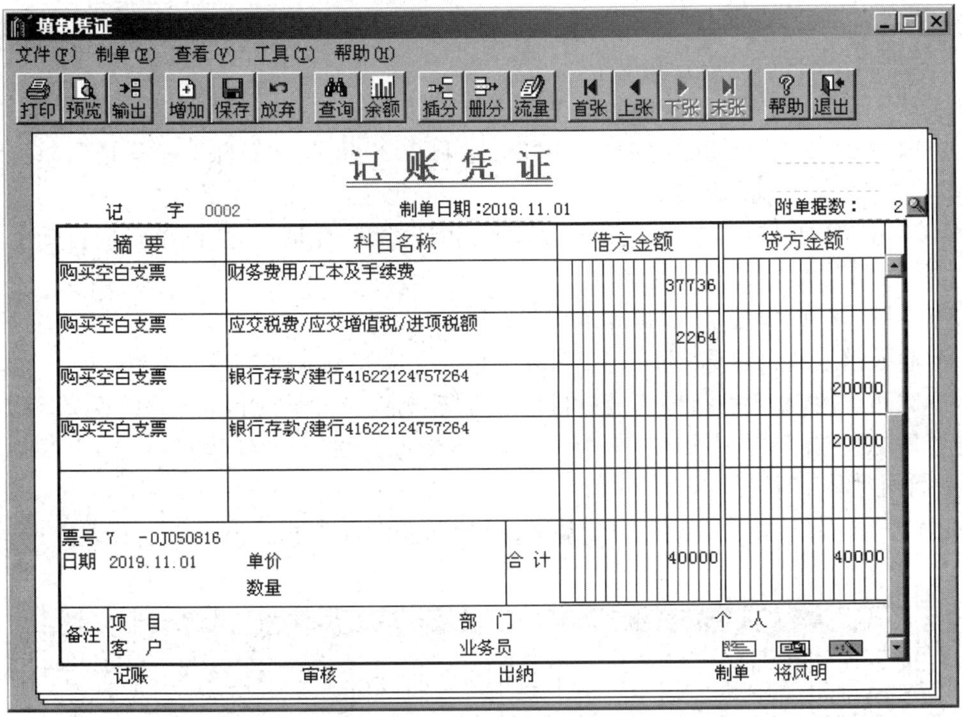

图 2-2-1　11 月“0002”号记账凭证填制完成后界面

【业务 3】 2019-11-02，取得原始凭证 1 张。

表 2-3-1

中国建设银行
现金支票存根
10503215
09336335
附加信息 付款银行账号：
41622124757264

出票日期 2019 年 11 月 02 日

收款人： 南京成功股份有限公司
金 额： ¥5000.00
用 途： 备用金

单位主管 会计

上述原始凭证中：

表 2-3-1 是中国建设银行现金支票存根，应作为付款方支付款项的记账依据。该原始凭证注明，“付款行账号”为 41622124757264，这表明本公司已将款项从账号为 41622124757264 的基本结算账户上划出，进行会计核算时，应记入“银行存款——建行 41622124757264”科目的贷方；同时，“收款人”为本公司，“用途”是备用金，这表明本公司提取了现金，进行会计核算时，“金额”应记入“库存现金”科目的借方；同时记入“银行存款——建行 41622124757264”的贷方。

因此，该笔业务在 T3 系统中的操作流程如下：

(1) 以 302102 会计将风明的身份于“2019-11-02”登录。“总账”→“凭证”，单击“填制凭证”，打开记账凭证编制界面。

(2) 单击“增加”按钮，增加一张空白凭证，凭证类型、凭证编号、制单日期自动生成；附单据数录入：“1”。

(3) 在第 1 行摘要处录入“提现备用”。

(4) 输入借方科目名称“库存现金”，输入借方金额“5 000.00”。

(5) 按回车键，在第 2 行输入贷方科目名称“银行存款——建行 41622124757264”，结算方式选择“现金支票”，票号录入“09336335”，输入贷方金额“5 000.00”。

(6) 单击“保存”按钮。

11 月“0003”号记账凭证填制完成后界面，如图 2-3-1 所示。

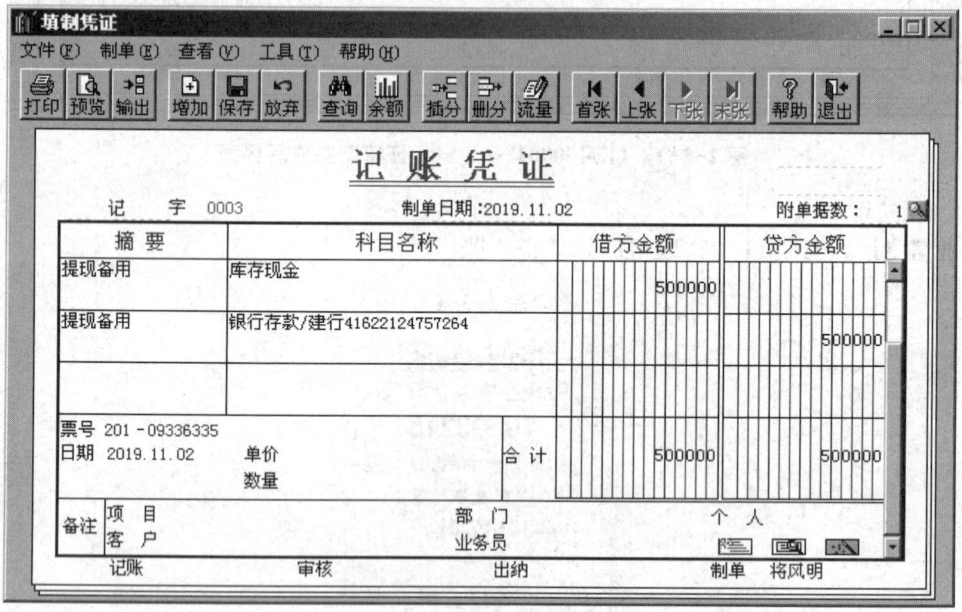

图 2-3-1　11 月“0003”号记账凭证填制完成后界面

【业务 4】　2019-11-02，取得原始凭证 3 张。

表 2-4-1

3201161140　江苏增值税专用发票　№ 05395251　3201161140 05395251

抵扣联

开票日期：2019年11月02日

购买方	名　称：南京成功股份有限公司 纳税人识别号：913201436012042987 地址、电话：江苏省南京市国家高新区创业路1238号 025—80982852 开户行及账号：中国建设银行南京市建邺区支行 41622124757264				密码区	75*3187<4/+7988<+95-59+7<805 1882<0-->>-6>525<180096->7*7 87*3187<4/+8490<+71048411130 4+<712/<1+9016>1022++>84>551	
货物或应税劳务、服务名称	规格型号	单位	数量	单价	金额	税率	税额
印章		个	4	70.755	283.02	6%	16.98
合　计					¥283.02		¥16.98
价税合计（大写）	⊗叁佰元整					（小写）¥300.00	
销售方	名　称：南京雕刻社有限公司 纳税人识别号：913201021770228251 地址、电话：江苏省南京市玄武区杨忠街马月路95号 025-56325502 开户行及账号：中国建设银行南京市玄武区支行 41622124590005				备注	南京雕刻社有限公司 913201021770228251 发票专用章	

收款人：　复核：　开票人：王万勇　销售方：（章）

税总函【XXXX】XXX号 XXXXXXXX公司

第二联：抵扣联 购买方扣税凭证

表 2-4-2

3201161140　江苏增值税专用发票　№ 05395251　3201161140 05395251

发票联

开票日期：2019年11月02日

购买方	名　称：南京成功股份有限公司 纳税人识别号：913201436012042987 地址、电话：江苏省南京市国家高新区创业路1238号 025—80982852 开户行及账号：中国建设银行南京市建邺区支行 41622124757264				密码区	75*3187<4/+7988<+95-59+7<805 1882<0-->>-6>525<180096->7*7 87*3187<4/+8490<+71048411130 4+<712/<1+9016>1022++>84>551	
货物或应税劳务、服务名称	规格型号	单位	数量	单价	金额	税率	税额
印章		个	4	70.755	283.02	6%	16.98
合　计					¥283.02		¥16.98
价税合计（大写）	⊗叁佰元整					（小写）¥300.00	
销售方	名　称：南京雕刻社有限公司 纳税人识别号：913201021770228251 地址、电话：江苏省南京市玄武区杨忠街马月路95号 025-56325502 开户行及账号：中国建设银行南京市玄武区支行 41622124590005				备注	南京雕刻社有限公司 913201021770228251 发票专用章	

收款人：　复核：　开票人：王万勇　销售方：（章）

税总函【XXXX】XXX号 XXXXXXXX公司

第三联：发票联 购买方记账凭证

上述原始凭证中：

表 2-4-1 是江苏增值税专用发票的第二联抵扣联，此联应作为购买方抵扣进项税额的依据。该抵扣联不能作为记账凭证的附件，专门用于在规定期限内到税务机关办理认证或在平台办理勾选确认，并在认证通过或勾选确认的次月申报期内，向主管税务机关申报抵扣进项税额。

表 2-4-2 是江苏增值税专用发票的第三联发票联，此联应作为购买方的记账依据。该原始凭证注明，"购买方"是本公司，"销售方"是南京雕刻社有限公司，"货物或应税劳务、服

表 2-4-3

中国建设银行客户专用回单

币别：人民币　　2019　年 11　月 02　日　　流水号 320120027J0500810010

付款人	全称	南京成功股份有限公司	收款人	全称	南京雕刻社有限公司
	账号	41622124757264		账号	41622124590005
	开户行	中国建设银行南京市建邺区支行		开户行	中国建设银行南京市玄武区支行
金 额		（大写）人民币 叁佰元整		（小写）¥300.00	
凭证种类		网银	凭证号码		
结算方式		转账	用途		印章费
			打印柜员：320125584257 打印机构：中国建设银行南京市建邺区支行 打印卡号：41622124757264		

第一联借方（回单）

中国建设银行 电子回单 专用章

打印时间：2019-11-02　　交易柜员：320125584268　　交易机构：320110511

务名称”是印章，这表明南京雕刻社有限公司为本公司提供了雕刻印章服务。进行会计核算时，“金额”应记入“管理费用——开办费”科目的借方，“税额”应记入“应交税费——应交增值税——进项税额”科目的借方。

表 2-4-3 是中国建设银行客户专用回单的第一联借方回单联，此联应作为付款方支付款项的记账依据。该原始凭证注明，“付款人”是本公司，“账号”为 41622124757264，“收款人”是南京雕刻社有限公司，这表明本公司从账号为 41622124757264 的基本户向南京雕刻社有限公司通过网银转账方式支付了款项。进行会计核算时，应记入“银行存款——建行 41622124757264”科目的贷方。

因此，该笔业务在 T3 系统中的操作流程如下：

(1) 以 302102 会计将风明的身份于“2019-11-02”登录。“总账”→“凭证”，单击“填制凭证”，打开记账凭证编制界面。

(2) 单击“增加”按钮，增加一张空白凭证，凭证类型、凭证编号、制单日期自动生成；附单据数录入“2”。

(3) 在第 1 行摘要处录入“支付印章雕刻费”。

(4) 在第 1 行输入借方科目名称“管理费用——开办费”，输入借方金额“283.02”；回车。在第 2 行输入借方科目名称“应交税费——应交增值税——进项税额”，输入借方金额“16.98”；按回车键。

(5) 在第 3 行输入贷方科目名称“银行存款——建行 41622124757264”，输入辅助项结算方式“网银”、票据号“00810010”，输入贷方金额“300.00”。

(6) 单击“保存”按钮。

11 月“0004”号记账凭证填制完成后界面，如图 2-4-1 所示。

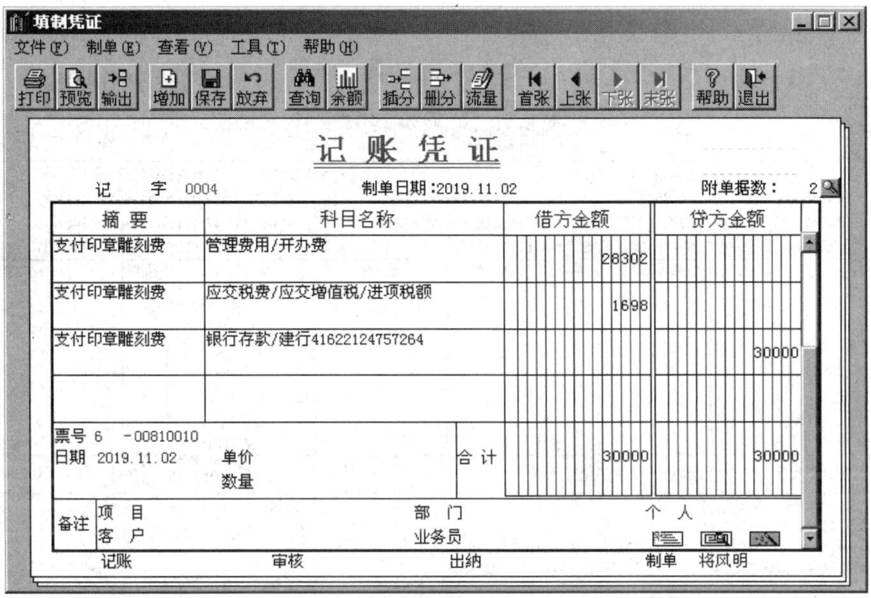
填制凭证

文件(F) 制单(E) 查看(V) 工具(T) 帮助(H)

打印 预览 输出 增加 保存 放弃 查询 余额 插分 删分 流量 首张 上张 下张 末张 帮助 退出

记 账 凭 证

记 字 0004　　制单日期：2019.11.02　　附单据数：2

摘要	科目名称	借方金额	贷方金额
支付印章雕刻费	管理费用/开办费	28302	
支付印章雕刻费	应交税费/应交增值税/进项税额	1698	
支付印章雕刻费	银行存款/建行41622124757264		30000
票号 6 -00810010 日期 2019.11.02 单价 数量	合计	30000	30000

备注　项目　部门　个人
客户　业务员

记账　审核　出纳　制单 将风明

图 2-4-1　11 月“0004”号记账凭证填制完成后界面

【业务 5】 2019-11-02，取得原始凭证 4 张。

表 2-5-1

1101161140　北京增值税专用发票　№ 34540406　1101161140 34540406

抵扣联　开票日期：2019年11月01日

购买方	名称：南京成功股份有限公司 纳税人识别号：913201436012042987 地址、电话：江苏省南京市国家高新区创业路1238号 025—80982852 开户行及账号：中国建设银行南京市建邺区支行 41622124757264				密码区	59*3187<4/+3289<+95-59+7<366 8975<0-->>-6>525<973377->7*7 87*3187<4/+8490<+44748545468 5+<712/<1+9016>1088++>84>037	
货物或应税劳务、服务名称	规格型号	单位	数量	单价	金额	税率	税额
KL		台	3	15000	45000.00	13%	5850.00
合计					￥45000.00		￥5850.00
价税合计（大写）	⊗伍万零捌佰伍拾元整				（小写）￥50850.00		
销售方	名称：中祥销售有限公司 纳税人识别号：911101162408088488 地址、电话：北京市怀柔区杨爱街赵想路86号 010-51100923 开户行及账号：中国建设银行北京市怀柔区支行 41622124868885				备注		

收款人：　复核：　开票人：张英敏　销售方：（章）

第二联：抵扣联　购买方扣税凭证

税总函【XXXX】XXX号 XXXXXXXX公司

上述原始凭证中：

表 2-5-1 是北京增值税专用发票的第二联抵扣联，此联应作为购买方抵扣进项税额的依据。该抵扣联不能作为记账凭证的附件，专门用于在规定期限内到税务机关办理认证或在平台办理勾选确认，并在认证通过或勾选确认的次月申报期内，向主管税务机关申报抵扣进项税额。

表 2-5-2 是北京增值税专用发票的第三联发票联，此联应作为购买方的记账依据。该原始凭证注明，“购买方”是本公司，“销售方”是中祥销售有限公司，“货物或应税劳务、服务名称”是 KL，这表明本公司从中祥销售有限公司购买了 KL 设备。

表 2-5-2

1101161140　北京增值税专用发票　№ 34540406　1101161140 34540406

北京 发票联

开票日期：2019年11月01日

购买方	名　　称：南京成功股份有限公司 纳税人识别号：913201436012042987 地 址、电 话：江苏省南京市国家高新区创业路1238号 025－80982852 开户行及账号：中国建设银行南京市建邺区支行 41622124757264			密码区	59*3187<4/+3289<+95-59+7<366 8975<0-->>-6>525<973377->7*7 87*3187<4/+8490<+44748545468 5+<712/<1+9016>1088++>84>037		
货物或应税劳务、服务名称	规格型号	单位	数量	单价	金额	税率	税额
KL		台	3	15000	45000.00	13%	5850.00
合　　计					¥45000.00		¥5850.00
价税合计（大写）	⊗伍万零捌佰伍拾元整				（小写）¥50850.00		
销售方	名　　称：中祥销售有限公司 纳税人识别号：911101162408088488 地 址、电 话：北京市怀柔区杨爱街赵想路86号 010-51100923 开户行及账号：中国建设银行北京市怀柔区支行 41622124868885			备注			

收款人：　　复核：　　开票人：张英敏　　销售方：（章）

税总函【XXXX】XXX号 XXXXXXXX公司

第三联：发票联 购买方记账凭证

表 2-5-3

中国建设银行客户专用回单

币别：人民币　　2019 年 11 月 02 日　　流水号 320120027J0500810071

付款人	全称	南京成功股份有限公司	收款人	全称	中祥销售有限公司
	账号	41622124757264		账号	41622124868885
	开户行	中国建设银行南京市建邺区支行		开户行	中国建设银行北京市怀柔区支行
金 额	（大写）人民币 伍万零捌佰伍拾元整			（小写）¥50850.00	
凭证种类	网银		凭证号码		
结算方式	转账		用途	支付设备款	
			打印柜员：320125584257 打印机构：中国建设银行南京市建邺区支行 打印卡号：105223426331		

打印时间：2019-11-02　　交易柜员：320125584268　　交易机构：320110500541181558

第一联借方（回单）

表 2-5-4

新增固定资产登记表

2019 年 11 月 02 日

资产名称	种类	单位	数量	购入日期	投入使用日期	使用部门
KL	生产设备	台	3	2019-11-01	2019-11-02	生产车间

制表人：将风明　　复核人：周琳

表 2-5-3 是中国建设银行客户专用回单的第一联借方回单联，此联应作为付款方支付款项的记账依据。该原始凭证注明，“付款人”是本公司，“账号”为 41622124757264，“收款

人”是中祥销售有限公司，这表明本公司从账号为 41622124757264 的基本户向中祥销售有限公司通过网银转账方式支付了款项。进行会计核算时，“金额”应记入“银行存款——建行 41622124757264”科目的贷方。

表 2-5-4 是新增固定资产登记表，此表应作为固定资产增加的记账依据。该原始凭证注明，“资产名称”是 KL，“种类”是机器设备，“使用部门”是生产车间，“购入日期”为“2019-11-01”，与“投入使用日期”为 2019 年 11 月 02 日，这表明本公司的生产车间投入使用 3 台不需要安装的生产设备 KL。根据表 2-5-2，进行会计核算时，“金额”应记入“固定资产”科目的借方，“税额”应记入“应交税费——应交增值税——进项税额”科目的借方。

因此，该笔业务在 T3 系统中的操作流程如下所述。

1) 每张卡片单件填制“资产增加”卡片及批量生成凭证

(1) 以 302102 会计将风明的身份于 2019-11-02 登录。“固定资产”→“卡片管理”，点击“资产增加”，选择“生产设备”，单击“确认”，进入资产卡片录入界面。

当月增加固定及选择资产类别路径界面，如图 2-5-1 所示。

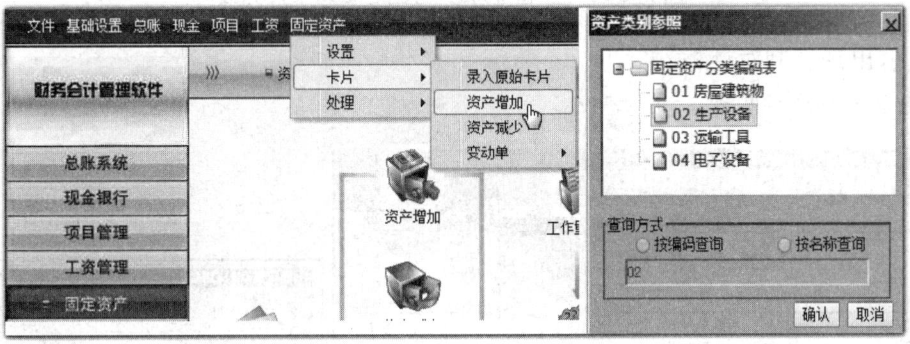

图 2-5-1 当月增加固定及选择资产类别路径界面

需要说明的是：

卡片的录入方式有两种，第一种是分别单台资产录入卡片的方式，批量制单方式生成凭证；第二种是将同部门同类型同名称资产全部录入 1 张卡片的方式，且勾选业务发生立即制单方式。

(2) 单台资产录入单张卡片方式操作。

① 资产卡片界面已有数据的项目包括资产分类编码、资产分类名称、使用年限、折旧方法，开始使用日期录入“2019-11-02”；录入固定资产名称“KL”，在“使用部门”图标上双击后选择：“生产车间”，固定资产编号、对应折旧科目自动生成，其中资产编号也可手工录入，但企业固定资产选项设置为自动，在卡片保存时生成；双击“增加方式”选择“直接购入”，双击使用状况选择“在用”，原值录入“15 000.00”(此为单位设备原值)，预计净残值率、净残值与净值的数据均自动生成；可抵扣税额录入“1 950”(5 850/3)；单击“保存”按钮，系统会显示“卡片保存成功”字样，自动进入下一个卡片录入界面，若不需继续增加，单击“取消”命令，按系统提示进行操作即可。

新增“00001”号固定资产卡片界面，如图 2-5-2 所示。

② 在“00001”卡片的基础上，复制其他 2 张卡片，单击“编辑”，显示下拉菜单，选中“复

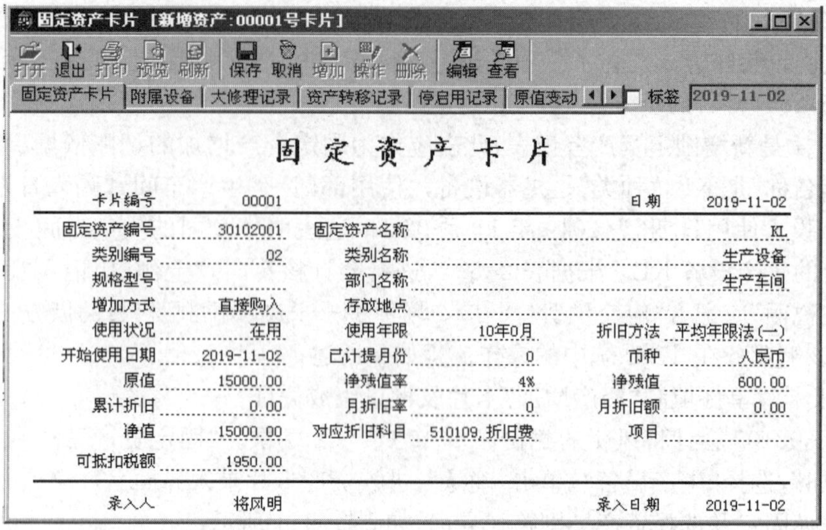

图 2-5-2　新增“00001”号固定资产卡片界面

制”,单击,出现复制对话框。

卡片复制路径,如图 2-5-3 所示。

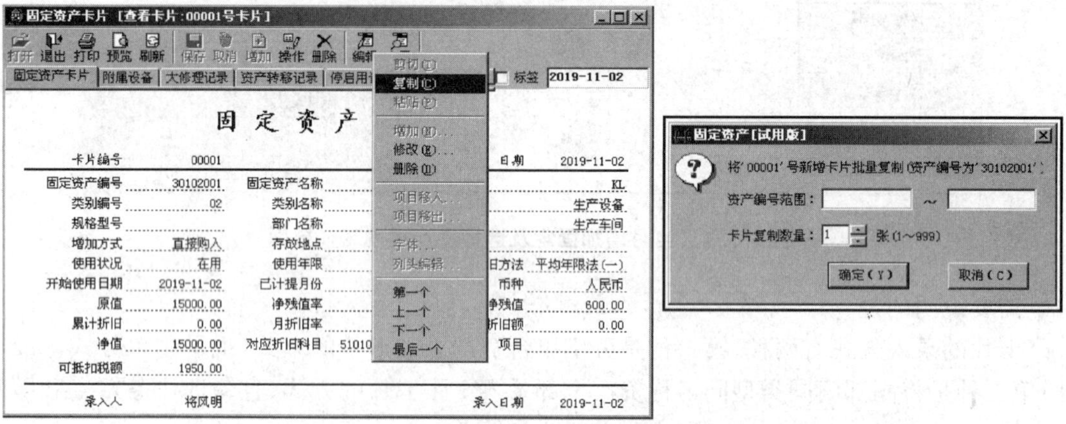

图 2-5-3　卡片复制路径

③ 资产编号范围分别录入“30102002”“30102003”,卡片复制数量录入“2”,单击“确定”,显示“卡片批量复制完成”提示框,单击“确定”→单击资产卡片上的“退出”命令。

复制 2 张卡片流程,如图 2-5-4 所示。

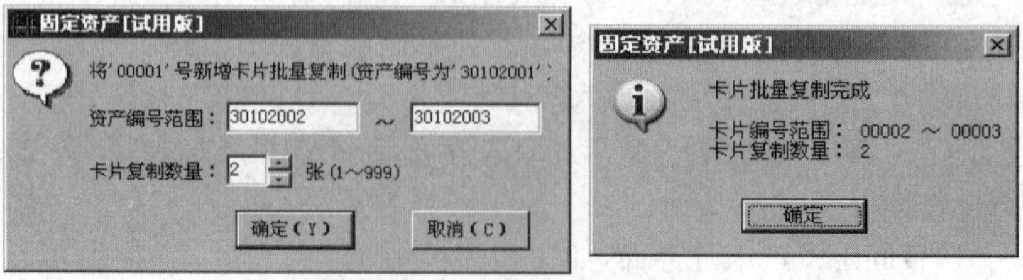

图 2-5-4　复制 2 张卡片流程

需要说明的是：

卡片修改操作时，如果增加的卡片保存退出后发现卡片录入有错误，则需要对错误卡片进行修改。此时，卡片修改的操作流程为：进入“固定资产”→“卡片”，执行“卡片管理”命令→“卡片管理”界面，在右侧“在役资产”选项下选中需修改的卡片记录行，执行“操作”命令→进入“固定资产卡片【编辑卡片】”对话框，对错误之处进行修改，修改完成后，单击“保存”按钮，系统会显示“卡片保存成功”，则卡片修改完成。

(3) 批量制单方式生成凭证流程。

① “固定资产”→“处理”，单击“批量制单”，默认进入“制单选择”界面，记录的每一行合并号均录入“1”(同号才能合并)，每一行记录的制单栏均需双击鼠标，显示“Y”标志。

批量制单选择“制单”界面，如图 2-5-5 所示。

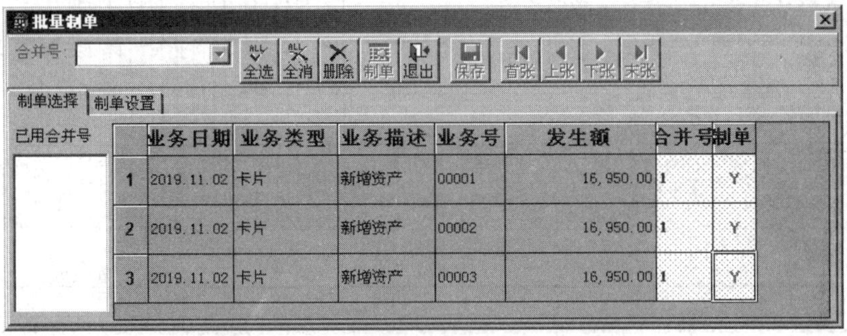

图 2-5-5　批量制单选择“制单”界面

② 单击“制单设置”按钮，合并复选框默认合并状态，每张卡片借方科目已在选项中设置的自动显示，不需要调整，每张卡片贷方科目均录入科目代码“100201”。

批量制单科目设置界面，如图 2-5-6 所示。

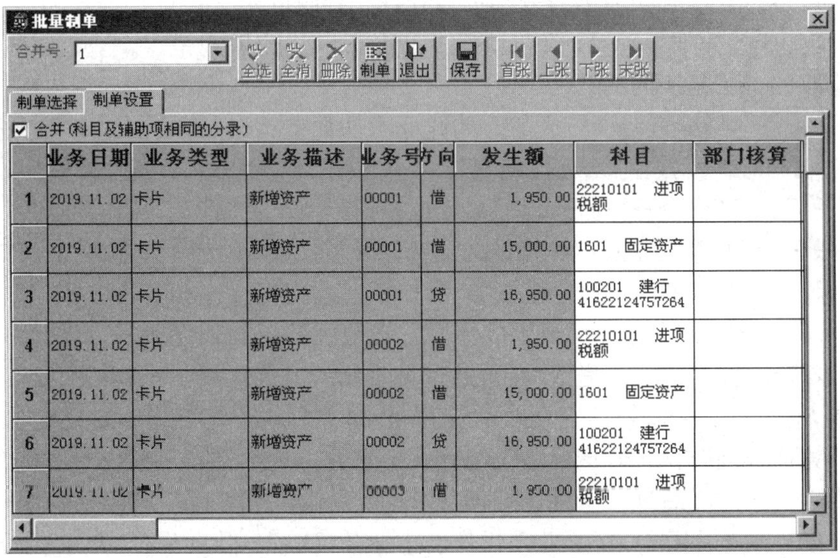

图 2-5-6　批量制单科目设置界面

③ 单击“制单”命令，在生成的凭证中录入：附单据数“3”，所有行摘要录入“直接购入资产”；第 3 行贷方“100201”科目的结算方式“网银”，票号录入“00810071”，完成后单击“保存”命令。在凭证上显示“已生成”字样。

11 月“0005”号记账凭证编辑完成时界面，如图 2-5-7 所示。

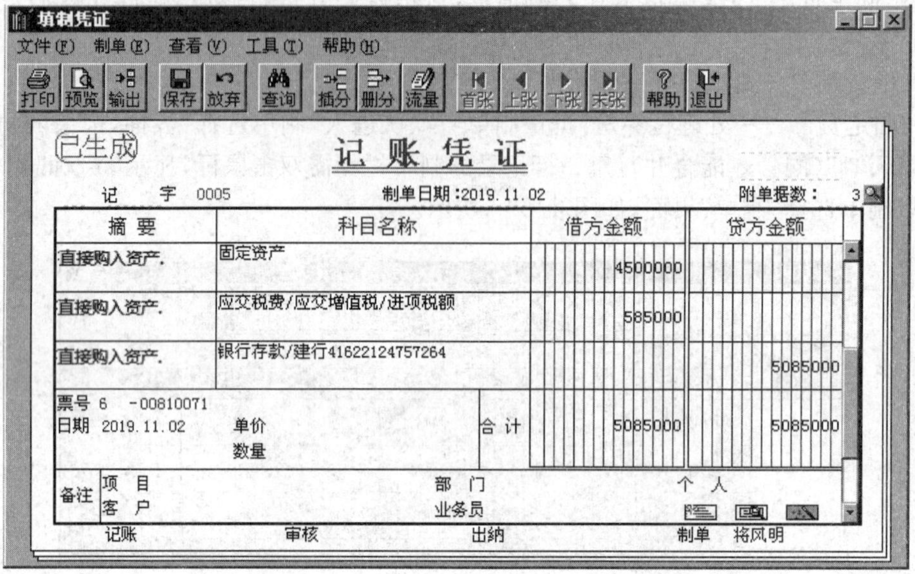

图 2-5-7 11 月“0005”号记账凭证编辑完成时界面

需要说明的是：

凭证保存退出固定资产子系统后发现此凭证生成错误，该凭证可以进行修改(在云平台下尚未实现，只能删除凭证后重新生成)，但不能直接在总账系统进行修改，必须在凭证生成的系统(固定资产系统)查明原因后分别进行处理。导致固定资产记账凭证错误的原因一般有两种，一是生成的凭证编辑错误造成的；二是由于卡片的填制错误，造成凭证的错误。这两种错误修改的方法是不同的。

① 由于凭证本身编辑错误造成的。如凭证附件数量错误，直接在固定资产系统中查询到错误的凭证，由原填制人对其进行编辑即可，具体操作流程如下：进入“固定资产”→“处理”，执行“凭证查询”命令→“凭证查询”对话框，选择错误的凭证记录行，执行“编辑”命令→进入该“记账凭证”的编辑界面，对错误之处进行修改，修改完成后，单击“保存”按钮，系统会显示“凭证保存成功”，则凭证修改完成。

② 由于增加卡片错误造成凭证生成错误。必须由原填制人完成修改，把生成的凭证先删除，然后修改卡片，卡片修改完成后，再通过批量制的方式生成一张新的凭证，对生成的凭证进行编辑无误后，保存该凭证。修改的流程是：进入“固定资产”→“处理”，执行“凭证查询”命令→“凭证查询”对话框，选择错误的凭证记录行，执行“删除”命令→按系统提示操作，完成凭证删除工作。然后进行卡片的修改工作，此项工作于卡片完成注明的卡片修改操作完全一致→批量制单，生成凭证。此项操作与本业务“(3)”步骤的操作完全一致。至于删除的记账凭证则由总账操作员重新登录 T3 软件后在总账系统采用“凭证整理”的方法彻底删除并整理凭证断号。在做另一种方式时，需要将上一种方式下产生的凭证和资产卡片全部

删除。

2）同部门同类型同名称资产全部录入 1 张卡片方式，且生成凭证为立即制单方式

（1）同部门同类型同名称资产全部录入 1 张卡片的流程。其流程如下：

① 以 302102 会计将风明的身份于 2019-11-02 登录。“固定资产”——“设置”中单击“选项”按钮，在“与财务系统接口”中勾选“业务发生后立即制单”，单击“确定”按钮。

② “固定资产”→“卡片管理”，点击“资产增加”，选择“生产设备”，单击“确认”。资产卡片界面已有数据的项目包括资产分类编码、资产分类名称、使用年限、折旧方法，开始使用日期录入“2019-11-02”；录入固定资产名称“KL”，在“使用部门”图标上双击后选择“生产车间”，对应折旧科目自动生成，资产编号也可手工录入，但企业固定资产选项设置为自动，在卡片保存时生成；双击“增加方式”选择“直接购入”，双击使用状况选择“在用”，原值录入“45 000.00”（此为所有设备原值），预计净残值率、净残值与净值的数据均自动生成；可抵扣税额录入“5 850”。

001 卡片资产界面，如图 2-5-8 所示。

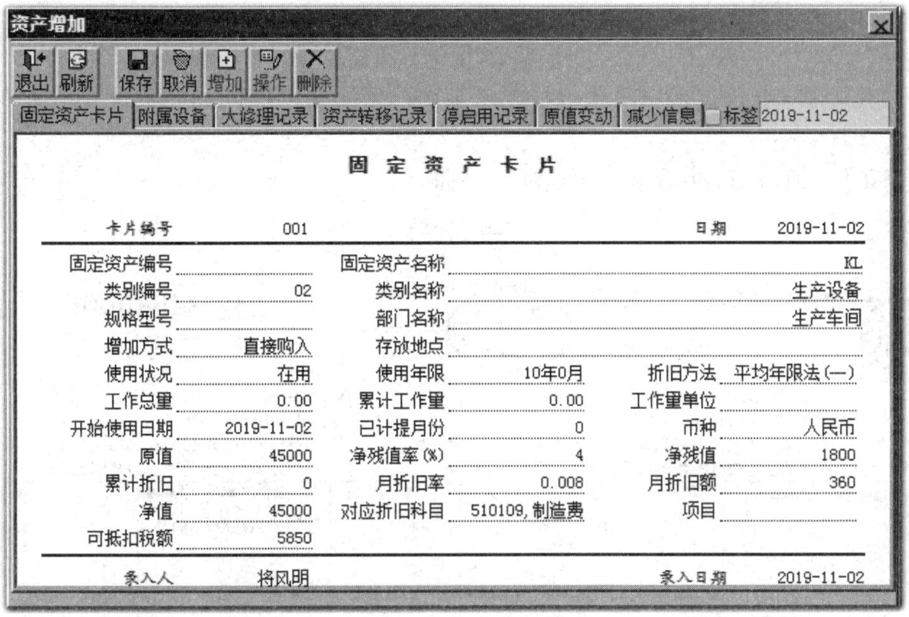

图 2-5-8　001 卡片资产界面

（2）自动生成凭证及编辑。其流程如下：

① 在新增 001 卡片资产中，单击“保存”按钮。自动生成凭证。

业务发生立即生成凭证界面，如图 2-5-9 所示。

② 附单据数录入“3”，贷方科目录入“100201”科目，结算方式录入“网银”，票号录入“00810071”，完成后单击“保存”命令，在凭证上显示“已生成”字样，如图 2-5-7 所示。

需要说明的是：

T3 云平台目前能达到单张卡片记录单台资产，但无法采用卡片复制方式，需要手工录入的方式处理，生成凭证时也无法达到批量制单方式将多张新增卡片合并生成一张凭证。

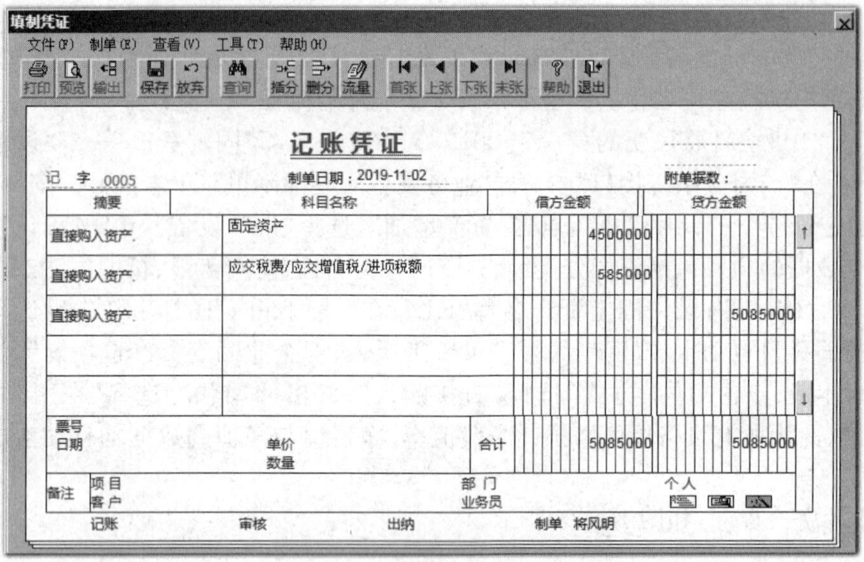

图 2-5-9 业务发生立即生成凭证界面

因此，为简化核算，本教材采用单张卡片记录某部门若干张同类同品名资产且业务发生立即制单方式。

【业务 6】 2019-11-02，取得原始凭证 3 张。

表 2-6-1

1201161140 天津增值税专用发票 № 34540406 1201161140 34540406

（印章：全国统一发票监制章 天津 国家税务总局监制）

抵扣联

开票日期：2019年11月02日

购买方	名 称：南京成功股份有限公司 纳税人识别号：913201436012042987 地 址、电 话：江苏省南京市国家高新区创业路1238号 025—80982852 开户行及账号：中国建设银行南京市建邺区支行 41622124757264	密码区	25*3187<4/+5288<+95-59+7<583 1421<0-->>-6>525<437646->7*7 87*3187<4/+8490<+52061027140 7+<712/<1+9016>1330++>84>137

货物或应税劳务、服务名称	规格型号	单位	数量	单价	金额	税率	税额
UY		台	2	130000	260000.00	13%	33800.00
合计					¥260000.00		¥33800.00
价税合计（大写）	⊗贰拾玖万叁仟捌佰元整				（小写）¥293800.00		

销售方	名 称：天津宇通股份有限公司 纳税人识别号：911201112230923985 地 址、电 话：天津市西青区杨宝街贾翠路40号 022-45564948 开户行及账号：中国建设银行天津市西青区支行 41622124690475	备注	（印章：天津宇通股份有限公司 911201112230923985 发票专用章）

收款人： 复核： 开票人：姜小平 销售方：（章）

税总函【XXXX】XXX号 XXXXXXXX公司

第二联：抵扣联 购买方扣税凭证

上述原始凭证中：

表 2-6-1 是天津增值税专用发票的第二联抵扣联，此联应作为购买方抵扣进项税额的依据。该抵扣联不能作为记账凭证的附件，专门用于在规定期限内到税务机关办理认证或在平台办理勾选确认，并在认证通过或勾选确认的次月申报期内，向主管税务机关申报抵扣进项税额。

表 2-6-2

1201161140　　天津增值税专用发票　　№ 34540406　　1201161140 34540406

全国统一发票监制章 天津 国家税务总局监制

发票联　　开票日期：2019年11月02日

税总函【XXXX】XXX号 XXXXXXXX公司

购买方	名　　称：南京成功股份有限公司 纳税人识别号：913201436012042987 地址、电话：江苏省南京市国家高新区创业路1238号 025－80982852 开户行及账号：中国建设银行南京市建邺区支行 41622124757264				密码区	25*3187<4/+5288<+95-59+7<583 1421<0-->>-6>525<437646->7*7 87*3187<4/+8490<+52061027140 7+<712/<1+9016>1330++>84>137	
货物或应税劳务、服务名称	规格型号	单位	数量	单价	金额	税率	税额
UY		台	2	130000	260000.00	13%	33800.00
合　　计					￥260000.00		￥33800.00
价税合计（大写）	⊗贰拾玖万叁仟捌佰元整					￥293800.00	
销售方	名　　称：天津宇通股份有限公司 纳税人识别号：911201112230923985 地址、电话：天津市西青区杨宝街贾翠路40号 022-45564948 开户行及账号：中国建设银行天津市西青区支行 41622124690475				备注	天津宇通股份有限公司 911201112230923985 发票专用章	

收款人：　　复核：　　开票人：姜小平　　销售方：（章）

第三联：发票联　购买方记账凭证

表 2-6-3

新增固定资产登记表

2019 年 11 月 02 日

资产名称	种类	单位	数量	购入日期	投入使用日期	使用部门
UY	生产设备	台	2	2019-11-02	2019-11-02	生产车间

制表人：将风明　　复核人：周琳

表 2-6-2 是天津增值税专用发票的第三联发票联，此联应作为购买方的记账依据。该原始凭证注明，“购买方”是本公司，“销售方”是天津宇通股份有限公司，“货物或应税劳务、服务名称”是 UY，这表明本公司从天津宇通股份有限公司购买了 UY 设备。

表 2-6-3 是新增固定资产登记表，此表应作为固定资产增加的记账依据。该原始凭证注明，“资产名称”是 UY，“种类”是机器设备，“使用部门”是生产车间，“购入日期”与“投入使用日期”均为 2019 年 11 月 02 日。这表明本公司的生产车间投入使用 2 台不需要安装的生产设备 UY。结合表 2-6-2 和表 2-6-3，进行会计核算时，“金额”应记入“固定资产”科目的借方，“税额”应记入“应交税费——应交增值税——进项税额”科目的借方。由于无付款记录，因此，贷方科目为“应付账款——供应商”。

该笔业务在 T3 系统中的操作流程如下所述。

1）设置供应商档案

以 302102 会计将风明的身份于 2019-11-02 登录。在“基础设置”→“往来单位”中选中“供应商档案”，选择供应商类别为设备供应商，单击“增加”命令，如表 2-6-2 所示。

供应商“天津宇通”档案基本信息录入界面，如图 2-6-1 所示。

需要说明的是：

完整的供应商或客户档案必须填制的项目有基本中的“编号”“名称”“简称”“税号”“开户银行”和“银行账号”；联系中的“地址”和“电话”等信息。本教材采用简化的方式只录入往

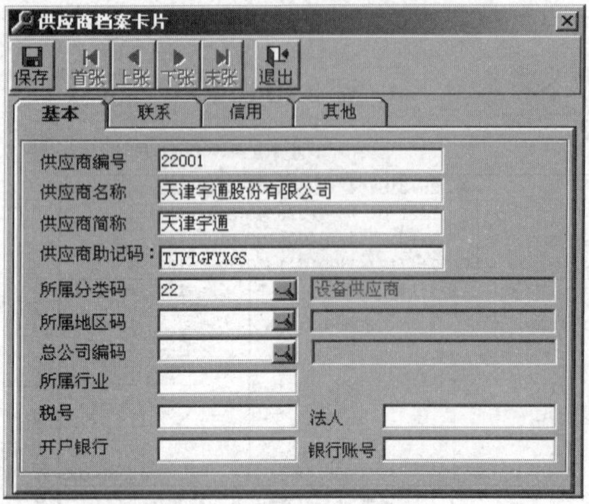

图 2-6-1　供应商“天津宇通”档案基本信息录入界面

来单位的名称及简称。

2）新增资产卡片

（1）“固定资产”→“卡片管理”，点击“资产增加”，单击“生产设备”按钮，进入资产卡片录入界面，录入 UY 资产卡片。

（2）资产卡片界面已有数据的项目包括资产分类编码、资产分类名称、使用年限和折旧方法，开始使用日期录入“2019-11-02”；录入固定资产名称“UY”，在“使用部门”图标上双击后选择“生产车间”，对应折旧科目自动生成；双击“增加方式”选择“直接购入”，双击使用状况选择“在用”，原值录入“260 000.00”，预计净残值率、净残值与净值的数据均自动生成；可抵扣税额录入“33 800.00”。

新增“002”号资产卡片界面，如图 2-6-2 所示。

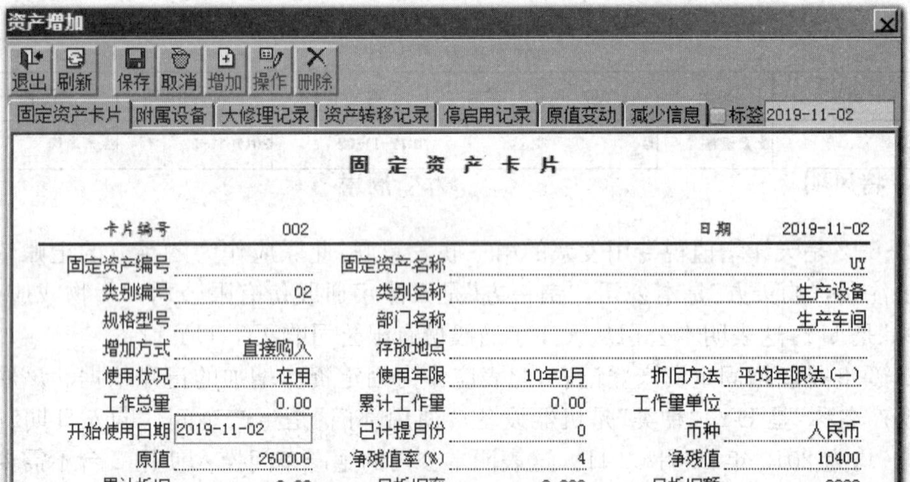

图 2-6-2　新增“002”号资产卡片界面

3）生成并编辑凭证

在新增“002”资产卡片中单击“保存”按钮；在生成的凭证中，附单据数录入“2”，摘要改为“直接赊购资产”，贷方科目录入“220202”，供应商选择“天津宇通”，单击“保存”命令。

11 月“0006”号记账凭证生成后界面，如图 2-6-3 所示。

需要说明的是：

生成的凭证中附单据数通过凭证查询可得到是否录入，保存时不显示。

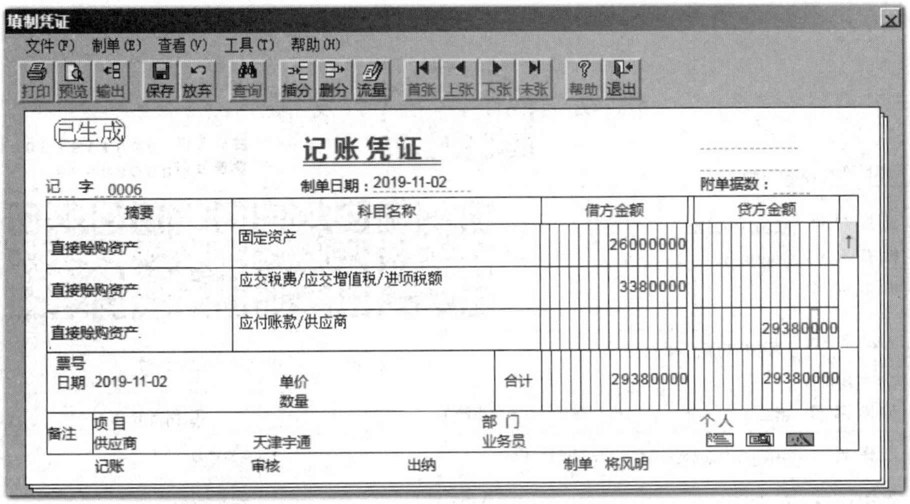

填制凭证

文件(F) 制单(E) 查看(V) 工具(T) 帮助(H)

打印 预览 输出 保存 放弃 查询 插分 删分 流量 首张 上张 下张 末张 帮助 退出

已生成

记账凭证

记 字 0006　　制单日期：2019-11-02　　附单据数：

摘要	科目名称	借方金额	贷方金额
直接购资产	固定资产	26000000	
直接购资产	应交税费/应交增值税/进项税额	3380000	
直接购资产	应付账款/供应商		29380000
票号 日期 2019-11-02	单价 数量	合计 29380000	29380000

备注　项目　　部门　　个人

供应商　天津宇通　　业务员

记账　审核　出纳　制单 将风明

图 2-6-3　11 月“0006”号记账凭证生成后界面

【业务 7】　2019-11-03，取得原始凭证 12 张。

表 2-7-1

机动车销售统一发票

发票联

发票代码 132011920002

发票号码 05523539

开票日期 2019年11月03日

机打代码 机打号码 机器编号	132011920002 05523539	税控码			
购买方名称及身份证号码/组织机构代码	南京成功股份有限公司	纳税人识别号	913201436012042987		
车辆类型	轿车	厂牌型号	东风雪铁龙	产地	南京市
合格证号	GWD076636466934	进口证明书号		商检单号	
发动机号码	P450785	车辆识别代号/车架号码	LVGBM51K6FG630031		
价税合计	⊗贰拾万叁仟肆佰元整			小写	¥203400.00
销货单位名称	南京明都汽车销售有限公司			电话	025-80656974
纳税人识别号	913201023708465434			帐号	41622124742434
地址	江苏省南京市玄武区陈越街胡完路51号	开户银行	中国建设银行南京市玄武区支行		
增值税税率或征收率	13%	增值税税额	¥23400.00	主管税务机关及代码	国家税务总局南京市玄武区税务局 1320102
不含税价	小写 ¥180000.00	完税凭证号码		吨位 0	限乘人数 5

销货单位盖章　　开票人 牛瑞营　　备注：一车一票

第一联 发票联（购货单位付款凭证）（手开无效）

上海实业票证有限公司2009年08月印50000份（6联）号码起讫00050001-00100000

南京明都汽车销售有限公司 913201023708465434 发票专用章

表 2-7-2

机动车销售统一发票

抵扣联

发票代码 132011920002
发票号码 05523539

开票日期 2019年11月03日

机打代码 机打号码 机器编号	132011920002 05523539		税控码				
购买方名称及身份证号码/组织机构代码	南京成功股份有限公司		纳税人识别号	913201436012042987			
车辆类型	轿车	厂牌型号	东风雪铁龙		产地	南京市	
合格证号	GWD076636466934	进口证明书号			商检单号		
发动机号码	P450785		车辆识别代号/车架号码	LVGBM51K6FG630031			
价税合计	⊗贰拾万叁仟肆佰元整			小写 ¥203400.00			
销货单位名称	南京明都汽车销售有限公司			电话	025-80656974		
纳税人识别号	913201023708465434			账号	4162[illegible]24742434		
地址	江苏省南京市玄武区陈越街胡宪路51号			开户银行	中国建设银行南京市玄武区支行		
增值税税率或征收率	13%	增值税税额	¥23400.00	主管税务机关及代码	国家税务总局南京市玄武区税务局 1320102		
不含税价	小写 ¥180000.00	完税凭证号码			吨位 0	限乘人数	5

销货单位盖章　　开票人 牛瑞营　　备注：一车一票

上海安能票务有限公司2009年08月印50000份（6联）号码起讫00050001-00100000

第二联 抵扣联（购货单位扣税凭证）（手开无效）

表 2-7-3

南京市政府非税收入一般缴款书

财准印 2019 号　　No 21366769

执收单位代码：092100

执收单位名称：南京市公安局交通巡逻警察支队　　收款日期2019 年11 月03 日

缴款人	全称	南京成功股份有限公司	收款人	全称	南京市政府非税收入专户	流水号 00001551
	账号	41622124757264		账号	41001432100111	
	开户银行	中国建设银行南京市建邺区支行		开户银行	中国建设银行南京市建邺区支行	
代理银行网点代码		开票方式		缴款方式		

项目执行码	收费项目名称	单位	标准	数量	金额（小写）	
0675	机动车号牌工本费		汽车号牌（反光）100.00元	1	100.00	复核
0677	机动车行驶证工本费		机动车行驶证30.00元	1	30.00	记账
0684	机动车登记证书工本费		机动车证书工本费20.00元	1	20.00	开户行签章
合计人民币（大写）壹佰伍拾元整					¥150.00	
备注：						

南京市非税收入管理中心监制

第二联收据联

执收单位（盖章）：　　经办人：苗文丹

表 2-7-4

中华人民共和国
税收通用缴款书

纳税人编码：407566705　　　　　　　　　　校验码：0030097

隶属关系：区　　　　　　　　　　　　　　　征税缴电：№41566381

注册类型：股份有限公司　　填发日期：2019 年11 月03 日　　征收机关：国家税务总局南京市建邺区税务局车辆购置税征收管理分局

缴款单位（人）			预算科目		
	代码	913201436012042987		编码	1011601
	全称	南京成功股份有限公司		名称	车辆购置税
	开户银行	中国建设银行南京市建邺区支行		级次	中央100%
	账号	41622124757264		收款国库	国家金库南京市建邺区支库

税款所属时期 2019年11月03日 至 2019年11月30日　　税款限缴时期 2020年 01月 02日

品目名称	课税数量	计税金额或销售收入	税率或单位税额	已缴或扣除额	实缴金额
车辆购置税		180000.00	10%		18000.00
金额合计	（大写）人民币壹万捌仟元整				¥18000.00

缴款单位（人）（盖章）经办人（章）	税务机关（盖章）填票人（章）	上列款项已收妥并划转收款单位账户。国库（银行）盖章 年 月 日	备注
	征税专用章	中国建设银行南京市建邺区支行 2019-11-03 办讫（01）	

逾期不缴按说法规定加收滞纳金。

无银行收讫章无效

第一联（收据）国库（经收处）收款盖章后退缴款单位（人）作完税凭证

表 2-7-5

3201181140　　**江苏增值税专用发票**　　№ 14682621　　3201181140 14682621

抵扣联

开票日期：2019年11月03日

购买方		密码区	
名称：南京成功股份有限公司		23*3187<4/+6775<+95-59+7<127	
纳税人识别号：913201436012042987		6644<0-->>-6>525<511271->7*7	
地址、电话：江苏省南京市国家高新区创业路1238号 025—80982852		87*3187<4/+8490<+18112905409	
开户行及账号：中国建设银行南京市建邺区支行 41622124757264		8+<712/<1+9016>2160++>84>597	

货物或应税劳务、服务名称	规格型号	单位	数量	单价	金额	税率	税额
交强险		年	1	900.00	900.00	6%	54.00
合计					¥900.00		¥54.00
价税合计（大写）	⊗玖佰伍拾肆元整				（小写）¥954.00		

销售方	备注
名称：江苏平安保险股份有限公司	保单号：A405735580351201958180 车牌号：苏A65203 车船税：60.00 受益期限：2019年01月01日至2019年12月31日
纳税人识别号：913201051449279991	
地址、电话：江苏省南京市建邺区李博街王军路37号 025-89234561	
开户行及账号：中国建设银行南京市建邺区支行 41671222228388	

收款人：　　复核：　　开票人：解汉瑞　　销售方：（章）

（印章：江苏平安保险股份有限公司 913201051449279991 发票专用章）

税总函【XXXX】XXX号 XXXXXXX公司

第二联：抵扣联 购买方扣税凭证

表 2-7-6

3201181140　江苏增值税专用发票　№ 14682621

3201181140
14682621

发票联

开票日期：2019年11月03日

购买方	名称：南京成功股份有限公司 纳税人识别号：913201436012042987 地址、电话：江苏省南京市国家高新区创业路1238号 025—80982852 开户行及账号：中国建设银行南京市建邺区支行 41622124757264			密码区	23*3187<4/+6775<+95-59+7<127 6644<0-->>-6>525<511271->7*7 87*3187<4/+8490<+18112905409 8+<712/<1+9016>2160++>84>597		
货物或应税劳务、服务名称	规格型号	单位	数量	单价	金额	税率	税额
交强险		年	1	900.00	900.00	6%	54.00
合计					¥900.00		¥54.00
价税合计（大写）	⊗玖佰伍拾肆元整				（小写）¥954.00		
销售方	名称：江苏平安保险股份有限公司 纳税人识别号：913201051449279991 地址、电话：江苏省南京市建邺区李博街王军路37号 025-89234561 开户行及账号：中国建设银行南京市建邺区支行 41671222228388			备注	保单号：4405735[illegible]80351201958180 车牌号：苏A65203 车船税：0.00 受益期限：2019年01月01日至2019年12月31日		

收款人：　　复核：　　开票人：解汉瑞　　销售方：（章）

税总函【XXXX】XXX号 XXXXXXXX公司

第三联：发票联 购买方记账凭证

表 2-7-7

3201181140　江苏增值税专用发票　№ 14682622

3201181140
14682622

抵扣联

开票日期：2019年11月03日

购买方	名称：南京成功股份有限公司 纳税人识别号：913201436012042987 地址、电话：江苏省南京市国家高新区创业路1238号 025—80982852 开户行及账号：中国建设银行南京市建邺区支行 41622124757264			密码区	14*3187<4/+7738<+95-59+7<166 6705<0-->>-6>525<121467->7*7 87*3187<4/+8490<+19789062651 4+<712/<1+9016>3403++>84>308		
货物或应税劳务、服务名称	规格型号	单位	数量	单价	金额	税率	税额
机动车辆综合险		年	1	4500.00	4500.00	6%	270.00
合计					¥4500.00		¥270.00
价税合计（大写）	⊗肆仟柒佰柒拾元整				（小写）¥4770.00		
销售方	名称：江苏平安保险股份有限公司 纳税人识别号：913201051449279991 地址、电话：江苏省南京市建邺区李博街王军路37号 025-89234561 开户行及账号：中国建设银行南京市建邺区支行 41671222228388			备注			

收款人：　　复核：　　开票人：焦仁普　　销售方：（章）

税总函【XXXX】XXX号 XXXXXXXX公司

第二联：抵扣联 购买方扣税凭证

表 2-7-8

3201181140　江苏增值税专用发票　№ 14682622

3201181140
14682622

发票联

开票日期：2019年11月03日

购买方	名称：南京成功股份有限公司 纳税人识别号：913201436012042987 地址、电话：江苏省南京市国家高新区创业路1238号 025—80982852 开户行及账号：中国建设银行南京市建邺区支行 41622124757264			密码区	14*3187<4/+7738<+95-59+7<166 6705<0-->>-6>525<121467->7*7 87*3187<4/+8490<+19789062651 4+<712/<1+9016>3403++>84>308		
货物或应税劳务、服务名称	规格型号	单位	数量	单价	金额	税率	税额
机动车辆综合险		年	1	4500.00	4500.00	6%	270.00
合计					¥4500.00		¥270.00
价税合计（大写）	⊗肆仟柒佰柒拾元整				（小写）¥4770.00		
销售方	名称：江苏平安保险股份有限公司 纳税人识别号：913201051449279991 地址、电话：江苏省南京市建邺区李博街王军路37号 025-89234561 开户行及账号：中国建设银行南京市建邺区支行 41671222228388			备注			

收款人：　　复核：　　开票人：焦仁普　　销售方：（章）

税总函【XXXX】XXX号 XXXXXXXX公司

第三联：发票联 购买方记账凭证

表 2-7-9

中 华 人 民 共 和 国
税收通用缴款书（税务收现专用）

NO.239766441109801

登记注册类型：内资企业　　填发日期：2019 年　11 月 3 日　税务机关：国家税务总局南京市税务局

纳税人识别号	913201436012042987		纳税人名称	南京成功股份有限公司			
税　种	品目名称	课税数量	计税金额或收入	税率或单位税额	税款所属时期	已缴或扣除额	实缴金额
印花税			180,000.00	0.0003	2019-11-03～2019-11-03		54.00
金额合计：（大写）人民币伍拾肆元整							￥54.00
税务机关盖章	代征单位盖章		填票人	备注			

妥 善 保 管

表 2-7-10

中国建设银行客户专用回单

币别：人民币　　　　2019　年 11 月 03 日　　　　流水号 320000801K2700098622

付款人	全称	南京成功股份有限公司	收款人	全称	国家税务总局南京市税务局
	账号	41622124757264		账号	3201977675565109
	开户行	中国建设银行常州新北区支行		开户行	江苏银行南京建邺支行
金　额		（大写）人民币伍拾肆元整			（小写）￥54.00
凭证种类		网银	凭证号码		
结算方式		转账	用　途		印花税
			打印柜员：320628736AJ1 打印机构：新北区支行 打印卡号：9553301260105394		

打印时间：2019-11-03　　　　交易柜员：B01B01000001　　　　交易机构：320620027

表 2-7-11

中国建设银行
转账支票存根
10503226
00210912
附加信息 付款行账号：
41622124757264
出票日期 2019 年 11 月 03 日
收款人：南京明都汽车销售有限公司
金　额：￥227334.00
用　途：支付购车相关款项
单位主管　　会计

表 2-7-12

新增固定资产登记表

2019 年 11 月 03 日

资产名称	种类	单位	数量	购入日期	投入使用日期	使用部门
轿车	运输工具	辆	1	2019-11-03	2019-11-03	办公室

制表人：将风明　　　　复核人：周琳

上述原始凭证中：

表 2-7-1 是机动车销售统一发票的第一联发票联，此联应作为购买方的记账依据。该原始凭证注明，“购买方”是本公司，“销货单位名称”是南京明都汽车销售有限公司，“车辆类型”是小汽车，这表明本公司从南京明都汽车销售有限公司购买了东风雪铁龙小汽车 1 辆。其中，“不含税价”180 000.00 元应记入“固定资产——运输工具（轿车）”科目的借方，“增值税额”23 400.00 元，应记入“应交税费——应交增值税——进项税额”科目的借方。

表 2-7-2 是机动车销售统一发票的第二联抵扣联，此联应作为购买方抵扣进项税额的依据。该抵扣联不能作为记账凭证的附件，专门用于在规定期限内到税务机关办理认证或在平台办理勾选确认，并在认证通过或勾选确认的次月申报期内，向主管税务机关申报抵扣进项税额。

表 2-7-3 是南京市政府非税收入一般缴款书的第二联收据联，此联应作为核算固定资产的记账依据。该原始凭证注明，“缴款人”是本公司，“收款人”是南京市政府非税收入账户，“收费项目名称”是机动车号牌工本费、机动车行驶证工本费和机动车登记证书工本费，这表明本公司购买小汽车时发生上述三项费用。机动车号牌工本费、机动车行驶证工本费和机动车登记证书工本费“合计金额”150.00 元，应记入“固定资产——运输工具（轿车）”科目的借方。

表 2-7-4 是中华人民共和国税收通用缴款书的第一联收据联，此联应作为缴款单位的完税依据，也是作为核算固定资产的记账依据。该原始凭证注明，“缴款单位”是本公司，“品目名称”是车辆购置税，这表明本公司购买小汽车时发生了车辆购置税。“车辆购置税”18 000.00 元，应记入“固定资产——运输工具（轿车）”科目的借方。

表 2-7-5 是江苏增值税专用发票的第二联抵扣联，此联应作为购买方抵扣进项税额的依据。该抵扣联不能作为记账凭证的附件，专门用于在规定期限内到税务机关办理认证或在平台办理勾选确认，并在认证通过或勾选确认的次月申报期内，向主管税务机关申报抵扣进项税额。

表 2-7-6 是江苏增值税专用发票的第三联发票联，此联应作为购买方的记账依据。该原始凭证注明，“购买方”是本公司，“销售方”是江苏平安保险股份有限公司，“货物或应税劳务、服务名称”是交强险，这表明本公司从江苏平安保险股份有限公司购买了小汽车的交强险。备注栏中注明“车船税”是 60.00 元，这表明本公司购买了小汽车的车船税。由于交强险的受益期间为一个年度，故“不含税金额”900.00 元，应记入“预付账款——汽车保险费”科目的借方，“税额”54.00 元，应记入“应交税费——应交增值税——进项税额”科目的借方，“车船税”60.00 元，应记入“税金及附加——车船税”科目的借方。

表 2-7-7 是江苏增值税专用发票的第二联抵扣联，此联应作为购买方抵扣进项税额的

依据。该抵扣联不能作为记账凭证的附件，专门用于在规定期限内到税务机关办理认证或在平台办理勾选确认，并在认证通过或勾选确认的次月申报期内，向主管税务机关申报抵扣进项税额。

表 2-7-8 是江苏增值税专用发票的第三联发票联，此联应作为购买方的记账依据。该原始凭证注明，“购买方”是本公司，“销售方”是江苏平安保险股份有限公司，“货物或应税劳务、服务名称”是机动车辆综合险，这表明本公司从江苏平安保险股份有限公司购买了小汽车的机动车辆综合险。由于机动车辆综合险的受益期间为一个年度，故“不含税金额”4 500.00元，应记入“预付账款——汽车保险费”科目的借方，“税额”270.00 元，应记入“应交税费——应交增值税——进项税额”科目的借方。

表 2-7-9 是中华人民共和国税收通用缴款书，此联应作为核算固定资产的记账依据。该原始凭证注明，“纳税人名称”是本公司，“税种”是印花税，“计税金额”180 000.00 元是购买轿车的不含税金额，这表明本公司为购买小轿车向税务机关缴纳了印花税。在进行会计核算时，“实缴金额”54.00 元，应记入“固定资产——运输工具(轿车)”科目的借方。

表 2-7-10 是中国建设银行客户专用回单，应作为付款方支付款项的记账依据。该原始凭证注明，“收款人”是国家税务总局南京市税务局，“用途”是缴纳印花税，“付款行账号”为 41622124757264，这表明本公司已将款项从账号为 41622124757264 的基本户中转出。进行会计核算时，“金额”54.00 元，应记入“银行存款——建行 41622124757264”科目的贷方。

表 2-7-11 是中国建设银行转账支票存根，应作为付款方支付款项的记账依据。该原始凭证注明，“收款人”是南京明都汽车销售有限公司，“用途”是支付购车相关款项，“付款行账号”为 41622124757264，这表明本公司已将款项从账号为 41622124757264 的基本户中转出。进行会计核算时，“金额”227 334.00 元，应记入“银行存款——建行 41622124757264”科目的贷方。

表 2-7-12 是新增固定资产登记表，此表作为固定资产增加的记账依据。该原始凭证注明，“资产名称”是轿车，“种类”是运输工具，“使用部门”是办公室，“购入日期”与“投入使用日期”均为 2019 年 11 月 03 日，这表明本公司的办公室投入使用 1 辆小汽车。进行会计核算时，结合表 2-7-1、表 2-7-3、表 2-7-4、表 2-7-6、表 2-7-8 和表 2-7-9，计算出资产原值 198 204.00 元(180 000＋150＋18 000＋54)，应记入“固定资产——运输工具(轿车)”科目的借方，增值税额 23 724.00 元(23 400＋54＋270)，应记入“应交税费——应交增值税——进项税额”科目的借方，预付保险费 5 400.00 元(900＋4 500)，应记入“预付账款——汽车保险费”科目的借方，“车船税”60.00 元，应记入“税金及附加——车船税”科目的借方。

该笔业务在 T3 系统中的操作流程如下所述。

1) 新增资产卡片

(1) 以 302102 会计将风明的身份于 2019-11-03 登录。“固定资产”→“卡片管理”，点击“资产增加”，单击“运输工具”按钮，进入资产卡片录入界面。

(2) 资产卡片界面已有数据的项目包括资产分类编码、资产分类名称、使用年限和折旧方法，开始使用日期录入“2019-11-03”；录入固定资产名称“汽车”，在“使用部门”图标上双击后选择“办公室”，固定资产编号、对应折旧科目自动生成；双击“增加方式”选择“直接购入”，双击使用状况选择“在用”，原值录入“198 204”，预计净残值率、净残值与净值的数据均自动生成；可抵扣税额录入“23 724.00”。

新增“003”号资产卡片界面，如图 2-7-1 所示。

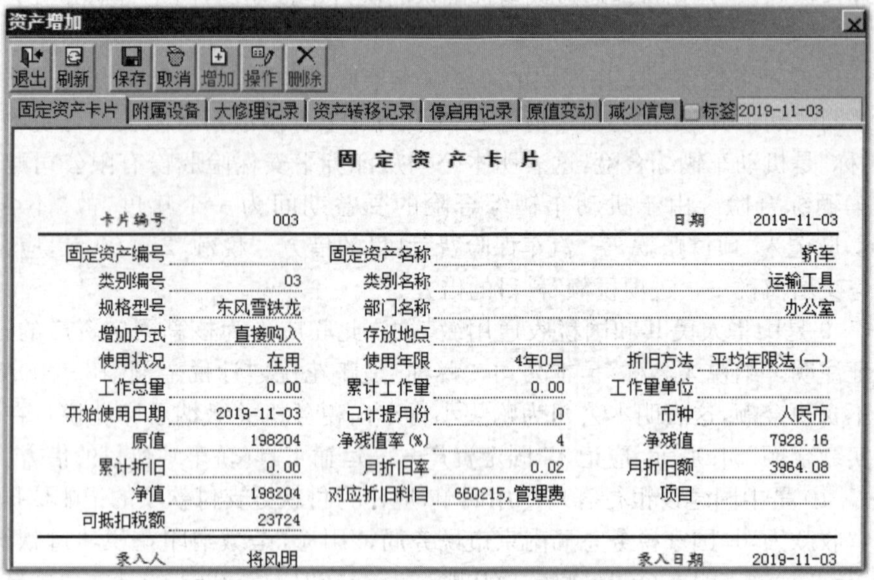

图 2-7-1 新增“003”号资产卡片界面

2）生成并编辑凭证

(1) 在新增“003”号资产卡片上单击“保存”按钮，生成凭证。

“0007”号记账凭证生成后界面，如图 2-7-2 所示。

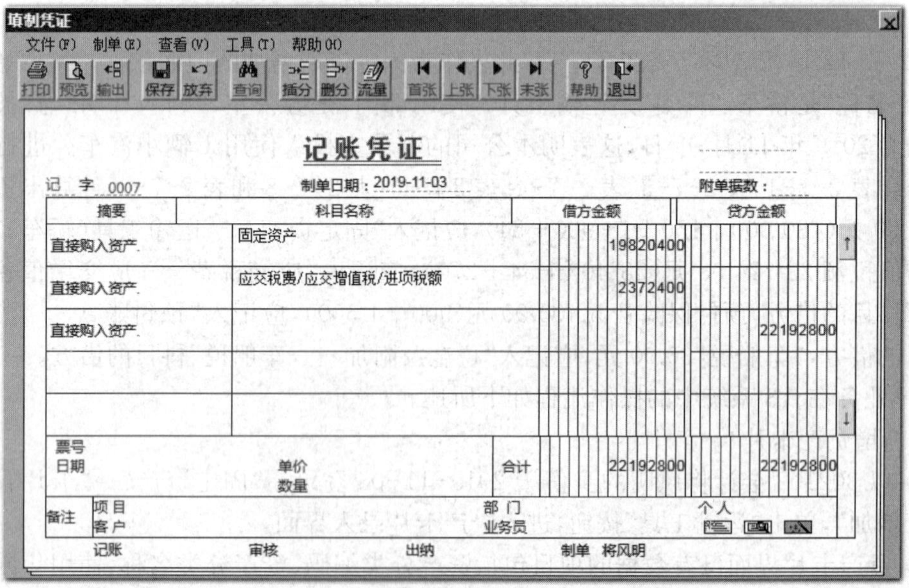

图 2-7-2 “0007”号记账凭证生成后界面

(2) 在生成的凭证中：附单据数录入“9”；分录第 3 行点击“插分”命令，插入一空行，录入科目名称“预付账款/汽车保险费”，借方金额录入“5 400”；分录第 4 行点击“插分”命令，插入一空行，录入科目名称“税金及附加/车船税”，借方金额录入“60”；第 5 行贷方金额改为“227 334.00”，贷方科目录入“100201”科目，结算方式选择“转账支票”，票号录入“00210912”，第 6 行，贷方科目录入“100201”科目，结算方式选择“网银”，票号录入“00098622”，贷方金额录入“54”，完成后单击“保存”命令。

11 月“0007”号记账凭证编辑完成后界面，如图 2-7-3 所示。

填制凭证

文件(F)　制单(E)　查看(V)　工具(T)　帮助(H)

打印　预览　输出　保存　放弃　查询　插分　删分　流量　首张　上张　下张　末张　帮助　退出

已生成

记账凭证

记　字　0007　　　制单日期：2019-11-03　　　附单据数：

摘要	科目名称	借方金额	贷方金额
直接购入资产.	固定资产	19820400	
直接购入资产.	应交税费/应交增值税/进项税额	2372400	
直接购入资产.	预付账款/汽车保险费	540000	
直接购入资产.	税金及附加/车船税	6000	
直接购入资产.	银行存款/建行41622124757264		22733400
直接购入资产.	银行存款/建行41622124757264		5400
票号 6 -00098622 日期 2019-11-03	单价 数量	合计 22738800	22738800

备注　项目　　部门　　个人

　　　客户　　业务员

记账　　审核　　出纳　　制单　将风明

图 2-7-3　11 月“0007”号记账凭证编辑完成后界面

【业务 8】　2019-11-03，取得原始凭证 4 张。

表 2-8-1

3201161140　　江苏增值税专用发票　　№ 67933173　　3201161140　67933173

抵扣联

开票日期：2019年11月03日

购买方	名　　称：南京成功股份有限公司 纳税人识别号：913201436012042987 地址、电话：江苏省南京市国家高新区创业路1238号　025—80982852 开户行及账号：中国建设银行南京市建邺区支行　41622124757264	密码区	66*3187<4/+4323<+95-59+7<184 1515<0-->>-6>525<726065->7*7 87*3187<4/+8490<+47714316258 2+<712/<1+9016>2404++>84>657

货物或应税劳务、服务名称	规格型号	单位	数量	单价	金额	税率	税额
HP电脑		台	7	5000	35000.00	13%	4550.00
合　　计					¥35000.00		¥4550.00
价税合计（大写）	⊗叁万玖仟伍佰伍拾元整				（小写）¥39550.00		

销售方	名　　称：南京珠江电脑有限公司 纳税人识别号：913201052512880242 地址、电话：江苏省南京市建邺区杨红街李博路67号　025-32101646 开户行及账号：中国建设银行南京市建邺区支行　41622124769248	备注	南京珠江电脑有限公司 913201052512880242 发票专用章

收款人：　　复核：　　开票人：黄光程　　销售方：（章）

第二联：抵扣联　购买方扣税凭证

税总函【XXXX】XXX号 XXXXXXX公司

表 2-8-2

3201161140　江苏增值税专用发票　№ 67933173

3201161140
67933173

发票联　开票日期：2019年11月03日

购买方	名　　称：南京成功股份有限公司 纳税人识别号：913201436012042987 地 址、电 话：江苏省南京市国家高新区创业路1238号　025—80982852 开户行及账号：中国建设银行南京市建邺区支行　41622124757264			密码区	66*3187<4/+4323<+95-59+7<184 1515<0-->>-6>525<726065->7*7 87*3187<4/+8490<+47714316258 2+<712/<1+9016>2404++>84>657		
货物或应税劳务、服务名称	规格型号	单位	数量	单价	金额	税率	税额
HP电脑		台	7	5000	35000.00	13%	4550.00
合　　计					¥35000.00		¥4550.00
价税合计（大写）	⊗叁万玖仟伍佰伍拾元整				¥39550.00		
销售方	名　　称：南京珠江电脑有限公司 纳税人识别号：913201052512880242 地 址、电 话：江苏省南京市建邺区杨红街李博路67号　025-32101646 开户行及账号：中国建设银行南京市建邺区支行　41622124769248			备注			

收款人：　　复核：　　开票人：黄光程　　销售方：（章）

税总函【XXXX】XXX号　XXXXXXX公司

第三联：发票联　购买方记账凭证

表 2-8-3

中国建设银行客户专用回单

币别：人民币　　2019 年 11 月 03 日　　流水号 320120027J0500810036

付款人	全称	南京成功股份有限公司	收款人	全称	南京珠江电脑有限公司
	账号	41622124757264		账号	41622124769248
	开户行	中国建设银行南京市建邺区支行		开户行	中国建设银行南京市建邺区支行
金额		（大写）人民币 叁万玖仟伍佰伍拾元整		（小写）¥39550.00	
凭证种类		网银	凭证号码		
结算方式		转账	用途		支付货款
			打印柜员：320125584257 打印机构：中国建设银行南京市建邺区支行 打印卡号：105767002751		

打印时间：2019-11-03　　交易柜员：320125584268　　交易机构：320110500541181576

第一联借方（回单）

表 2-8-4

新增固定资产登记表

2019 年 11 月 03 日

资产名称	种类	单位	数量	购入日期	投入使用日期	使用部门
HP电脑	电子设备	台	5	2019-11-03	2019-11-03	财务部
HP电脑	电子设备	台	1	2019-11-03	2019-11-03	销售门市
HP电脑	电子设备	台	1	2019-11-03	2019-11-03	生产车间

制表人：将风明　　复核人：周琳

上述原始凭证中：

表 2-8-1 是江苏增值税专用发票的第二联抵扣联，此联应作为购买方抵扣进项税额的依据。该抵扣联不能作为记账凭证的附件，专门用于在规定期限内到税务机关办理认证或在平台办理勾选确认，并在认证通过或勾选确认的次月申报期内，向主管税务机关申报抵扣进项税额。

表 2-8-2 是江苏增值税专用发票的第三联发票联，此联应作为购买方的记账依据。该原始凭证注明，“购买方”是本公司，“销售方”是南京珠江电脑有限公司，“货物或应税劳务、服务名称”是 HP 电脑，这表明本公司从南京珠江电脑有限公司购买了 7 台 HP 电脑。

表 2-8-3 是中国建设银行转账支票存根，应作为付款方支付款项的记账依据。该原始凭证注明，“收款人”是南京珠江电脑有限公司，“用途”是支付购买 HP 电脑款，“付款行账号”为 41622124757264，这表明本公司已将款项从账号为 41622124757264 的基本户转出。进行会计核算时，“金额”应记入“银行存款——建行 41622124757264”科目的贷方。

表 2-8-4 是新增固定资产登记表，此表作为固定资产增加的记账依据。该原始凭证注明，“资产名称”是 HP 电脑，“种类”是电子设备，“使用部门”分别是财务部、销售门市和生产车间，“购入日期”与“投入使用日期”均为 2019 年 11 月 03 日，这表明本公司的上述各部门分别投入使用了 HP 电脑。结合表 2-8-2 和表 2-8-3，进行会计核算时，“金额”应记入“固定资产”科目的借方，“税额”应记入“应交税费——应交增值税——进项税额”科目的借方。

该笔业务在 T3 系统中的操作流程如下。

1）新增财务部资产卡片并生成凭证

（1）以 302102 将风明的身份于 2019-11-03 登录。“固定资产”→“卡片管理”，单击“资产增加”，点击“电子设备”，进入资产卡片录入界面。

（2）资产卡片界面已有数据的项目包括资产分类编码、资产分类名称、使用年限和折旧方法，开始使用日期录入“2019-11-03”；录入固定资产名称“HP 电脑”，在“使用部门”图标上双击后选择“财务部”，对应折旧科目自动生成；双击“增加方式”选择“直接购入”，双击使用状况选择“在用”，原值录入“25 000”，预计净残值率、净残值与净值的数据均自动生成；可抵扣税额录入“3 250”；单击“保存”按钮，生成凭证。

新增“004”号资产卡片界面，如图 2-8-1 所示。

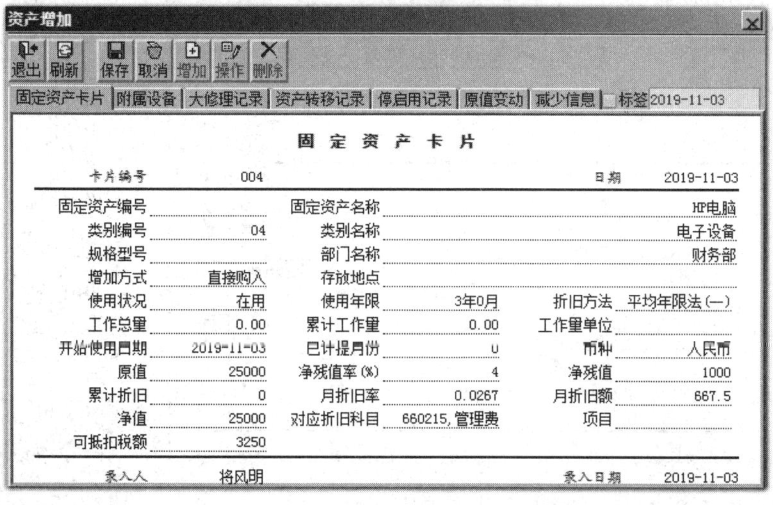

图 2-8-1　新增“004”号资产卡片界面

（3）生成并编辑凭证。在新增“004”号资产卡片中单击“保存”按钮，直接生成凭证。在生成的凭证中，附单据数录入“3”，第 3 行贷方“100201”科目结算方式选择“网银”，票号录入“00810036”，完成后单击“保存”命令。单击“退出”命令。

11 月“0008”号记账凭证保存后界面，如图 2-8-2 所示。

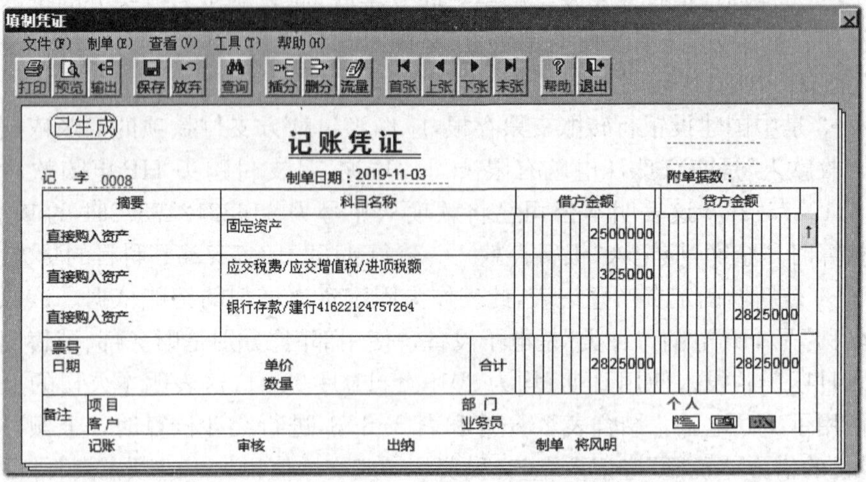

图 2-8-2　11 月“0008”号记账凭证保存后界面

2）新增销售门市资产卡片并生成凭证

（1）以 302102 将风明的身份于 2019-11-03 登录。“固定资产”→“卡片管理”，单击“资产增加”，点击“电子设备”，进入资产卡片录入界面。

（2）资产卡片界面已有数据的项目包括资产分类编码、资产分类名称、使用年限和折旧方法，开始使用日期录入“2019-11-03”；录入固定资产名称“HP 电脑”，在“使用部门”图标上双击后选择“销售门市”，对应折旧科目自动生成；双击“增加方式”选择“直接购入”，双击使用状况选择“在用”，原值录入“5 000”，预计净残值率、净残值与净值的数据均自动生成；可抵扣税额录入“650”。

新增“005”号资产卡片界面，如图 2-8-3 所示。

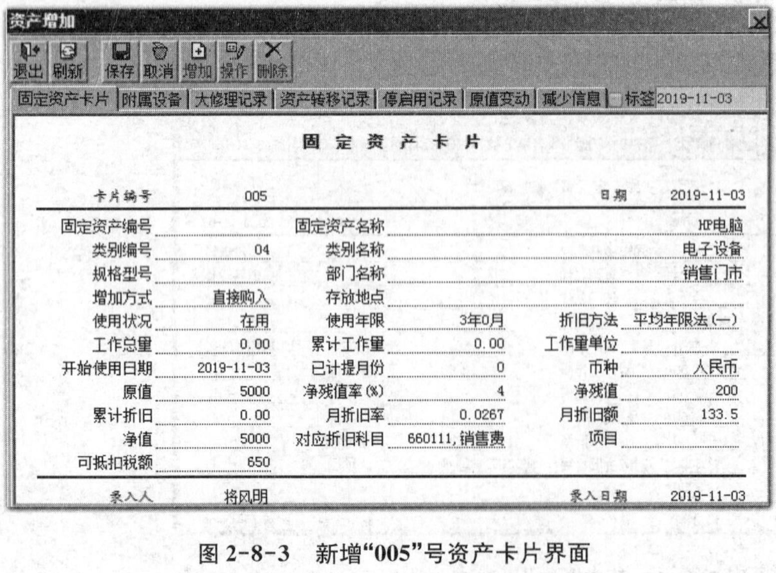

图 2-8-3　新增“005”号资产卡片界面

（3）生成并编辑凭证编辑。在新增“005”号资产卡片上，单击“保存”按钮，自动生成凭证。在生成的凭证中，第 3 行贷方“100201”科目结算方式选择“网银”，票号录入“00810036”，完成后单击“保存”命令（原始凭证已作为生成的第 1 张凭证附件，本业务其他生成凭证附件为 0）。单击“退出”命令。

11 月“0009”号记账凭证保存后界面，如图 2-8-4 所示。

图 2-8-4　11 月“0009”号记账凭证保存后界面

3）新增生产车间资产卡片并生成凭证

（1）以 302102 将风明的身份于 2019-11-03 登录。“固定资产”→“卡片管理”，单击“资产增加”，点击“电子设备”，进入资产卡片录入界面。

（2）资产卡片界面已有数据的项目包括资产分类编码、资产分类名称、使用年限和折旧方法，开始使用日期录入“2019-11-03”；录入固定资产名称“HP 电脑”，在“使用部门”图标上双击后选择“生产车间”，对应折旧科目自动生成；双击“增加方式”选择“直接购入”，双击使用状况选择“在用”，原值录入“5 000”，预计净残值率、净残值与净值的数据均自动生成；可抵扣税额录入“650”。

新增“006”号资产卡片界面，如图 2-8-5 所示。

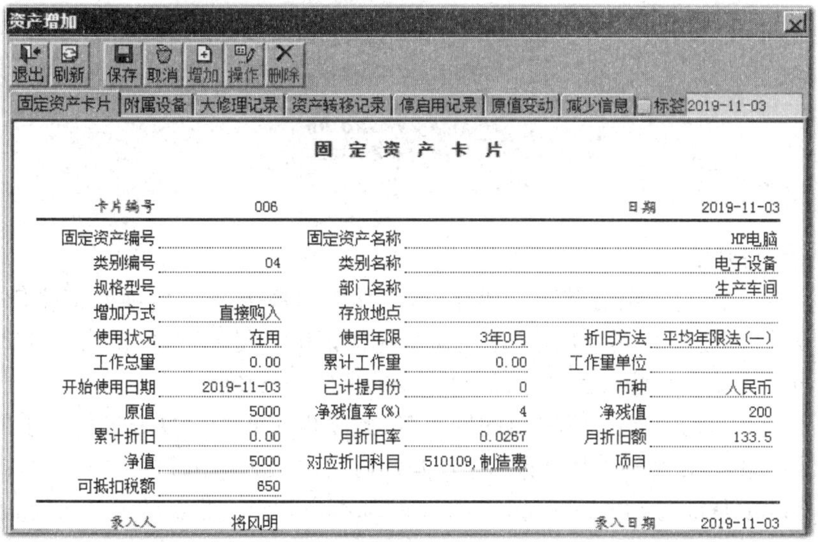

图 2-8-5　新增“006”号资产卡片界面

(3) 生成并编辑凭证。在新增“006”号资产卡片上，单击“保存”按钮，生成凭证。在生成的凭证中，第 3 行贷方“100201”科目结算方式选择“网银”，票号录入“00810036”，完成后单击“保存”命令。单击“退出”命令。

11 月“0010”号记账凭证保存后界面，如图 2-8-6 所示。

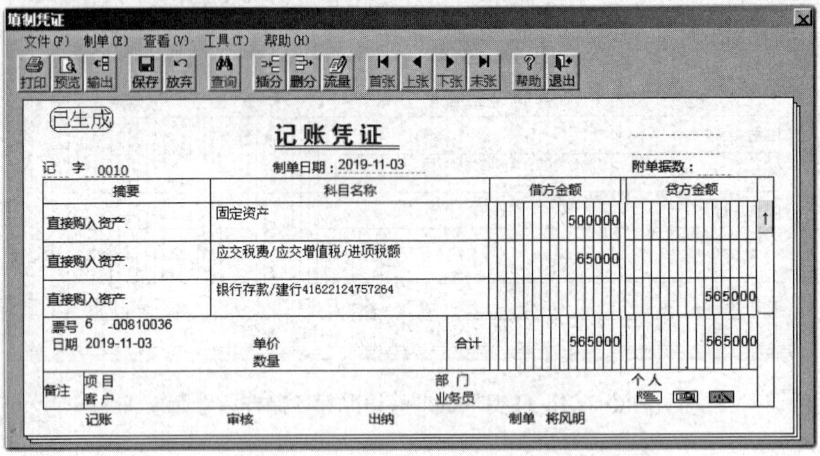

图 2-8-6　11 月“0010”号记账凭证保存后界面

【业务 9】 2019-11-03，取得原始凭证 3 张。

表 2-9-1

中国建设银行
转账支票存根
10503226
00210913
附加信息 付款行账号：
41622124757264

出票日期 2019 年 11 月 03 日
收款人：南京成功股份有限公司
金　额：¥298320.00
用　途：支付承兑保证金
单位主管　　会计

上述原始凭证中：

表 2-9-1 是中国建设银行转账支票存根，应作为付款方支付款项的记账依据。该原始凭证注明，“收款人”是本公司，“用途”是支付承兑保证金，“付款行账号”为 41622124757264，这表明本公司已将款项从账号为 41622124757264 的基本户转出。

表 2-9-2 是中国建设银行进账单的回单联，此联也应作为付款方支付款项的记账依据。该原始凭证注明，“出票人”和“收款人”均为本公司，“出票人账号”为 41622124757264，这表明本公司已将款项从账号为 41622124757264 的基本户划出。根据表 2-9-1 和表 2-9-2，进行会计核算时，“金额”应记入“银行存款——建行 41622124757264”科目的贷方。

表 2-9-2

中国建设银行 （回单） 1

2019 年 11月 03 日

出票人	全称	南京成功股份有限公司	收款人	全称	南京成功股份有限公司
	账号	41622124757264		账号	3201824827607
	开户银行	中国建设银行南京市建邺区支行		开户银行	中国建设银行南京市建邺区支行
金额	人民币（大写）	贰拾玖万捌仟叁佰贰拾元整		亿千百十万千百十元角分	¥29832000
票据种类	转账支票	票据张数 1			
票据号码	1050322600210913				
	复核 记账			开户银行签章	

中国建设银行 南京市建邺区支行 2019-11-03 转讫 (01)

此联是开户银行交给持（出）票人的回单

表 2-9-3

中国建设银行 （收账通知） 3

2019 年 11月 03 日

出票人	全称	南京成功股份有限公司	收款人	全称	南京成功股份有限公司
	账号	41622124757264		账号	3201824827607
	开户银行	中国建设银行南京市建邺区支行		开户银行	中国建设银行南京市建邺区支行
金额	人民币（大写）	贰拾玖万捌仟叁佰贰拾元整		亿千百十万千百十元角分	¥29832000
票据种类	转账支票	票据张数 1			
票据号码	1050322600210913				
	复核 记账			开户银行签章	

中国建设银行 南京市建邺区支行 2019-11-03 转讫 (01)

此联是收款人开户银行交给收款人的收账通知

表 2-9-3 是中国建设银行进账单的收款通知联，此联应作为收款人收到款项的记账依据。该原始凭证注明，“出票人”和“收款人”均为本公司，“收款人账号”为 3201824827607，这表明本公司账号为 3201824827607 的银行承兑保证金户上已收到从账户为 41622124757264 的基本户上划转的款项。进行会计核算时，“金额”应记入“其他货币资金——承兑保证金 3201824827607”科目的借方。

该笔业务在 T3 系统中的操作流程如下：

(1) 以 302102 会计将风明的身份于“2019-11-03”登录。“总账”→“凭证”，单击“填制凭证”，打开记账凭证编制界面。

(2) 单击“增加”按钮，增加一张空白凭证，凭证类型、凭证编号、制单日期自动生成；附单据数录入“3”。

(3) 在第 1 行摘要处录入“支付承兑保证金”。

(4) 第 1 行输入借方科目名称“其他货币资金——承兑保证金 3201824827607”，输入借方金额“298 320.00”。按回车键。

（5）第 2 行输入贷方科目名称“银行存款——建行 41622124757264”，输入结算方式“转账支票”，票号“00210913”；贷方金额“298 320.00”。

（6）单击“保存”按钮。

11 月“0011”号记账凭证填制完成后界面，如图 2-9-1 所示。

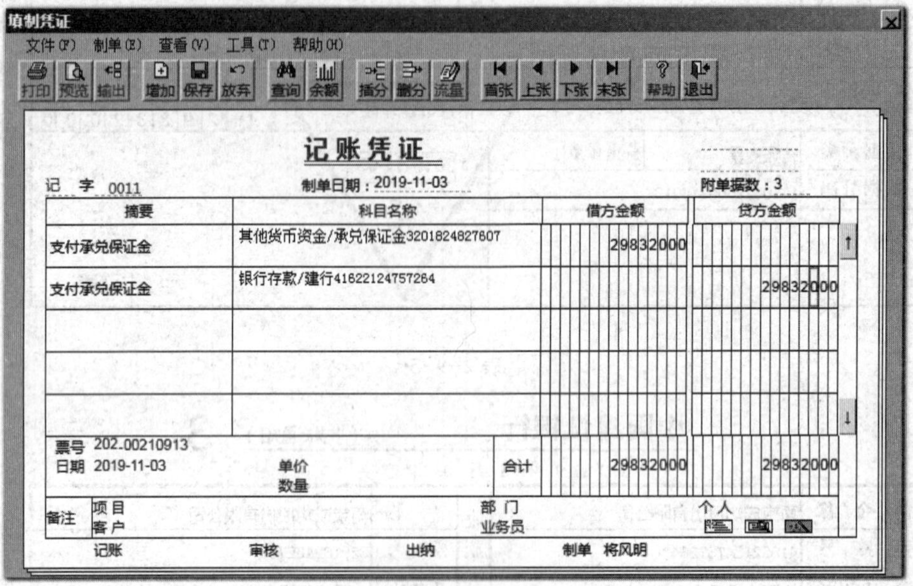

图 2-9-1　11 月“0011”号记账凭证填制完成后界面

【业务 10】 2019-11-03，取得原始凭证 3 张。

表 2-10-1

中国建设银行　　业务收费凭证

币别：人民币　　2019 年 11 月 03 日　　流水号：90281788

付款人南京成功股份有限公司			账号 41622124757264		
项目名称	工本费	手续费	电子汇划费	邮电费	金　额
银行承兑		149.16			149.16
金额（大写）壹佰肆拾玖元壹角陆分					￥149.16
付款方式	银行转账				

中国建设银行 南京市建邺区支行 2019-11-03 办讫 (01)

第二联 客户回单

会计主管　　授权　　复核　　录入王颖宏

上述原始凭证中：

表 2-10-1 是中国建设银行业务收费凭证的第二联客户回单联，此联应作为付款方支付款项的记账依据。该原始凭证注明，“付款人”是本公司，“账号”为 41622124757264，“项目名

表 2-10-2

3201183140 **江苏增值税专用发票** № 00003455　3201183140 00003455

抵扣联

开票日期：2019年11月03日

购买方	名　　称：南京成功股份有限公司 纳税人识别号：913201436012042987 地址、电话：江苏省南京市国家高新区创业路1238号 025—80982852 开户行及账号：中国建设银行南京市建邺区支行 41622124757264	密码区：69*3187<4/+2933<+95-59+7<591 3434<0-->>-6>525<647875->7*7 87*3187<4/+8490<+34634728576 8+<712/<1+9016>4019++>84>068

货物或应税劳务、服务名称	规格型号	单位	数量	单价	金额	税率	税额
直接收费金融服务			1	140.72	140.72	6%	8.44
合　　计					¥140.72		¥8.44
价税合计（大写）	⊗壹佰肆拾玖元壹角陆分				（小写）¥149.16		

销售方	名　　称：中国建设银行股份有限公司南京市分行 纳税人识别号：913201058554830878 地址、电话：江苏省南京市建邺区彭怀街孟立路29号 025-57904319 开户行及账号：中国建设银行股份有限公司南京市营业部 32010578583802164856	备注

收款人：　　复核：　　开票人：周祖谦　　销售方：（章）

税总函【XXXX】XXX号 XXXXXXXX公司

第二联：抵扣联 购买方扣税凭证

全国统一发票监制章 江苏 国家税务总局监制

中国建设银行南京市建邺区支行 913201058554830878 发票专用章

表 2-10-3

3201183140 **江苏增值税专用发票** № 00003455　3201183140 00003455

发票联

开票日期：2019年11月03日

购买方	名　　称：南京成功股份有限公司 纳税人识别号：913201436012042987 地址、电话：江苏省南京市国家高新区创业路1238号 025—80982852 开户行及账号：中国建设银行南京市建邺区支行 41622124757264	密码区：69*3187<4/+2933<+95-59+7<591 3434<0-->>-6>525<647875->7*7 87*3187<4/+8490<+34634728576 8+<712/<1+9016>4019++>84>068

货物或应税劳务、服务名称	规格型号	单位	数量	单价	金额	税率	税额
直接收费金融服务			1	140.72	140.72	6%	8.44
合　　计					¥140.72		¥8.44
价税合计（大写）	⊗壹佰肆拾玖元壹角陆分				（小写）¥149.16		

销售方	名　　称：中国建设银行股份有限公司南京市分行 纳税人识别号：913201058554830878 地址、电话：江苏省南京市建邺区彭怀街孟立路29号 025-57904319 开户行及账号：中国建设银行股份有限公司南京市营业部 32010578583802164856	备注

收款人：　　复核：　　开票人：周祖谦　　销售方：（章）

税总函【XXXX】XXX号 XXXXXXXX公司

第三联：发票联 购买方记账凭证

全国统一发票监制章 江苏 国家税务总局监制

中国建设银行南京市建邺区支行 913201058554830878 发票专用章

称”是银行承兑手续费，“金额”为149.16元，这表明本公司从账号为41622124757264的基本户支付了款项。进行会计核算时，“金额”应记入“银行存款——建行41622124757264”科目的贷方。

表2-10-2是江苏增值税专用发票的第二联抵扣联，此联应作为购买方抵扣进项税额的依据。该抵扣联不能作为记账凭证的附件，专门用于在规定期限内到税务机关办理认证或在平台办理勾选确认，并在认证通过或勾选确认的次月申报期内，向主管税务机关申报抵扣进项税额。

表2-10-3是江苏增值税专用发票的第三联发票联，此联应作为购买方的记账依据。该

原始凭证注明，“购买方”是本公司，“销售方”是中国建设银行股份有限公司南京市分行，“货物或应税劳务、服务名称”是直接收费金融服务，这表明本公司取得了中国建设银行股份有限公司南京市分行的金融服务。进行会计核算时，“金额”应记入“财务费用——工本及手续费”科目的借方，“税额”应记入“应交税费——应交增值税——进项税额”科目的借方。

该笔业务在 T3 系统中的操作流程如下：

(1) 以 302102 会计将风明的身份于 2019-11-03 登录。“总账”→“凭证”，单击“填制凭证”，打开记账凭证编制界面。

(2) 单击“增加”按钮，增加一张空白凭证，凭证类型、凭证编号和制单日期自动生成；附单据数录入“2”。

(3) 在第 1 行摘要处录入“支付承兑手续费”。

(4) 第 1 行输入借方科目名称“财务费用——工本及手续费”，输入借方金额“140.72”。回车。第 2 行输入借方科目名称“应交税费——应交增值税——进项税额”，输入借方金额“8.44”。按回车键。

(5) 第 3 行输入贷方科目名称“银行存款——建行 41622124757264”，结算方式选择“其他”，结算票据号录入“90281788”，输入贷方金额“149.16”。

(6) 单击“保存”按钮。

11 月“0012”号记账凭证填制完成后界面，如图 2-10-1 所示。

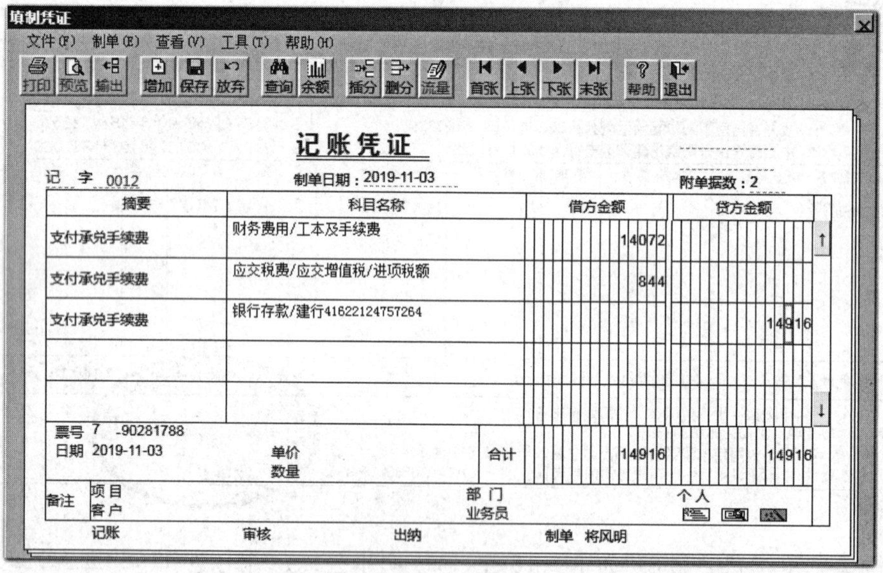

图 2-10-1 11 月“0012”号记账凭证填制完成后界面

【业务 11】 2019-11-03，取得原始凭证 4 张。

下述原始凭证中：

表 2-11-1 是江苏增值税专用发票的第二联抵扣联，此联应作为购买方抵扣进项税额的依据。该抵扣联不能作为记账凭证的附件，专门用于在规定期限内到税务机关办理认证或在平台办理勾选确认，并在认证通过或勾选确认的次月申报期内，向主管税务机关申报抵扣进项税额。

表 2-11-1

3203161140　江苏增值税专用发票　№ 27925013　3203161140 27925013

全国统一发票监制章 江苏 国家税务总局监制

抵扣联

开票日期：2019年11月03日

购买方	名称：南京成功股份有限公司 纳税人识别号：913201436012042987 地址、电话：江苏省南京市国家高新区创业路1238号 025—80982852 开户行及账号：中国建设银行南京市建邺区支行 41622124757264			密码区	84*3187<4/+3676<+95-59+7<888 3374<0-->>-6>525<367350->7*7 87*3187<4/+8490<+58224072267 5+<712/<1+9016>4233++>84>432		
货物或应税劳务、服务名称	规格型号	单位	数量	单价	金额	税率	税额
RP		千克	22000	12.00	264000.00	13%	34320.00
合计					￥264000.00		￥34320.00
价税合计（大写）	⊗贰拾玖万捌仟叁佰贰拾元整				（小写）￥298320.00		
销售方	名称：江苏芜霖股份有限公司 纳税人识别号：913203028773459448 地址、电话：江苏省徐州市鼓楼区马月街杨营路59号 0516-75264160 开户行及账号：中国建设银行徐州市鼓楼区支行 41622124987233			备注	江苏芜霖股份有限公司 913203028773459448 发票专用章		

收款人：　　复核：　　开票人：齐兴　　销售方：（章）

税总函【XXXX】XXX号 XXXXXXX公司

第二联：抵扣联 购买方扣税凭证

表 2-11-2

3203161140　江苏增值税专用发票　№ 27925013　3203161140 27925013

全国统一发票监制章 江苏 国家税务总局监制

发票联

开票日期：2019年11月03日

购买方	名称：南京成功股份有限公司 纳税人识别号：913201436012042987 地址、电话：江苏省南京市国家高新区创业路1238号 025—80982852 开户行及账号：中国建设银行南京市建邺区支行 41622124757264			密码区	84*3187<4/+3676<+95-59+7<888 3374<0-->>-6>525<367350->7*7 87*3187<4/+8490<+58224072267 5+<712/<1+9016>4233++>84>432		
货物或应税劳务、服务名称	规格型号	单位	数量	单价	金额	税率	税额
RP		千克	22000	12.00	264000.00	13%	34320.00
合计					￥264000.00		￥34320.00
价税合计（大写）	⊗贰拾玖万捌仟叁佰贰拾元整				（小写）￥298320.00		
销售方	名称：江苏芜霖股份有限公司 纳税人识别号：913203028773459448 地址、电话：江苏省徐州市鼓楼区马月街杨营路59号 0516-75264160 开户行及账号：中国建设银行徐州市鼓楼区支行 41622124987233			备注	江苏芜霖股份有限公司 913203028773459448 发票专用章		

收款人：　　复核：　　开票人：齐兴　　销售方：（章）

税总函【XXXX】XXX号 XXXXXXX公司

第三联：发票联 购买方记账凭证

表 2-11-3

收　料　单

供应单位：江苏芜霖股份有限公司　　2019 年 11 月 03 日　　编号 SL064

材料编号	名称	单位	规格	数量		实际成本			
				应收	实收	单价	发票价格	运杂费	总价
	RP	千克		22000	22000				
备注：									

收料人：张福平　　交料人：王辉忠

第二联 记账联

表 2-11-4

银行承兑汇票(存根) 3　10503251　38612313

出票日期(大写)　贰零壹玖 年 壹拾壹 月 零叁 日

出票人全称	南京成功股份有限公司	收款人	全称	江苏芫霖股份有限公司
出票人账号	41622124757264		账号	41622124987233
付款行名称	中国建设银行南京市建邺区支行		开户银行	中国建设银行徐州市鼓楼区支行
出票金额	人民币(大写) 贰拾玖万捌仟叁佰贰拾元整		亿千百十万千百十元角分	¥ 2 9 8 3 2 0 0 0
汇票到期日(大写)	贰零贰零年零贰月零叁日	付款行	行号	105005411815
承兑协议编号	YHCD4552		地址	江苏省南京市建邺区彭怀街孟立路29号
	备注:		密押	复核　经办

此联由出票人存查

表 2-11-2 是江苏增值税专用发票的第三联发票联，此联应作为购买方的记账依据。该原始凭证注明，“购买方”是本公司，“销售方”是江苏芫霖股份有限公司，“货物或应税劳务、服务名称”是 RP，这表明本公司从江苏芫霖股份有限公司购买了材料 RP。

表 2-11-3 是收料单的第二联记账联，此联应作为收到材料的记账依据。该原始凭证注明，“供应单位”是江苏芫霖股份有限公司，“名称”是 RP，“数量”为 22 000 千克，这表明本公司向江苏芫霖股份有限公司购买的原材料 RP 已经全部验收入库。结合表 2-11-2 和表 2-11-3，进行会计核算时，“金额”应记入“原材料——RP”科目的借方，“税额”应记入“应交税费——应交增值税——进项税额”科目的借方。

表 2-11-4 是银行承兑汇票(存根)联，此联应作为付款方结算货款的记账依据。该原始凭证的内容表明，“出票人”是本公司，“收款人”是江苏芫霖股份有限公司，“出票日期”是贰零壹柒年壹拾壹月零叁日，“汇票到期日”是贰零壹捌年零贰月零叁日，“出票金额”是 298 320.00 元，这表明本公司开出了一张期限为 3 个月、金额为 298 320.00 元的银行承兑汇票用于支付货款。进行会计核算时，“金额”应记入“应付票据——江苏芫霖股份有限公司”科目的贷方。

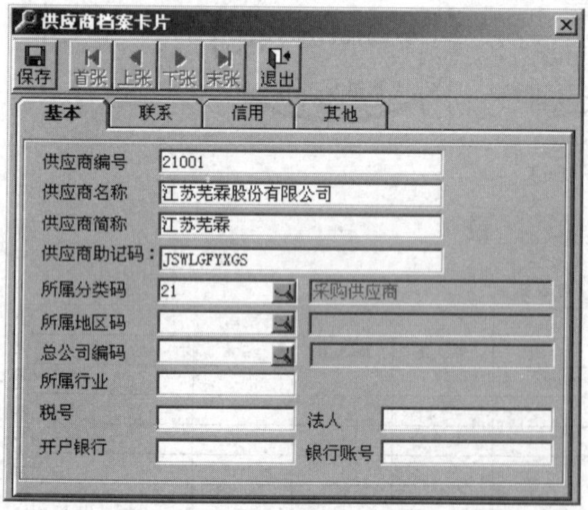

图 2-11-1　供应商“江苏芫霖”卡片基本信息录入界面

因此，该笔业务在 T3 系统中的操作流程如下所述。

1）增加供应商档案

以 302102 会计将风明的身份于“2019-11-03”登录。在基础设置→往来单位中增加供应商档案。

供应商“江苏芫霖”卡片基本信息录入界面，如图 2-11-1 所示。

2）填制凭证

（1）以302102会计将风明的身份于“2019-11-03”登录。在“总账”→“凭证”，单击“填制凭证”，打开记账凭证编制界面。

（2）单击“增加”按钮，增加一张空白凭证，凭证类型、凭证编号、制单日期自动生成；附单据数录入“3”。

（3）在第1行摘要处录入“签发银行承兑汇票购料入库”。

（4）第1行录入会计科目“原材料”，在辅助信息对话框输入数据，数量“22 000.00”，单价“12.00”，存货名称“RP”。单击“确定”按钮，借方金额自动生成。按回车键。

原材料科目辅助核算信息录入界面（系统自动计算借方金额＝数量×单价），如图2-11-2所示。

（5）第2行输入借方科目名称“应交税费——应交增值税——进项税额”，输入借方金额“34 320.00”。按回车键。

（6）第3行贷方科目名称“应付票据”，录入辅助项信息，输入贷方金额“298 320.00”。按回车键。

应付票据科目辅助核算信息录入界面，如图2-11-3所示。

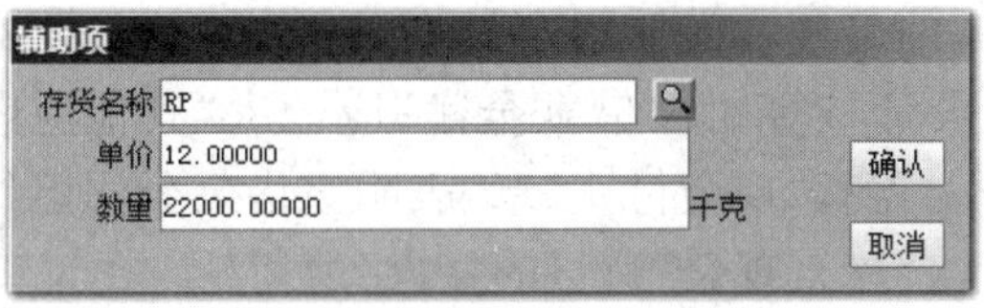

图2-11-2　原材料科目辅助核算信息录入界面

图2-11-3　应付票据科目辅助核算信息录入界面

（7）单击“保存”按钮。

11月“0013”号记账凭证填制完成后界面，如图2-11-4所示。

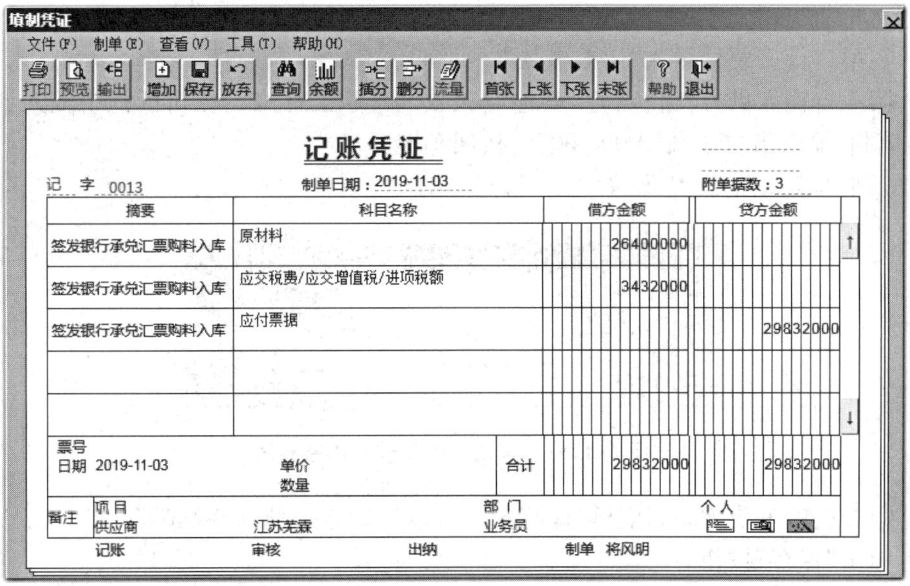

图2-11-4　11月“0013”号记账凭证填制完成后界面

【业务 12】 2019-11-08,取得原始凭证 1 张。

表 2-12-1

借款单

2019 年 11 月 08 日　　　　NO 209813

借款人：张玉林	所属部门：销售门市
借款用途：出差借款	
借款金额：人民币(大写) 叁仟元整 现金付讫	¥3000.00
部门负责人审批：张玉林 2019-11-08	借款人(签章)：张玉林 2019-11-08
财务部门审核：周琳 2019-11-08	
单位负责人批示：同意	签字：李胜利 2019-11-08
核销记录：	

第一联付款联（付款人记账）

上述原始凭证中：

表 2-12-1 是借款单的第一联付款联,此联应作为付款方支付款项的记账依据。该原始凭证注明,“借款人”是张玉林,“所属部门”是销售门市部,“借款用途”是出差借款,这表明本公司销售门市职工张玉林预借了差旅费,进行会计核算时,“借款金额”应记入“其他应收款——职工往来”科目的借方;同时,该原始凭证上盖有“现金付讫”章,表明该借款公司已经用现金支付。进行会计核算时,“借款金额”应记入“库存现金”科目的贷方。

因此,该笔业务在 T3 系统中的操作流程如下:

(1) 以 302102 会计将风明的身份于“2019-11-08”登录。“总账”→“凭证”,单击“填制凭证”,打开记账凭证编制界面。

(2) 单击“增加”按钮,增加一张空白凭证,凭证类型、凭证编号、制单日期自动生成;附单据数录入“1”。

(3) 在第 1 行摘要处录入“出差借款”。

(4) 第 1 行输入借方科目名称“其他应收款——职工往来”,在对话框中输入借款单信息,返回填制,输入借方金额“3 000.00”。按回车键。

其他应收款辅助信息界面,如图 2-12-1 所示。

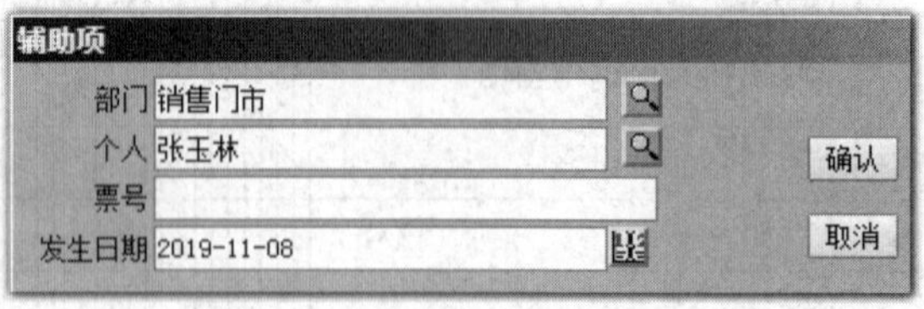

图 2-12-1 其他应收款辅助信息界面

(5) 第 2 行输入贷方科目名称“库存现金”,输入贷方金额“3 000.00”。

(6) 单击“保存”按钮。

11 月“0014”号记账凭证填制完成后界面,如图 2-12-2 所示。

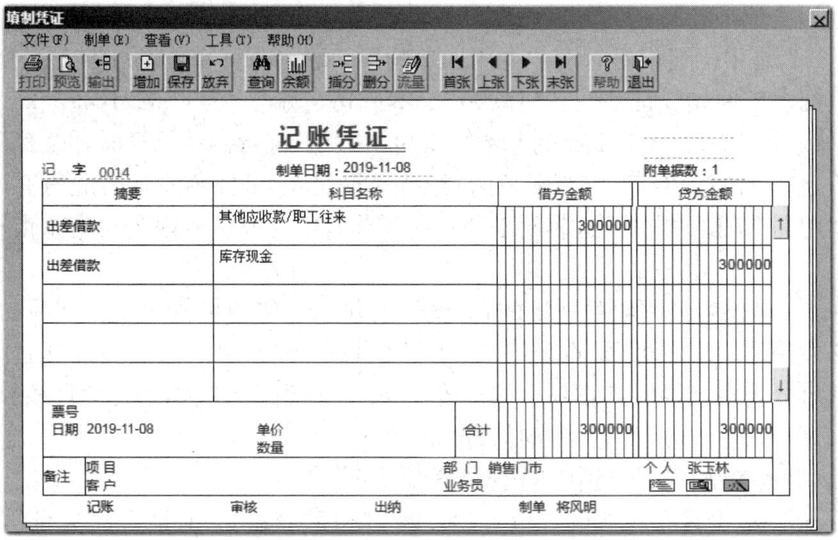

填制凭证

文件(F) 制单(E) 查看(V) 工具(T) 帮助(H)

打印 预览 输出 增加 保存 放弃 查询 余额 插分 删分 流量 首张 上张 下张 末张 帮助 退出

记账凭证

记 字 0014　　制单日期：2019-11-08　　附单据数：1

摘要	科目名称	借方金额	贷方金额
出差借款	其他应收款/职工往来	300000	
出差借款	库存现金		300000
票号 日期 2019-11-08　单价　数量	合计	300000	300000

备注　项目　客户　　部门 销售门市　业务员　　个人 张玉林

记账　审核　出纳　制单 将风明

图 2-12-2　11 月“0014”号记账凭证填制完成后界面

【**业务 13**】 2019-11-10，取得原始凭证 2 张。

表 2-13-1

中国建设银行客户专用回单

币别：人民币　　2019 年 11 月 10 日　　流水号 320120027J0500810054

付款人	全称	南京成功股份有限公司	收款人	全称	江苏省电力股份有限公司南京市分公司
	账号	41622124757264		账号	41247650539092
	开户行	中国建设银行南京市建邺区支行		开户行	中国建设银行南京市建邺区支行
金额		（大写）人民币 壹拾贰万元整			（小写）￥120000.00
凭证种类		网银	凭证号码		
结算方式		转账	用途		预付电费
			打印柜员：320125584257 打印机构：中国建设银行南京市建邺区支行 打印卡号：41622124757264		

第一联 借方（回单）

（印章：中国建设银行 电子回单 专用章）

打印时间：2019-11-10　交易柜员：320125584268　交易机构：320110500541181510

表 2-13-2

供电公司收款凭证

收款日期：2019-11-10 09:41:58

用电总户号	32014894331
用电户名	南京成功股份有限公司
用电地址	江苏省南京市国家高新区[illegible]1238号
摘　要	负控购电预付金
金额（大写）	壹拾贰万元整
金额（小写）	￥120000.00

第一联 收据联

（印章：电费专用章）

开票人：孙振敏

上述原始凭证中：

表 2-13-1 是中国建设银行客户专用回单的第一联借方回单，此联应作为付款方支付款项的记账依据。该原始凭证注明，“付款人”是本公司，“账号”为 41622124757264，这表明本公司已通过账号 41622124757264 的基本户支付了款项，进行会计核算时，“金额”应记入“银行存款——建行 41622124757264”科目的贷方。“收款人”是江苏省电力股份有限公司南京市分公司，“用途”是预付电费，这表明本公司向江苏省电力股份有限公司南京市分公司预付了电费。

表 2-13-2 是供电公司收款凭证的收据联，此联也应作为付款方支付款项的记账依据。该原始凭证注明，“用电户名”是本公司，“金额”为 120 000.00 元，这表明江苏省电力股份有限公司南京市分公司已经收到款项。根据表 2-13-1 和表 2-13-2，进行会计核算时，“金额”应记入“预付账款——供应商”科目的借方。

因此，该笔业务在 T3 系统中的操作流程如下：

(1) 以 302102 会计将风明的身份于“2019-11-10”登录。“总账”→“凭证”，单击“填制凭证”，打开记账凭证编制界面。

(2) 单击“增加”按钮，增加一张空白凭证，凭证类型、凭证编号、制单日期自动生成；附单据数录入“2”。

(3) 在第 1 行摘要处录入“预付电费”。

(4) 第 1 行输入借方科目名称“预付账款——供应商”，输入对话框供应商信息(通过搜索并在“采购供应商”类别中增加供应商档案的方法录入供应商档案并选择，若此方法不能使用，填制凭证之前，基础设置——往来单位——供应商档案中增加)，返回凭证，录入借方金额“120 000.00”。按回车键。

供应商“南京供电”档案基本信息录入界面，如图 2-13-1 所示。

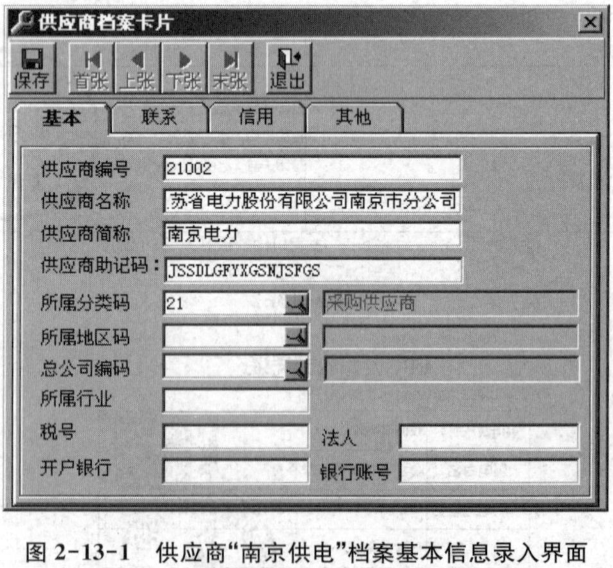

图 2-13-1 供应商“南京供电”档案基本信息录入界面

(5) 第 2 行输入贷方科目名称“银行存款——建行 41622124757264”，输入结算方式“网银”及票号“00810054”，贷方金额“120 000.00”，按回车键。

11 月“0015”号记账凭证填制界面，如图 2-13-2 所示。

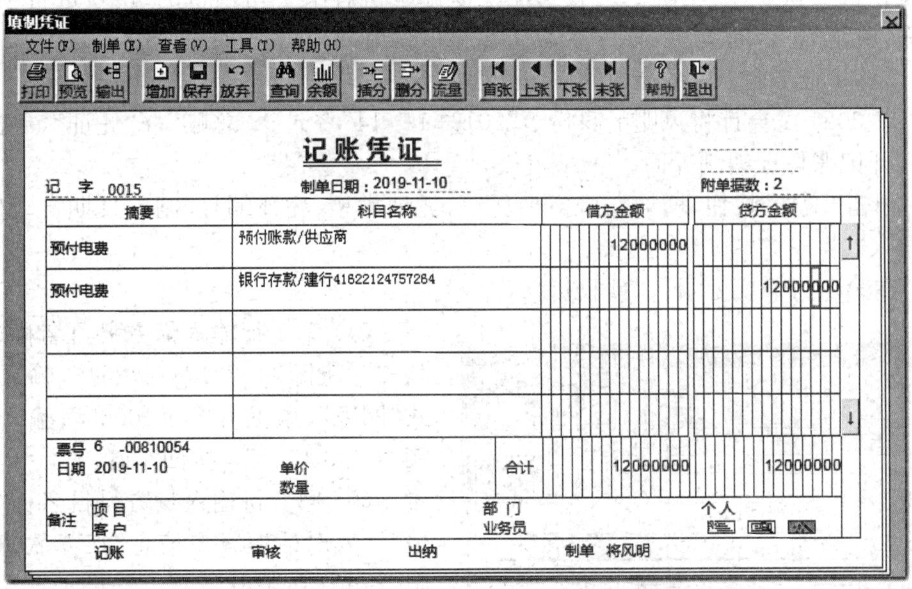

图 2-13-2　11 月“0015”号记账凭证填制界面

(6) 单击“保存”按钮。

【业务 14】 共 1 张原始凭证，于 11 月 14 日取得。

表 2-14-1

中国建设银行客户专用回单

币别：人民币　　2019 年 11 月 14 日　　流水号 320120027J0500810065

付款人	全称	江苏欲德股份有限公司	收款人	全称	南京成功股份有限公司
	账号	41622124059295		账号	41622124757264
	开户行	中国建设银行南京市下关区支行		开户行	中国建设银行南京市建邺区支行
金额		（大写）人民币 贰拾壹万元整			（小写）￥210000.00
凭证种类		网银	凭证号码		
结算方式		转账	用途		预付货款
			打印柜员：320125584257 打印机构：中国建设银行南京市建邺区支行 打印卡号：41622124757264		

第二联贷方（回单）

（印章：中国建设银行 电子回单 专用章）

打印时间：2019-11-14　　交易柜员：320125584268　　交易机构：320180958

上述原始凭证中：

表 2-14-1 是中国建设银行客户专用回单的第二联贷方回单，此联应作为收款方收取款项的记账依据。该原始凭证注明，“收款人”是本公司，“账号”是 41622124757264，这表明本公司已收到款项并存入账号 41622124757264 的基本户，进行会计核算时，“金额”应记入“银

行存款——建行 41622124757264”科目的借方；同时，“付款人”是江苏欲德股份有限公司，“用途”是预付货款，这表明本公司收到江苏欲德股份有限公司预付的货款，进行会计核算时，“金额”应记入“合同负债”辅助项“江苏欲德股份有限公司”科目的贷方。

因此，该笔业务在 T3 系统中的操作流程如下：

（1）以 302102 会计将风明的身份于“2019-11-14”登录。“总账”→“凭证”，单击“填制凭证”，打开记账凭证编制界面。

（2）单击“增加”按钮，增加一张空白凭证，凭证类型、凭证编号、制单日期自动生成；附单据数录入“1”。

（3）在第 1 行摘要处录入“预收货款”。

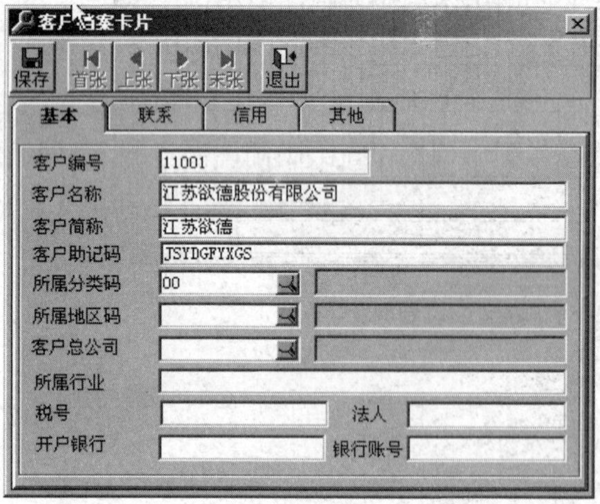

图 2-14-1　客户“江苏欲德”档案基本信息录入界面

（4）第 1 行输入借方科目名称“银行存款——建行 41622124757264”，输入结算方式“网银”，票据号“00810065”；输入借方金额“210 000.00”。按回车键。

（5）第 2 行输入贷方科目名称“合同负债”录入对话框客户信息“江苏欲德股份有限公司”（在基础设置——往来单位——客户档案中增加客户），输入贷方金额“210 000.00”。

客户“江苏欲德”档案基本信息录入界面，如图 2-14-1 所示。

（6）单击“保存”按钮。

11 月“0016”号记账凭证填制完成后界面，如图 2-14-2 所示。

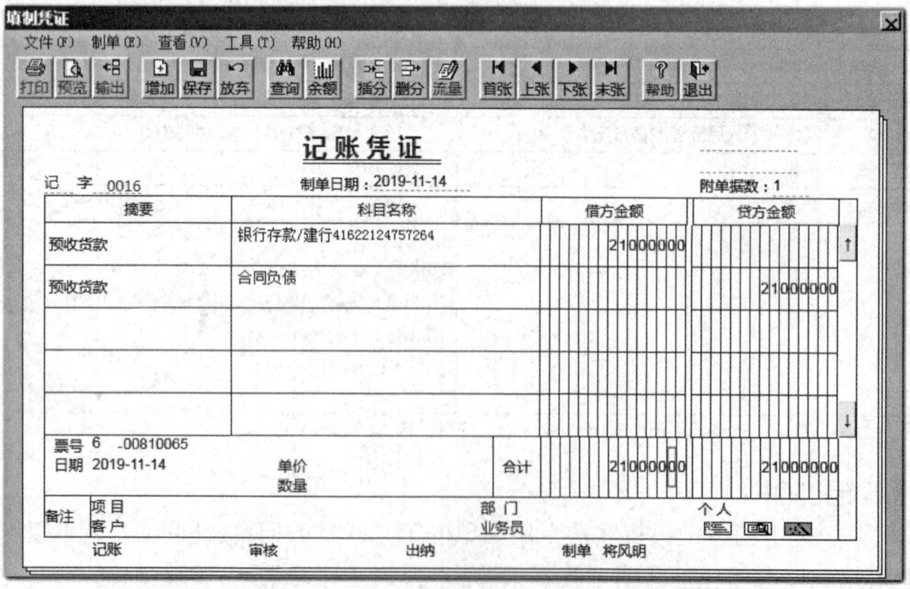

图 2-14-2　11 月“0016”号记账凭证填制完成后界面

需要说明的是：

往来款项的核算，在 T3 系统里有两种核算方式，比较常用的是在往来科目下设置客户或供应商辅助核算方式；还有一种是与手工会计一致的，设置以客户或供应商名称为主的二级明细科目的形式进行处理。下面介绍这一种核算方式，具体操作步骤如下：

（1）“基础设置”→“财务”，点击“会计科目”，进入会计科目编辑界面。

（2）单击“增加”按钮，录入二级科目编码“220401”，科目名称为客户或供应商名称（如“江苏欲德”），单击“确定”按钮，即完成了明细科目的编辑工作。

【业务 15】 2019-11-20，取得原始凭证 3 张。

表 2-15-1

3201161140 江苏增值税专用发票 № 75067323 3201161140 75067323

全国统一发票监制章 江苏 国家税务总局监制

抵扣联

开票日期：2019年11月20日

购买方	名称：南京成功股份有限公司 纳税人识别号：913201436012042987 地址、电话：江苏省南京市国家高新区创业路1238号 025—80982852 开户行及账号：中国建设银行南京市建邺区支行 41622124757264				密码区	35*3187<4/+8072<+95-59+7<090 5308<0-->>-6>525<646029->7*7 87*3187<4/+8490<+02758135635 2+<712/<1+9016>1478++>84>206		
货物或应税劳务、服务名称	规格型号	单位	数量	单价	金额	税率	税额	
宣传册设计费		笔	1	20000.00	20000.00	6%	1200.00	
合计					¥20000.00		¥1200.00	
价税合计（大写）	⊗贰万壹仟贰佰元整				（小写）¥21200.00			
销售方	名称：南京红月广告有限公司 纳税人识别号：913201043071080963 地址、电话：江苏省南京市秦淮区王建街江海路73号 025-53380060 开户行及账号：中国建设银行南京市秦淮区支行 41622124995752				备注	南京红月广告有限公司 913201043071080963 发票专用章		

收款人： 复核： 开票人：陈聪亮 销售方：（章）

税总函【XXXX】XXX号 XXXXXXX公司

第二联：抵扣联 购买方扣税凭证

表 2-15-2

3201161140 江苏增值税专用发票 № 75067323 3201161140 75067323

全国统一发票监制章 江苏 国家税务总局监制

发票联

开票日期：2019年11月20日

购买方	名称：南京成功股份有限公司 纳税人识别号：913201436012042987 地址、电话：江苏省南京市国家高新区创业路1238号 025—80982852 开户行及账号：中国建设银行南京市建邺区支行 41622124757264				密码区	35*3187<4/+8072<+95-59+7<090 5308<0-->>-6>525<646029->7*7 87*3187<4/+8490<+02758135635 2+<712/<1+9016>1478++>84>206		
货物或应税劳务、服务名称	规格型号	单位	数量	单价	金额	税率	税额	
宣传册设计费		笔	1	20000.00	20000.00	6%	1200.00	
合计					¥20000.00		¥1200.00	
价税合计（大写）	⊗贰万壹仟贰佰元整				（小写）¥21200.00			
销售方	名称：南京红月广告有限公司 纳税人识别号：913201043071080963 地址、电话：江苏省南京市秦淮区王建街江海路73号 025-53380060 开户行及账号：中国建设银行南京市秦淮区支行 41622124995752				备注	南京红月广告有限公司 913201043071080963 发票专用章		

收款人： 复核： 开票人：陈聪亮 销售方：（章）

税总函【XXXX】XXX号 XXXXXXX公司

第三联：发票联 购买方记账凭证

表 2-15-3

中国建设银行客户专用回单

币别：人民币　　2019 年 11 月 20 日　　流水号 320120027J0500810004

付款人	全称	南京成功股份有限公司	收款人	全称	南京红月广告有限公司
	账号	41622124757264		账号	41622124995752
	开户行	中国建设银行南京市建邺区支行		开户行	中国建设银行南京市秦淮区支行
金额		（大写）人民币 贰万壹仟贰佰元整			（小写）¥21200.00
凭证种类		网银	凭证号码		
结算方式		转账	用途		支付广告宣传费
			打印柜员：320125584257 打印机构：中国建设银行南京市建邺区支行 打印卡号：41622124757264		中国建设银行 电子回单 专用章

第一联借方（回单）

打印时间：2019-11-20　　交易柜员：320125584268　　交易机构：320110558

上述原始凭证中：

表 2-15-1 是江苏增值税专用发票的第二联抵扣联，此联应作为购买方抵扣进项税额的依据。该抵扣联不能作为记账凭证的附件，专门用于在规定期限内到税务机关办理认证或在平台办理勾选确认，并在认证通过或勾选确认的次月申报期内，向主管税务机关申报抵扣进项税额。

表 2-15-2 是江苏增值税专用发票的第三联发票联，此联应作为购买方的记账依据。该原始凭证注明，“购买方”是本公司，“销售方”是南京红月广告有限公司，“货物或应税劳务、服务名称”是宣传册设计费，这表明本公司通过南京红月广告有限公司进行了广告设计。进行会计核算时，“金额”应记入“销售费用——广告宣传费”科目的借方，“税额”应记入“应交税费——应交增值税——进项税额”科目的借方。

表 2-15-3 是中国建设银行客户专用回单的第一联借方回单，此联应作为付款方支付款项的记账依据。该原始凭证注明，“付款人”是本公司，“账号”为 41622124757264，这表明本公司已通过账号 41622124757264 的基本户支付了款项，进行会计核算时，“金额”应记入“银行存款——建行 41622124757264”科目的贷方。

因此，该笔业务在 T3 系统中的操作流程如下：

(1) 以 302102 会计将风明的身份于“2019-11-20”登录。“总账”→“凭证”，单击“填制凭证”，打开记账凭证编制界面。

(2) 单击“增加”按钮，增加一张空白凭证，凭证类型、凭证编号、制单日期自动生成；附单据数录入“2”。

(3) 在第 1 行摘要处录入“支付宣传册设计费”。

(4) 第 1 行输入借方科目名称“销售费用——广告宣传费”，输入借方金额“20 000.00”。回车。第 2 行输入借方科目名称“应交税费——应交增值税——进项税额”，输入借方金额“1 200.00”。按回车键。

(5) 第 3 行输入贷方科目名称“银行存款——建行 41622124757264”，选择结算方式“网银”、票据号录入“0081 0004”，贷方金额“21 200.00”。

（6）单击“保存”按钮。

11 月“0017”号记账凭证填制完成后界面，如图 2-15-1 所示。

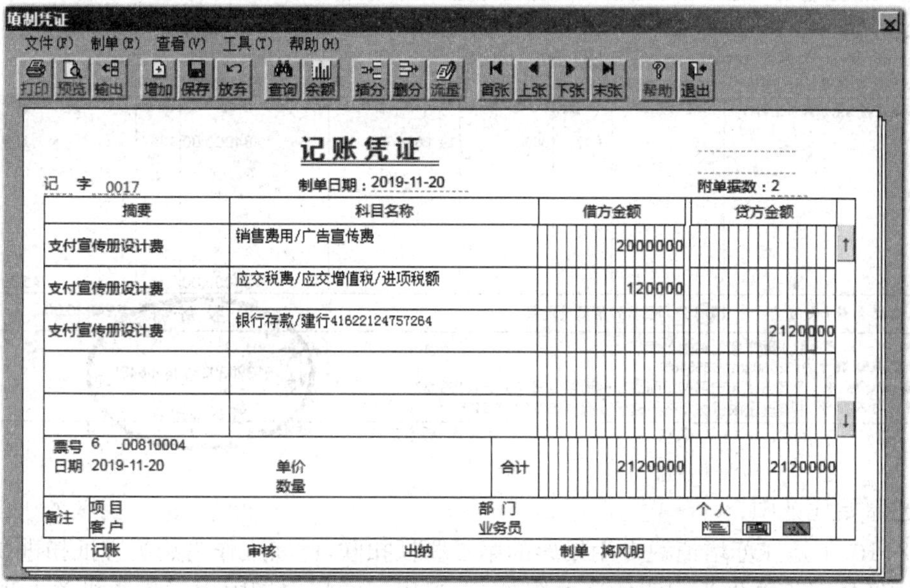
填制凭证
文件(F) 制单(E) 查看(V) 工具(T) 帮助(H)
打印 预览 输出 增加 保存 放弃 查询 余额 插分 删分 流量 首张 上张 下张 末张 帮助 退出

记账凭证

记 字 0017　　制单日期：2019-11-20　　附单据数：2

摘要	科目名称	借方金额	贷方金额
支付宣传册设计费	销售费用/广告宣传费	2000000	
支付宣传册设计费	应交税费/应交增值税/进项税额	120000	
支付宣传册设计费	银行存款/建行41622124757264		2120000
票号 6 -00810004 日期 2019-11-20	单价 数量	合计 2120000	2120000

备注　项目　　部门　　个人
　　　客户　　业务员

记账　审核　出纳　制单 蒋风明

图 2-15-1　11 月“0017”号记账凭证填制完成后界面

【业务 16】　2019-11-25，取得原始凭证 2 张。

表 2-16-1

3203161140　江苏增值税专用发票　№ 25977700　3203161140　25977700

抵扣联

开票日期：2019年11月25日

购买方　名　　称：南京成功股份有限公司
纳税人识别号：913201436012042987
地 址、电 话：江苏省南京市国家高新区创业路1238号 025—80982852
开户行及账号：中国建设银行南京市建邺区支行 41622124757264

密码区　76*3187<4/+9325<+95-59+7<135
6564<0-->>-6>525<235148->7*7
87*3187<4/+8490<+11103622644
4+<712/<1+9016>5994++>84>073

货物或应税劳务、服务名称	规格型号	单位	数量	单价	金额	税率	税额
QA		千克	6000	14.00	84000.00	13%	10920.00
合计					¥84000.00		¥10920.00
价税合计（大写）	⊗玖万肆仟玖佰贰拾元整				（小写）¥94920.00		

销售方　名　　称：徐州明丰股份有限公司
纳税人识别号：913203028926556485
地 址、电 话：江苏省徐州市鼓楼区张勇街赵爱路42号 0516-17159339
开户行及账号：中国建设银行徐州市鼓楼区支行 41622124078425

收款人：　复核：　开票人：曹志文　销售方：（章）

徐州明丰股份有限公司 913203028926556485 发票专用章

第二联：抵扣联 购买方扣税凭证

税总函【XXXX】XXX号 XXXXXX公司

表 2-16-2

3203161140　江苏增值税专用发票　№ 25977700　3203161140　25977700

发票联

开票日期：2019年11月25日

购买方	名　　称：南京成功股份有限公司 纳税人识别号：913201436012042987 地 址、电 话：江苏省南京市国家高新区创业路1238号　025－80982852 开户行及账号：中国建设银行南京市建邺区支行　41622124757264				密码区	76*3187<4/+9325<+95-59+7<135 6564<0-->>-6>525<235148->7*7 87*3187<4/+8490<+11103622644 4+<712/<1+9016>5994++>84>073	
货物或应税劳务、服务名称	规格型号	单位	数量	单价	金额	税率	税额
QA		千克	6000	14.00	84000.00	13%	10920.00
合　计					￥84000.00		￥10920.00
价税合计（大写）	⊗玖万肆仟玖佰贰拾元整				（小写）￥94920.00		
销售方	名　　称：徐州明丰股份有限公司 纳税人识别号：913203028926556485 地 址、电 话：江苏省徐州市鼓楼区张勇街赵爱路42号 0516-17159339 开户行及账号：中国建设银行徐州市鼓楼区支行 41622124078425				备注	徐州明丰股份有限公司 913203028926556485 发票专用章	

收款人：　　复核：　　开票人：曹志文　　销售方：（章）

税总函【XXXX】XXX号 XXXXXXX公司

第三联：发票联　购买方记账凭证

上述原始凭证中：

表 2-16-1 是江苏增值税专用发票的第二联抵扣联，此联应作为购买方抵扣进项税额的依据。该抵扣联不能作为记账凭证的附件，专门用于在规定期限内到税务机关办理认证或在平台办理勾选确认，并在认证通过或勾选确认的次月申报期内，向主管税务机关申报抵扣进项税额。

表 2-16-2 是江苏增值税专用发票的第三联发票联，此联应作为购买方的记账依据。该原始凭证注明，“购买方”是本公司，“销售方”是徐州明丰股份有限公司，“货物或应税劳务、服务名称”是 QA，这表明本公司向徐州明丰股份有限公司购买了原材料 QA。同时，由于原始凭证中还没有收料单，这表明原材料尚未入库。因此，进行会计核算时，“金额”应记入“在途物资”辅助核算“QA”科目的借方，“税额”应记入“应交税费——应交增值税——进项税额”科目的借方。

由于该笔采购业务中没有相关付款的原始凭证，这表明本公司尚未支付上述购货款，进行会计核算时，上述所有款项均应记入“应付账款”中辅助核算“徐州明丰股份有限公司”科目的贷方。

因此，该笔业务在 T3 系统中的操作流程如下：

（1）以 302102 会计将风明的身份于“2019-11-25”登录。“总账”→“凭证”，单击“填制凭证”，打开记账凭证编制界面。

（2）单击“增加”按钮，增加一张空白凭证，凭证类型、凭证编号、制单日期自动生成；附单据数录入“1”。

（3）在第 1 行摘要处录入“赊购材料，料未入库”。

（4）第 1 行输入借方科目名称“在途物资”，录入辅助项中存货名称选择“QA”，输入数量“6 000”，单价“14”，确认后借方金额自动生成“84 000.00”。按回车键。第 2 行输入借方科目名称“应交税费——应交增值税——进项税额”，输入借方金额“10 920.00”。

存货辅助信息对话框，如图 2-16-1 所示。

（5）第 3 行输入贷方科目名称“应付账款”，在供应商选项中追溯到供应商档案，在“采购供应商”类别中增加并选择编号“21003”、名称“徐州明丰股份有限公司”、简称“徐州明丰”，输入贷方金额“94 920.00”。

“应付账款”科目辅助核算信息录入界面，如图 2-16-2 所示。

图 2-16-1　存货辅助信息对话框

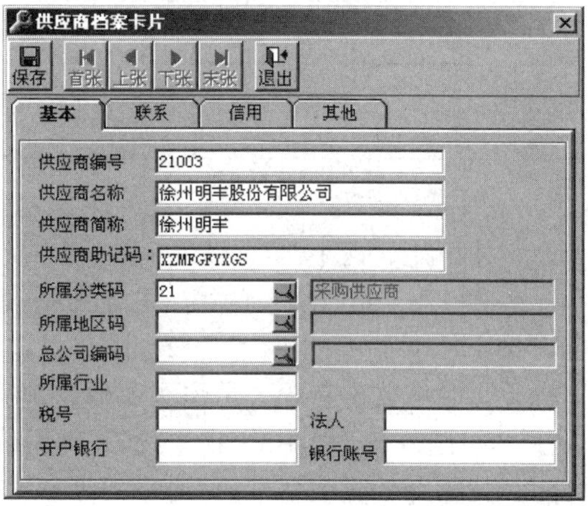

图 2-16-2　“应付账款”科目辅助核算信息录入界面

（6）单击“保存”按钮。

11 月“0018”号记账凭证填制完成后界面，如图 2-16-3 所示。

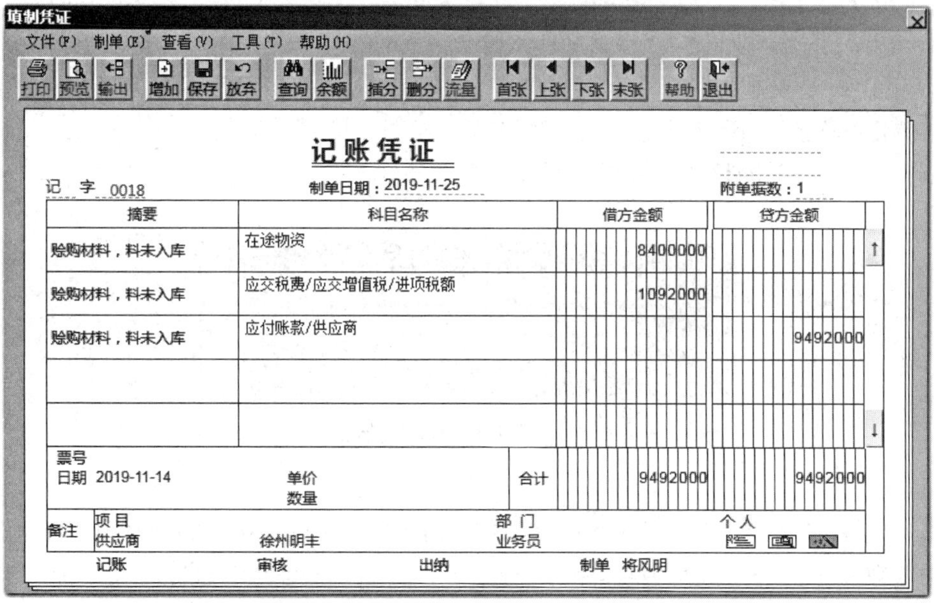

图 2-16-3　11 月“0018”号记账凭证填制完成后界面

【业务 17】 2019-11-27，取得原始凭证 1 张。

表 2-17-1

收　料　单

供应单位：徐州明丰股份有限公司　　2019 年 11 月 27 日　　编号 SL065

材料编号	名称	单位	规格	数量		实际成本			
				应收	实收	单价	发票价格	运杂费	总价
	QA	千克		6000	6000				
备注：									

第二联记账联

收料人：张福平　　交料人：王滨

上述原始凭证中：

表 2-17-1 是收料单的第二联记账联，此联应作为收到材料的记账依据。该原始凭证注明，“供应单位”是徐州明丰股份有限公司，“名称”是 QA，“数量”为 6 000 千克，这表明本公司向徐州明丰股份有限公司购买的原材料 QA 已经全部验收入库。进行会计核算时，应将 11 月 25 日【业务 16】中的“在途物资”辅助核算项目“QA”科目的借方发生额转出，分别记入“原材料”辅助核算项目“QA”科目的借方、“在途物资”辅助核算项目“QA”科目的贷方。

因此，该笔业务在 T3 系统中的操作流程如下：

(1) 以 302102 会计将风明的身份于“2019-11-27”登录。“总账”→“凭证”，单击“填制凭证”，打开记账凭证编制界面。

(2) 单击“增加”按钮，增加一张空白凭证，凭证类型、凭证编号、制单日期自动生成；附单据数录入“1”。

(3) 在第 1 行摘要处录入“材料验收入库”。

(4) 第 1 行输入借方科目名称“原材料”，在辅助信息对话框输入数据，数量“6 000”，单价“14”；单击“确定”按钮，金额自动生成“840 000.00”。按回车键。

“原材料”科目辅助核算信息录入界面，如图 2-17-1 所示。

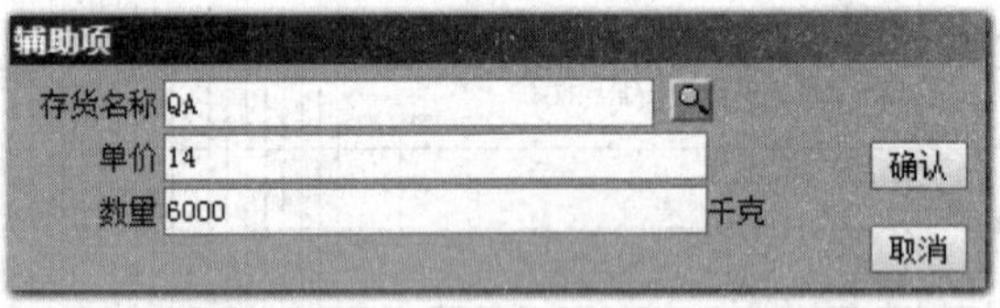

图 2-17-1 “原材料”科目辅助核算信息录入界面

(5) 第 2 行输入贷方科目名称“在途物资”辅助核算项目“QA”，分别输入数量“6 000”、单价“14”(数量中是否录入小数位，不影响计算结果)；单击“确定”，金额“840 000.00”自动生成在借方，单击“空格”键，将借方金额移到贷方。

(6) 单击“保存”按钮。

11 月“0019”号记账凭证填制完成后界面，如图 2-17-2 所示。

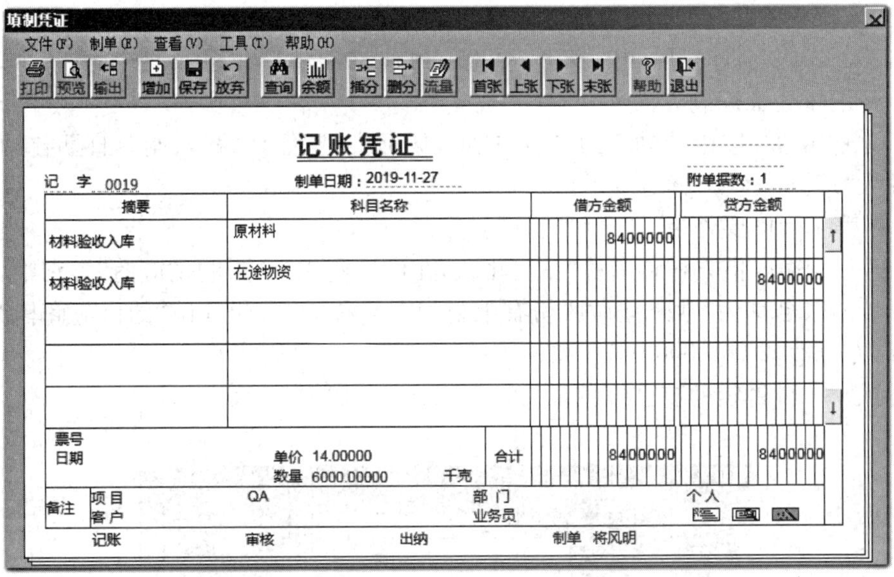

图 2-17-2　11 月“0019”号记账凭证填制完成后界面

【业务 18】　2019-11-30，取得原始凭证 1 张。

表 2-18-1

中国建设银行客户专用回单

币别：人民币　　2019 年 11 月 30 日　　流水号 320120027J0500810094

付款人	全称	南京成功股份有限公司	收款人	全称	常州佳诚股份有限公司
	账号	41622124757264		账号	41622124674267
	开户行	中国建设银行南京市建邺区支行		开户行	中国建设银行常州市天宁区支行
金额		（大写）人民币 贰拾万元整		（小写）¥200000.00	
凭证种类		网银	凭证号码		
结算方式		转账	用途		预付款
			打印柜员：320125584257 打印机构：中国建设银行南京市建邺区支行 打印卡号：41622124757264		

第二联借方（回单）

（印章：中国建设银行 南京市建邺区支行 专用章）

打印时间：2019-11-30　　交易柜员：320125584268　　交易机构：320110500541181541

上述原始凭证中：

表 2-18-1 是中国建设银行网银凭证的第二联客户回单联，此联应作为付款人支付款项的记账依据。该原始凭证注明，“付款人”是本公司，“账号”为 41622124757264，这表明本公司已将款项从账号为 41622124757264 的基本户转出。进行会计核算时，“金额”应记入“银行存款——建行 41622124757264”科目的贷方。原始凭证中还注明，“收款人”是常州佳诚股份有限公司，“用途”是预付货款，这表明本公司向常州佳诚股份有限公司预付了货款，进行会计核算时，“金额”同时记入“预付账款”辅助核算项目“常州佳诚股份有限公司”科目的借方。

因此，该笔业务在 T3 系统中的操作流程如下：

（1）以 302102 会计将风明的身份于“2019-11-30”登录。“总账”→“凭证”，单击“填制凭证”，打开记账凭证编制界面。

（2）单击“增加”按钮，增加一张空白凭证，凭证类型、凭证编号、制单日期自动生成；附单据数录入“1”。

（3）在第 1 行摘要处录入“预付货款”。

（4）第 1 行输入借方科目名称“预付账款”在供应商往来“采购供应商”类别中增加并录入编号“21004”、名称为“常州佳诚股份有限公司”、简称为“常州佳诚”的供应商档案并选择之；输入借方金额“2 000 000.00”。按回车键。

“预付账款”科目辅助核算信息录入界面，如图 2-18-1 所示。

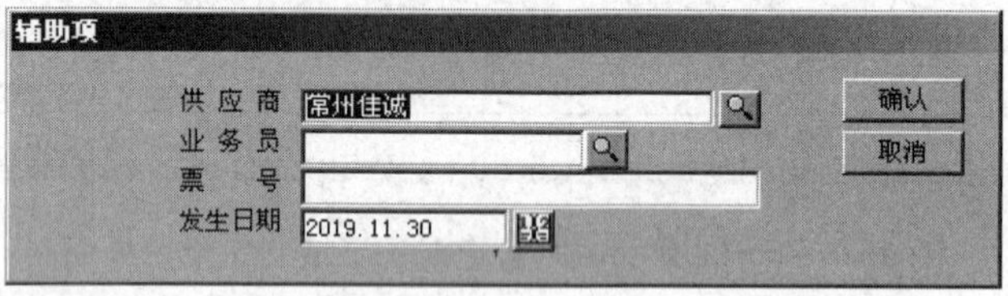

图 2-18-1 “预付账款”科目辅助核算信息录入界面

（5）第 2 行输入贷方科目名称“银行存款——建行 41622124757264”，选择结算方式“网银”，票据号录入“00810094”，贷方金额录入“2 000 000.00”。

（6）单击“保存”按钮。

11 月“0020”号记账凭证填制完成后界面，如图 2-18-2 所示。

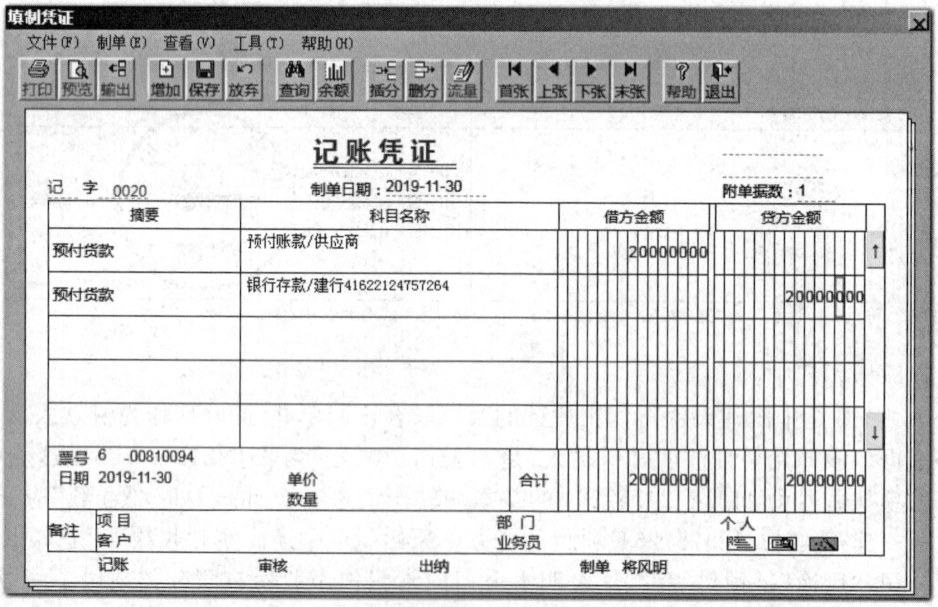

图 2-18-2 11 月“0020”号记账凭证填制完成后界面

【业务19】 2019-11-30，取得原始凭证2张。

表2-19-1 工资计算表

2019年11月30日

员工姓名	所属部门	职务	工资总额	员工姓名	所属部门	职务	工资总额
李胜利	办公室	法人总经理	7 000.00	李　亚	生产车间	生产工人	4 500.00
周长虹	办公室	办公室主任	6 500.00	蒋明洁	生产车间	生产工人	4 300.00
于成功	办公室	办公室职员	5 500.00	黄忆成	生产车间	生产工人	3 800.00
张福平	办公室	仓管员	3 800.00	周永海	生产车间	生产工人	3 800.00
周　琳	财务部	财务经理	4 100.00	李永波	生产车间	生产工人	3 600.00
将风明	财务部	会计	5 000.00	蒋　敏	生产车间	生产工人	4 200.00
陈雨涵	财务部	出纳	3 000.00	李洁洪	生产车间	生产工人	3 600.00
强洪森	采购部	采购经理	4 500.00	周　强	生产车间	生产工人	3 400.00
李　娟	采购部	采购员	3 700.00	吴敏洁	生产车间	生产工人	4 300.00
张玉林	销售门市	销售经理	4 800.00	陈立生	生产车间	生产工人	3 200.00
李晓明	销售门市	销售员	3 600.00	—	—	—	—
周络顺	生产车间	车间主任	4 800.00	合　计			95 000.00

制表：将风明　　审核：周琳

表2-19-2 工资分配汇总表

2019年11月30日

应借账户	直接计入	分配计入			合计（单位：元）
		生产工时	分配率	分配金额	
生产成本——直接人工——K01		800		12 384.00	12 384.00
——S02		1 700		26 316.00	26 316.00
合　计		2 500	15.48	38 700.00	38 700.00
制造费用	4 800.00				4 800.00
管理费用	43 100.00				43 100.00
销售费用	8 400.00				8 400.00
合　计	56 300.00				95 000.00

制表：将风明　　审核：周琳

上述原始凭证中：

表2-19-1是11月工资计算表，表2-19-2是工资费用分配表。这两张表应作为期末计算分配工资费用的记账依据。原始凭证注明的内容表明，本月支付给职工的工资总额是95 000.00元，进行会计核算时，"工资总额"合计金额应记入"应付职工薪酬——工资"科目的贷方；同时，生产K01、S02产品分别发生了工资费用12 384.00元和26 316.00元，应分别记入"生产成本——直接人工"中辅助核算项目"K01"和"S02"科目的借方；此外，生产车间、

管理部门和专设销售机构分别发生了工资费用 4 800.00 元、43 100.00 元和 8 400.00 元。进行会计核算时，上述金额应分别记入“制造费用——工资”“管理费用——工资”和“销售费用——工资”科目的借方。

因此，该笔业务在 T3 系统中的操作流程如下所述。

1）工资变动的录入

（1）以 302102 会计将风明的身份登录。“工资”→“业务处理”，选中“工资变动”，根据表 2-19-1 资料录入各职工的工资总额，单击“计算”。若出现数据为 0，则说明项目公式有误，单击“设置”命令，在公式中检查，其中“直接计入”项目，公式应改为“应发合计”，确定后保存。退出“设置”，重新单击“计算”。若出现数据，检查数据计算是否正确。

工资变动中各职工实发工资计算结果界面，如图 2-19-1 所示。

人员编号	姓名	部门	人员类别	应发合计	三险一金	代扣税	实发合计
01	李胜利	办公室	管理	7000.00	1435.00	16.95	1418.05
02	周长虹	办公室	管理	6500.00	1332.50	5.03	1327.47
03	于成功	办公室	管理	5500.00	1127.50		1127.50
04	张福平	办公室	管理	3800.00	779.00		779.00
05	周琳	财务部	管理	4100.00	840.50		840.50
06	将风明	财务部	管理	5000.00	1025.00		1025.00
07	陈雨涵	财务部	管理	3000.00	615.00		615.00
08	强洪森	采购部	管理	4500.00	922.50		922.50
09	李娟	采购部	管理	3700.00	758.50		758.50
10	张玉林	销售门市	销售	4800.00	984.00		984.00
11	李晓明	销售门市	销售	3600.00	738.00		738.00
12	周络顺	生产车间	管理	4800.00	984.00		984.00
13	李亚	生产车间	生产	4500.00	922.50		922.50
14	蒋明洁	生产车间	生产	4300.00	881.50		881.50
15	黄忆成	生产车间	生产	3800.00	779.00		779.00
16	周永海	生产车间	生产	3800.00	779.00		779.00
17	李永波	生产车间	生产	3600.00	738.00		738.00
18	蒋敏	生产车间	生产	4200.00	861.00		861.00
19	李洁洪	生产车间	生产	3600.00	738.00		738.00
20	周强	生产车间	生产	3400.00	697.00		697.00
21	吴敏洁	生产车间	生产	4300.00	881.50		881.50
22	陈立生	生产车间	生产	3200.00	656.00		656.00
A1	K01产品	生产车间	K01人工分配		0.00		
B1	S02产品	生产车间	S02人工分配		0.00		
				95000.00	19475.00	21.98	19453.02

图 2-19-1　工资变动中各职工实发工资计算结果界面

（2）工资变动中属于公司承担工资费用计算的部分自动完成计算。

公司工资费用计算结果界面，如图 2-19-2。

（3）在“工资变动”中通过计算分析，生产工人工资合计 38 700.00 元，根据工时比例，其中，K01 产品负担工资费用 12 384.00 元，S02 产品负担工资费用 26 316.00 元，将金额录入工资变动两个产品所对应的“分配计入工资”项目中。

工资变动录入分配计入数并计算后界面，如图 2-19-3 所示。

文件 基础设置 总账 往来 项目 工资 固定资产 票据通 资源中心 窗口 帮助

打印 预览 输出 设置 替换 定位 筛选 保存 汇总 编辑 帮助 退出

工资变动

过滤器：

人员编号	姓名	部门	人员类别	工资总额	直接计入	分配计入	工资费用合计
101001	李胜利	办公室	管理	7,000.00	7,000.00		7,000.00
101002	周长虹	办公室	管理	6,500.00	6,500.00		6,500.00
101003	于成功	办公室	管理	5,500.00	5,500.00		5,500.00
101004	张福平	办公室	管理	3,800.00	3,800.00		3,800.00
102005	周琳	财务部	管理	4,100.00	4,100.00		4,100.00
102006	将风明	财务部	管理	5,000.00	5,000.00		5,000.00
102007	陈雨涵	财务部	管理	3,000.00	3,000.00		3,000.00
103008	强洪森	采购部	管理	4,500.00	4,500.00		4,500.00
103009	李娟	采购部	管理	3,700.00	3,700.00		3,700.00
201010	张玉林	销售门市	销售	4,800.00	4,800.00		4,800.00
201011	李晓明	销售门市	销售	3,600.00	3,600.00		3,600.00
301012	周络顺	生产车间	管理	4,800.00	4,800.00		4,800.00
301113	李亚	生产车间	生产	4,500.00	4,500.00		4,500.00
301114	蒋明洁	生产车间	生产	4,300.00	4,300.00		4,300.00
301115	黄忆成	生产车间	生产	3,800.00	3,800.00		3,800.00
301116	周永海	生产车间	生产	3,800.00	3,800.00		3,800.00
301117	李永波	生产车间	生产	3,600.00	3,600.00		3,600.00
301118	蒋敏	生产车间	生产	4,200.00	4,200.00		4,200.00
301119	李洁洪	生产车间	生产	3,600.00	3,600.00		3,600.00
301120	周强	生产车间	生产	3,400.00	3,400.00		3,400.00
301121	吴敏洁	生产车间	生产	4,300.00	4,300.00		4,300.00
301122	陈立生	生产车间	生产	3,200.00	3,200.00		3,200.00
3012A1	K01产品	生产车间	K01人工分配				
3013B1	S02产品	生产车间	S02人工分配				

当前月份：11月 总人数：24 当前人数：24

账套：[302]南京成 单位名称：: 操作员：3021028 业务日期：

图 2-19-2 公司工资费用计算结果界面

文件 基础设置 总账 往来 项目 工资 固定资产 票据通 资源中心 窗口 帮助

打印 预览 输出 设置 替换 定位 筛选 保存 汇总 编辑 帮助 退出

工资变动

过滤器：

人员编号	姓名	部门	人员类别	工资总额	直接计入	分配计入	工资费用合计
101001	李胜利	办公室	管理	7,000.00	7,000.00		7,000.00
101002	周长虹	办公室	管理	6,500.00	6,500.00		6,500.00
101003	于成功	办公室	管理	5,500.00	5,500.00		5,500.00
101004	张福平	办公室	管理	3,800.00	3,800.00		3,800.00
102005	周琳	财务部	管理	4,100.00	4,100.00		4,100.00
102006	将风明	财务部	管理	5,000.00	5,000.00		5,000.00
102007	陈雨涵	财务部	管理	3,000.00	3,000.00		3,000.00
103008	强洪森	采购部	管理	4,500.00	4,500.00		4,500.00
103009	李娟	采购部	管理	3,700.00	3,700.00		3,700.00
201010	张玉林	销售门市	销售	4,800.00	4,800.00		4,800.00
201011	李晓明	销售门市	销售	3,600.00	3,600.00		3,600.00
301012	周络顺	生产车间	管理	4,800.00	4,800.00		4,800.00
301113	李亚	生产车间	生产	4,500.00	4,500.00		4,500.00
301114	蒋明洁	生产车间	生产	4,300.00	4,300.00		4,300.00
301115	黄忆成	生产车间	生产	3,800.00	3,800.00		3,800.00
301116	周永海	生产车间	生产	3,800.00	3,800.00		3,800.00
301117	李永波	生产车间	生产	3,600.00	3,600.00		3,600.00
301118	蒋敏	生产车间	生产	4,200.00	4,200.00		4,200.00
301119	李洁洪	生产车间	生产	3,600.00	3,600.00		3,600.00
301120	周强	生产车间	生产	3,400.00	3,400.00		3,400.00
301121	吴敏洁	生产车间	生产	4,300.00	4,300.00		4,300.00
301122	陈立生	生产车间	生产	3,200.00	3,200.00		3,200.00
3012A1	K01产品	生产车间	K01人工分配			12,384.00	12,384.00
3013B1	S02产品	生产车间	S02人工分配			26,316.00	26,316.00

当前月份：11月 总人数：24 当前人数：24

账套：[302]南京成 单位名称：: 操作员：3021028 业务日期：[2019- 13

图 2-19-3 工资变动录入分配计入数并计算后界面

(4) 退出工资变动,若有提示,在提示中单击“是”按钮。

2) 进行工资分摊的设置

(1) “工资”→“业务处理”,选中“工资分摊”,单击“工资分摊设置”按钮,进入“分摊类型设置”对话框。

“工资分摊”打开及显示界面,如图 2-19-4 所示。

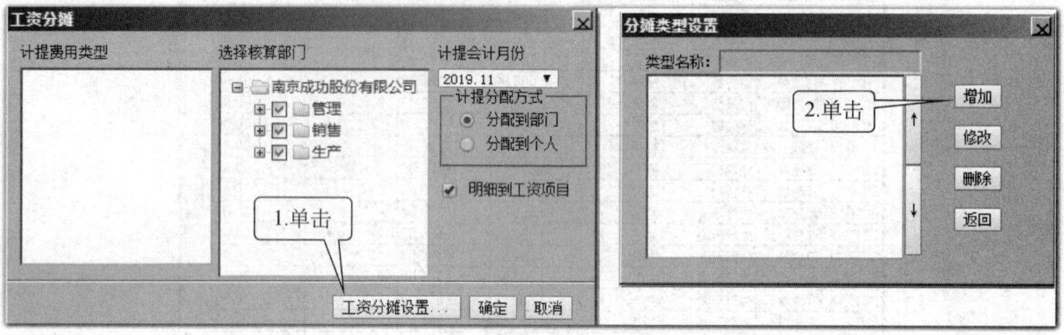

图 2-19-4 “工资分摊”打开及显示界面

(2) 单击“增加”按钮,弹出“分摊计提比例设置”对话框,在“计提类型名称”中录入“计提工资费用”,“分摊计提比例”默认“100%”,单击“下一步”;弹出“分摊构成设置”对话框。

工资费用分摊比例设置及详细设置打开后界面,如图 2-19-5 所示。

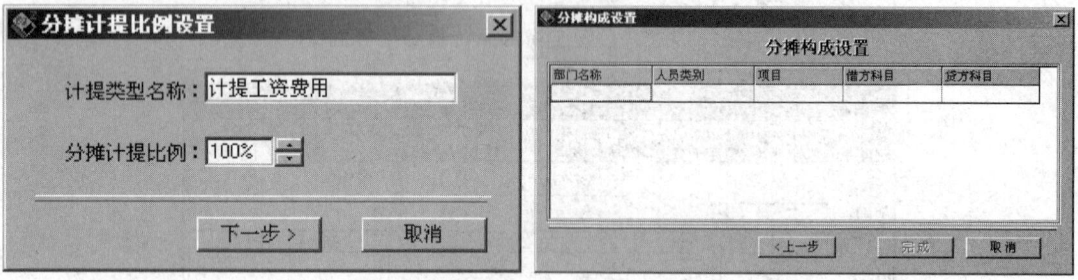

图 2-19-5 工资费用分摊比例设置及详细设置打开后界面

(3) 在第 1 行中,进行“管理”部门的费用项目设置。“部门名称”中同时勾选“办公室、财务部和采购部”,单击“确定”,“人员类别”选择“管理”,“项目”为“工资费用合计”,借方科目选择“管理费用——工资”,贷方科目选择“应付职工薪酬——工资”。

(4) 在第 2 行中进行销售门市部的费用项目设置。“部门名称”中选择销售门市,单击“确定”,“人员类别”选择“销售”,“项目”为“工资费用合计”,借方科目选择“销售费用——工资”,贷方科目选择“应付职工薪酬——工资”。

(5) 在第 3 行中进行生产车间管理人员的费用项目设置。“部门名称”中选择“生产车间”,单击“确定”,“人员类别”选择“管理”,“项目”为“工资费用合计”,借方科目选择“制造费用——工资”,贷方科目选择“应付职工薪酬——工资”。

(6) 在第 4 行中进行“K01”产品工资费用分摊设置。“部门名称”中选择“生产车间”,单击“确定”,“人员类别”选择“K01 人工分配”,“项目”为“工资费用合计”,借方科目选择“生产成本——直接人工”,贷方科目选择“应付职工薪酬——工资”。

（7）在第5行中进行“S02”产品工资费用分摊设置。“部门名称”中选择“生产车间”，单击“确定”，“人员类别”选择“S02人工分配”，“项目”为“工资费用合计”，借方科目选择“生产成本——直接人工”，贷方科目选择“应付职工薪酬——工资”。

工资费用分摊详细设置完成后界面，如图2-19-6所示。

（8）单击“完成”按钮，返回“分摊类型设置”对话框；单击“返回”按钮，返回“工资分摊”对话框。

3）工资费用凭证的生成与编辑

（1）“工资”→“业务处理”，选中“工资分摊”，在“工资分摊”对话框中，在“分配工资费用”复选框中打“√”，选择所有的核算部门，以分配到部门，明细到工资项目的要求。

（2）工资费用凭证生成前各项设置及选择界面，如图2-19-7所示。

部门名称	人员类别	项目	借方科目	贷方科目
办公室,财务部,采	管理	工资费用合计	660208	221101
销售门市	销售	工资费用合计	660104	221101
生产车间	管理	工资费用合计	510106	221101
生产车间	K01人工分配	工资费用合计	500102	221101
生产车间	S02人工分配	工资费用合计	500102	221101

图2-19-6 工资费用分摊详细设置完成后界面

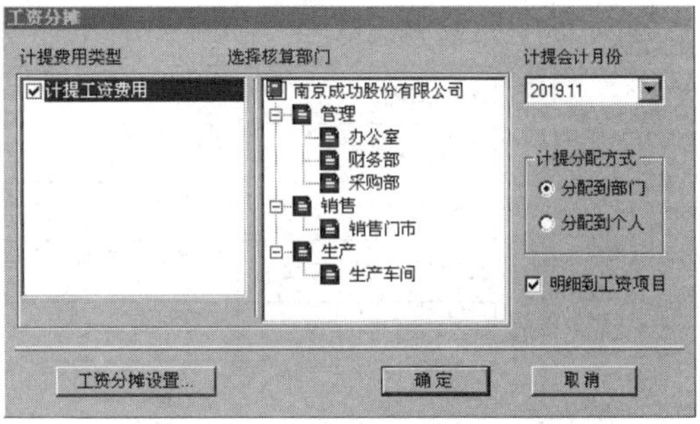

图2-19-7 工资费用凭证生成前各项设置及选择界面

（3）单击“确定”按钮，显示“分配工资费用一览表”；在“合并科目相同、辅助项相同的分录”复选框中打“√”，单击“制单”命令，生成分配工资费用的记账凭证。

“分配工资费用”凭证生成前金额、借贷科目及科目合并设置等信息界面，如图2-19-8所示。

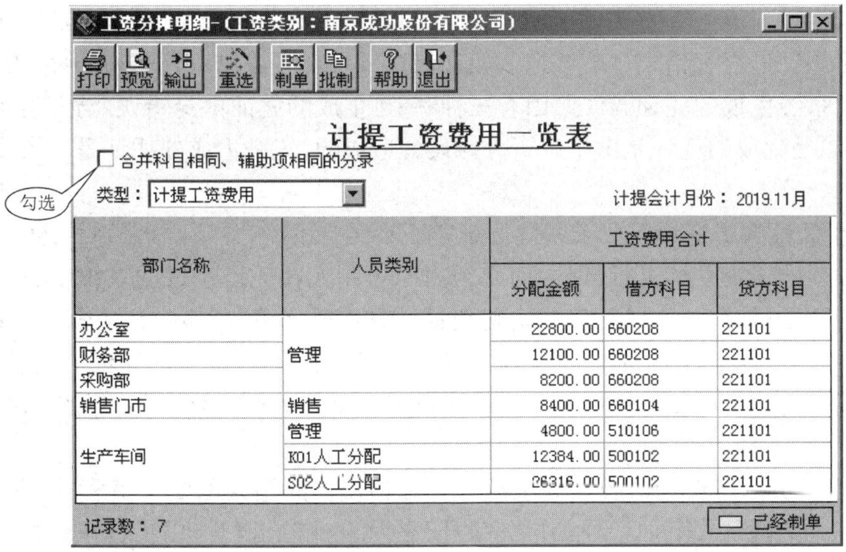

部门名称	人员类别	工资费用合计		
		分配金额	借方科目	贷方科目
办公室	管理	22800.00	660208	221101
财务部		12100.00	660208	221101
采购部		8200.00	660208	221101
销售门市	销售	8400.00	660104	221101
生产车间	管理	4800.00	510106	221101
	K01人工分配	12384.00	500102	221101
	S02人工分配	26316.00	500102	221101

图2-19-8 “分配工资费用”凭证生成前金额、借贷科目及科目合并设置等信息界面

（4）生成的记账凭证类型默认为“记”；凭证自动编号；制单日期自动生成；附单据数录入“2”。在第 5 行借方科目名称“生产成本——直接人工”中，下移打开对话框，录入项目名称“K01”；在第 4 行借方科目名称“生产成本——直接人工”中，下移打开对话框，录入项目名称“S02”；单击“保存”按钮。

11 月“0021”号记账凭证编辑完成保存后第一张凭证界面，如图 2-19-9 所示。

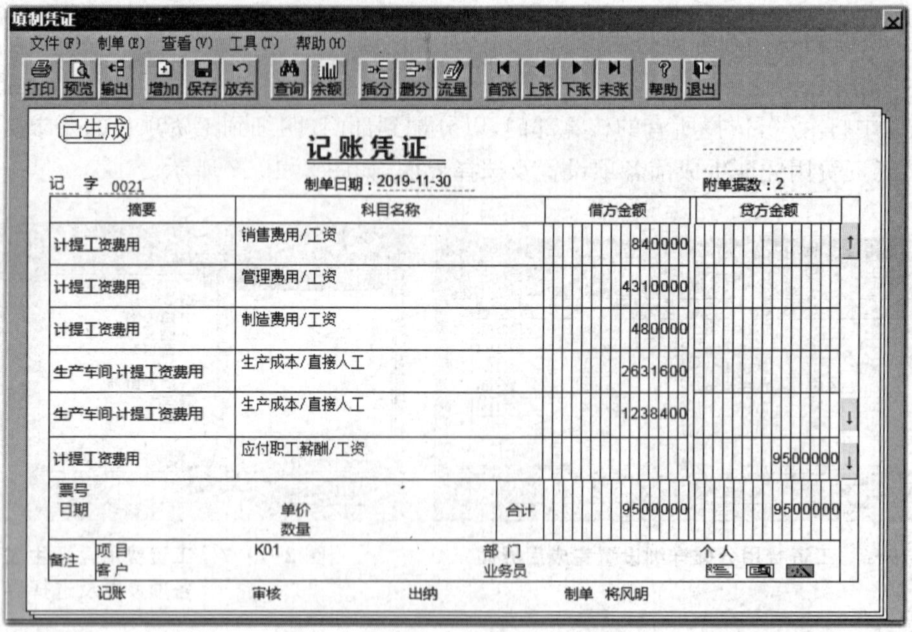

图 2-19-9　11 月“0021”号记账凭证编辑完成保存后第一张凭证界面

需要说明的是：

记账凭证生成后，在保存前，还必须根据原始凭证、项目核算要求等对记账凭证进行编辑，如附件、生产成本——直接人工的具体项目（按项目代码依次排列确定）等，在保存前必须检查记账凭证是否有错误。若该记账凭证保存后发现凭证错误，则要查明原因进行处理，一般工资子系统生成的凭证错误原因有三种：一是生成的凭证本身错误，与其他工资系统的内容无关；二是生成的凭证是由于工资分摊设置造成的；三是生成的凭证是工资变动表中的错误造成的。

① 由于凭证编辑造成工资子系统记账凭证错误。不能直接在总账系统进行修改，也不能在生成凭证的工资系统进行修改，而必须由原填制人在凭证生成的系统（工资子系统）中删除原错误凭证后，重新生成正确的记账凭证。具体操作流程是：进入工资子系统→“统计分析”选项，执行“凭证查询”命令→进入“凭证查询”对话框，选择错误凭证的记录→执行“删除”命令，按系统提示可完成凭证的删除工作→按本业务“3)”的操作进行生成及编辑正确凭证的处理工作。

② 由于工资分摊设置错误导致生成的凭证错误。此错误的更正流程是：首先，由原填制人删除生成的凭证，删除凭证操作参考“①”的凭证删除流程→以工资账套主管的身份登录 T3 软件，在“工资”菜单的“业务处理”选项中执行“工资分摊”命令，在打开的“工资分摊”

对话框下单击“工资分摊设置”,弹出“分摊类型设置”界面,选择错误的工资分摊设置,单击“修改”命令,然后按教材第一部分工资分摊设置的步骤和方法进行正确的设置→按本业务“3)”的操作进行生成及编辑正确凭证的处理工作。

③ 由于工资变动内容错误造成生成凭证错误。其错误更正流程是:先由原填制人删除生成的凭证,删除凭证操作参考“①”的凭证删除流程→查明工资变动错误原因,一般有人员类别设置错误、工资项目计算公式设置错误以及工资基本数据录入错误等原因。如果是前两项错误造成的,按教材第一部分“工资”的相应基础设置修改的方式进行操作;如果是工资基本数据录入错误造成的,则以工资账套主管的身份登录 T3 软件,在“工资”菜单的“业务处理”选项中执行“工资变动”命令,在打开的“工资变动”界面找出录入错误的数据,直接进行修改,此项操作参考本业务“1)”的步骤进行→按本业务“3)”的操作进行生成及编辑正确凭证的处理工作。

【业务 20】 2019-11-30,取得原始凭证 1 张。

表 2-20-1 四险一金计算表

2019 年 11 月 30 日

应借账户	工资总额	养老保险	医疗保险	失业保险	工伤保险	住房公积金	四险一金合计
生产成本——K01	12 384.00	1 981.44	1 213.63	61.92	9.91	1 238.40	4 505.30
——S02	26 316.00	4 210.56	2 578.97	131.58	21.05	2 631.60	9 573.76
合计	38 700.00	6 192.00	3 792.60	193.50	30.96	3 870.00	14 079.06
制造费用	4 800.00	768.00	470.40	24.00	3.84	480.00	1 746.24
管理费用	43 100.00	6 896.00	4 223.80	215.50	34.48	4 310.00	15 679.78
销售费用	8 400.00	1 344.00	823.20	42.00	6.72	840.00	3 055.92
合计	95 000.00	15 200.00	9 310.00	475.00	76.00	9 500.00	34 561.00

制表:将风明　　　　审核:周琳

上述原始凭证中:

表 2-20-1 是四险一金计算表,此表应作为期末计算分配四险一金的记账依据。该原始凭证注明的内容表明,本月应承担的四险一金合计数为 34 561.00 元,进行会计核算时,“合计金额”应分别记入“应付职工薪酬——社会保险费”“应付职工薪酬——设定提存计划”和“应付职工薪酬——住房公积金”科目的贷方;同时,生产 K01、S02 产品分别发生了四险一金费用为 4 505.30 元和 9 573.76 元。进行会计核算时,应分别记入“生产成本——直接人工”辅助核算“K01”和“S02”科目的借方;此外,生产车间、管理部门和专设销售机构分别发生了四险一金费用为 1 746.24 元、15 679.78 元和 3 055.92 元,应分别记入“制造费用——四险一金”“管理费用——四险一金”和“销售费用——四险一金”科目的借方。

该笔业务在 T3 系统中的操作流程有两种方式:一是分别四险一金进行分摊设置,分别生成 5 张记账凭证。二是将四险一金合并进行分摊设置,生成一张记账凭证。其具体操作流程如下所述。

1) 分别四险一金进行分摊设置并分别生成凭证

(1) 以 302102 会计将风明的身份登录。“工资”→“工资变动”,检查“K01 产品”和

“S02 产品”四险一金各项目及合计金额是否正确(若存在误差,将误差数对应的工资项目设置的公式删除,输入正确的数据)。

四险一金结果界面,如图 2-20-1 所示。

打印 预览 输出 设置 替换 定位 筛选 保存 汇总 编辑 帮助 退出

工资变动

过滤器:

人员编号	姓名	部门	人员类别	公司养老保险	公司医疗保险	公司失业保险	工伤保险	公司住房公积	四险一金
101001	李胜利	办公室	管理	1,120.00	686.00	35.00	5.60	700.00	2,546.60
101002	周长虹	办公室	管理	1,040.00	637.00	32.50	5.20	650.00	2,364.70
101003	于成功	办公室	管理	880.00	539.00	27.50	4.40	550.00	2,000.90
101004	张福平	办公室	管理	608.00	372.40	19.00	3.04	380.00	1,382.44
102005	周琳	财务部	管理	656.00	401.80	20.50	3.28	410.00	1,491.58
102006	将凤明	财务部	管理	800.00	490.00	25.00	4.00	500.00	1,819.00
102007	陈雨涵	财务部	管理	480.00	294.00	15.00	2.40	300.00	1,091.40
103008	强洪森	采购部	管理	720.00	441.00	22.50	3.60	450.00	1,637.10
103009	李娟	采购部	管理	592.00	362.60	18.50	2.96	370.00	1,346.06
201010	张玉林	销售门市	销售	768.00	470.40	24.00	3.84	480.00	1,746.24
201011	李晓明	销售门市	销售	576.00	352.80	18.00	2.88	360.00	1,309.68
301012	周络顺	生产车间	管理	768.00	470.40	24.00	3.84	480.00	1,746.24
301113	李亚	生产车间	生产	720.00	441.00	22.50	3.60	450.00	1,637.10
301114	蒋明洁	生产车间	生产	688.00	421.40	21.50	3.44	430.00	1,564.34
301115	黄忆成	生产车间	生产	608.00	372.40	19.00	3.04	380.00	1,382.44
301116	周永海	生产车间	生产	608.00	372.40	19.00	3.04	380.00	1,382.44
301117	李永波	生产车间	生产	576.00	352.80	18.00	2.88	360.00	1,309.68
301118	蒋敏	生产车间	生产	672.00	411.60	21.00	3.36	420.00	1,527.96
301119	李洁洪	生产车间	生产	576.00	352.80	18.00	2.88	360.00	1,309.68
301120	周强	生产车间	生产	544.00	333.20	17.00	2.72	340.00	1,236.92
301121	吴敏洁	生产车间	生产	688.00	421.40	21.50	3.44	430.00	1,564.34
301122	陈立生	生产车间	生产	512.00	313.60	16.00	2.56	320.00	1,164.16
3012A1	K01产品	生产车间	K01人工分配	1,981.44	1213.63	61.92	9.91	1,238.40	4,505.30
3013B1	S02产品	生产车间	S02人工分配	4,210.56	2578.97	131.58	21.05	2,631.60	9,573.76

当前月份:11 月　总人数:24　当前人数:24

账套:[302]南京 单位名称:　操作员:302102 业务 13:47　畅捷通T3-企业管 经

图 2-20-1　四险一金结果界面

(2) “工资”→“业务处理”,单击“工资分摊”,进行计提公司养老保险分摊的设置,其中“分摊计提比例设置”对话框中名称为“计提养老保险”、设置比例为“100%”。

计提养老保险工资分摊详细设置界面,如图 2-20-2 所示。

分摊构成设置

分摊构成设置

部门名称	人员类别	项目	借方科目	贷方科目
办公室,财务部,采	管理	公司养老保险	660210	22110401
销售门市	销售	公司养老保险	660106	22110401
生产车间	管理	公司养老保险	510108	22110401
生产车间	K01人工分配	公司养老保险	500102	22110401
生产车间	S02人工分配	公司养老保险	500102	22110401

<上一步　完成　取消

图 2-20-2　计提养老保险工资分摊详细设置界面

(3) 计提养老保险凭证的生成。在“工资分摊”对话框中,在“计提养老保险”复选框中打“√”,选择所有的核算部门,以分配到部门,明细到工资项目的要求,单击“确定”按钮,显示“计提养老保险一览表”,在“合并科目相同、辅助荐相同的分录”复选框中打“√”,选中“制单”命令，生成计提养老保险的记账凭证。

(4) 计提养老保险记账凭证的修改与保存。生成的记账凭证类型默认；凭证自动编号；制单日期默认；附单据数录入“1”。在第 4 行借方科目名称“生产成本——直接人工”中，下移打开对话框，录入项目名称“K01”；在第 5 行借方科目名称“生产成本——直接人工”中，下移打开对话框，录入项目名称“S02”；修改完成单击“保存”按钮。

计提养老保险记账凭证生成编辑完成后凭证界面，如图 2-20-3 所示。

摘要	科目名称	借方金额	贷方金额
计提养老保险	制造费用/四险一金	76800	
计提养老保险	销售费用/四险一金	134400	
计提养老保险	管理费用/四险一金	689600	
生产车间-计提养老保险	生产成本/直接人工	198144	
生产车间-计提养老保险	生产成本/直接人工	421056	
计提养老保险	应付职工薪酬/设定提存计划/养老保险		1520000
票号 日期	单价 数量 合计	1520000	1520000

图 2-20-3 计提养老保险记账凭证生成编辑完成后凭证界面

(5) 计提医疗保险的分摊设置。重复“(1)—(2)”的步骤，进行工资分摊设置时，计提比例改为 100%，计提名称为“计提医疗保险”，其中贷方科目定义为“22110301”。

计提医疗保险详细设置界面，如图 2-20-4 所示。

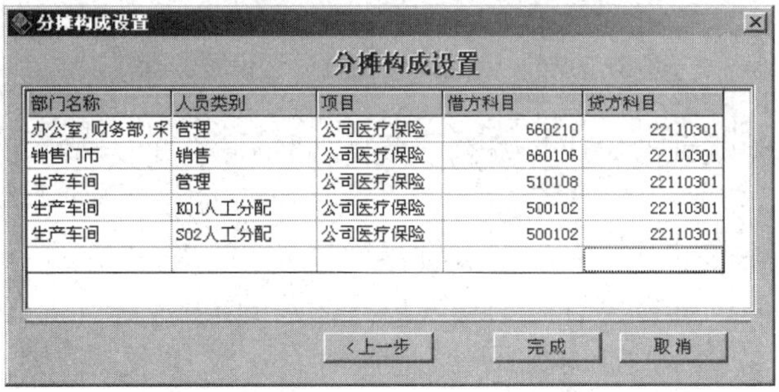

部门名称	人员类别	项目	借方科目	贷方科目
办公室，财务部，采	管理	公司医疗保险	660210	22110301
销售门市	销售	公司医疗保险	660106	22110301
生产车间	管理	公司医疗保险	510108	22110301
生产车间	K01人工分配	公司医疗保险	500102	22110301
生产车间	S02人工分配	公司医疗保险	500102	22110301

图 2-20-4 计提医疗保险详细设置界面

(6) 计提医疗保险凭证的生成与编辑。重复“(3)—(4)”的步骤，勾选的分摊设置是“计提医疗保险”。

计提医疗保险记账凭证生成编辑后凭证界面，如图 2-20-5 所示。

图 2-20-5 计提医疗保险记账凭证生成编辑后凭证界面

(7) 计提失业保险的分摊设置，重复“(1)—(2)”的步骤，进行工资分摊设置时，计提比例为 100%，计提名称为“计提失业保险”，在“分摊构成设置”中贷方科目定义为“22110402”。

计提失业保险详细设置界面，如图 2-20-6 所示。

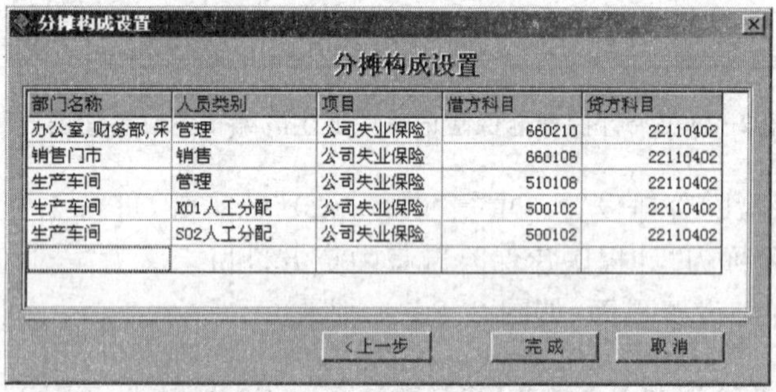

图 2-20-6 计提失业保险详细设置界面

(8) 计提失业保险凭证的生成与编辑。重复“(3)—(4)”的步骤，勾选的分摊设置是“计提失业保险”。

计提失业保险记账凭证生成编辑后凭证界面，如图 2-20-7 所示。

(9) 计提工伤保险的分摊设置。重复“(1)—(2)”的步骤，进行工资分摊设置时，计提比例改为 100%，计提名称为“计提工伤保险”，在“分摊构成设置”中贷方科目定义为“22110303”。

计提工伤保险详细设置界面，如图 2-20-8 所示。

(10) 计提工伤保险凭证的生成与编辑。重复“(3)—(4)”的步骤，勾选的分摊设置是“计提工伤保险”。

计提工伤保险记账凭证生成编辑后凭证界面，如图 2-20-9 所示。

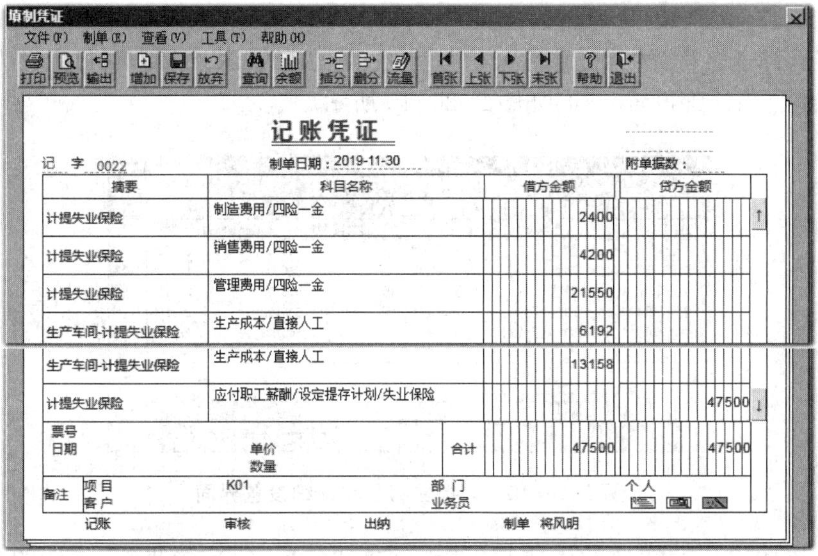

填制凭证

文件(F) 制单(E) 查看(V) 工具(T) 帮助(H)

打印 预览 输出 增加 保存 放弃 查询 余额 插分 删分 流量 首张 上张 下张 末张 帮助 退出

记账凭证

记 字 0022　　制单日期：2019-11-30　　附单据数：

摘要	科目名称	借方金额	贷方金额
计提失业保险	制造费用/四险一金	2400	
计提失业保险	销售费用/四险一金	4200	
计提失业保险	管理费用/四险一金	21550	
生产车间-计提失业保险	生产成本/直接人工	6192	
生产车间-计提失业保险	生产成本/直接人工	13158	
计提失业保险	应付职工薪酬/设定提存计划/失业保险		47500
票号 日期	单价 数量 合计	47500	47500

备注　项目 K01　部门　个人

客户　业务员

记账　审核　出纳　制单 蒋风明

图 2-20-7　计提失业保险凭证生成编辑后凭证界面

分摊构成设置

部门名称	人员类别	项目	借方科目	贷方科目
办公室，财务部，采购部	管理	工伤保险	660210	22110302
销售门市	销售	工伤保险	660106	22110302
生产车间	管理	工伤保险	510108	22110302
生产车间	K01人工分配	工伤保险	500102	22110302
生产车间	S02人工分配	工伤保险	500102	22110302

上一步　完成　取消

图 2-20-8　计提工伤保险详细设置界面

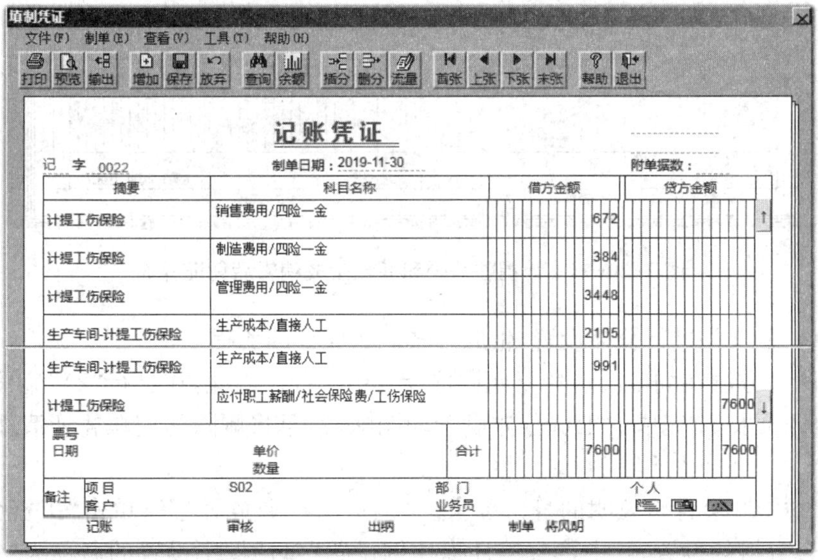

填制凭证

文件(F) 制单(E) 查看(V) 工具(T) 帮助(H)

打印 预览 输出 增加 保存 放弃 查询 余额 插分 删分 流量 首张 上张 下张 末张 帮助 退出

记账凭证

记 字 0022　　制单日期：2019-11-30　　附单据数：

摘要	科目名称	借方金额	贷方金额
计提工伤保险	销售费用/四险一金	672	
计提工伤保险	制造费用/四险一金	384	
计提工伤保险	管理费用/四险一金	3448	
生产车间-计提工伤保险	生产成本/直接人工	2105	
生产车间-计提工伤保险	生产成本/直接人工	991	
计提工伤保险	应付职工薪酬/社会保险费/工伤保险		7600
票号 日期	单价 数量 合计	7600	7600

备注　项目 S02　部门　个人

客户　业务员

记账　审核　出纳　制单 蒋风明

图 2-20-9　计提工伤保险凭证生成编辑后凭证界面

(11) 计提住房公积的分摊设置，重复“(1)—(2)”的步骤，进行工资分摊设置时，计提比例改为 100%，计提名称为“计提住房公积”，在“分摊构成设置”中贷方科目定义为“221105”。

计提住房公积详细设置界面，如图 2-20-10 所示。

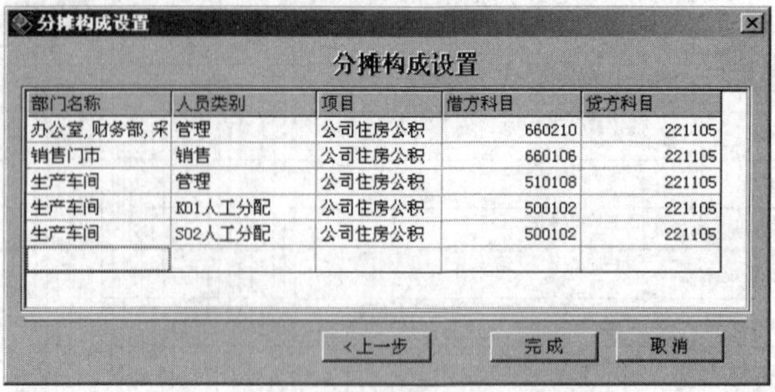

图 2-20-10　计提住房公积详细设置界面

(12) 计提住房公积凭证的生成与编辑。重复“(3)—(4)”的步骤，勾选的分摊设置是“计提住房公积”。

计提住房公积记账凭证生成编辑后凭证界面，如图 2-20-11 所示。

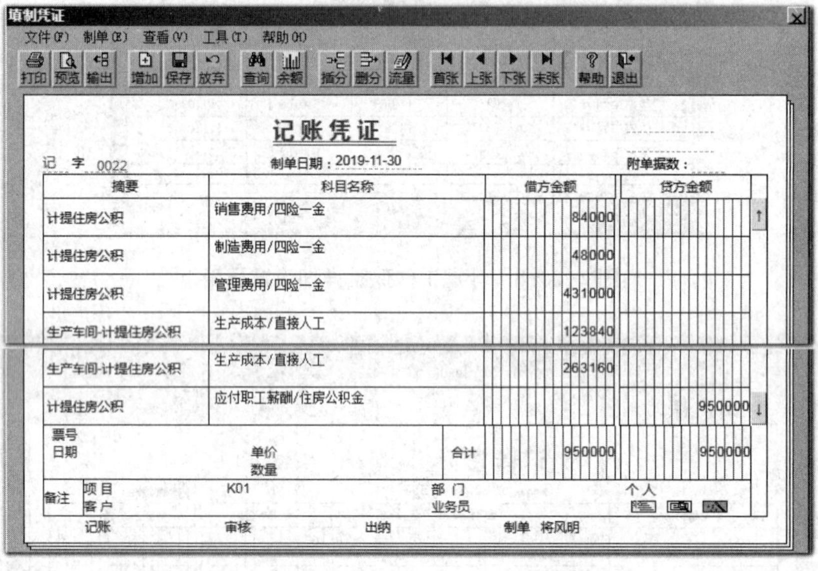

图 2-20-11　计提住房公积凭证生成编辑后凭证界面

2) 四险一金合并进行分摊设置，生成一张记账凭证的流程

由于这两种方法在同一会计期只允许选择其中一种。因此，在进行“2)”流程之前，必须把 1)生成的凭证及 1)完成的工资分摊设置均删除后，且将删除的记账凭证清理后，再进行 2)的操作。

(1) 以 302102 会计将风明的身份登录。“工资”→“业务处理”，单击“工资分摊”，进行计提四险一金分摊的设置，其中，“分摊计提比例设置”对话框中设置的名称为“计提四险一金”，计提比例为“100%”；单击下一步，进行计提四险一金的详细设置。

计提四险一金详细设置界面，如图2-20-12所示。

需要说明的是：

在工资子系统生成的凭证中，其科目必须是分摊构成设置已存在的，借贷金额合计不允许修改，但每个科目的金额是可以修改的。根据此特点，在保证借方每个费用科目合计金额正确的前提下，把贷方应付职工薪酬下的5个科目均进行设置，虽然生成凭证时的贷方科目金额均是错误的，根据原始凭证进行修改，且贷方所有科目金额合计与借方金额合计相等，只需要设置一次且生成一张凭证。

部门名称	人员类别	项目	借方科目	贷方科目
办公室，财务部，采购部	管理	四险一金	660210	22110301
销售门市	销售	四险一金	660106	22110302
生产车间	管理	四险一金	510108	22110401
生产车间	K01人工分配	四险一金	500102	22110402
生产车间	S02人工分配	四险一金	500102	221105

图2-20-12　计提四险一金详细设置界面

(2) 计提四险一金凭证的生成，在“工资分摊”对话框中，在“计提四险一金”复选框中打“√”，选择所有的核算部门，以分配到部门，明细到工资项目的要求，单击“确定”按钮，显示“计提四险一金一览表”，在“合并科目相同、辅助项相同的分录”复选框中打“√”，选中“制单”命令，生成计提四险一金的记账凭证。

(3) 记账凭证的修改与保存，生成的记账凭证类型默认为“记”；凭证自动编号；制单日期自动为“2019-11-30”；附单据数录入“1”。在第4行借方科目名称“生产成本——直接人工”中，下移打开对话框，录入项目名称“K01”；在第5行借方科目名称“生产成本——直接人工”中，下移打开对话框，录入项目名称“S02”；贷方科目应付职工薪酬——社会保险费、设定提存计划和住房公积金等科目分别按“表2-20-1”的合计金额进行修改。修改完成单击“保存”按钮。

11月“0022”凭证保存后凭证界面，如图2-20-13所示。

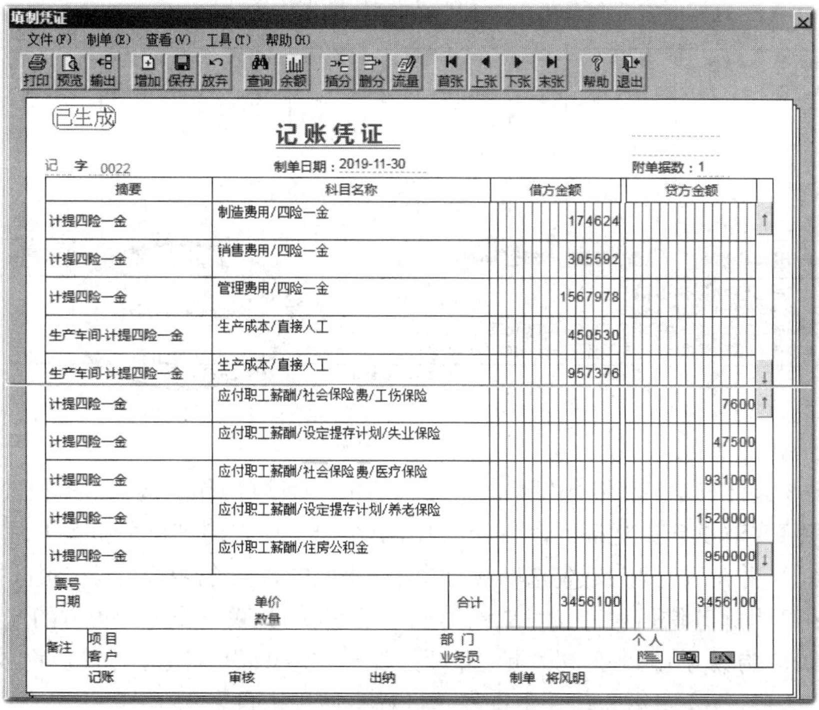

摘要	科目名称	借方金额	贷方金额
计提四险一金	制造费用/四险一金	174624	
计提四险一金	销售费用/四险一金	305592	
计提四险一金	管理费用/四险一金	1567978	
生产车间-计提四险一金	生产成本/直接人工	450530	
生产车间-计提四险一金	生产成本/直接人工	957376	
计提四险一金	应付职工薪酬/社会保险费/工伤保险		7600
计提四险一金	应付职工薪酬/设定提存计划/失业保险		47500
计提四险一金	应付职工薪酬/社会保险费/医疗保险		931000
计提四险一金	应付职工薪酬/设定提存计划/养老保险		1520000
计提四险一金	应付职工薪酬/住房公积金		950000
票号 日期	单价 数量 合计	3456100	3456100

图2-20-13　11月“0022”凭证保存后凭证界面

【业务 21】 2019-11-30，取得原始凭证 5 张。

表 2-21-1

3201180140　江苏增值税专用发票　№ 5149517　3201180140 5149517

全国统一发票监制章 江苏 国家税务总局监制

抵扣联

开票日期：2019年11月30日

税总函【XXXX】XXX号 XXXXXXXX公司

购买方	名　称：南京成功股份有限公司 纳税人识别号：913201436012042987 地 址、电 话：江苏省南京市国家高新区创业路1238号 025—80982852 开户行及账号：中国建设银行南京市建邺区支行 41622124757264				密码区	52*3187<4/+6753<+95-59+7<747 9973<0-->>-6>525<213723->7*7 87*3187<4/+8490<+50772575535 5+<712/<1+9016>2645++>84>579	
货物或应税劳务、服务名称	规格型号	单位	数量	单价	金额	税率	税额
水费		吨	420	3.689702	1549.67	3%	46.49
合　计					¥1549.67		¥46.49
价税合计（大写）	⊗壹仟伍佰玖拾陆元壹角陆分				（小写）¥1596.16		
销售方	名　称：江苏水务股份有限公司 纳税人识别号：913201051167476863 地 址、电 话：江苏省南京市建邺区解红街胡春路01号 025-24643937 开户行及账号：中国建设银行南京市建邺区支行 41621526485817				备注	江苏水务股份有限公司 913201051167476863 发票专用章	

收款人：　复核：　开票人：朱解元　销售方：（章）

第二联：抵扣联　购买方扣税凭证

表 2-21-2

3201180140　江苏增值税专用发票　№ 5149517　3201180140 5149517

全国统一发票监制章 江苏 国家税务总局监制

发票联

开票日期：2019年11月30日

税总函【XXXX】XXX号 XXXXXXXX公司

购买方	名　称：南京成功股份有限公司 纳税人识别号：913201436012042987 地 址、电 话：江苏省南京市国家高新区创业路1238号 025—80982852 开户行及账号：中国建设银行南京市建邺区支行 41622124757264				密码区	52*3187<4/+6753<+95-59+7<747 9973<0-->>-6>525<213723->7*7 87*3187<4/+8490<+50772575535 5+<712/<1+9016>2645++>84>579	
货物或应税劳务、服务名称	规格型号	单位	数量	单价	金额	税率	税额
水费		吨	420	3.689702	1549.67	3%	46.49
合　计					¥1549.67		¥46.49
价税合计（大写）	⊗壹仟伍佰玖拾陆元壹角陆分				（小写）¥1596.16		
销售方	名　称：江苏水务股份有限公司 纳税人识别号：913201051167476863 地 址、电 话：江苏省南京市建邺区解红街胡春路01号 025-24643937 开户行及账号：中国建设银行南京市建邺区支行 41621526485817				备注	江苏水务股份有限公司 913201051167476863 发票专用章	

收款人：　复核：　开票人：朱解元　销售方：（章）

第三联：发票联　购买方记账凭证

上述原始凭证中：

表 2-21-1 是江苏增值税专用发票的第二联抵扣联，此联应作为购买方抵扣进项税额的依据。该抵扣联不能作为记账凭证的附件，专门用于在规定期限内到税务机关办理认证或在平台办理勾选确认，并在认证通过或勾选确认的次月申报期内，向主管税务机关申报抵扣进项税额。

表 2-21-2 是江苏增值税专用发票的第三联发票联，此联应作为购买方的记账依据。该原始凭证注明，“购买方”是本公司，“销售方”是江苏水务股份有限公司，“货物或应税劳务、服务名称”是水费，这表明本公司在生产经营过程中使用了自来水。

表 2-21-3

3201166120　江苏增值税普通发票　№ 87355512

3201166120
87355512

开票日期：2019年11月30日

校验码 26379 11687 53922 00856

购买方	名称：南京成功股份有限公司 纳税人识别号：913201059079880923 地址、电话：江苏省南京市建邺区赵志路85号 025-41967006 开户行及账号：中国建设银行南京市建邺区支行 41622124757264	密码区	21*3187<4/+2726<+95-59+7<767 5159<0-->>-6>525<126535->7*7 87*3187<4/+8490<+70187266016 7+<712/<1+9016>2341++>84>166

货物或应税劳务、服务名称	规格型号	单位	数量	单价	金额	税率	税额
污水处理费		吨	420	1.35	567.00	0%	***
合计					¥567.00		¥0
价税合计（大写）	⊗伍佰陆拾柒元整				（小写）¥567.00		

销售方	名称：江苏水务股份有限公司 纳税人识别号：913201051167476863 地址、电话：江苏省南京市建邺区昭红街胡春路01号 025-246439372 开户行及账号：中国建设银行江苏省南京市建邺区支行 41621526485817	备注	江苏水务股份有限公司 913201051167476863 发票专用章

收款人：　复核：　开票人：王如强　销售方：（章）

税总函〔XXXX〕XXX号 XXXXXX公司

第二联：发票联　购买方记账凭证

表 2-21-4　水费分配表

2019 年 11 月 30 日

部门	吨	自来水单价	自来水分配金额	污水处理费单价	污水处理费金额	合计分配金额
办公室	5	3.689 702	18.45	1.35	6.75	25.20
财务部	3	3.689 702	11.07	1.35	4.05	15.12
采购部	2	3.689 702	7.38	1.35	2.70	10.08
销售门市部	10	3.689 702	36.9	1.35	13.5	50.4
车间	400	3.689 702	1 475.87	1.35	540	2 015.87
合计	420	3.689 702	1 549.67	1.35	567	2 116.67

制表：将风明　　审核：周琳

表 2-21-5

中国建设银行客户专用回单

币别：人民币　2019 年 11 月 30 日　流水号 320120027J0500810006

付款人	全称	南京成功股份有限公司	收款人	全称	江苏水务股份有限公司
	账号	41622124757264		账号	41621526485817
	开户行	中国建设银行南京市建邺区支行		开户行	中国建设银行南京市建邺区支行
金额		（大写）人民币 贰仟壹佰陆拾叁元壹角陆分		（小写）¥2163.16	
凭证种类		网银	凭证号码		
结算方式		转账	用途		支付水费

打印柜员：320125584257
打印机构：中国建设银行南京市建邺区支行
打印卡号：41622124757264

中国建设银行 电子回单 专用章

第一联借方（回单）

打印时间：2019-11-30　交易柜员：320125584268　交易机构：320110509

表 2-21-3 是江苏增值税普通发票的第二联发票联，此联应作为购买方的记账依据。该原始凭证注明，“购买方”是本公司，“销售方”是江苏水务股份有限公司，“货物或应税劳务、服务名称”是污水处理费，这表明本公司在生产经营过程中使用自来水而发生污水处理费。根据表 2-21-2 和表 2-21-3，进行会计核算时，“金额”的合计数应根据使用部门分配记入成本、费用等科目的借方，“税额”记入“应交税费——应交增值税——进项税额”科目的借方。

表 2-21-4 是水费分配表，此表应作为分配水费的记账依据。该原始凭证的内容表明，管理部门（包括办公室、财务部和采购部）、专设销售机构和生产车间分配的金额，应分别记入“管理费用——水电费”“销售费用——水电费”和“制造费用——水电费”科目的借方。

表 2-21-5 是中国建设银行客户专用回单的第一联借方回单，此联应作为付款方支付款项的记账依据。该原始凭证注明，“付款人”是本公司，“账号”是 41622124757264，这表明本公司已通过账号 41622124757264 的基本户支付了款项。进行会计核算时，“金额”应记入“银行存款——建行 41622124757264”科目的贷方。

因此，该笔业务在 T3 系统中的操作流程如下：

（1）以 302102 会计将风明的身份于“2019-11-30”登录。“总账”→“凭证”，单击“填制凭证”，打开记账凭证编制界面。

（2）单击“增加”按钮，增加一张空白凭证，凭证类型、凭证编号、制单日期自动生成；附单据数录入“4”。

（3）在第 1 行摘要处录入“分配本月水费”。

（4）第 1 行输入借方科目名称“管理费用——水电费”，输入借方金额“50.40”；回车。第 2 行输入借方科目名称“销售费用——水电费”，输入借方金额“50.40”；按回车键。第 3 行输入借方科目名称“制造费用——水电费”，输入借方金额“2 015.87”；按回车键。第 4 行输入借方科目名称“应交税费——应交增值税——进项税额”，输入借方金额“46.49”。回车。

（5）第 5 行输入贷方科目名称“银行存款——建行 41622124757264”，选择结算方式“网银”，票据号录入“00810006”，贷方金额“2 163.16”。

（6）单击“保存”按钮。

11 月“0023”号记账凭证填制完成后界面，如图 2-21-1 所示。

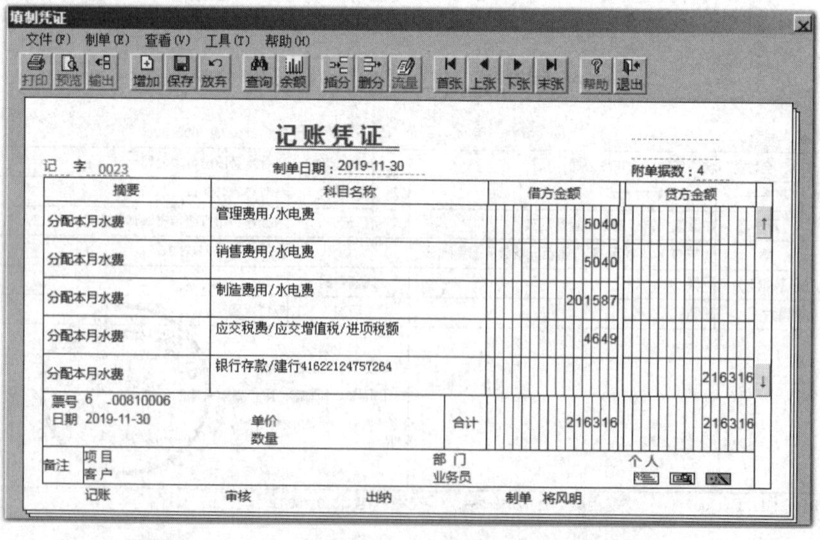

图 2-21-1 11 月“0023”号记账凭证填制完成后界面

【业务 22】 2019-11-30，取得原始凭证 3 张。

表 2-22-1

3201180140　江苏增值税专用发票　№ 30208977　3201180140 30208977

（全国统一发票监制章 江苏 国家税务总局监制）　抵扣联

开票日期：2019年11月30日

购买方	名　　称：南京成功股份有限公司 纳税人识别号：913201436012042987 地址、电话：江苏省南京市国家高新区创业路1238号 025－80982852 开户行及账号：中国建设银行南京市建邺区支行 41622124757264	密码区	39*3187<4/+1952<+95-59+7<484 1578<0-->>-6>525<770604->7*7 87*3187<4/+8490<+64035035563 1+<712/<1+9016>2981++>84>543

货物或应税劳务、服务名称	规格型号	单位	数量	单价	金额	税率	税额
电					8480.00	13%	1102.40
合　计					￥8480.00		￥1102.40
价税合计（大写）	⊗玖仟伍佰捌拾贰元肆角整				（小写）￥9582.40		

销售方	名　　称：江苏省电力股份有限公司南京市分公司 纳税人识别号：913201050645002233 地址、电话：江苏省南京市建邺区韩春街刘海路39号 025-73049758 开户行及账号：中国建设银行南京市建邺区支行 41247650539092	备注	（江苏省电力股份有限公司南京市分公司 913201050645002233 发票专用章）

收款人：　复核：　开票人：余海　销售方：（章）

税总函【XXXX】XXX号 XXXXXXXX公司

第二联：抵扣联 购买方扣税凭证

表 2-22-2

3201180140　江苏增值税专用发票　№ 30208977　3201180140 30208977

（全国统一发票监制章 江苏 国家税务总局监制）　发票联

开票日期：2019年11月30日

购买方	名　　称：南京成功股份有限公司 纳税人识别号：913201436012042987 地址、电话：江苏省南京市国家高新区创业路1238号 025－80982852 开户行及账号：中国建设银行南京市建邺区支行 41622124757264	密码区	39*3187<4/+1952<+95-59+7<484 1578<0-->>-6>525<770604->7*7 87*3187<4/+8490<+64035035563 1+<712/<1+9016>2981++>84>543

货物或应税劳务、服务名称	规格型号	单位	数量	单价	金额	税率	税额
电					8480.00	13%	1102.40
合　计					￥8480.00		￥1102.40
价税合计（大写）	⊗玖仟伍佰捌拾贰元肆角整				（小写）￥9582.40		

销售方	名　　称：江苏省电力股份有限公司南京市分公司 纳税人识别号：913201050645002233 地址、电话：江苏省南京市建邺区韩春街刘海路39号 025-73049758 开户行及账号：中国建设银行南京市建邺区支行 41247650539092	备注	（江苏省电力股份有限公司南京市分公司 913201050645002233 发票专用章）

收款人：　复核：　开票人：余海　销售方：（章）

税总函【XXXX】XXX号 XXXXXXXX公司

第三联：发票联 购买方记账凭证

表 2-22-3　电费分配表

2019 年 11 月 30 日

部门	耗用数量	单位成本	金额(元)
办公室、财务部和采购部	100		160
销售门市	200		320
生产车间	5 000		8 000
合计	5 300	1.6	8 480

制表：将风明　　审核：周琳

上述原始凭证中：

表 2-22-1 是江苏增值税专用发票的第二联抵扣联，此联应作为购买方抵扣进项税额的依据。该抵扣联不能作为记账凭证的附件，专门用于在规定期限内到税务机关办理认证或在平台办理勾选确认，并在认证通过或勾选确认的次月申报期内，向主管税务机关申报抵扣进项税额。

表 2-22-2 是江苏增值税专用发票的第三联发票联，此联应作为购买方的记账依据。该原始凭证注明，“购买方”是本公司，“销售方”是江苏省电力股份有限公司南京市分公司，“货物或应税劳务、服务名称”是电，这表明本公司在生产经营过程中使用了电。进行会计核算时，“金额”的应根据使用部门分配记入成本、费用等科目的借方，“税额”记入“应交税费——应交增值税——进项税额”科目的借方。

表 2-22-3 是电费分配表，此表应作为分配电费的记账依据。该原始凭证的内容表明，管理部门（包括办公室、财务部和采购部）、专设销售机构和生产车间分配的金额，应分别记入“管理费用——水电费”“销售费用——水电费”和“制造费用——水电费”科目的借方。

此外，本业务中没有支付款项的原始凭证，而 11 月 10 日[业务 13]中，本公司已预付了电费，因此，进行会计核算时，“价税合计”应记入“预付账款——供应商”科目的贷方。

因此，该笔业务在 T3 系统中的操作流程如下：

（1）以 302102 会计将风明的身份于“2019-11-30”登录。“总账”→“凭证”，单击“填制凭证”，打开记账凭证编制界面。

（2）单击“增加”按钮，增加一张空白凭证，凭证类型、凭证编号、制单日期自动生成；附单据数录入“2”。

（3）在第 1 行摘要处录入“分配电费”。

（4）第 1 行输入借方科目名称“管理费用——水电费”，输入借方金额“160.00”；按回车键。第 2 行输入借方科目名称“销售费用——水电费”，输入借方金额“320.00”；回车。第 3 行输入借方科目名称“制造费用——水电费”，输入借方金额“8 000.00”；回车。第 4 行输入借方科目名称“应交税费——应交增值税——进项税额”，输入借方金额“1 102.40”。按回车键。

（5）第 5 行输入贷方科目名称“预付账款——供应商”，输入供应商信息“南京电力”及贷方金额“9 582.40”。

（6）单击“保存”按钮。

11 月“0024”号记账凭证填制完成后界面，如图 2-22-1 所示。

【业务 23】 2019-11-30，取得原始凭证 1 张。

表 2-23-1 保险费摊销计算表

2019 年 11 月 30 日

部门	金额	摊销期限	本期金额
办公室	5 400	12	450
合计	5 400		450

制表：将风明　　　　审核：周琳

上述原始凭证中：

表 2-23-1 是汽车保险费摊销计算表，此表应作为确认本期保险费摊销金额的记账依

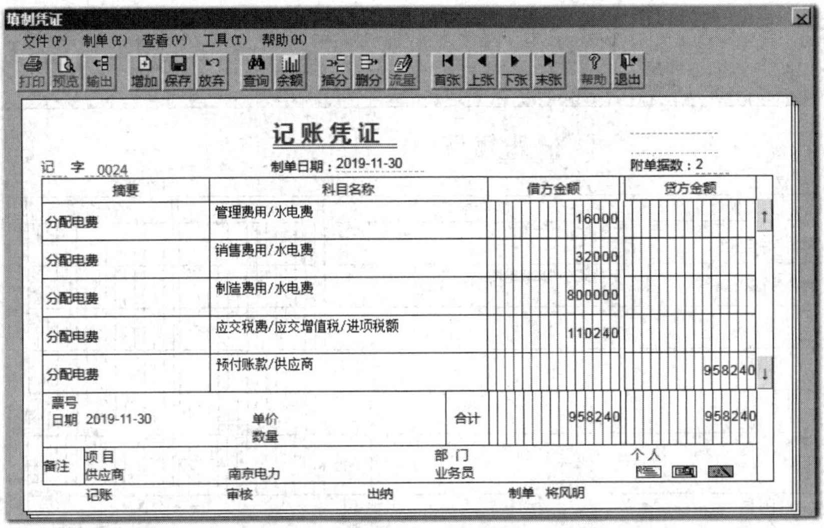

图 2-22-1　11 月“0024”号记账凭证填制完成后界面

据。该原始凭证的内容表明，本公司管理部门（办公室）本月应承担的保险费为 450 元，进行会计核算时，“本期金额”应记入“管理费用——汽车费用”科目的借方；同时，11 月 2 日[业务 7]，本公司已预付了汽车保险费，故摊销保险费时，“本期金额”应记入“预付账款——汽车保险费”科目的贷方。

因此，该笔业务在 T3 系统中的操作流程如下：

(1) 以 302102 会计将风明的身份于“2019-11-30”登录。“总账”→“凭证”，单击“填制凭证”，打开记账凭证编制界面。

(2) 单击“增加”按钮，增加一张空白凭证，凭证类型、凭证编号、制单日期自动生成；附单据数录入“1”。

(3) 在第 1 行摘要处录入“摊销汽车保险费”。

(4) 第 1 行输入借方科目名称“管理费用——汽车费用”，输入借方金额“450.00”；按回车键。

(5) 第 2 行输入贷方科目名称“预付账款——汽车保险费”，输入贷方金额“450.00”。

(6) 单击“保存”按钮。

11 月“0025”号记账凭证填制完成后界面，如图 2-23-1 所示。

【业务 24】　2019-11-30，取得原始凭证 1 张。

表 2-24-1　原材料发出汇总表

2019 年 11 月 30 日

类别 / 产品	RP 材料			QA 材料			合计
	数量	单价	金额	数量	单价	金额	
K01 产品	18 000	12.00	216 000.00				216 000.00
S02 产品				5 000	14.00	70 000.00	70 000.00
合计	18 000		216 000.00	5 000		70 000.00	286 000.00

制表：将风明　　　　审核：周琳

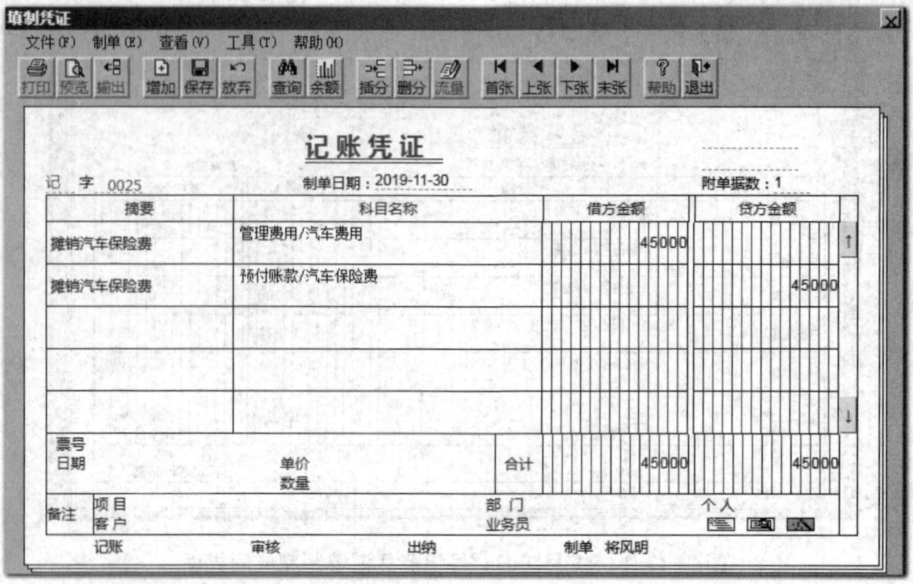

图 2-23-1　11 月“0025”号记账凭证填制完成后界面

上述原始凭证中：

表 2-24-1 是原材料发出汇总表，此表应作为期末计算分配原材料费用的记账依据。该原始凭证的内容表明，本月发出原材料 RP 和 QA 的成本分别为 216 000.00 元和 70 000.00 元。进行会计核算时，各材料“合计”金额应分别记入“原材料——RP”和“原材料——QA”科目的贷方；同时，生产 K01、S02 产品发生原材料费用分别为 216 000.00 元和 70 000.00 元。进行会计核算时，各产品“合计”应分别记入“生产成本——直接材料”辅助核算项目“K01”和“S02”科目的借方。

因此，该笔业务在 T3 系统中的操作流程如下：

(1) 以 302102 会计将风明的身份于“2019-11-30”登录。“总账”→“凭证”，单击“填制凭证”，打开记账凭证编制界面。

(2) 单击“增加”按钮，增加一张空白凭证，凭证类型、凭证编号、制单日期自动生成；附单据数录入“1”。

(3) 在第 1 行摘要处录入“结转领料成本”。

(4) 第 1 行输入借方科目名称“生产成本——直接材料”，核算项目“K01”及借方金额“216 000.00”；回车。第 2 行录入借方科目名称“生产成本——直接材料”，输入核算项目“S02”及借方金额“70 000.00”。按回车键。

(5) 第 3 行输入贷方科目名称“原材料”，在辅助信息对话框中输入项目“RP”数据，数量“18 000.00”，单价“12.00”，单击“确定”按钮，金额“216 000.00”，将金额移至贷方；回车。第 4 行输入贷方科目名称“原材料”，在辅助信息对话框中输入项目“QA”数据，数量“5 000.00”，单价“14.00”，单击“确定”按钮，金额“70 000.00”，将其移至贷方。

(6) 单击“保存”按钮。

11 月“0026”号记账凭证填制完成后界面，如图 2-24-1 所示。

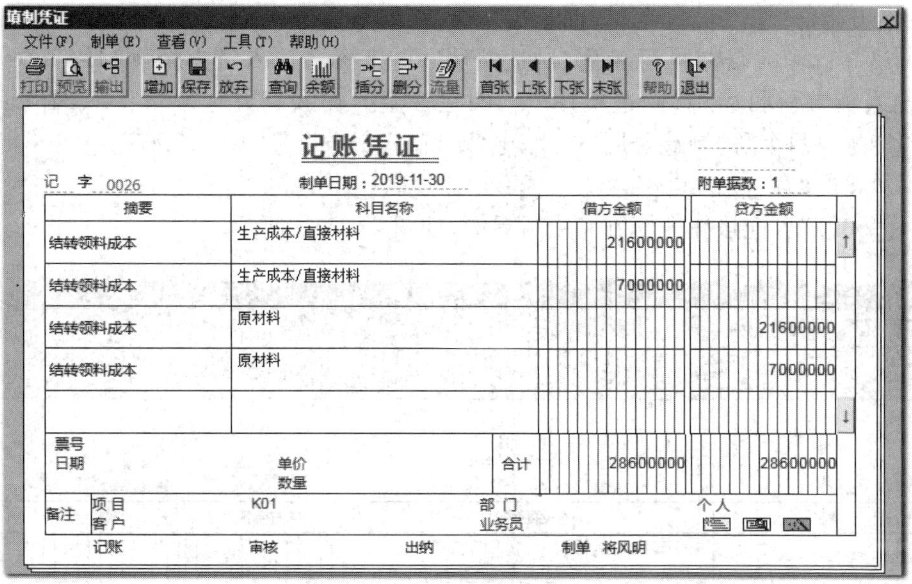

图 2-24-1　11 月“0026”号记账凭证填制完成后界面

【业务 25】 2019-11-30，取得原始凭证 1 张。

表 2-25-1　制造费用分配表

2019 年 11 月 30 日

产品名称	生产工时	分配率	分配金额
K01 产品	800.00		5 299.88
S02 产品	1 700.00		11 262.23
合计	2 500.00	6.624 844	16 562.11

制表：将风明　　　　　　审核：周琳

上述原始凭证中：

表 2-25-1 是制造费用分配表，此表应作为期末计算分配制造费用的记账依据。该原始凭证的内容表明，本月生产 K01、S02 产品应承担的制造费用分别为 5 299.88 元和 11 262.23元。进行会计核算时，各产品“分配金额”应分别记入“生产成本——制造费用”核算项目“K01”和“S02”科目的借方；同时，还表明本月发生的制造费用 16 562.11 元已分配结转。进行会计核算时，“分配金额合计”应分别记入“制造费用”各明细科目的贷方。

因此，该笔业务在 T3 系统中的操作流程如下：

(1) 以 302102 会计将风明的身份于“2019-11-30”登录。“总账”→“凭证”，单击“填制凭证”，打开记账凭证编制界面。

(2) 单击“增加”按钮，增加一张空白凭证，凭证类型、凭证编号、制单日期自动生成；附单据数录入“1”。

(3) 在第 1 行摘要处录入“结转制造费用”。

(4) 第 1 行输入借方科目名称“生产成本——制造费用”，输入核算项目“K01”及借方金额“5 299.88”；回车。第 2 行输入借方科目名称“生产成本——制造费用”，输入核算项目

“S02”及借方金额“11 262.23”。按回车键。

(5) 第 3 行输入贷方科目名称“制造费用——工资”,输入贷方金额“4 800.00”;回车。第 4 行输入贷方科目名称“制造费用——四险一金”,输入贷方金额“1 746.24”;回车。第 5 行输入贷方科目名称“制造费用——水电费”,输入贷方金额“10 015.87”。

(6) 单击“保存”按钮。

11 月“0027”号记账凭证填制完成后界面,如图 2-25-1 所示。

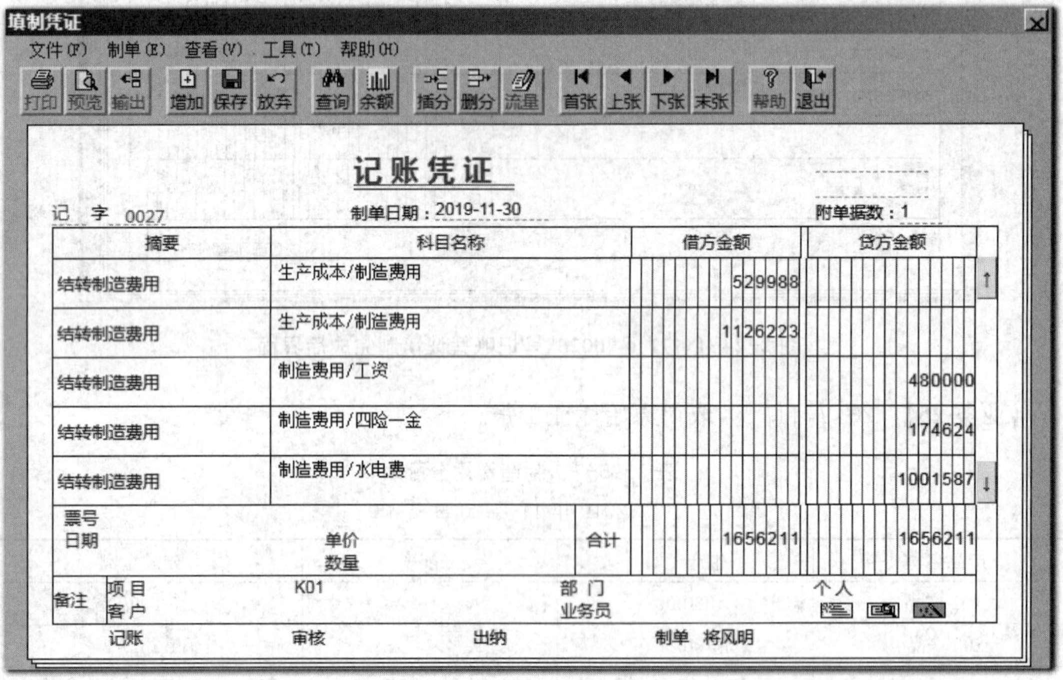

图 2-25-1 11 月“0027”号记账凭证填制完成后界面

需要说明的是:

制造费用总额或明细科目金额的数据信息,可通过账簿查询的方式取得。具体操作是在总账菜单下,执行“账簿查询”中的“余额表”命令,弹出“发生额及余额查询条件”对话框,在第一个科目空白栏处录入“5101”或“制造费用”,在“包含未记账凭证”复选框中打√;然后单击“确认”按钮,打开“发生额及余额表”,第 1 行显示“制造费用”科目的信息,其借方发生额合计是制造费用总额;选中第 1 行,单击“明细”命令,打开“制造费用明细账”,提供了制造费用明细科目及其费用金额。

【业务 26】 2019-11-30,取得原始凭证 3 张。

表 2-26-1 产成品入库汇总表

2019 年 11 月 30 日 编号:0182201

产品编号	名称	规格	计量单位	数量	单价	金额	备注
	K01 产品		件	30 000	7.94	238 189.18	
	S02 产品		件	2 500	46.86	117 151.99	

制表:将风明 审核:周琳

表 2-26-2 产品成本计算单

产品:K01 产品　　2019 年 11 月 30 日　　本月完工产品　30 000　　月末在产品　0

项目	直接材料	直接人工	制造费用	合计
月初在产品成本	0	0	0	0
本月生产费用	216 000.00	16 889.30	5 299.88	238 189.18
生产费用合计	216 000.00	16 889.30	5 299.88	238 189.18
完工产品成本	216 000.00	16 889.30	5 299.88	238 189.18
月末在产品成本	0	0	0	0

制表:将风明　　审核:周琳

表 2-26-3 产品成本计算单

产品:S02 产品　　2019 年 11 月 30 日　　本月完工产品　2 500　　月末在产品　0

项目	直接材料	直接人工	制造费用	合计
月初在产品成本	0	0	0	0
本月生产费用	70 000.00	35 889.76	11 262.23	117 151.99
生产费用合计	70 000.00	35 889.76	11 262.23	117 151.99
完工产品成本	70 000.00	35 889.76	11 262.23	117 151.99
月末在产品成本	0	0	0	0

制表:将风明　　审核:周琳

上述原始凭证中:

表 2-26-1 是产成品入库单的第二联记账联,此联应作为完工产品验收入库的记账依据。该原始凭证的内容表明,本月本公司有 30 000 件 K01 产品和 2 500 件 S02 产品已经完工验收入库,进行会计核算时,“金额”应分别记入“库存商品”辅助项目“K01”和“S02”科目的借方。

表 2-26-2 是产品成本计算单,此单应作为期末结转完工产品成本的记账依据。该原始凭证的内容表明,本月完工 K01 产品的成本 238 189.18 元应予以结转。进行会计核算时,“完工产品成本”应分别记入“K01”项目相关的“生产成本”各明细科目的贷方。

表 2-26-3 是产品成本计算单,此单应作为期末结转完工产品成本的记账依据。该原始凭证的内容表明,本月完工 S02 产品的成本 118 518.59 元应予以结转。进行会计核算时,“完工产品成本”应分别记入“S02”项目相关的“生产成本”各明细科目的贷方。

因此,该笔业务在 T3 系统中的操作流程如下:

(1) 以 302102 会计将风明的身份于“2019-11-30”登录。“总账”→“凭证”,单击“填制凭证”,打开记账凭证编制界面。

(2) 单击“增加”按钮,增加一张空白凭证,凭证类型、凭证编号、制单日期自动生成;附单据数录入“3”。

(3) 在第 1 行摘要处录入“结转完工产品成本”。

(4) 第 1 行输入借方科目名称“库存商品”,在辅助信息对话框中输入“K01”项目数据,数量“30 000.00”,单击“确定”按钮;凭证中金额录入“238 189.18”(单价是自动生成的);按回车键。

库存商品“K01”辅助核算项信息录入界面，如图 2-26-1 所示。

(5) 第 2 行输入借方科目名称“库存商品”，在辅助信息对话框中输入“S02”项目数据，数量“2 500.00”，单击“确定”按钮。输入金额“117 151.99”，回车。

库存商品“S02”辅助核算信息录入界面，如图 2-26-2 所示。

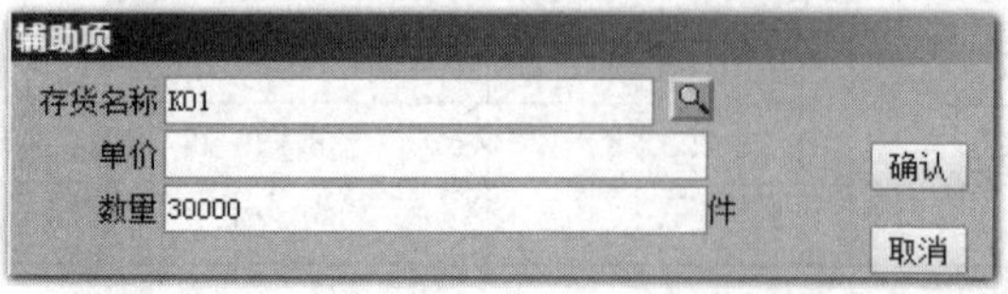

图 2-26-1　库存商品“K01”辅助核算项信息录入界面

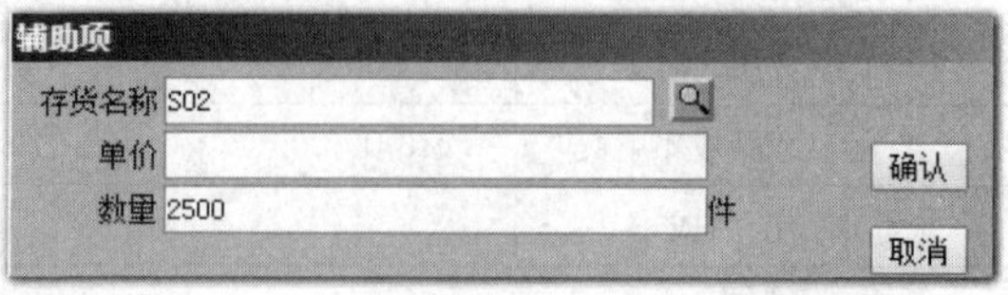

图 2-26-2　库存商品“S02”辅助核算信息录入界面

(6) 第 3 行输入贷方科目名称“生产成本——直接材料”，输入项目“K01”及贷方金额“216 000.00”；按回车键。第 4 行输入贷方科目名称“生产成本——直接人工”，输入项目“K01”及贷方金额“16 889.30”；按回车键。第 5 行输入贷方科目名称“生产成本——制造费用”，输入项目“K01”及贷方金额“5 299.88”；按回车键。第 6 行输入贷方科目名称“生产成本——直接材料”，输入项目“S02”及贷方金额“70 000.00”；按回车键。第 7 行输入贷方科目名称“生产成本——直接人工”，输入项目“S02”及贷方金额“35 889.76”；按回车键。第 8 行输入贷方科目名称“生产成本——制造费用”，输入项目“S02”及贷方金额“11 262.23”。

(7) 单击“保存”按钮。

11 月“0028”号记账凭证填制完成后界面，如图 2-26-3 所示。

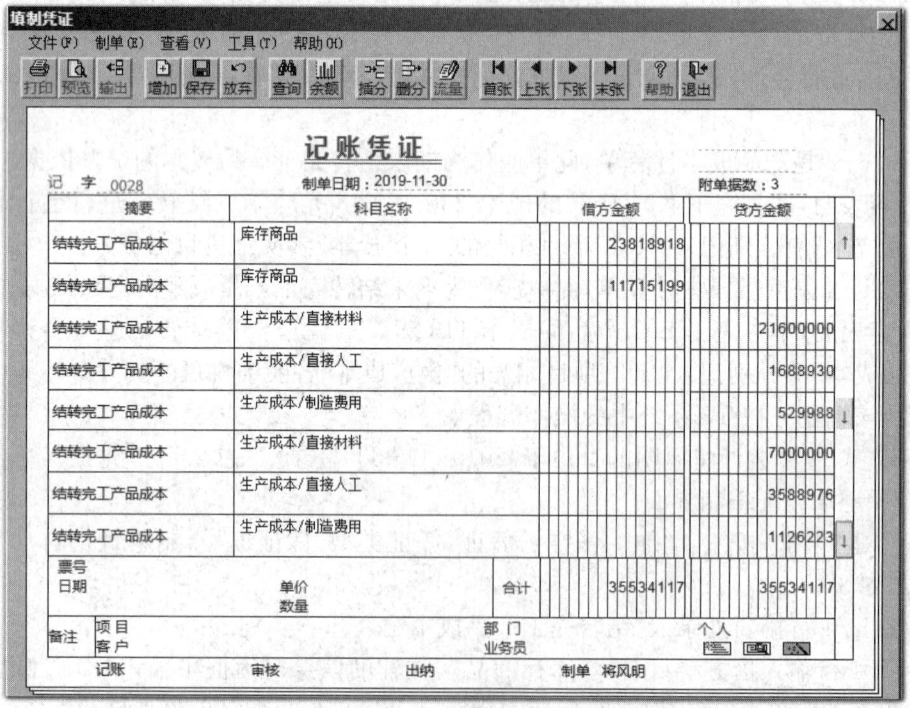

图 2-26-3　11 月“0028”号记账凭证填制完成后界面

需要说明的是：

生产成本按产品对象的料工费等金额信息，可通过“项目”查询的方式取得，具体操作如下，在“项目”菜单下，“账簿”选项的“科目项目明细账”中执行“科目项目明细账”命令，弹出“科目项目明细账条件对话框”；查询第一个项目“K01”，在项目空白栏处录入“K01”，在科目处保留“500101”“500102”“500103”三个生产成本明细科目，其余科目左移到科目范围中，在“包含未记账凭证”复选框中打√，单击“确认”按钮，则打开了“K01 项目明细账”，显示 K01 项目料工费及合计金额的全部信息；在项目右下三角处选择“S02”，则系统自动打开“S02 项目明细账”，显示 S02 项目料工费及合计金额的全部信息。

【业务 27】 2019-11-30，取得原始凭证 4 张。

表 2-27-1

销 售 单

购货单位：雪峰机械制造股份有限公司　　地址和电话：江苏省盐城市亭湖区张军街齐伟路28号0515-68439658　　单据编号：XS09861

纳税识别号：913209021581414385　　开户行及账号：中国建设银行盐城市亭湖区支行41622124624354　　制单日期：2019-11-30

编码	产品名称	规格	单位	单价	数量	金额	备注
	K01		件	28.25	26000	734500.00	含税价
	S02		件	113.00	2000	226000.00	含税价
合计	人民币（大写）：玖拾陆万零伍佰元整				—	¥960500.00	

会计联

销售经理：张玉林　　经手人：李晓明　　会计：将风明　　签收人：贾翠玲

表 2-27-2

3201161140　　江苏 增值税专用发票　　№ 32098223　　3201161140　32098223

此联不作报销、扣税凭证使用　　开票日期：2019年11月30日

购买方	名称：雪峰机械制造股份有限公司 纳税人识别号：913209021581414385 地址、电话：江苏省盐城市亭湖区张军街齐伟路28号 0515-68439658 开户行及账号：中国建设银行盐城市亭湖区支行 41622124624354	密码区	63*3187<4/+2988<+95-59+7<006 6039<0-->>-6>525<939242->7*7 87*3187<4/+8490<+93175803240 8+<712/<1+9016>2542++>84>188

货物或应税劳务、服务名称	规格型号	单位	数量	单价	金额	税率	税额
K01		件	26000	25.00	650000.00	13%	84500.00
S02		件	2000	100.00	200000.00	13%	26000.00
合计					¥850000.00		¥110500.00
价税合计（大写）	⊗ 玖拾陆万零伍佰元整				（小写） ¥960500.00		

销售方	名称：南京成功股份有限公司 纳税人识别号：913201436012042987 地址、电话：江苏省南京市国家高新区创业路1238号 025－80982852 开户行及账号：中国建设银行南京市建邺区支行 41622124757264	备注	

收款人：　　复核：　　开票人：将风明　　销售方：（章）

税总函【XXXX】XXX号 XXXXXXXX公司

第一联：记账联 销售方记账凭证

上述原始凭证中：

表 2-27-1 是销售单的会计联，此联应作为销售方发货的记账依据。该原始凭证注明，“销售方”是本公司，“购买方”是雪峰股份有限公司，“产品名称”是 K01 和 S02，这表明本公司已将 K01 和 S02 产品发货给雪峰股份有限公司。

表 2-27-3(此为复印件)

产品销售合同

合同号：20191201

购货单位：雪峰机械股份有限公司（以下简称甲方）

供货单位：南京成功股份有限公司（以下简称乙方）

第一条　乙方向甲方提供 K01 共计 26000 件，价款是 650000.00 元，增值税为 84500.00 元，价税合计是 734500.00 元；提供 S02 共计 2000 件，价款是 200000.00 元，增值税为 26000.00 元，价税合计 226000.00 元。

第二条　交货日期：2019 年 11 月 30 日

第三条　验收标准

购买方收到商品 7 个工作日内提出质量异议，不包括运输过程中造成的质量问题。自收到商品之日起 90 天内可以提出退货，运费由甲方承担。

以下条款省略

甲方：＿＿＿＿（盖章）　　　乙方：＿＿＿＿（盖章）

法定（授权）代表人：陈琳　[陈琳]　　　法定（授权）代表人　李胜利　[李胜利]

2019.11.25　　　2019.11.25

表 2-27-4

中国建设银行客户专用回单

币别：人民币　　2019 年 11 月 30 日　　流水号 320120027J0500810060

付款人	全称	雪峰机械制造股份有限公司	收款人	全称	南京成功股份有限公司
	账号	41622124624354		账号	41622124757264
	开户行	中国建设银行盐城市亭湖区支行		开户行	中国建设银行南京市建邺区支行
金额		（大写）人民币 玖拾陆万零伍佰元整		（小写）¥960500.00	
凭证种类		网银	凭证号码		
结算方式		转账	用途	货款	
			打印柜员：320125584257 打印机构：中国建设银行南京市建邺区支行 打印卡号：41622124757264		

第二联贷方（回单）

打印时间：2019-11-30　　交易柜员：320125584268　　交易机构：320148504

表 2-27-2 是江苏增值税专用发票的第一联记账联，此联应作为销售方的记账依据。该原始凭证注明，“销售方”是本公司，“购买方”是雪峰股份有限公司，“货物或应税劳务、服务名称”是 K01 和 S02，这表明本公司销售了 K01 和 S02 产品给雪峰股份有限公司。销售产品是本公司的主营业务。

表 2-27-3 是销售合同复印件，此销售合同附有退货条款，注明收到货物可以在 90 日内退货。本公司会计政策说明中，产品销售业务的预计退货率为 1%，因此，应按照合同金额的 99%和 1%分别确认主营业务收入和预计负债。

根据表 2-27-2 和表 2-27-3 进行会计核算时，按“金额”中的 643 500.00 元和 198 000.00 元应分别记入“主营业务收入”科目的核算项目“K01”和“S02”的贷方，按“金额”中的 6 500.00 元和 2 000.00 元应分别记入“预计负债——应付退货款”科目的核算项目“K01”和“S02”的贷方，“税额”应记入“应交税费——应交增值税——销项税额”科目的贷方。

表 2-27-4 是中国建设银行客户专用回单的第二联贷方回单，此联应作为收款方收取款项的记账依据。该原始凭证注明，“收款人”是本公司，“账号”是 41622124757264，这表明本公司已收到款项并存入账号 41622124757264 的基本户。进行会计核算时，“金额”应记入“银行存款——建行 41622124757264”科目的借方。

因此，该笔业务在 T3 系统中的操作流程如下：

(1) 以 302102 会计将风明的身份于“2019-11-30”登录。“总账”→“凭证”，单击“填制凭证”，打开记账凭证编制界面。

(2) 单击“增加”按钮，增加一张空白凭证，凭证类型、凭证编号、制单日期自动生成；附单据数录入“4”。

(3) 在第 1 行摘要处录入“销售产品，收到货款”。

(4) 第 1 行输入借方科目名称“银行存款——建行 41622124757264”，输入结算方式“网银”，结算票据号录入“00810060”，借方金额“960 500.00”；按回车键。

(5) 第 2 行输入贷方科目代码“6001”(录入代码回车后自动转化为科目名称)，输入项目“K01”销售数量“25 740”，单价“25.00”，自动生成借方金额“643 500.00”，将其移至贷方金额(注：若金额在借方，按空格键可将借方金额转移到贷方)；按回车键。

“主营业务收入”科目辅助核算信息录入界面，如图 2-27-1 所示。

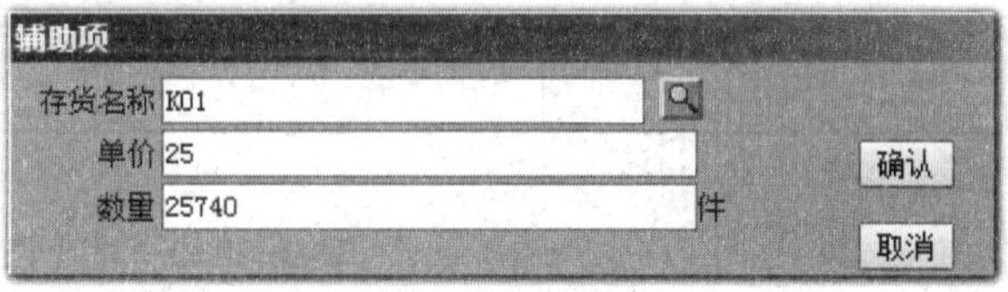

图 2-27-1 “主营业务收入”科目辅助核算信息录入界面

(6) 第 3 行输入贷方科目代码：“280101”，输入项目“K01”销售数量“260”，单价“25.00”，自动生成借方金额“6 500.00”，将其移至贷方金额；按回车键。第 4 行输入贷方科

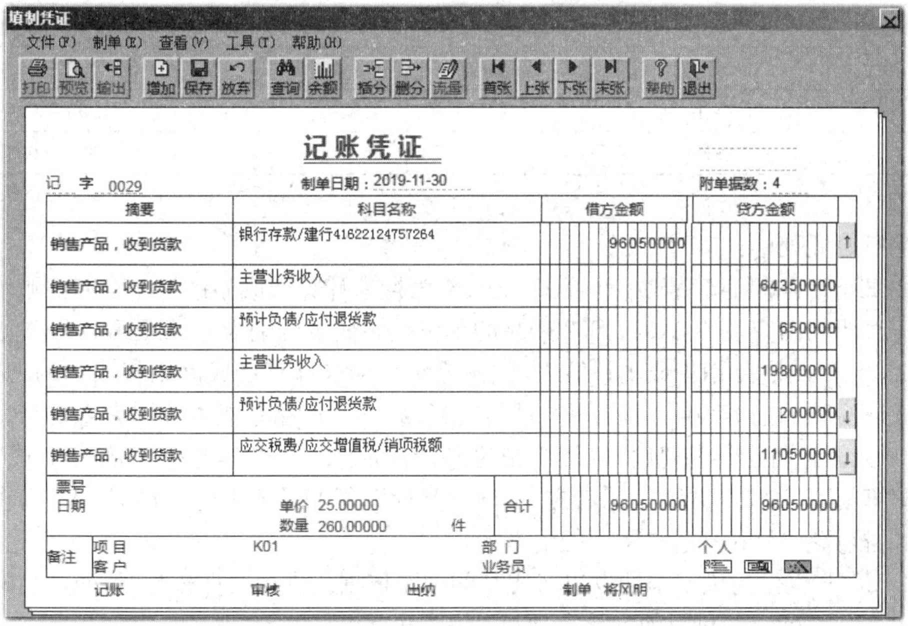

图 2-27-2 11 月“0029”号记账凭证填制完成后界面

目名称“主营业务收入”，输入项目“S02”销售数量“1 980”，单价“100.00”，自动生成借方金额“198 000.00”；将其移至贷方，回车。第 5 行输入贷方科目代码“280101”，输入项目“S02”销售数量“20”，单价“100.00”，自动生成借方金额“2 000.00”，将其移至贷方金额；回车。第 6 行输入贷方科目名称“应交税费——应交增值税——销项税额”，输入贷方金额“110 500.00”。

(7) 单击“保存”按钮。

11 月“0029”号记账凭证填制完成后界面，如图 2-27-2 所示。

【业务 28】 2019-11-30，取得原始凭证 2 张。

表 2-28-1 单位产品成本计算表

2019 年 11 月 30 日

产品名称	本月完工产品		加权平均单价
	数量	金额	
K01 产品	30 000	238 189.18	7.94
S02 产品	2 500	117 151.99	46.86

制表：将风明　　　　审核：周琳

表 2-28-2 发出产品成本计算表

2019 年 11 月 30 日

产品名称	用途	数量(件)	单位成本(元)	总成本(元)
K01 产品	销售	25 740	7.94	204 375.60
K01 产品	预计退货	260	7.94	2 064.40
K01 产品	小计	26 000		206 440.00
S02 产品	销售	1 980	46.86	92 782.80
S02 产品	预计退货	20	46.86	937.20
S02 产品	小计	2 000		93 720.00
	金额合计			300 160.00

制表：将风明　　　　审核：周琳

上述原始凭证中：

表 2-28-1 是单位产品成本计算表，此表作为期末计算产成品销售成本的记账依据。该原始凭证注明的内容表明，K01、S02 产品的单位销售成本分别为 7.94 元和 46.86 元。

表 2-28-2 是产品销售成本计算表，此表也作为期末计算产成品销售成本的记账依据。该原始凭证注明的内容表明，本公司本月销售 K01、S02 产品总成本分别为 206 440.00 元和 93 720.00 元。进行会计核算时，确认为销售各产品成本，应分别记入“主营业务成本”科目的辅助核算项目“K01”和“S02”的借方，确认为预计退货产品成本，应分别记入“应收退货成本”的辅助核算项目“K01”和“S02”的借方。

表 2-28-2 也作为确定本期发出产成品的记账依据。进行会计核算时，两产品的“小计”应分别记入“库存商品”科目辅助核算项目“K01”和“S02”的贷方。

因此，该笔业务在 T3 系统中的操作流程如下：

（1）以 302102 会计将风明的身份于“2019-11-30”登录。“总账”→“凭证”，单击“填制凭证”，打开记账凭证编制界面。

（2）单击“增加”按钮，增加一张空白凭证，凭证类型、凭证编号、制单日期自动生成；附单据数录入“2”。

（3）在第 1 行摘要处录入“结转产品成本”。

（4）第 1 行输入借方科目名称“主营业务成本”，输入项目“K01”销售数量“25 740”，单价“7.94”，自动生成借方金额“204 375.60”；按回车键。

“主营业务成本”科目辅助项录入界面，如图 2-28-1 所示。

图 2-28-1 “主营业务成本”科目辅助项录入界面

（5）第 2 行输入借方科目名称“应收退货成本”，输入项目“K01”销售数量“260”，单价“7.94”，自动生成借方金额“2 064.40”；回车。第 3 行输入借方科目名称“主营业务成本”，输入项目“S02”销售数量“1 980”，单价“46.86”，自动生成借方金额“92 782.80”；回车。第 4 行输入借方科目名称“应收退货成本”，输入项目“S02”销售数量“20”，单价“46.86”，自动生成借方金额“937.20”；按回车键。

（6）第 5 行输入贷方科目名称“库存商品”，输入项目“K01”数量“26 000”，单价“7.94”，自动生成借方金额“206 440.00”，将其移到贷方；回车。第 6 行输入贷方科目名称“库存商品”，输入项目“S02”，数量“2 000”，单价“46.86”，自动生成借方金额“93 720.00”，将其移到贷方。

（7）完成后单击保存。

11 月“0030”号记账凭证保存后界面，如图 2-28-2 所示。

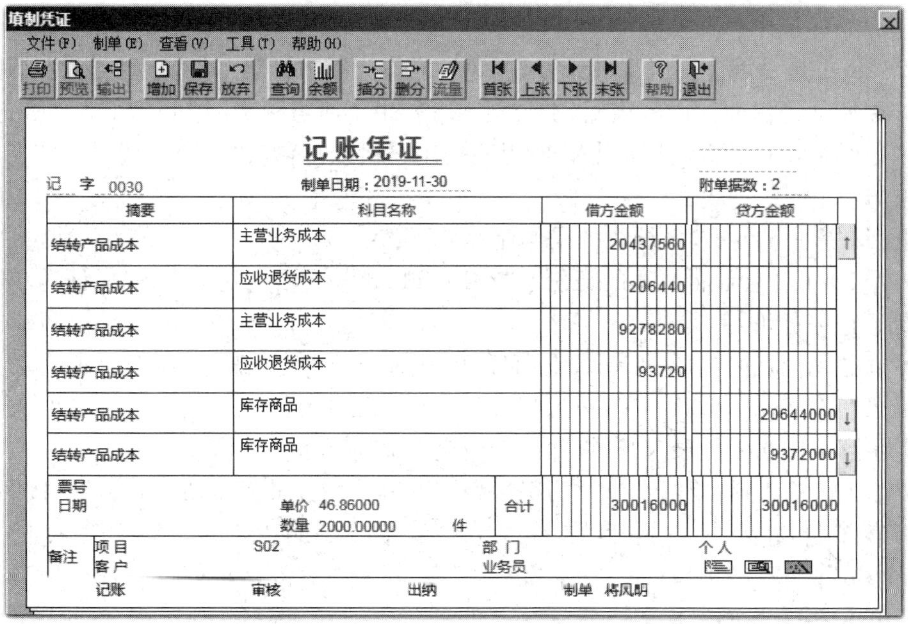

图 2-28-2 11 月“0030”号记账凭证保存后界面

【业务 29】 2019-11-30,取得原始凭证 1 张。

表 2-29-1 所得税计算表

2019 年 11 月 30 日

行次	项 目	本期金额
1	一、按照实际利润额预缴	
2	营业收入	841 500.00
3	营业成本	297 158.40
4	利润总额	452 214.00
5	加:特定业务计算的应纳税所得额	
6	减:不征税收入和税基减免应纳税所得额	
7	固定资产加速折旧(扣除)调减额	
8	弥补以前年度亏损	
9	实际利润额(4 行+5 行-6 行-7 行-8 行)	452 214.00
10	税率(25%)	25%
11	应纳所得税额	113 053.50

制表:将风明　　　　审核:周琳

上述原始凭证中:

表 2-29-1 是月度应交所得税计算表,此表应作为期末计算本期应交所得税费用的记账依据。该原始凭证注明的内容表明,本公司本月发生了所得税费用 113 053.50 元,进行会计核算时,“应纳所得税额”应分别记入“所得税费用”科目的借方、“应交税费——应交所得税”科目的贷方。

因此,该笔业务在 T3 系统中的操作流程如下:

(1) 以 302102 会计将风明的身份于“2019-11-30”登录。“总账”→“凭证”,单击“填制凭证”,打开记账凭证编制界面。

(2) 单击“增加”按钮,增加一张空白凭证,凭证类型、凭证编号、制单日期自动生成;附单据数录入“1”。

(3) 在第 1 行摘要处录入“计算并结转应交企业所得税”。

(4) 第 1 行输入借方科目名称“所得税费用”,输入借方金额“113 053.50”。按回车键。

(5) 第 2 行输入贷方科目名称“应交税费——应交所得税”,输入贷方金额“113 053.50”。

(6) 单击“保存”按钮。

11 月“0031”号记账凭证填制完成后界面,如图 2-29-1 所示。

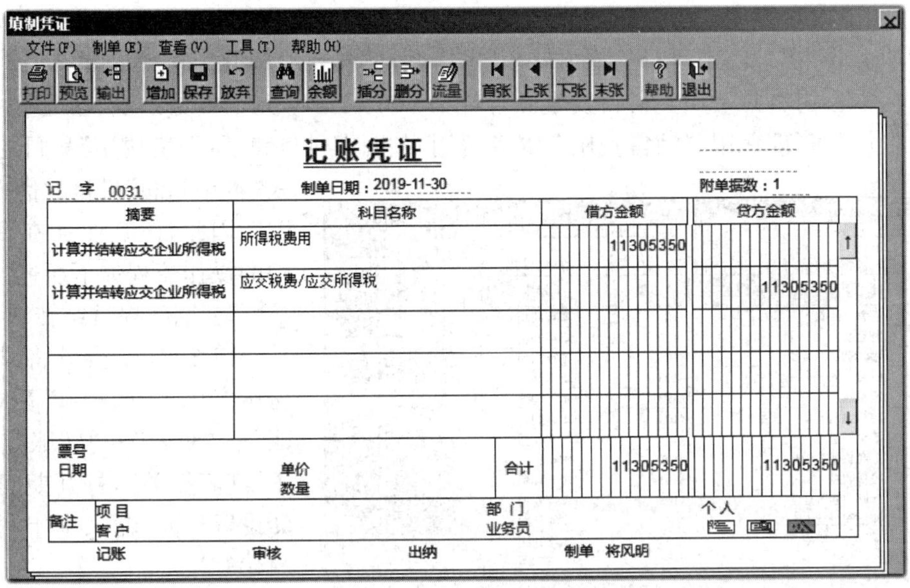

图 2-29-1　11 月“0031”号记账凭证填制完成后界面

【业务 30】 2019-11-30，取得原始凭证 1 张。

表 2-30-1　损益类科目发生额表

2019 年 11 月 30 日

账户名称	借方发生额	贷方发生额
主营业务收入		841 500.00
其他业务收入		
营业外收入		
投资收益		
公允价值变动损益		
主营业务成本	297 158.40	
其他业务成本		
税金及附加	60.00	
管理费用	59 723.20	
销售费用	31 826.32	
财务费用	518.08	
营业外支出		
资产减值损失		
所得税费用	113 053.50	
合计	502 339.50	841 500.00

制表：将风明　　　　审核：周琳

上述原始凭证中：

表 2-30-1 是损益类科目发生额表，此表应作为期末结转损益类科目的记账依据。该原

始凭证注明的内容表明，本公司本月收入类科目发生额合计为 850 000 元。期末结转时，应从“主营业务收入”各明细科目的借方转入“本年利润”科目的贷方。

同时，本公司本月费用类科目发生额合计为 506 715.70 元。应分别从“主营业务成本”“税金及附加”“管理费用”“销售费用”“财务费用”各明细科目和“所得税费用”科目的贷方转入“本年利润”科目的借方。

因此，该笔业务在 T3 系统中的操作流程如下所述。

1）期间损益结转定义

以 302102 会计将风明的身份于“2019－11－30”登录。“总账”→“期末”→“转账定义”，单击“期间损益”，打开期间损益结转设置界面，输入本年利润科目“4103”。

期间损益结转科目设置界面，如图 2-30-1 所示。

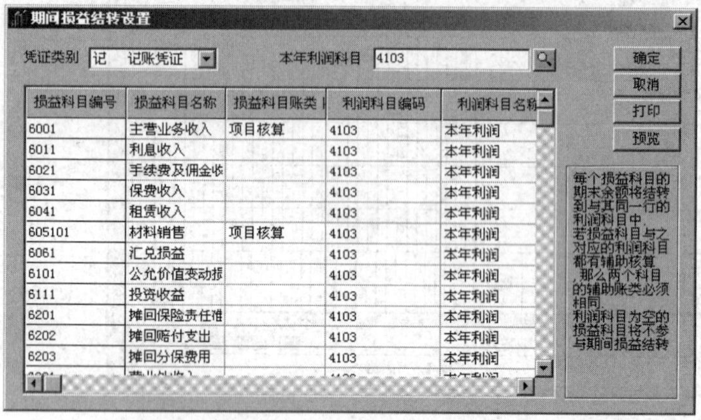

图 2-30-1　期间损益结转科目设置界面

3）收入科目结转凭证的生成

选择“总账”→“期末”→“转账生成”。选中“期间损益结转”单选框，结转月份自动为“2019.11”，类型选择“收入”，“包含未记账凭证”复选框打“√”，单击“全选”按钮，然后单击“确定”按钮，生成凭证后，单击“保存”按钮，单击“退出”。输入附单据数：“1”必须在“总账”——“填制凭证”中修改该生成的凭证。

11 月期间损益收入结转后凭证界面，如图 2-30-2 所示。

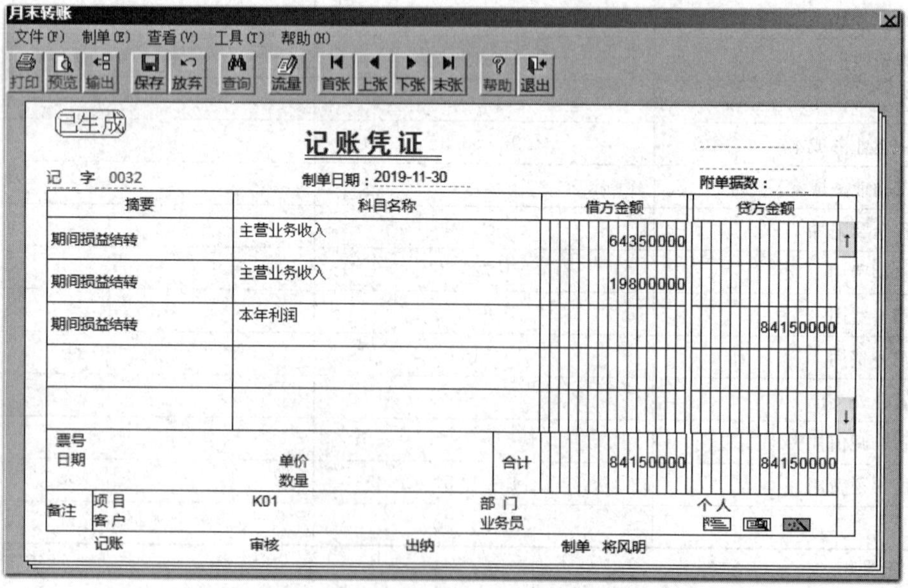

图 2-30-2　11 月期间损益收入结转后凭证界面

4）结转费用科目凭证的生成

进入“转账生成”界面，其他条件与 2)保持一致的情况下，类型选择“支出”，单击“确定”按钮，生成凭证，直接保存。

11 月期间损益支出结转后凭证界面，如图 2-30-3 所示。

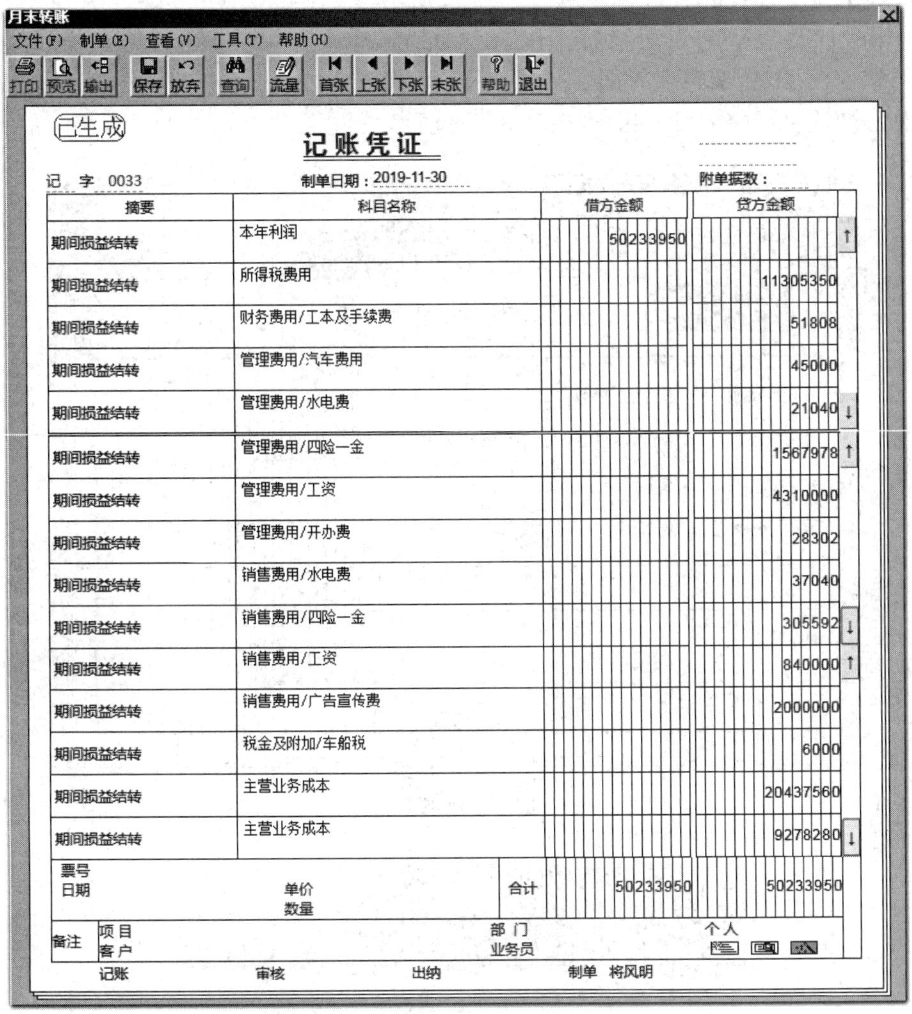

摘要	科目名称	借方金额	贷方金额
期间损益结转	本年利润	50233950	
期间损益结转	所得税费用		11305350
期间损益结转	财务费用/工本及手续费		51808
期间损益结转	管理费用/汽车费用		45000
期间损益结转	管理费用/水电费		21040
期间损益结转	管理费用/四险一金		1567978
期间损益结转	管理费用/工资		4310000
期间损益结转	管理费用/开办费		28302
期间损益结转	销售费用/水电费		37040
期间损益结转	销售费用/四险一金		305592
期间损益结转	销售费用/工资		840000
期间损益结转	销售费用/广告宣传费		2000000
期间损益结转	税金及附加/车船税		6000
期间损益结转	主营业务成本		20437560
期间损益结转	主营业务成本		9278280
票号 日期	单价 数量	合计 50233950	50233950

图 2-30-3　11 月期间损益支出结转后凭证界面

需要说明的是：

将损益类科目转入“本年利润”科目有两种方式，一种是损益结转设置完成后按“全部”损益科目，生成一张凭证；另一种是损益结转设置完成后分别按“收入”和“支出”分别结转。本案例是采用分别结转的方式进行处理，附件一般放在生成的结转收入凭证上，后面的凭证附件则为 0。

【业务 31】 记账凭证的期末处理

1. 出纳签字

(1) 以 302103 陈雨涵身份于 2019-11-30 登录 T3。“总账”→“凭证”，单击“出纳签字”，打开“出纳签字”对话框，点击“确定”→“确定”按钮，进入“出纳签字”编辑界面。

打开出纳签字路径，如图 2-31-1 所示。

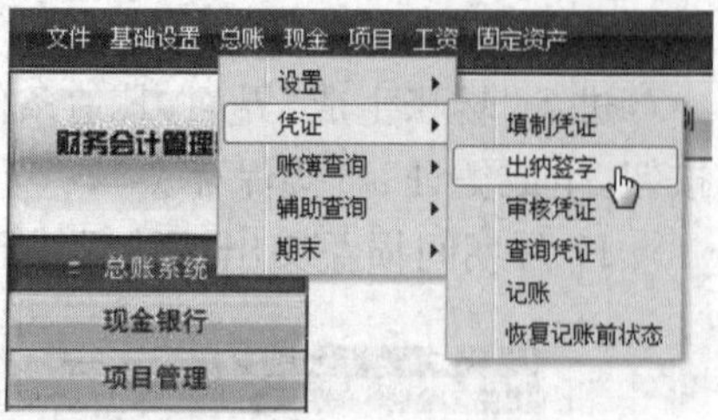

图 2-31-1　打开出纳签字路径

(2) 选择“出纳”，单击“成批出纳签字”命令。

成批出纳签字命令路径界面，如图 2-31-2 所示。

(3) 出现成批签字结果表，单击“确认”；后连续单击“退出”命令，退出出纳签字界面。

成批出纳签字结果界面，如图 2-31-3 所示。

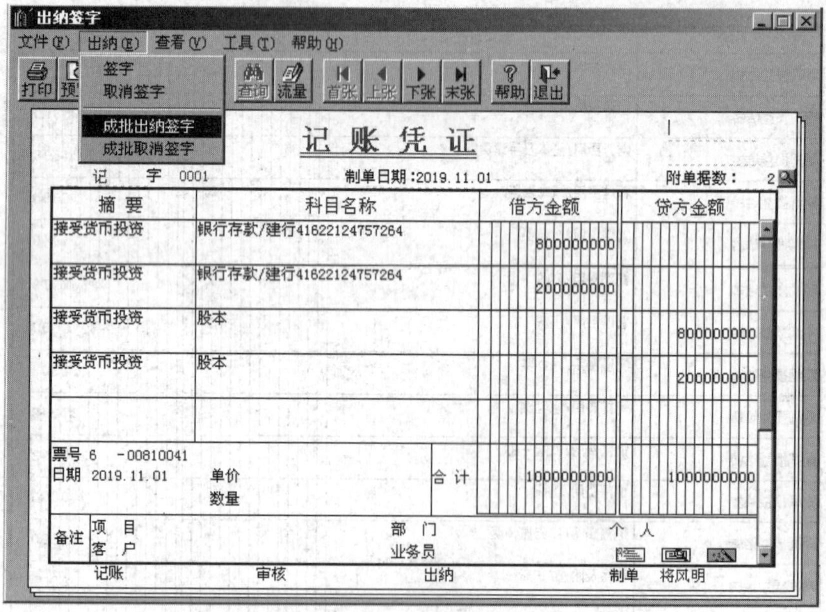

图 2-31-2　成批出纳签字命令路径界面

图 2-31-3　成批出纳签字结果界面

2. 凭证审核

(1) 以 302101 周琳宏身份于“2019-11-30”登录 T3。“总账”→“凭证”，单击“审核凭证”，打开“凭证审核”对话框，点击“确定”按钮，进入审核凭证界面。

(2) 选中“审核”中的“成批审核凭证”命令，出现提示，则完成记账凭证审核工作。

成批审核凭证后结果界面，如图 2-31-4 所示。

图 2-31-4　成批审核凭证后结果界面

3. 凭证记账

以 302101 周琳宏身份于“2019-11-30”登录。“总账”→“凭证”，单击“记账”，打开“记账”对话框，单击“全选”按钮，然后选择“下一步”，出现“记账报告”；选择“下一步”，点击“记账”按钮，出现期初试算平衡表，显示“试算结果平衡”；选择“确认”按钮，完成凭证记账工作。

4. 结账

(1) 以 302101 周琳宏身份于“2019-11-30”登录。在“固定资产”→“业务处理”中选择“计提本月折旧”命令，由系统进行计提本月折旧处理，处理完成后在“固定资产”→“业务处理”中选择“月末结账”命令，单击“开始结账”按钮，由系统完成固定资产结账的操作；须要说明的是，固定资产结账成功的关键需满足两个条件，一是固定资产系统已计提本月折旧并完成了全部凭证的生成操作；二是总账系统已记账，与固定资产进行对账的两个科目核对正确(系统显示“平衡”字样)。

(2) 进行工资系统的结账工作。在“工资”→“业务处理”中选择“月末处理”，按系统提示完成工资月末处理的工作(提示：没有生成凭证的工资分摊公式需要删除，如四险一金分别生成的分摊设置需要删除；出现清零选项时直接单击“确定”，不要勾选任何一项)。

(3) 总账期末结账。在“总账”→“期末”中选择“结账”，按系统提示进行操作，由系统自动完成结账工作，一般经过“开始结账”“核对账簿”“月度工作报告”和“完成结账”四个阶段。若期末结账不成功，则通过“月度工作报告”可找出原因。

【业务 32】 编制资产负债表

以系统内已有的报表模板，结合最新的报表样式，完成报表的编辑和计算工作。具体操作如下：

(1) 以 302101 周琳宏身份于“2019-11-30”登录 T3 软件。单击左侧“财务报表”，打开财务报表窗口，选择“文件”中的“新建”命令，进入“新建”界面。选择“一般企业(2007 新会计准则)”右侧的“2019 资产负债表”。

新建企业报表模板选择界面，如图 2-32-1。

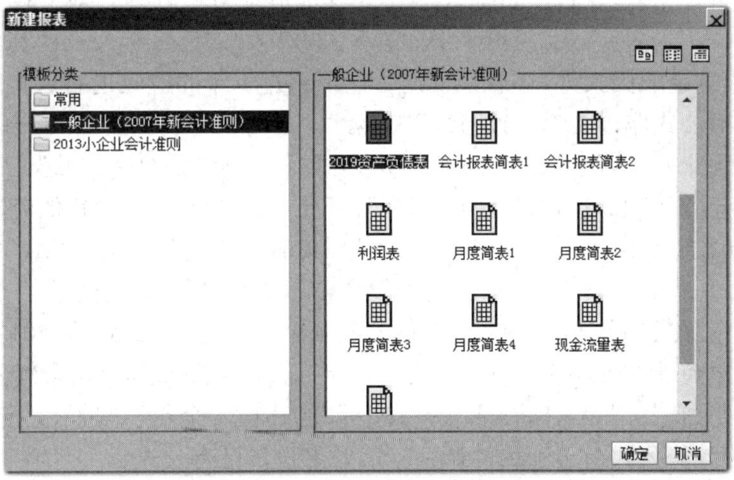

图 2-32-1　新建企业报表模板选择界面

(2) 双击“模板”中的“2019 资产负债表”，打开资产负债表模板，在“格式”状态下可以修改报表模板，主要修改公式单元，修改完成后，单击“文件”中“另存为”按钮，在指定路径下保存为“南京成功资产负债表 201911.rep”。

(3) 需要修改的项目公式是“未分配利润”，未分配利润项目期末余额公式的修改结果，完整公式为“QM("4103","月","贷",,"年",,,,"否")＋QM("4104","月","贷",,"年",,,,"否")”。

期末未分配利润项目公式定义界面，如图 2-32-2 所示。

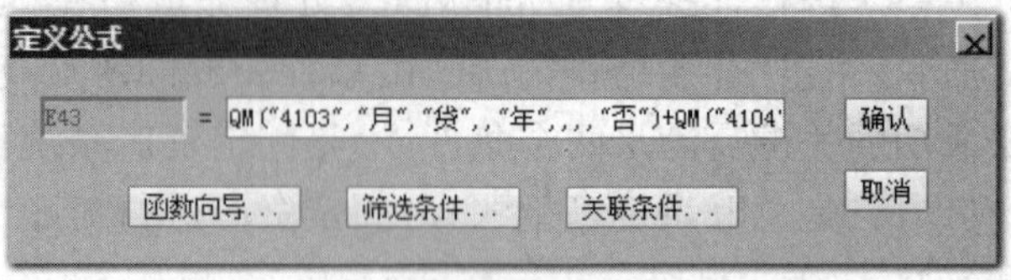

图 2-32-2　期末未分配利润项目公式定义界面

(4) 未分配利润项目年初余额公式的修改结果，完整公式为“QC("4103","全年","贷",,"年",,,,"否")＋QC("4104","全年","贷",,"年",,,,"否")”。

年初未分配利润项目公式定义界面，如图 2-32-3 所示。

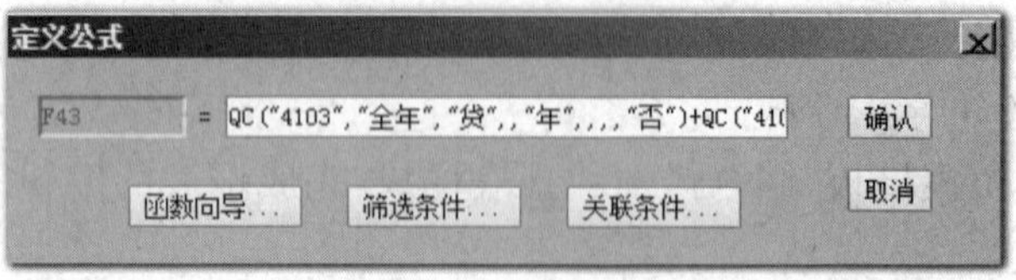

图 2-32-3　年初未分配利润项目公式定义界面

(5)“合同负债”项目期末余额公式应为“QM("2204",月,,,年,,)”；其年初余额公式应为“QC("2204","全年","贷",,"年",,,,"否")”。由于本月应交增值税二级科目贷方余额是负数，即留待下期扣抵，在资产负债表应作为其他流动资产处理，“应交税费”项目期末余额公式应改为“QM("2221",月,,,年,,)－QM("222101",月,,,年,,)”；“其他流动资产”项目除应交税费借方余额因素外，还有预计退货期不超过 1 年的应收退货成本科目期末余额，因此，其期末余额公式应改为“QM("1902","月","借",,"年",,,,"否")－QM("222101","月","贷",,"年",,,,"否")”；其年初余额公式应改为“QC("1902","全年","借",,"年",,,,"否")－QC("222101","全年","贷",,"年",,,,"否")”。“其他流动负债”项目应列示预计退货期在 1 年以内的应付退货款，因此，其期末余额公式为“QM("280101","月","贷",,"年",,,,"否")”；其年初余额公式为“QC("280101","全年","贷",,"年",,,,"否")”。与之对应的“预计负债”项目，其期末余额公式应改为“QM("2801","月","贷",,"年",,,,"否")－QM("280101","月","贷",,"年",,,,"否")”；其年初余额公式应改为“QC("2801","全年","贷",,"年",,,,"否")－QC("280101","全年","贷",,"年",,,,"否")”。所有表内合计等计算公式由于项目的调整均需要审核其已有公式。

需要说明的是：由于本年利润科目的数额到了年终结转时一次性全部转入“利润分配——未分配利润”科目中，因而从每年的 1～11 月份，该科目存在期末余额，从性质上归入利润分配项目；从资产负债表期初金额虽然定义上是“年初余额”，但如果账套是从中期开始的话，期初“本年利润”也是有余额的，那么无论是期初还是期末，未分配利润项目必须要进行单元格公式的修改，一般包括“本年利润”和“利润分配”两个科目的余额，且在公式里按科目代码从小到大排序。

（6）生成“资产负债表”数据。单击资产负债表左下“格式”，变换成“数据”状态，在“数据”菜单下选择“关键字”中的“录入”。

资产负债表录入关键字命令路径界面，如图 2-32-4 所示。

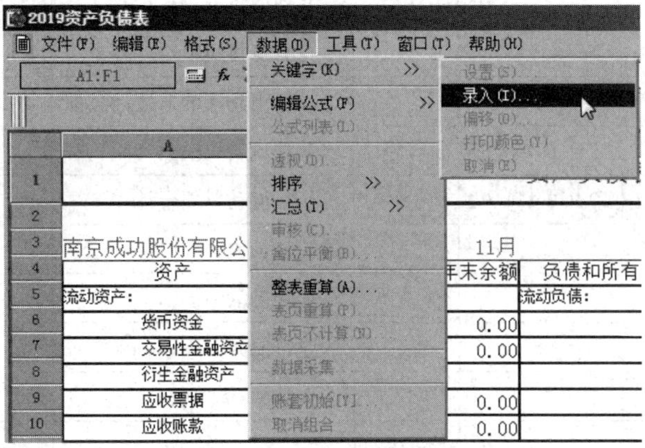

图 2-32-4　资产负债表录入关键字命令路径界面

（7）录入相应关键字，单击“确认”按钮，重算报表。

资产负债表录入关键字界面，如图 2-32-5 所示。

（8）单击“文件”中的“保存”，其保存的文件名为“南京成功资产负债表 201911”。后缀在保存后自动出现。

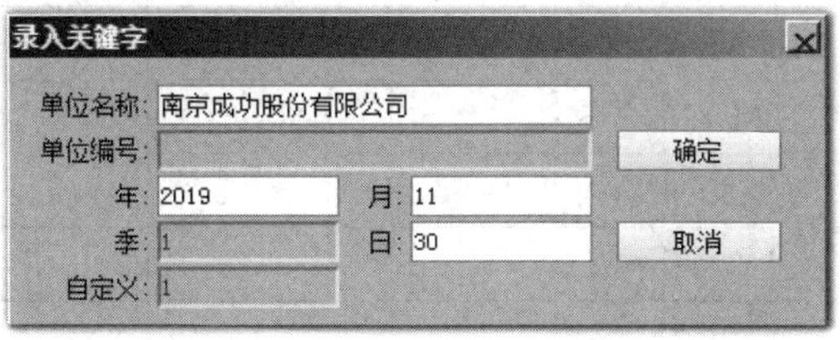

图 2-32-5　资产负债表录入关键字界面

资产负债表，如表 2-32-1 所示。

表 2-32-1　资产负债表

会企 01 表

单位名称：南京成功股份有限公司　　　　2019 年 11 月 30 日　　　　单位：元

资　产	期末余额	年初余额	负债及所有者权益（或股东权益）	期末余额	年初余额
流动资产：			流动负债：		
货币资金	10 505 499.68		短期借款		
交易性金融资产			交易性金融负债		
衍生金融资产			衍生金融负债		
应收票据			应付票据	298 320.00	
应收账款			应付账款	388 720.00	

（续表）

资　产	期末余额	年初余额	负债及所有者权益（或股东权益）	期末余额	年初余额
应收款项融资			预收款项		
预付款项	315 367.60		合同负债	210 000.00	
其他应收款	3 000.00		应付职工薪酬	129 561.00	
存货	117 181.17		应交税费	113 053.50	
合同资产			其他应付款		
持有待售资产			持有待售负债		
一年内到期的非流动资产			一年内到期的非流动负债		
其他流动资产	8 062.55		其他流动负债		
流动资产合计	10 949 111.00		流动负债合计	1 141 029.10	
非流动资产：			非流动负债：		
债权投资			长期借款		
其他债权投资			应付债券		
长期应收款			其中：优先股		
长期股权投资			永续债		
其他权益工具投资			租赁负债		
其他非流动金融资产			长期应付款		
投资性房地产			预计负债		
固定资产	538 204.00		递延收益		
在建工程			递延所得税负债		
生产性生物资产			其他非流动负债		
油气资产			非流动负债合计		
使用权资产			负债合计	1 141 029.10	
无形资产			所有者权益（或股东权益）：		
开发支出			实收资本（或股本）	10 000 000.00	
商誉			其他权益工具		
长期待摊费用			其中：优先股		
递延所得税资产			永续债		
其他非流动资产			资本公积		
非流动资产合计	538 204.00		减：库存股		
			其他综合收益		
			专项储备		
			盈余公积		
			未分配利润	339 160.50	

（续表）

资　产	期末余额	年初余额	负债及所有者权益（或股东权益）	期末余额	年初余额
			所有者权益（或股东权益）合计	10 339 160.50	
资产总计	11 487 315.00		负债和所有者权益（或股东权益）总计	11 487 315.00	

公司法定代表人：李胜利　　　　主管会计工作负责人：李胜利　　　　会计机构负责人：周琳

【业务 33】 编制利润表

（1）以 302101 周琳身份于“2019-11-30”登录。单击左侧“财务报表”，打开财务报表窗口，选择“文件”中的“新建”命令，进入“新建”界面。选择“一般企业（2007 新会计准则）”，双击“模板”中的“2019 利润表”，打开利润表模板，在云平台下一般不需要改公式。

（2）生成“利润表”数据，单击利润表左下“格式”，变换成“数据”状态，在“数据”菜单下选择“关键字”中的“录入”，录入相应关键字，单击“确认”按钮。重算报表。

利润表关键字录入信息界面，如图 2-33-1 所示。

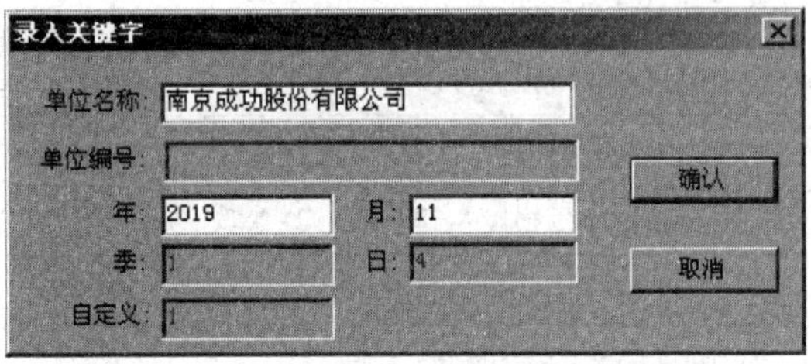

图 2-33-1　利润表关键字录入信息界面

（3）单击保存按钮，保存的文件名为“南京成功利润表 201911”。

利润表，如表 2-33-1 所示。

表 2-33-1　利润表

会企 02 表

单位名称：南京成功股份有限公司　　　　2019 年 11 月　　　　单位：元

项　　目	本期金额	上期金额
一、营业收入	841 500.00	
减：营业成本	297 158.40	
税金及附加	60.00	
销售费用	31 826.32	
管理费用	59 723.20	
研发费用		
财务费用	518.08	
其中：利息费用		
利息收入		
加：其他收益		
投资收益（损失以“－”填列）		
其中：对联营企业和合营企业的投资收益		

（续表）

项　目	本期金额	上期金额
以摊余成本计量的金融资产终止确认收益		
净敞口套期收益		
公允价值变动收益（损失以“－”填列）		
信用减值损失（损失以“－”填列）		
资产减值损失（损失以“－”填列）		
资产处置收益（损失以“－”填列）		
二、营业利润（亏损以“－”填列）	452 214.00	
加：营业外收入		
减：营业外支出		
三、利润总额（亏损总额以“－”填列）	452 214.00	
减：所得税费用	113 053.50	
四、净利润（净亏损以“－”填列）	339 160.50	
（一）持续经营净利润（损失以“－”填列）	339 160.50	
（二）终止经营净利润（损失以“－”填列）		
五、其他综合收益的税后净额		
（一）不能重分类进损益的其他综合收益		
1. 重新计量设定受益计划的其他综合收益		
2. 权益法下不能转损益的其他综合收益		
3. 其他权益工具投资公允价值变动		
4. 企业自身信用风险公允价值变动		
……		
（二）将重分类进损益的其他综合收益		
1. 权益法下可转损益的其他综合收益		
2. 其他债权投资公允价值变动		
3. 金融资产重分类计入其他综合收益的金额		
4. 其他债权投资信用差值准备		
5. 现金流量套期储备		
6. 外币财务报表折算差额		
……		
六、综合收益总额	339 160.50	
七、每股收益：		
（一）基本每股收益		
（二）稀释每股收益		

公司法定代表人：李胜利　　　主管会计工作负责人：李胜利　　　会计机构负责人：周琳

需要说明的是：

以上资产负债表和利润表是采用调用报表模板的方式加上最新报表样式作适当调整的方式处理的。另外，还有一种方式是通过自定义报表样式来完成报表的编辑和生成，这种方式体现报表管理最基本的操作，包括报表设计、设置关键字、报表公式编辑和报表数据处理四个部分，以下说明其操作流程。

1）报表设计操作流程

（1）设置报表尺寸。表尺寸主要用来设计报表的大小，如行数列数。在“财务报表”执行“新建”——“常用”中的“空报表”命令，打开“财务报表”编辑窗口，然后选择“格式”菜单中的“表尺寸”命令，打开“表尺寸”对话框，表尺寸对话框中已存在预置的数据，直接输入或单击“行数”/“列数”选择按钮，使表尺寸中的行数及列数和设计报表的行数、列数一致，单击“确认”按钮。

表尺寸设置界面，如图 2-33-2 所示。

图 2-33-2　表尺寸设置界面

（2）定义报表行高列宽。可通过“财务报表”编辑窗口，选择“格式”菜单中的“行高”或“列宽”命令，进行行高或列宽的调整。

（3）画表格线。在表格内选择需画表格线的区域，在“格式”菜单下，执行“区域画线”命令，弹出“区域画线”对话框，在“区域画线”对话框中可选择合适的类型及样式，单击“确认”按钮，完成此项操作。

区域画线设置界面，如图 2-33-3 所示。

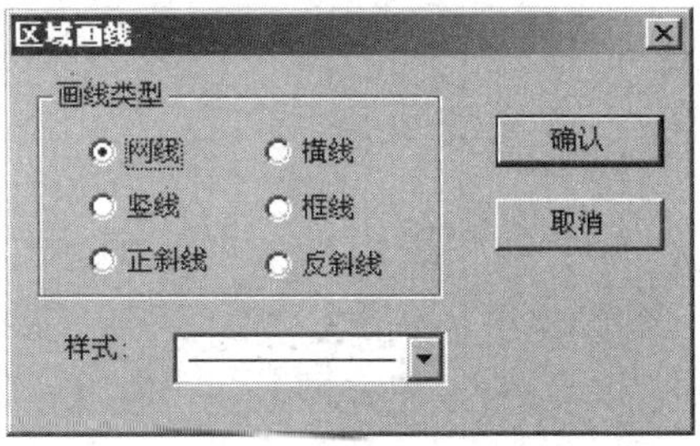

图 2-33-3　区域画线设置界面

（4）定义组合单元。选择需要组合的单元格区域，单击“格式”中的“组合单元”命令，在弹出的“组合单元”对话框中单击“整体组合”按钮。

（5）定义单元属性。选择一个区域，单击“格式”

菜单，选择“单元属性”命令，设置单元类型，选择“单元类型”为“数值”型或“字符”型，其他属性，如居中对齐等，根据需要选择，单击“确定”按钮。

(6) 输入项目内容。根据所设计报表在对应单元中直接输入项目内容。

2) 设置关键字

操作流程：选择一行单元格，单击“数据”菜单，选择“关键字”→“设置”命令。系统弹出“设置关键字”对话框，选择其中需要列示的关键字选项，如“单位名称”“年”“单位编号”等，单击“确定”按钮。

3) 报表公式编辑

报表公式编辑有两种方法：一是直接输入；二是利用函数向导输入。

(1) 直接输入法。选择一单元格，选择“数据”菜单中“编辑公式”，单击“单元公式”命令，在弹出的“定义公式”对话框中录入需要定义的公式，如“QC("1001",全年,,,年,,)+QC("1002",全年,,,年,,)+QC("1012",全年,,,年,,)”。

(2) 利用函数向导。在步骤1.“定义公式”对话框后，不直接输入公式，而是单击“函数向导”按钮，选择“函数分类”列表框中的“用友账务函数”选项和“函数名”列表框中“期初(QC)”选项，单击“下一步”按钮，在打开的“用友财务函数”对话框中单击“参照”按钮，在弹出的“账务函数”对话框中选择相应的科目和账套号后，单击“确定”按钮。

(3) 公式审核。在“账务报表”窗口单击“数据”菜单，选择“编辑公式”下“审核公式”命令，在弹出的“审核公式”对话框中“审核关系”列表框中输入报表的勾稽关系定义公式，单击“确定”按钮，便可以自动进行审核公式处理。

4) 报表数据处理

(1) 进入报表数据状态。有两种方法，一是菜单进入，单击“文件”菜单，选择“打开”命令，打开所需操作的报表。二是切换报表界面格式窗口为数据窗口方式，直接在“财务报表”窗口的左下方的红色“格式”字体上单击，转换为“数据”字样，进入了报表数据状态。

(2) 录入关键字。单击“数据”菜单，选择“关键字”下的“录入”命令，在弹出的“录入关键字”对话框设置的账表归属单位、年、月、日等信息后，单击“确定”，在确认提示信息“是否重算表页”对话框，单击“是”按钮，录入关键字成功。

第三部分　企业基本经济业务会计信息化处理（二）

在第一及第二部分的基础上，以南京成功股份有限公司持续经营的第二个月（12 月）发生的基本经济业务为例，对其会计信息化处理进行讲解。

【业务 1】 2019-12-01，取得原始凭证 1 张。

表 3-1-1

借 款 借 据

单位编号：05273410　　借款日期 2019 年 12 月 01 日　　合同编号：1912901

收款单位	名　称	南京成功股份有限公司	借款单位	名　称	南京成功股份有限公司
	结算户账号	41924996708646		贷款户账号	41924996454477
	开户银行	交通银行南京市建邺区支行		开户银行	交通银行南京市建邺区支行

借款金额	人民币陆拾万元整	亿	千	百	十	万	千	百	十	元	角	分
				¥	6	0	0	0	0	0	0	0

借款原因及用途	流动资金不足借款	批准借款利率	年息 6.60 %

借款期限			
期次	计划还款日期	√	计划还款金额
1	2020-03-01		600000.00元
2			
3			

备注：

你单位上列借款，已转入你单位结算户内。借款到期时由我行按期自你单位结算户转还。此致

借款单位

李胜利

（银行盖章）

南京成功股份有限公司

交通银行 南京市建邺区支行 2019-12-01 转讫 (01)

此联由银行退借款单位作入账通知

上述原始凭证中：

表 3-1-1 是借款借据的入账通知联，此联应作为借款单位借入款项的记账依据。该原始凭证注明，“收款单位”和“借款单位”都是本公司，“收款单位结算账号”为 41924996708646，“借款单位贷款账号”为 41924996454477，这表明本公司借入的款项已在账号为 41924996708646 的借款结算户进账。进行会计核算时，“借款金额”应记入“银行存款——交行 41924996708646”科目的借方；同时，该凭证又注明“借款日期”为 2019 年 12 月 1 日，“计划还款日期”为 2020 年 3 月 1 日，这表明本公司向交通银行借入了期限为 3 个月、年利率为 6.60％的短期借款。进行会计核算时，“借款金额”应记入“短期借款”（辅助项“流动资金借款”）科目的贷方。

该笔业务在 T3 系统中的操作流程如下所述。

1）借款项目设置

(1) 以 302102 会计将风明的身份于“2019-12-01”登录(会出现提示“登录年月与账套期间不符,你确定继续登录吗?”这个不影响登录,直接单击“确定”按钮,后续业务不再说明)。在“基础设置——财务——会计科目”中分别将“短期借款”“应付利息”“长期借款”科目的辅助核算设为“项目”核算。

(2) 在“基础设置——财务——项目目录”中增加普通大类“借款项目”,其他步骤根据提示默认处理(若类别需要分级的,在第 2 步有类别级次,根据需要进行设置)。

项目大类增加页面,如图 3-1-1 所示。

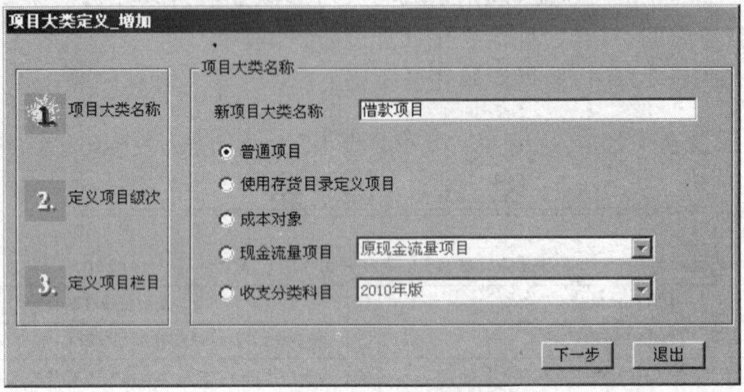

图 3-1-1　项目大类增加页面

(3) 项目大类选择“借款项目”,在核算科目选项下将 3 个科目移至已选科目栏中,并保存。

借款项目确定核算科目页面,如图 3-1-2 所示。

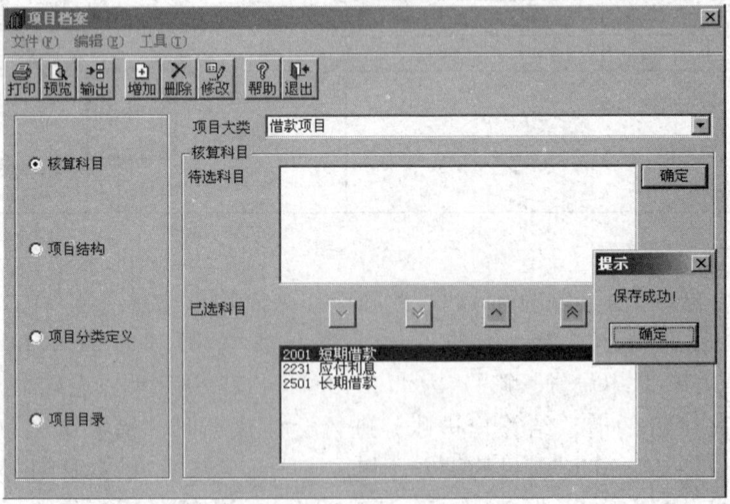

图 3-1-2　借款项目确定核算科目页面

(4) 选择“项目分类定义”,分别增加“1 短期借款”“2 长期借款”两个小类,注意每录入一项,单击确定,不能直接单击“增加”(默认不保存)。

借款项目下项目分类定义页面，如图 3-1-3 所示。

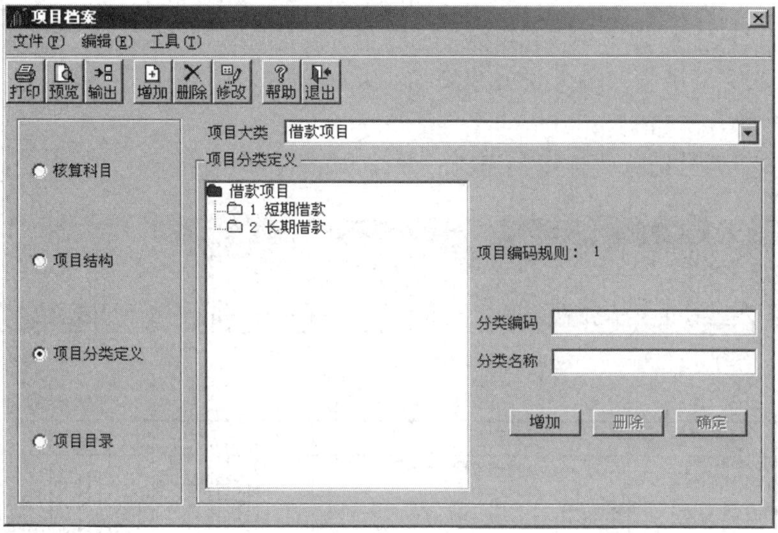

图 3-1-3　借款项目下项目分类定义页面

(5) 选中“项目目录”，单击“维护”按钮，在“项目目录维护”对话框中，录入本题的借款项目。单击“增加”按钮。

项目目录维护页面，如图 3-1-4 所示。

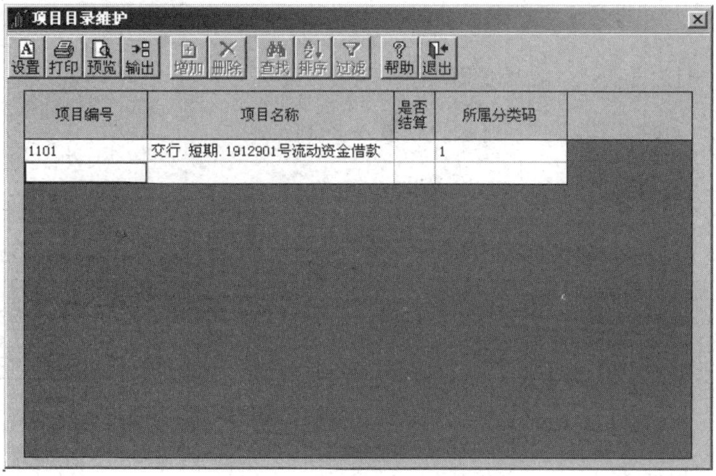

图 3-1-4　项目目录维护页面

2）填制凭证流程

(1) 以 302102 会计将风明的身份于“2019-12-01”登录。“总账”→“凭证”，单击“填制凭证”，打开记账凭证编制界面。

(2) 单击“增加”按钮，增加一张空白凭证，凭证类型、凭证编号及制单日期自动生成；附单据数录入“1”。

(3) 第 1 行摘要处录入“借入 3 个月借款”。

（4）第 1 行输入借方科目名称“银行存款——交行 41924996708646”，选择结算方式“其他”，无票据号，借方金额“600 000.00”。单击“回车”键。

（5）第 2 行输入贷方科目名称“短期借款”，选择辅助项目“交行——短期——1912901 号流动资金借款”，输入贷方金额“600 000.00”。

（6）单击“保存”按钮。

12 月份“0001”号记账凭证填制完成后界面，如图 3-1-5 所示。

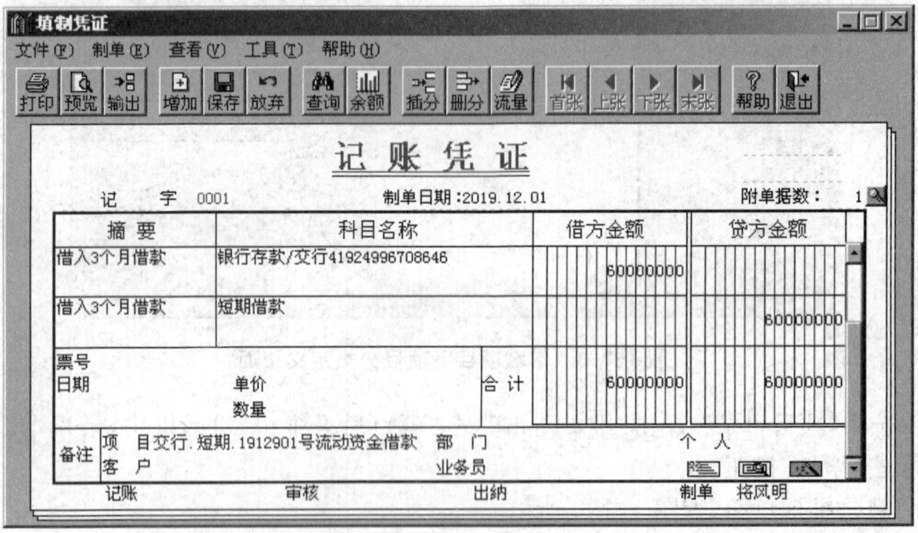

图 3-1-5　12 月份“0001”号记账凭证填制完成后界面

【业务 2】　2019-12-02，取得原始凭证 5 张。

表 3-2-1

3204161140　　江苏增值税专用发票　　№ 01941296　　3204161140　01941296

抵扣联

开票日期：2019年12月02日

购买方	名　　称：南京成功股份有限公司 纳税人识别号：913201436012042987 地 址、电 话：江苏省南京市国家高新区创业路1238号　025—80982852 开户行及账号：中国建设银行南京市建邺区支行　41622124757264			密码区	26*3187<4/+2810<+95-59+7<713 7939<0-->>-6>525<890266->7*7 87*3187<4/+8490<+64505196440 4+<712/<1+9016>1262++>84>190		
货物或应税劳务、服务名称	规格型号	单位	数量	单价	金额	税率	税额
RP		千克	16000	12.00	192000.00	13%	24960.00
合　　计					¥192000.00		¥24960.00
价税合计（大写）	⊗贰拾壹万陆仟玖佰陆拾元整					（小写）¥216960.00	
销售方	名　　称：常州佳诚股份有限公司 纳税人识别号：913204024471791058 地 址、电 话：江苏省常州市天宁区孙浩街王宁路44号　0519-53513543 开户行及账号：中国建设银行常州市天宁区支行　41622124674267			备注	常州佳诚股份有限公司 913204024471791058 发票专用章		

收款人：　　复核：　　开票人：赵新莉　　销售方：（章）

第二联：抵扣联　购买方扣税凭证

税总函〔XXXX〕XXX号　XXXXXXXX公司

表 3-2-2

3204161140 江苏增值税专用发票 № 01941296 3204161140 01941296

发票联

开票日期：2019年12月02日

购买方	名称：南京成功股份有限公司 纳税人识别号：913201436012042987 地址、电话：江苏省南京市国家高新区创业路1238号 025—80982852 开户行及账号：中国建设银行南京市建邺区支行 41622124757264	密码区	26*3187<4/+2810<+95-59+7<713 7939<0-->>-6>525<890266->7*7 87*3187<4/+8490<+64505196440 4+<712/<1+9016>1262++>84>190

货物或应税劳务、服务名称	规格型号	单位	数量	单价	金额	税率	税额
RP		千克	16000	12.00	192000.00	13%	24960.00
合计					¥192000.00		¥24960.00
价税合计（大写）	⊗贰拾壹万陆仟玖佰陆拾元整				（小写）¥216960.00		

销售方	名称：常州佳诚股份有限公司 纳税人识别号：91320402447179105８ 地址、电话：江苏省常州市天宁区孙浩街王宁路44号 0519-53513543 开户行及账号：中国建设银行常州市天宁区支行 41622124674267	备注	

收款人： 复核： 开票人：赵新莉 销售方：（章）

税总函【XXXX】XXX号 XXXXXXX公司

第三联：发票联 购买方记账凭证

（印章：常州佳诚股份有限公司 913204024471791058 发票专用章）

表 3-2-3

收 料 单

供应单位：常州佳诚股份有限公司 2019 年 12 月 02 日 编号 SL066

材料编号	名称	单位	规格	数量		实际成本			
				应收	实收	单价	发票价格	运杂费	总价
	RP	千克		16000	16000				
备注：									

收料人：张福平 交料人：苏卫红

第二联 记账联

表 3-2-4

3201161140 江苏增值税专用发票 № 08263880 3201161140 08263880

抵扣联

开票日期：2019年12月02日

购买方	名称：南京成功股份有限公司 纳税人识别号：913201436012042987 地址、电话：江苏省南京市国家高新区创业路1238号 025—80982852 开户行及账号：中国建设银行南京市建邺区支行 41622124757264	密码区	11*3187<4/+1720<+95-59+7<918 2990<0-->>-6>525<928631->7*7 87*3187<4/+8490<+30997475073 4+<712/<1+9016>1198++>84>159

货物或应税劳务、服务名称	规格型号	单位	数量	单价	金额	税率	税额
运费		次	1	4000.00	4000.00	9%	360.00
	供应商垫付						
合计					¥4000.00		¥360.00
价税合计（大写）	⊗肆仟叁佰陆拾元整				（小写）¥4360.00		

销售方	名称：跑得快物流有限公司 纳税人识别号：913201027535494613 地址、电话：江苏省南京市玄武区吴洪街鲁俊路93号 025-72637005 开户行及账号：中国建设银行南京市玄武区支行 41622124394708	备注	起运地：常州市 到达地：南京市 车种车号： 货物名称：RP

收款人： 复核： 开票人：陆军恒 销售方：（章）

税总函【XXXX】XXX号 XXXXXXX公司

第二联：抵扣联 购买方扣税凭证

（印章：跑得快物流有限公司 913201027535494613 发票专用章）

表 3-2-5

3201161140　　江苏增值税专用发票　　№ 08263880　　3201161140 08263880

开票日期：2019年12月02日

购买方	名　　称：南京成功股份有限公司 纳税人识别号：913201436012042987 地　址、电　话：江苏省南京市国家高新区创业路1238号 025－80982852 开户行及账号：中国建设银行南京市建邺区支行 41622124757264	密码区	11*3187<4/+1720<+95-59+7<918 2990<0-->>-6>525<928631->7*7 87*3187<4/+8490<+30997475073 4+<712/<1+9016>1198++>84>159

货物或应税劳务、服务名称	规格型号	单位	数量	单价	金额	税率	税额
运费		次	1	4000.00	4000.00	9%	360.00
供应商垫付							
合　　计					¥4000.00		¥360.00
价税合计（大写）	⊗肆仟叁佰陆拾元整				（小写）¥4360.00		

销售方	名　　称：跑得快物流有限公司 纳税人识别号：913201027535494613 地　址、电　话：江苏省南京市玄武区吴洪街鲁俊路93号 025-72637005 开户行及账号：中国建设银行南京市玄武区支行 41622124394708	备注	起运地：常州市 到达地：南京市 车种车号： 货物名称：RP

收款人：　　复核：　　开票人：陆军恒　　销售方：（章）

第三联：发票联　购买方记账凭证

上述原始凭证中：

表 3-2-1 是江苏增值税专用发票的第二联抵扣联，此联应作为购买方抵扣进项税额的依据。该抵扣联不能作为记账凭证的附件，专门用于在规定期限内到税务机关办理认证或在平台办理勾选确认，并在认证通过或勾选确认的次月申报期内，向主管税务机关申报抵扣进项税额。

表 3-2-2 是江苏增值税专用发票的第三联发票联，此联应作为购买方的记账依据。该原始凭证注明，“购买方”是本公司，“销售方”是常州佳诚股份有限公司，“货物或应税劳务、服务名称”是 RP，这表明本公司向常州佳诚股份有限公司购买了原材料 RP。

表 3-2-3 是收料单的第二联记账联，此联应作为收到材料的记账依据。该原始凭证注明，“供应单位”是常州佳诚股份有限公司，“名称”分别为 RP，“数量”为 16 000 千克，这表明本公司向常州佳诚股份有限公司购买的原材料 RP 已经全部验收入库。

根据表 3-2-2 和表 3-2-3，进行会计核算时，“金额”应分别记入“原材料”科目核算项目“RP”的借方，“税额”应记入“应交税费——应交增值税——进项税额”科目的借方。

表 3-2-4 是江苏增值税专用发票的第二联抵扣联，此联应作为购买方抵扣进项税额的依据。该抵扣联不能作为记账凭证的附件，专门用于在规定期限内到税务机关办理认证或在平台办理勾选确认，并在认证通过或勾选确认的次月申报期内，向主管税务机关申报抵扣进项税额。

表 3-2-5 是江苏增值税专用发票的第三联发票联，此联应作为购买方的记账依据。该原始凭证注明，“购买方”是本公司，“销售方”是跑得快物流有限公司，“货物或应税劳务、服务名称”是运费，这表明本公司在采购原材料 RP 过程中发生了运费。进行会计核算时，“金额”应分配记入“原材料”核算项目“RP”的借方，“税额”应记入“应交税费——应交增值税——进项税额”科目的借方。

此外，本业务中没有支付款项的原始凭证，而“预付账款——常州佳诚股份有限公司”科目 2019 年 11 月 30 日的借方余额 200 000 元，表明本公司已于 11 月份预付了货款。因此，进行会计核算时，表 3-2-2 和表 3-2-5“金额”合计应记入“预付账款——供应商”中“常州佳诚股份有限公司”辅助核算的贷方。

该笔业务在 T3 系统中的操作流程如下：

（1）以 302102 会计将风明的身份于“2019-12-02”登录。“总账”→“凭证”，单击“填制凭证”，打开记账凭证编制界面。

（2）单击“增加”按钮，增加一张空白凭证，凭证类型、凭证编号及制单日期自动生成；附单据数录入“3”。

（3）第 1 行摘要处录入“购料，款预付，料入库”。

（4）第 1 行输入借方科目名称“原材料”，在辅助信息对话框输入 RP 数据，录入数量“16 000.00”，单击“确认”；借方录入金额“196 000.00”，单价由系统自动生成。按回车键。

“原材料”科目辅助核算项信息录入界面，如图 3-2-1 所示。

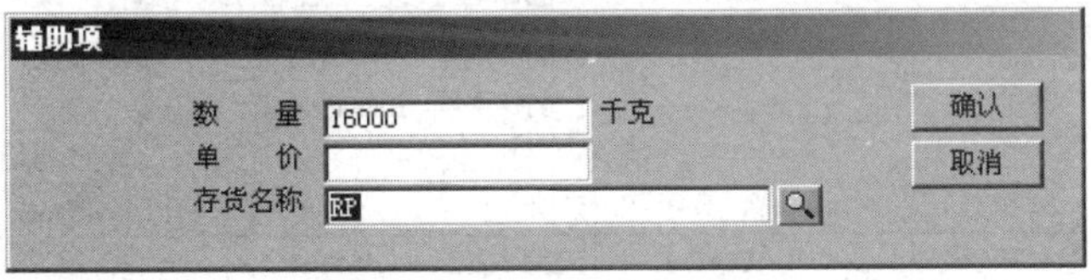

图 3-2-1　“原材料”科目辅助核算项信息录入界面

（5）第 2 行输入借方科目名称“应交税费——应交增值税——进项税额”，输入借方金额“25 320.00”。按回车键。

（6）第 3 行输入贷方科目名称“预付账款——供应商”选择“常州佳诚”，输入贷方金额“221 320.00”。

（7）单击“保存”按钮。

12 月份“0002”号记账凭证填制完成后界面，如图 3-2-2 所示。

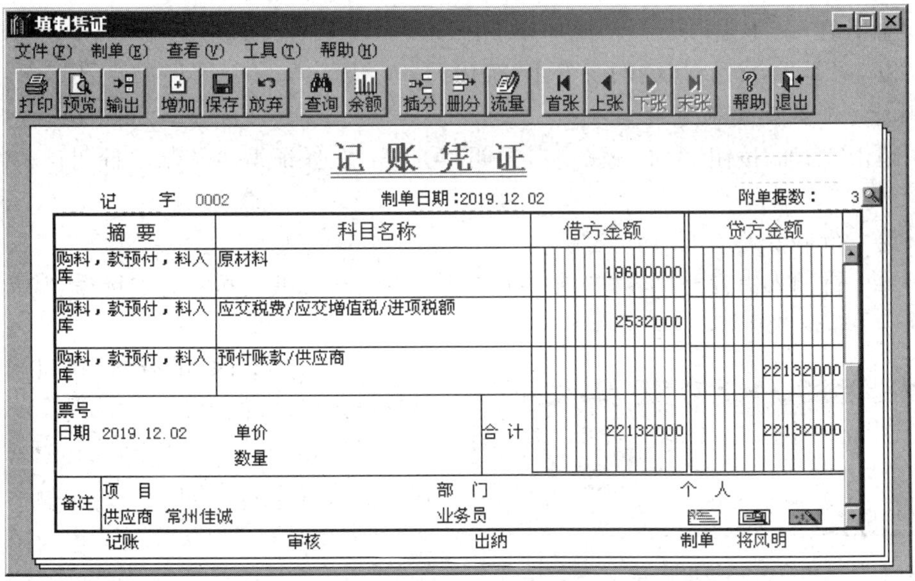

图 3-2-2　12 月份“0002”号记账凭证填制完成后界面

【业务 3】 2019-12-03，取得原始凭证 1 张。

表 3-3-1

中国建设银行客户专用回单

币别：人民币　　2019 年 12 月 03 日　　流水号 320120027J0500810093

付款人	全称	南京成功股份有限公司	收款人	全称	常州佳诚股份有限公司
	账号	41622124757264		账号	41622124674267
	开户行	中国建设银行南京市建邺区支行		开户行	中国建设银行常州市天宁区支行
金额		（大写）人民币 贰万壹仟叁佰贰拾元整		（小写）¥21320.00	
凭证种类		网银		凭证号码	
结算方式		网银		用途	货款
			打印柜员：320125584257 打印机构：中国建设银行南京市建邺区支行 回单 打印卡号：105240643676		

第二联借方（回单）

中国建设银行 专用章

打印时间：2019-12-03　　交易柜员：320125584268　　交易机构：320161135

上述原始凭证中：

表 3-3-1 是中国建设银行网银凭证的第二联客户回单，此联应作为汇款人支付款项的记账依据。该原始凭证注明，"汇款人"是本公司，"账号"为 41622124757264，这表明本公司已将款项从账号为 41622124757264 的基本户转出。进行会计核算时，"金额"应记入"银行存款——建行 41622124757264"科目的贷方。同时，原始凭证中还注明，"用途"是支付货款，结合 11 月 20 日[业务 18]和 12 月 2 日[业务 2]，表明本公司支付的是向常州佳诚股份有限公司购入原材料的余款。进行会计核算时，"金额"应记入"预付账款——供应商"科目中"常州佳诚股份有限公司"项目的借方。

该笔业务在 T3 系统中的操作流程如下：

(1) 以 302102 会计将风明的身份于"2019-12-03"登录。"总账"→"凭证"，单击"填制凭证"，打开记账凭证编制界面。

(2) 单击"增加"按钮，增加一张空白凭证，凭证类型、凭证编号及制单日期自动生成；附单据数录入"1"。

(3) 第 1 行摘要处录入"补付货款"。

(4) 第 1 行输入借方科目名称"预付账款——供应商"，供应商辅助项选择"常州佳诚"，输入借方金额"21 320.00"。按回车键。

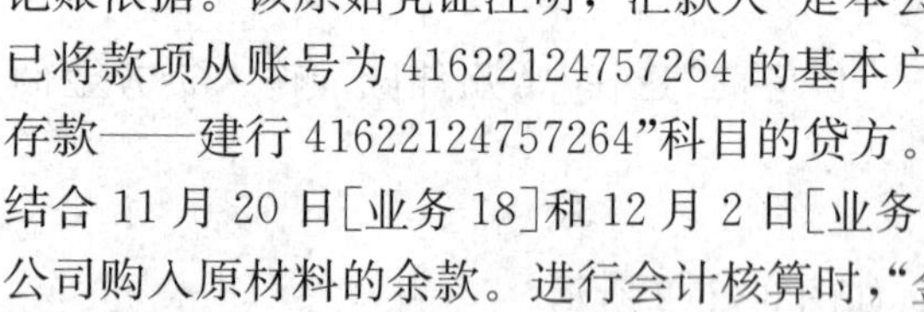

图 3-3-1 "预付账款——供应商"科目辅助核算信息录入界面

"预付账款——供应商"科目辅助核算信息录入界面，如图 3-3-1 所示。

(5) 第 2 行输入贷方科目名称"银行存款——建行 41622124757264"，输入结算方式"网银"及票号"00810093"，并录入贷方金额"21 320.00"。

(6) 单击"保存"按钮。

12 月份“0003”号记账凭证填制完成后界面，如图 3-3-2 所示。

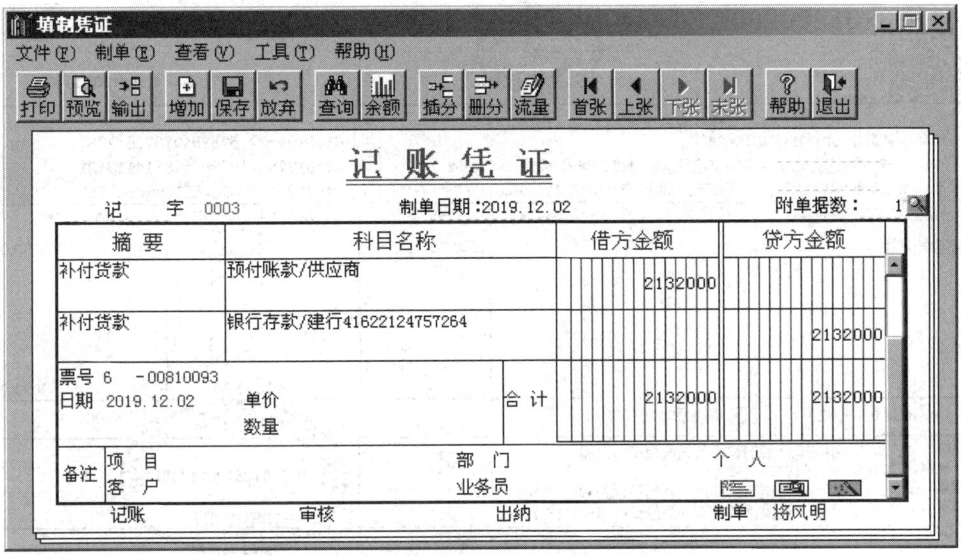

图 3-3-2 12 月份“0003”号记账凭证填制完成后界面

【业务 4】 2019-12-04，取得原始凭证 4 张。

表 3-4-1

3201280280 江苏增值税专用发票 № 29527037

3201280280
29527037

抵扣联

开票日期：2019年12月04日

购买方	名称：南京成功股份有限公司 纳税人识别号：913201436012042987 地址、电话：江苏省南京市国家高新区创业路1238号 025－80982852 开户行及账号：中国建设银行南京市建邺区支行 41622124757264				密码区	52*3187<4/+3199<+95-59+7<486 8193<0-->>-6>525<073726->7*7 87*3187<4/+8490<+48814119421 2+<712/<1+9016>5613++>84>715	
货物或应税劳务、服务名称	规格型号	单位	数量	单价	金额	税率	税额
基础电信服务		月	1	1000.00	1000.00	9%	90.00
合计					¥1000.00		¥90.00
价税合计（大写）	⊗壹仟零玖拾元整				（小写）¥1090.00		
销售方	名称：中国电信股份有限公司南京市分公司 纳税人识别号：913201051781123014 地址、电话：江苏省南京市建邺区宋立街王福路49号 02591547828 开户行及账号：中国建设银行南京市建邺区支行 41841124138749				备注		

收款人： 复核： 开票人：张哲 销售方：（章）

税总函【XXXX】XXX号 XXXXXXXX公司

第二联：抵扣联 购买方扣税凭证

上述原始凭证中：

表 3-4-1 是江苏增值税专用发票的第二联抵扣联，此联应作为购买方抵扣进项税额的依据。该抵扣联不能作为记账凭证的附件，专门用于在规定期限内到税务机关办理认证或在平台办理勾选确认，并在认证通过或勾选确认的次月申报期内，向主管税务机关申报抵扣进项税额。

表 3-4-2

3201280280　　江苏增值税专用发票　　№ 29527037

3201280280
29527037

全国统一发票监制章 江苏 国家税务总局监制

发票联

开票日期：2019年12月04日

税总函【XXXX】XXX号 XXXXXXXX公司

购买方	名　　称：南京成功股份有限公司 纳税人识别号：913201436012042987 地址、电话：江苏省南京市国家高新区创业路1238号 025—80982852 开户行及账号：中国建设银行南京市建邺区支行 41622124757264	密码区	52*3187<4/+3199<+95-59+7<486 8193<0-->>-6>525<073726->7*7 87*3187<4/+8490<+48814119421 2+<712/<1+9016>5613++>84>715

货物或应税劳务、服务名称	规格型号	单位	数量	单价	金额	税率	税额
基础电信服务		月	1	1000.00	1000.00	9%	90.00
合　　计					¥1000.00		¥90.00
价税合计（大写）	⊗壹仟零玖拾元整				（小写）¥1090.00		

销售方	名　　称：中国电信股份有限公司南京市分公司 纳税人识别号：913201051781123014 地址、电话：江苏省南京市建邺区宋立街王福路49号 02591547828 开户行及账号：中国建设银行南京市建邺区支行 41841124138749	备注	中国电信股份有限公司南京市分公司 913201051781123014 发票专用章

收款人：　　　复核：　　　开票人：张哲　　　销售方：（章）

第三联：发票联　购买方记账凭证

表 3-4-3　费用分配表

2019-12-04　　　　单位：元

部门	分摊金额
办公室	1 000.00
合计	1 000.00

审核：周琳　　　　编制：将风明

表 3-4-4

中国建设银行客户专用回单

币别：人民币　　2019 年 12 月 04 日　　流水号 320120027J0500810068

付款人	全称	南京成功股份有限公司	收款人	全称	中国电信股份有限公司南京市分公司
	账号	41622124757264		账号	41841124138749
	开户行	中国建设银行南京市建邺区支行		开户行	中国建设银行南京市建邺区支行
金额		（大写）人民币 壹仟零玖拾元整		（小写）¥1090.00	
凭证种类		网银		凭证号码	
结算方式		转账		用途	支付通讯费

汇划日期：2019-12-04　　汇划款项编号：00409315
报文顺序号：56763265　　汇出行行号：105005411815　　打印柜员：320125584257
汇出行行名：中国建设银行南京市建邺区支行　　打印机构：中国建设银行南京市建邺区支行回单
业务类型：0011　　原凭证金额：1090　　打印卡号：41622124757264
原凭证种类：0703　　原凭证号码：
附言：

中国建设银行 回单专用章

第一联借方（回单）

打印时间：2019-12-04　　交易柜员：320125584268　　交易机构：320110592

表 3-4-2 是江苏增值税专用发票的第三联发票联，此联应作为购买方的记账依据。该原始凭证注明，“购买方”是本公司，“销售方”是南京电信服务有限公司，“货物或应税劳务、服务名称”是基础电信费，这表明本公司在生产经营过程中发生基础电信费。

表 3-4-3 是费用分配表，该表应作为核算基础电信费的记账依据。该原始凭证注明，各个部门所使用的基础电信费的金额，表中的部门为办公室。所以，进行会计核算时，“金额”应记入“管理费用——通讯费”科目的借方，“税额”应记入“应交税费——应交增值税——进项税额”科目的借方。

表 3-4-4 是中国建设银行客户专用回单的第一联借方回单，此联应作为付款方支付款项的记账依据。该原始凭证注明，“付款人”是本公司，“账号”为 41622124757264，这表明本公司已通过账号 41622124757264 的基本户支付了款项，进行会计核算时，应记入“银行存款——建行 41622124757264”科目的贷方。

该笔业务在 T3 系统中的操作流程如下：

(1) 以 302102 会计将风明的身份于“2019-12-04”登录。“总账”→“凭证”，单击“填制凭证”，打开记账凭证编制界面。

(2) 单击“增加”按钮，增加一张空白凭证，凭证类型、凭证编号及制单日期自动生成；附单据数录入“3”。

(3) 第 1 行摘要处录入“支付通讯费”。

(4) 第 1 行输入借方科目名称“管理费用——通讯费”，输入借方金额“1 000.00”。回车。第 2 行输入借方科目名称“应交税费——应交增值税——进项税额”，输入借方金额“90.00”。按回车键。

(5) 第 3 行输入贷方科目名称“银行存款——建行 41622124757264”，输入结算方式“网银”及票号“00810068”，并录入贷方金额“1 090.00”。

(6) 单击“保存”按钮。

12 月份“0004”号记账凭证填制完成后界面，如图 3-4-1 所示。

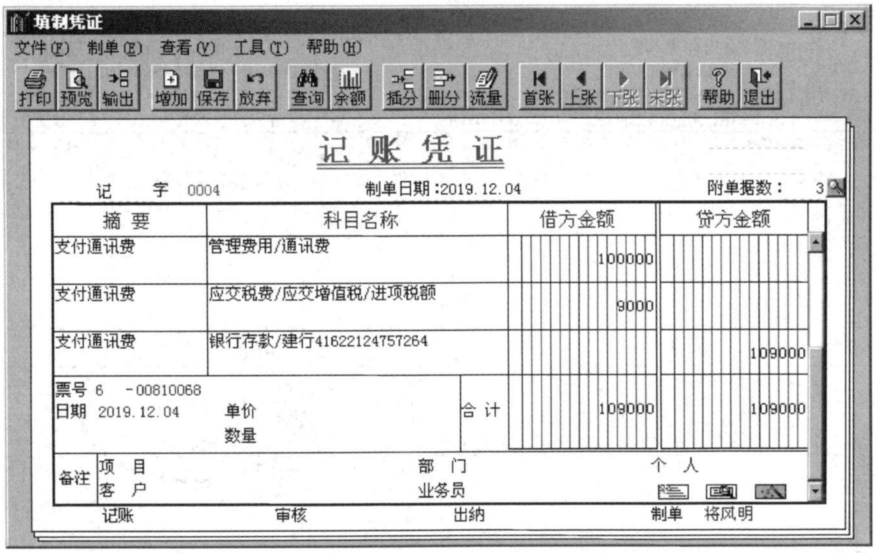

图 3-4-1 12 月份“0004”号记账凭证填制完成后界面

【业务 5】 2019-12-05，取得原始凭证 6 张。

表 3-5-1

差旅费报销单

2019 年 12 月 05 日　　　　附原始单据3 张

姓名	张玉林	工作部门	销售门市	出差事由	洽谈商务

日期		地点		车船费			深夜补贴	途中补贴	住勤费			旅馆费	公交费		金额合计
起	讫	起	讫	车次或船名	时间	金额			地区	天数	补贴				
11月30日	12月04日	南京市	北京市			900.00			北京市	5	500.00	2000.00			3400.00

现金付讫

报销金额（大写）人民币	叁仟肆佰元整	合计（小写）￥3400.00
补付金额：￥400.00	退回金额：	

领导批准：李胜利　　会计主管 周琳　　部门负责人 张玉林　　审核 将风明　　报销人 张玉林

表 3-5-1-1

R476694　检票：二层3号检票口
南京 站 D3166次 北京 站
Nanjing　　Beijing
2019年11月30日 8:00开　04 车15C号
¥450.00 元　网折　二等座
限乘当日当次车
3201051994****0344张玉林
买票请到12306 发货请到95306
中国铁路祝您旅途愉快
238192102505R22195759 南京北售

表 3-5-1-2

R260796　检票：二层8号检票口
北京 站 D3725次 南京 站
Beijing　　Nanjing
2019年12月04日 16:10开　07 车10E号
¥450.00 元　网折　二等座
限乘当日当次车
3201051994****0344张玉林
买票请到12306 发货请到95306
中国铁路祝您旅途愉快
238192102505R22173529 北京北售

表 3-5-1-3

1101161140　北京增值税专用发票　№ 06972356　1101161140 06972356

北京 全国统一发票监制章 国家税务总局监制

开票日期：2019年12月04日

税总函【XXXX】XXX号 XXXXXXX公司

购买方	名　　称：南京成功股份有限公司 纳税人识别号：913201436012042987 地 址、电 话：江苏省南京市国家高新区创业路1238号 025—80982852 开户行及账号：中国建设银行南京市建邺区支行 41622124757264	密码区	59*3187<4/+1367<+95-59+7<283 2842<0-->>-6>525<538612->7*7 87*3187<4/+8490<+52668200282 6+<712/<1+9016>0699++>84>130

货物或应税劳务、服务名称	规格型号	单位	数量	单价	金额	税率	税额
住宿费		天	4	471.70	1886.79	6%	113.21
合　　计					￥1886.79		￥113.21
价税合计（大写）	⊗贰仟元整				（小写）￥2000.00		

销售方	名　　称：速8连锁酒店有限公司 纳税人识别号：911101021524591932 地 址、电 话：北京市西城区梁永街魏志路48号 010-70999149 开户行及账号：中国建设银行北京市西城区支行 41622124831673	备注	速8连锁酒店有限公司 911101021524591932 发票专用章

收款人：　　复核：　　开票人：马肖　　销售方：（章）

第三联：发票联 购买方记账凭证

表 3-5-2

1101161140　　北京增值税专用发票　　№ 06972356　　1101161140 06972356

（印章：全国统一发票监制章 北京 国家税务总局监制）

抵扣联

开票日期：2019年12月04日

购买方	名　　称：南京成功股份有限公司 纳税人识别号：913201436012042987 地　址、电　话：江苏省南京市国家高新区创业路1238号 025-80982852 开户行及账号：中国建设银行南京市建邺区支行 41622124757264				密码区	59*3187<4/+1367<+95-59+7<283 2842<0-->>-6>525<538612->7*7 87*3187<4/+8490<+52668200282 6+<712/<1+9016>0699++>84>130	
货物或应税劳务、服务名称	规格型号	单位	数量	单价	金额	税率	税额
住宿费		天	4	471.70	1886.79	6%	113.21
合　　计					¥1886.79		¥113.21
价税合计（大写）	⊗贰仟元整					（小写）¥2000.00	
销售方	名　　称：速8连锁酒店有限公司 纳税人识别号：911101021524591932 地　址、电　话：北京市西城区梁永街魏志路48号 010-70999149 开户行及账号：中国建设银行北京市西城区支行 41622124831673				备注	（印章：速8连锁酒店有限公司 911101021524591932 发票专用章）	

收款人：　　复核：　　开票人：马肖　　销售方：（章）

税总函【XXXX】XXX号 XXXXXXXX公司

第二联：抵扣联 购买方扣税凭证

表 3-5-3　借款单

2019 年 11 月 08 日　　NO 209814

借款人：张玉林	所属部门：销售门市
借款用途：出差借款	
借款金额：人民币（大写）叁仟元整	¥3 000.00
部门负责人审批：张玉林 2019-11-08	借款人（签章）：张玉林 2019-11-08
财务部门审核：周琳 2019-11-08	
单位负责人批示：同意	签字：李胜利 2019-11-08
核销记录：补付 400.00	

第二联结算联（结算后记账）

上述原始凭证中：

表 3-5-1 是差旅费报销单，此单应作为本公司核算差旅费的记账依据。该原始凭证注明，“姓名”是张玉林，“工作部门”是销售门市部，报销金额是共计 3 400 元。表 3-5-1-1 和表 3-5-1-2 是南京到北京的往返动车票，是表 3-6-1 的两张附件。表明报销单中的车船费是 900 元。进行会计核算时，车船费中 74.32 元（450÷1.09×0.09＋450÷1.09×0.09），应作为“税额”记入“应交税费——应交增值税——进项税额”科目的借方，其余的差额 825.68 元应记入“销售费用——差旅费”科目的借方。表 3-5-1-3 是北京增值税专用发票的第三联发票联，也是表 3-5-1 的附件。该原始凭证注明，“购买方”是本公司，“销售方”是速 8 连锁酒店有限公司，“货物或应税劳务、服务名称”是住宿费，表明报销单中的住宿费金额是 2 000 元。进行会计核算时，住勤费和住宿费增值税专用发票上的金额 2 386.79 元（500＋1 886.79），应记入“销售费用——差旅费”科目的借方，“税额”113.21 元应记入“应交税费——应交增值税——进项税额”科目的借方。表 3-5-1-1、表 3-5-1-2 和表 3-5-1-3 三联应作为购买方差旅费报销单计算的记账依据，不能单独作为附件使用。

表 3-5-2 是北京增值税专用发票的第二联抵扣联，此联应作为购买方抵扣进项税额的依据。该抵扣联不能作为记账凭证的附件，专门用于在规定期限内到税务机关办理认证或在平台办理勾选确认，并在认证通过或勾选确认的次月申报期内，向主管税务机关申报抵扣进项税额。

表 3-5-3 是借款单的第二联结算联，此联应作为本公司结算借款的记账依据。该原始凭证的内容表明，张玉林已于 12 月 5 日结清其预借的差旅费。进行会计核算时，“借款金额”应记入“其他应收款——职工往来”科目中项目“张玉林”的贷方；同时，原始凭证中还注明，本公司补付张玉林现金 400 元，进行会计核算时，补付现金 400 元应记入“库存现金”科目的贷方。

该笔业务在 T3 系统中的操作流程如下：

（1）以 302102 会计将风明的身份于“2019-12-05”登录。“总账”→“凭证”，单击“填制凭证”，打开记账凭证编制界面。

（2）单击“增加”按钮，增加一张空白凭证，凭证类型、凭证编号及制单日期自动生成；附单据数录入“2”。

（3）第 1 行摘要处录入“报销差旅费”。

（4）第 1 行输入借方科目名称“销售费用——差旅费”，输入借方金额“3 212.47”；回车。第 2 行输入借方科目名称“应交税费——应交增值税——进项税额”，输入借方金额“187.53”。按回车键。

（5）第 3 行输入贷方科目名称“其他应收款——职工往来”，选择职工“张玉林”，输入贷方金额“3 000.00”。按回车键。第 4 行输入贷方科目名称“库存现金”，输入贷方金额“400.00”。

（6）单击“保存”按钮。

12 月份“0005”号记账凭证填制完成后界面，如图 3-5-1 所示。

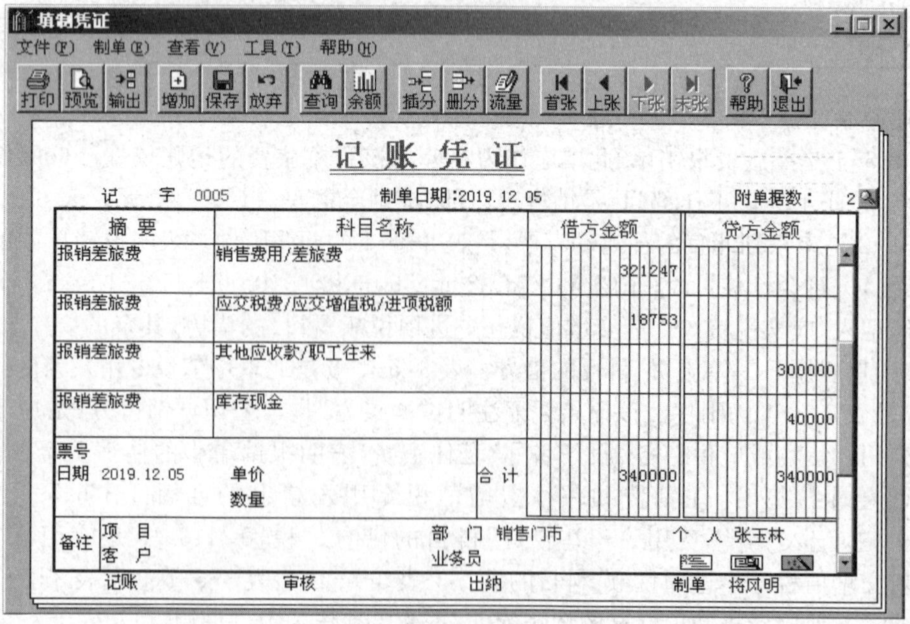

图 3-5-1 12 月份“0005”号记账凭证填制完成后界面

【业务6】 2019-12-06，取得原始凭证1张。

表 3-6-1

中国建设银行客户专用回单

币别：人民币　　2019 年 12 月 06 日　　流水号 320120027J0500810075

付款人	全称	南京成功股份有限公司	收款人	全称	徐州设备股份有限公司
	账号	41622124757264		账号	41622124721942
	开户行	中国建设银行南京市建邺区支行		开户行	中国建设银行徐州市贾汪区支行
金额		（大写）人民币 肆万元整			（小写）¥40000.00
凭证种类		网银		凭证号码	
结算方式		转账		用途	预付设备款
			打印柜员：320125584257 打印机构：中国建设银行南京市建邺区支行 打印卡号：41622124757264 （印章：中国建设银行 回单 专用章）		

第二联借方（回单）

打印时间：2019-12-06　　交易柜员：320125584268　　交易机构：320110500541181527

上述原始凭证中：

表3-6-1是中国建设银行网银凭证的第二联客户回单，此联应作为付款方支付款项的记账依据。该原始凭证注明，“付款人”是本公司，“账号”是41622124757264，这表明本公司采用网银方式已将款项从账号为41622124757264的基本户转出。进行会计核算时，“金额”应记入“银行存款——建行41622124757264”科目的贷方；“收款人”是徐州设备股份有限公司，“用途”是预付款，这表明本公司向徐州设备股份有限公司预付了货款。进行会计核算时，“金额”应记入“预付账款——供应商”科目中“徐州设备股份有限公司”项目的借方。

该笔业务在T3系统中的操作流程如下：

(1) 以302102会计将风明的身份于“2019-12-06”登录。“总账”→“凭证”，单击“填制凭证”，打开记账凭证编制界面。

(2) 单击“增加”按钮，增加一张空白凭证，凭证类型、凭证编号及制单日期自动生成；附单据数录入“1”。

(3) 第1行摘要处录入“预付设备款”。

(4) 第1行输入借方科目名称“预付账款——供应商”，在辅助项中通过查询及编辑的方法增加供应商档案：类别“设备供应商”，编号“22002”，名称“徐州设备股份有限公司”、简称“徐州设备”。供应商档案增加后选择之，单击“确认”（供应商档案建议在增加凭证前，在“基础设置——往来单位——供应商档案”中新增），输入借方金额“40 000.00”。按回车键。

“预付账款——供应商”辅助核算信息录入界面，如图3-6-1所示。

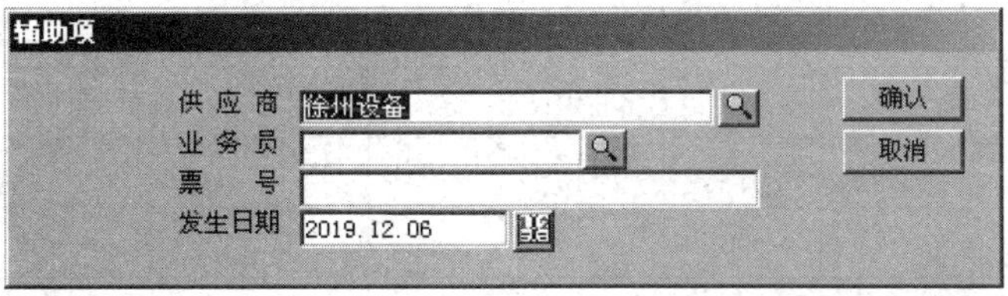

图 3-6-1 “预付账款——供应商”辅助核算信息录入界面

(5) 第 2 行输入贷方科目名称："银行存款——建行 41622124757264"，输入结算方式"网银"、票号"00810075"，并录入贷方金额"40 000.00"。

(6) 单击"保存"按钮。

12 月份"0006"号记账凭证填制完成后界面，如图 3-6-2 所示。

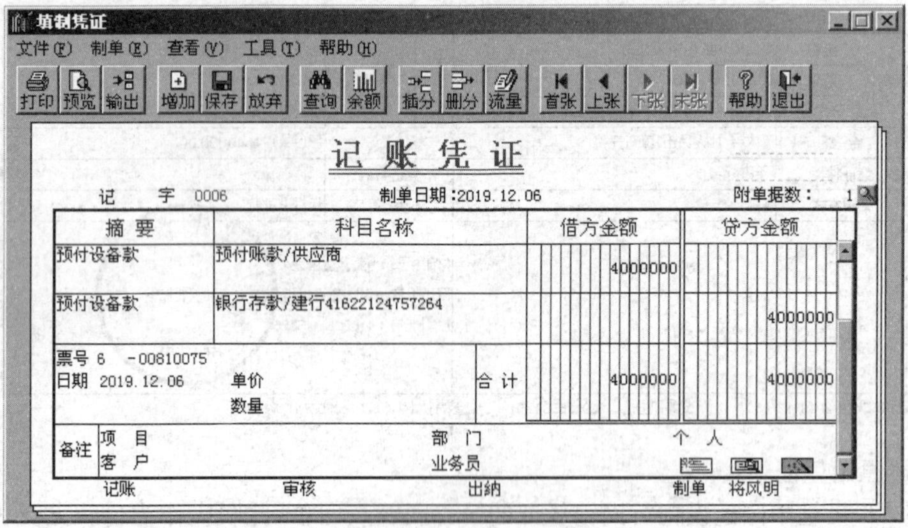

图 3-6-2 12 月份"0006"号记账凭证填制完成后界面

【业务 7】 2019-12-08，取得原始凭证 2 张。

表 3-7-1 12 月份工资发放表

2019 年 12 月 8 日

员工姓名	所属部门	职务	应付工资	养老保险	医疗保险	失业保险	住房公积金	个税	扣款合计	实发工资
李胜利	办公室	总经理、法人	7 000	560	140	35	700	16.95	1 451.95	5 548.05
周长虹	办公室	主任	6 500	520	130	32.5	650	5.03	1 337.53	5 162.47
于成功	办公室	办事员	5 500	440	110	27.5	550	0.00	1 127.5	4 372.5
张福平	办公室	仓库保管员	3 800	304	76	19	380	0.00	779	3 021
周 琳	财务部	经理	4 100	328	82	20.5	410	0.00	840.5	3 259.5
将风明	财务部	总账会计	5 000	400	100	25	500	0.00	1 025	3 975
陈雨涵	财务部	出纳	3 000	240	60	15	300	0.00	615	2 385
强洪森	采购部	经理	4 500	360	90	22.5	450	0.00	922.5	3 577.5
李 娟	采购部	采购员	3 700	296	74	18.5	370	0.00	758.5	2 941.5
张玉林	销售门市部	经理	4 800	384	96	24	480	0.00	984	3 816
李晓明	销售门市部	销售员	3 600	288	72	18	360	0.00	738	2 862
周络顺	生产车间	经理	4 800	384	96	24	480	0.00	984	3 816
李 亚	生产车间	生产人员	4 500	360	90	22.5	450	0.00	922.5	3 577.5

（续表）

员工姓名	所属部门	职务	应付工资	养老保险	医疗保险	失业保险	住房公积金	个税	扣款合计	实发工资
蒋明洁	生产车间	生产人员	4 300	344	86	21.5	430	0.00	881.5	3 418.5
黄忆成	生产车间	生产人员	3 800	304	76	19	380	0.00	779	3 021
周永海	生产车间	生产人员	3 800	304	76	19	380	0.00	779	3 021
李永波	生产车间	生产人员	3 600	288	72	18	360	0.00	738	2 862
蒋　敏	生产车间	生产人员	4 200	336	84	21	420	0.00	861	3 339
李洁洪	生产车间	生产人员	3 600	288	72	18	360	0.00	738	2 862
周　强	生产车间	生产人员	3 400	272	68	17	340	0.00	697	2 703
吴敏洁	生产车间	生产人员	4 300	344	86	21.5	430	0.00	881.5	3 418.5
陈立生	生产车间	生产人员	3 200	256	64	16	320	0.00	656	2 544
合计			95 000.00	7 600.00	1 900.00	475.00	9 500.00	21.98	19 496.98	75 503.02

表 3-7-2

中国建设银行
转账支票存根
10503226
00210914
附加信息 付款行账号：
41622124757264
出票日期 2019 年 12 月 08 日
收款人：南京成功股份有限公司
金　额：¥75503.02
用　途：支付工资
单位主管　　会计

上述原始凭证中：

表 3-7-1 是工资发放表，此表应作为支付工资和扣取相关款项的记账依据。该原始凭证注明，“应付工资”是 95 000 元，职工个人应承担的“社会保险费”（包括养老保险 7 600 元、医疗保险 1 900 元和失业保险 475 元）是 10 195 元、“住房公积金”是 9 500 元、“个人所得税”是 21.98 元，这表明本公司已从个人工资总额中扣除了个人应承担的社会保险费、住房公积金和个人所得税等，因此，实际应支付给职工的工资总额为 75 503.02 元。

表 3-7-2 是中国建设银行转账支票存根，应作为付款方支付款项的记账依据。该原始凭证注明，“收款人”是本公司，“付款行账号”为 41622124757264，这表明本公司已经按照“实发工资”总额支付了职工工资。根据表 3-7-1 和表 3-7-2，进行会计核算时，“应付工资”合计金额，应记入“应付职工薪酬——工资”科目的借方。

同时，表 3-7-1 中代扣的款项尚未支付，进行会计核算时，应将“养老保险”的合计金额记入“其他应付款——设定提存计划——养老保险”科目的贷方，“医疗保险”的合计金额记入“其他应付款——社会保险费——医疗保险”科目的贷方，“失业保险”的合计金额记入“其他应付款——设定提存计划——失业保险”科目的贷方，“住房公积金”的合计金额记入“其他应付款——住房公积金”科目的贷方，“个人所得税”的合计金额记入“应交税费——应交个人所得税”科目的贷方。

此外，表 3-7-2 中转账支票表明，本公司已将款项从账号为 41622124757264 的基本户转出，进行会计核算时，“金额”应记入“银行存款——建行 41622124757264”科目的贷方。

该笔业务在 T3 系统中的操作流程如下：

（1）以 302102 会计将风明的身份于“2019-12-08”登录。“总账”→“凭证”，单击“填制凭证”，打开记账凭证编制界面。

（2）单击“增加”按钮，增加一张空白凭证，凭证类型、凭证编号及制单日期自动生成；附单据数录入“2”。

（3）第 1 行摘要处录入“支付工资并代扣款”。

（4）第 1 行输入借方科目名称“应付职工薪酬——工资”，输入借方金额“95 000.00”。按回车键。

（5）第 2 行输入贷方科目名称“其他应付款——社会保险费——医疗保险”，输入贷方金额“1 900.00”；按回车键。第 3 行输入贷方科目名称“其他应付款——设定提存计划——养老保险”，输入贷方金额“7 600.00”；回车。第 4 行输入贷方科目名称“其他应付款——设定提存计划——失业保险”，输入贷方金额“475.00”；回车。第 5 行输入贷方科目名称“其他应付款——住房公积金”，输入贷方金额“9 500.00”；回车。第 6 行输入贷方科目名称“应交税费——应交个人所得税”，输入贷方金额“21.98”；回车。第 7 行输入贷方科目名称“银行存款——建行 41622124757264”，选择结算方式“转账支票”、票号“00210914”及贷方金额“75 503.02”。

（6）单击“保存”按钮。

12 月份“0007”号记账凭证填制完成后凭证界面，如图 3-7-1 所示。

图 3-7-1　12 月份“0007”号记账凭证填制完成后凭证界面

【业务 8】 2019-12-08，取得原始凭证 1 张。

表 3-8-1

中国建设银行客户专用回单

转账日期：2019 年 12 月 08 日

凭证字号：201912793289869

纳税人全称及纳税人识别号：南京成功股份有限公司913201436012042987		
付款人全称：南京成功股份有限公司		
付款人账号：41622124757264		征收机关名称：国家税务总局南京市建邺区税务局
付款人开户银行：中国建设银行南京市建邺区支行		收缴国库（银行）名称：国家金库南京市建邺区支库
小写（合计）金额 ￥35036.00		缴款书交易流水号：2019120802441 07
大写（合计）金额 人民币 叁万伍仟零佰叁拾陆元整		税票号码：0420191208617652680206
税（费）种名称	所属时期	实缴金额
医疗保险本金	2019-12-01至2019-12-31	￥11210.00
养老保险本金	2019-12-01至2019-12-31	￥22800.00
失业保险本金	2019-12-01至2019-12-31	￥950.00
工伤保险本金	2019-12-01至2019-12-31	￥76.00

中国建设银行 电子回单 专用章

上述原始凭证中：

表 3-8-1 是中国建设银行客户专用回单，此联应作为付款方支付款项的记账依据。该原始凭证注明，“付款人”是本公司，“账号”是 41622124757264，这表明本公司已通过账号为 41622124757264 的基本户支付了款项。进行会计核算时，“金额”应记入“银行存款——建行 41622124757264”科目的贷方；同时，“收款人”是国家金库南京市建邺区支库，收取的是五种社会保险，而 12 月 8 日[业务 7]已确认“其他应付款——社会保险费”科目的金额为 1 900.00元，“其他应付款——设定提存计划”科目的金额为 8 075.00 元，两者合计为个人应承担的社会保险费，“应付职工薪酬——社会保险费”科目 2019 年 11 月 30 日贷方余额为 9 500.00元，“应付职工薪酬——设定计划提存”科目 2019 年 11 月 30 日贷方余额为 19 950.00元，两者合计为企业应承担的社会保险费，这表明本公司缴纳了个人和企业应承担的社会保险费。进行会计核算时，个人应承担的养老保险、医疗保险和失业保险，应分别记入“其他应付款——设定提存计划——养老保险”“其他应付款——社会保险费——医疗保险”和“其他应付款——设定提存计划——失业保险”科目的借方，企业应承担的养老保险、医疗保险、失业保险、生育保险和工伤保险，应分别记入“应付职工薪酬——设定提存计划——养老保险”“应付职工薪酬——社会保险费——医疗保险”“应付职工薪酬——设定提存计划——失业保险”“应付职工薪酬——社会保险费——生育保险”和“应付职工薪酬——社会保险费——工伤保险”科目的借方。

该笔业务在 T3 系统中的操作流程如下：

（1）以 302102 会计将风明的身份于“2019-12-08”登录。“总账”→“凭证”，单击“填制凭证”，打开记账凭证编制界面。

（2）单击“增加”按钮，增加一张空白凭证，凭证类型、凭证编号及制单日期自动生成；附单据数录入“1”。

（3）第 1 行摘要处录入“上交社会保险”。

（4）第 1 行输入借方科目名称“应付职工薪酬——设定提存计划——养老保险”，输入借方金额“15 200.00”（可通过“余额”命令查询该科目的贷方余额）；回车。第 2 行输入借方科目名称“应付职工薪酬——社会保险费——医疗保险”，输入借方金额“9 310.00”；回车。第 3 行输入借方科目名称“应付职工薪酬——设定提存计划——失业保险”，输入借方金额“475.00”；回车。第 4 行输入借方科目名称“应付职工薪酬——社会保险费—工伤保险”，输入借方金额“76.00”；回车。第 5 行输入借方科目名称“其他应付款——设定提存计划——养老保险”，输入借方金额“7 600.00”；回车。第 6 行输入借方科目名称“其他应付款——社会保险费——医疗保险”，输入借方金额“1 900.00”；回车。第 7 行输入借方科目名称“其他应付款——设定提存计划——失业保险”，输入借方金额“475.00”。按回车键。

（5）第 8 行输入贷方科目名称“银行存款——建行 41622124757264”，输入结算方式“其他”、票号“93289869”及贷方金额“35 036.00”。

（6）单击“保存”按钮。

12 月份“0008”号记账凭证填制完成后凭证界面，如图 3-8-1 所示。

图 3-8-1　12 月份“0008”号记账凭证填制完成后凭证界面

【业务 9】 2019-12-08，取得原始凭证 1 张。

表 3-9-1

中国建设银行客户专用回单

币别：人民币　　2019 年 12 月 08 日　　流水号 320120027J0500810085

付款人	全称	南京成功股份有限公司	收款人	全称	南京市住房公积金管理中心
	账号	41622124757264		账号	41622124757264
	开户行	中国建设银行南京市建邺区支行		开户行	同城实时借记业务
金额		（大写）人民币 壹万玖仟元整		（小写）¥19000.00	
凭证种类		其他凭证		凭证号码	00007699
结算方式		转账		用途	WFP公积金：000081255：20191208
				打印柜员：320125584257 打印机构：中国建设银行南京市建邺区支行 电子回单 打印卡号：105687967406 中国建设银行 专用章	

第一联借方（回单）

打印时间：2019-12-08　　交易柜员：320125584268　　交易机构：320110500541181556

上述原始凭证中：

表 3-9-1 是中国建设银行客户专用回单的借方回单，此联应作为付款方支付款项的记账依据。该原始凭证注明，“付款人”是本公司，“账号”是 41622124757264，这表明本公司已通过账号为 41622124757264 的基本户支付了款项，进行会计核算时，“金额”应记入“银行存款——建行 41622124757264”科目的贷方；同时，“收款人”是南京市住房公积金管理中心，“用途”是公积金，而“应付职工薪酬——住房公积金”科目 2019 年 11 月 30 日的贷方余额和 12 月 8 日[业务 7]已确认“其他应付款——住房公积金”科目贷方余额合计金额为 19 000.00 元。这表明本公司向南京市住房公积金管理中心上缴个人和企业应承担的住房公积金。进行会计核算时，应记入“应付职工薪酬——住房公积金”和“其他应付款——住房公积金”科目借方。

该笔业务在 T3 系统中的操作流程如下：

(1) 以 302102 会计将风明的身份于“2019-12-08”登录。“总账”→“凭证”，单击“填制凭证”，打开记账凭证编制界面。

(2) 单击“增加”按钮，增加一张空白凭证，凭证类型、凭证编号及制单日期自动生成；附单据数录入“1”。

(3) 第 1 行摘要处录入“缴纳公积金”。

(4) 第 1 行输入借方科目名称“应付职工薪酬——住房公积金”，输入借方金额“9 500.00”；按回车键。第 2 行输入借方科目名称“其他应付款——住房公积金”，输入借方金额“9 500.00”。按回车键。

(5) 第 3 行输入贷方科目名称“银行存款——建行 41622124757264”，输入结算方式“其他”、票号“00810085”及贷方金额“19 000.00”。

(6) 单击“保存”按钮。

12 月份“0009”号记账凭证填制完成后界面，如图 3-9-1 所示。

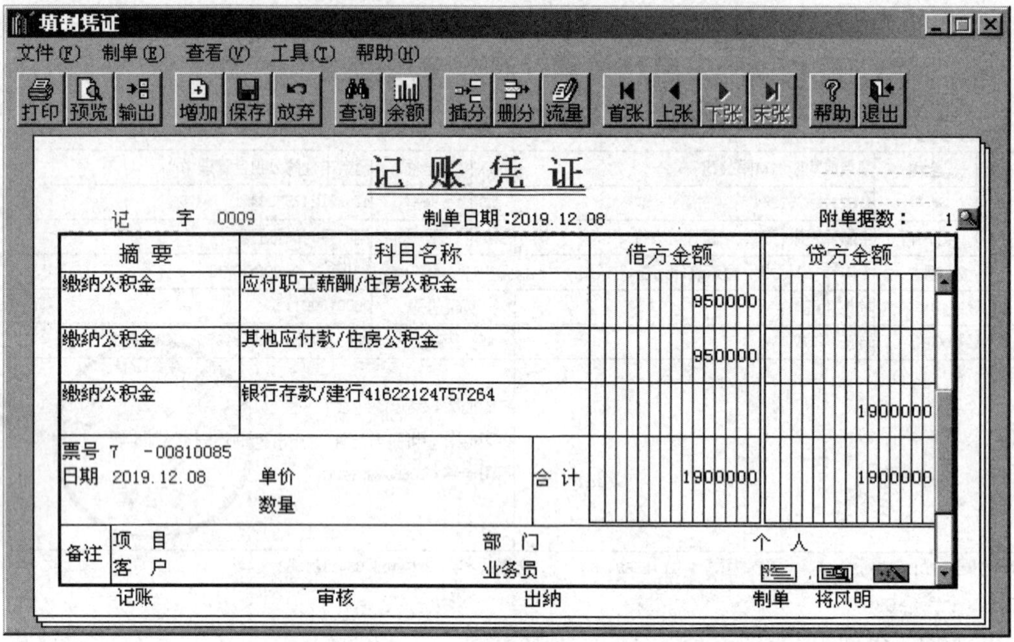

图 3-9-1　12 月份“0009”号记账凭证填制完成后界面

【**业务 10**】　2019-12-08，取得原始凭证 1 张。

表 3-10-1

中国建设银行客户专用回单

转账日期：2019 年 12 月 08 日

凭证字号：2019120835023072

纳税人全称及纳税人识别号：南京成功股份有限公司913201436012042987

付款人全称：南京成功股份有限公司

付款人账号：41622124757264　　征收机关名称：国家税务总局南京市建邺区税务局

付款人开户银行：中国建设银行南京市建邺区支行　　收缴国库（银行）名称：国家金库南京市建邺区支库

小写（合计）金额 ￥113053.50　　缴款书交易流水号：201912081654894

大写（合计）金额 人民币壹拾壹万叁仟零伍拾叁元伍角整　　税票号码：042019556483096537

税（费）种名称	所属时期	实缴金额
企业所得税	20191101-20191130	￥113053.50

中国建设银行 电子回单 专用章

上述原始凭证中：

表 3-10-1 是中国建设银行客户专用回单的借方回单，此联应作为付款方支付款项的记

账依据。该原始凭证注明，“付款人”是本公司，“账号”是 41622124757264，这表明本公司已通过账号为 41622124757264 的基本户支付了款项。进行会计核算时，“金额”应记入“银行存款——建行 41622124757264”科目的贷方；同时，“征收机关名称”是南京市建邺区国家税务局，“税（费）种名称”是企业所得税，而“应交税费——应交所得税”科目，2019 年 11 月 30 日的贷方余额为 113 053.50 元。这表明本公司向国家税收机关上缴上月未交的企业所得税。进行会计核算时，“实缴金额”应记入“应交税费——应交所得税”科目的借方。

该笔业务在 T3 系统中的操作流程如下：

(1) 以 302102 会计将风明的身份于“2019-12-08”登录。“总账”→“凭证”，单击“填制凭证”，打开记账凭证编制界面。

(2) 单击“增加”按钮，增加一张空白凭证，凭证类型、凭证编号及制单日期自动生成；附单据数录入“1”。

(3) 第 1 行摘要处录入“缴纳企业所得税”。

(4) 第 1 行输入借方科目名称“应交税费——应交所得税”，输入借方金额“113 053.50”。按回车键。

(5) 第 2 行输入贷方科目名称“银行存款——建行 41622124757264”，输入结算方式“其他”、票号“35023072”及贷方金额“113 053.50”。

(6) 单击“保存”按钮。

12 月份“0010”号记账凭证填制完成后界面，如图 3-10-1 所示。

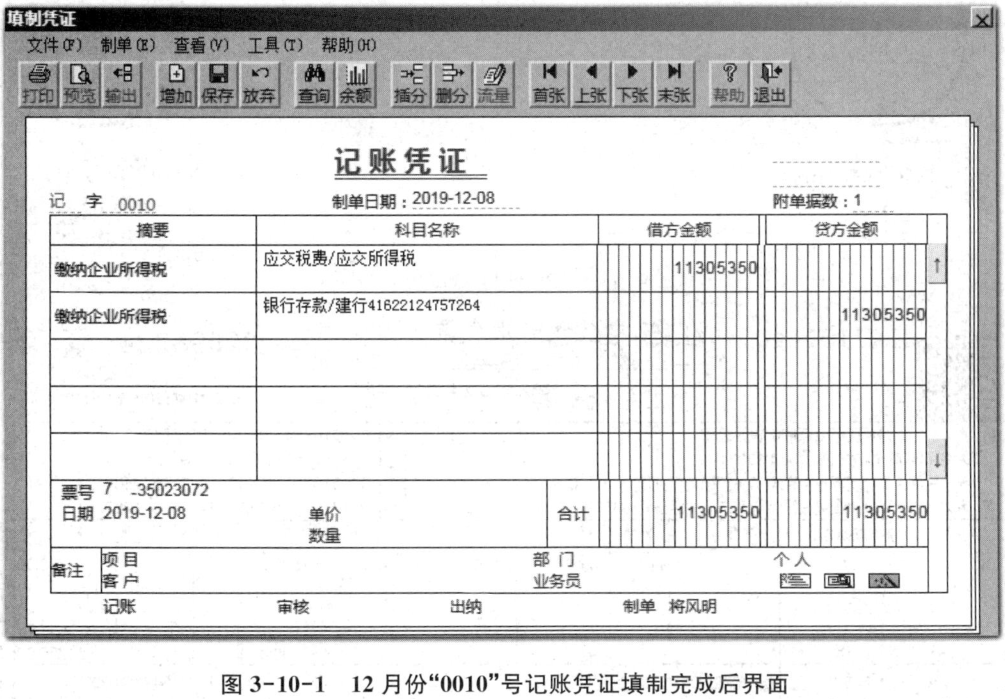

图 3-10-1 12 月份“0010”号记账凭证填制完成后界面

【业务 11】 2019-12-12，取得原始凭证 2 张。

表 3-11-1 销 售 单

购货单位：江苏欲德股份有限公司　地址和电话：江苏省南京市下关区杨同街刘维路 13 号 025-18281289　单据编号：XS09862

纳税识别号：913201075022394993　开户行及账号：中国建设银行南京市下关区支行 41622124059295　制单日期：2019-12-12

编　码	产品名称	规格	单位	单价	数量	金额	备注
	K01		件	28.25	23 000	649 750.00	含税价
合计	人民币(大写)：陆拾肆万玖仟柒佰伍拾元整				—	￥649 750.00	

会计联

销售经理：张玉林　　经手人：李晓明　　会计：将风明　　签收人：玉淑霞

表 3-11-2(此为复印件)　产品销售合同

合同号：20191201

购货单位：江苏欲德股份有限公司(以下简称甲方)

供货单位：南京成功股份有限公司(以下简称乙方)

第一条　乙方向甲方提供 K01 共计 23 000 件，价款是 575 000.00 元，增值税为 74 750.00 元，价税合计是 649 750.00元。签订合同后甲方支付部分货款。

第二条交货日期：2019 年 12 月 12 日

第三条验收标准

购买方收到商品 7 个工作日内提出质量异议，不包括运输过程中造成的质量问题。自收到商品之日起 90 天内可以提出退货，运费由甲方承担。

以下条款略

甲方：________(盖章)　　　　乙方________(盖章)

法定(授权)代表人：陈琳　　陈琳　　　　法定(授权)代表人：李长兵　　李长兵

2019.11.30　　　　2019.11.30

表 3-11-3

3201161140　　**江苏增值税专用发票**　　№ 32098224　　3201161140　32098224

此联不作报销、扣税凭证使用　　　　开票日期：2019年12月12日

购买方	名　　称：江苏欲德股份有限公司 纳税人识别号：913201075022394993 地 址、电 话：江苏省南京市下关区杨同街刘维路13号 025-18281289 开户行及账号：中国建设银行南京市下关区支行 41622124059295				密码区	84*3187<4/+1803<+95-59+7<878 8468<0-->>-6>525<478172->7*7 87*3187<4/+8490<+45812649888 0+<712/<1+9016>0240++>84>232	
货物或应税劳务、服务名称	规格型号	单位	数量	单价	金额	税率	税额
K01		件	23000	25.00	575000.00	13%	74750.00
合　计					￥575000.00		￥74750.00
价税合计(大写)	⊗陆拾肆万玖仟柒佰伍拾元整				(小写) ￥649750.00		
销售方	名　　称：南京成功股份有限公司 纳税人识别号：913201436012042987 地 址、电 话：江苏省南京市国家高新区创业路1238号 025—80982852 开户行及账号：中国建设银行南京市建邺区支行 41622124757264				备注		

收款人：　　复核：　　开票人：将风明　　销售方：(章)

税总函【XXXX】XXX号 XXXXXXX公司

第一联：记账联　销售方记账凭证

上述原始凭证中：

表 3-11-1 是销售单的会计联，此联应作为销售方发货的记账依据。该原始凭证注明，“销售方”是本公司，“购买方”是江苏欲德股份有限公司，“产品名称”是 K01，这表明本公司已将 K01 产品发货给江苏欲德股份有限公司。

表 3-11-2 是产品销售合同复印件，此销售合同附有退货条款，注明收到货物可以在 90 日内退货。本公司会计政策说明中，产品销售业务的预计退货率为 1%，因此，应按照合同金额的 99%和 1%分别确认主营业务收入和预计负债。

表 3-11-3 是江苏增值税专用发票的第一联记账联，此联应作为销售方的记账依据。该原始凭证注明，“销售方”是本公司，“购买方”是江苏欲德股份有限公司，“货物或应税劳务、服务名称”是 K01，这表明本公司销售了 K01 产品给江苏欲德股份有限公司。销售产品是本公司的主营业务，根据表 3-11-1 和表 3-11-2，进行会计核算时，“金额”中 99%的569 250.00 元、1%的 5 750.00 元，应分别记入“主营业务收入”科目“K01”项目的贷方、“预计负债——应付退货款”“K01”项目的贷方，“税额”应记入“应交税费——应交增值税——销项税额”科目的贷方。

此外，本业务没有收取款项的原始凭证，而“合同负债”(辅助项“江苏欲德股份有限公司”)科目 2019 年 11 月 30 日的贷方余额为 210 000 元，这表明本公司已于 11 月份预收部分货款。进行会计核算时，应记入“合同负债”(客户“江苏欲德”)科目的借方 210 000 元，其余 439 750 元记入“应收账款”(客户“江苏欲德”)科目的借方。

该笔业务在 T3 系统中的操作流程如下：

(1) 以 302102 会计将风明的身份于“2019-12-12”登录。“总账”→“凭证”，单击“填制凭证”，打开记账凭证编制界面。

(2) 单击“增加”按钮，增加一张空白凭证，凭证类型、凭证编号及制单日期自动生成；附单据数录入“3”。

(3) 第 1 行摘要处录入“销售产品款部分预收”。

(4) 第 1 行输入借方科目名称“合同负债”客户“江苏欲德”，输入借方金额“210 000.00”。按回车键。第 2 行录入科目“应收账款”，选择客户“江苏欲德”，输入借方金额“439 750.00”。按回车键。

(5) 第 3 行输入贷方科目名称“主营业务收入”，输入辅助“K01”信息：数量“22 770”、单价“25”，生成的金额“569 250.00”移至贷方；回车。第 4 行输入贷方科目名称“预计负债——应付退货款”，输入辅助“K01”信息：数量“230”、单价“25”，生成金额“5 750.00”，移至贷方；回车。第 5 行输入贷方科目名称：“应交税费——应交增值税——销项税额”，输入贷方金额“74 750.00”。

(6) 单击“保存”按钮。

12 月份“0011”号记账凭证填制完成后界面，如图 3-11-1 所示。

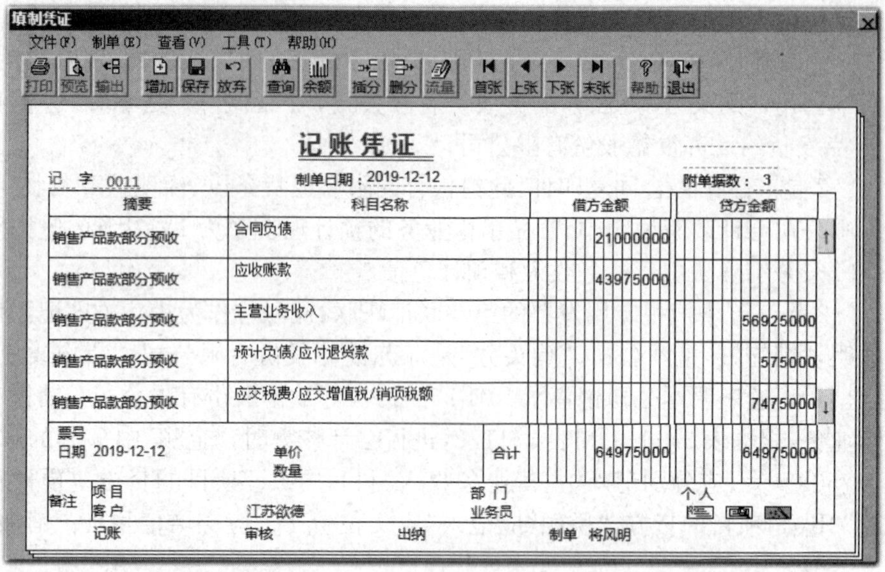

填制凭证

文件(F) 制单(E) 查看(V) 工具(T) 帮助(H)

打印 预览 输出 增加 保存 放弃 查询 余额 插分 删分 流量 首张 上张 下张 末张 帮助 退出

记账凭证

记 字 0011　　制单日期：2019-12-12　　附单据数：3

摘要	科目名称	借方金额	贷方金额
销售产品款部分预收	合同负债	21000000	
销售产品款部分预收	应收账款	43975000	
销售产品款部分预收	主营业务收入		56925000
销售产品款部分预收	预计负债/应付退货款		575000
销售产品款部分预收	应交税费/应交增值税/销项税额		7475000
票号 日期 2019-12-12	单价 数量　　合计	64975000	64975000

备注　项目　　部门　　个人

客户 江苏欲德　　业务员

记账　审核　出纳　制单 将风明

图 3-11-1　12 月份"0011"号记账凭证填制完成后界面

【业务 12】 2019-12-14，取得原始凭证 1 张。

表 3-12-1

中国建设银行客户专用回单

币别：人民币　　2019 年 12 月 14 日　　流水号 320120027J0500810094

付款人	全称	江苏欲德股份有限公司	收款人	全称	南京成功股份有限公司
	账号	41622124059295		账号	41622124757264
	开户行	中国建设银行南京市下关区支行		开户行	中国建设银行南京市建邺区支行
金额		（大写）人民币 肆拾叁万玖仟柒佰伍拾元整			（小写）¥439750.00
凭证种类		网银	凭证号码		
结算方式		转账	用途		货款
			打印柜员：320125584257 打印机构：中国建设银行南京市建邺区支行 打印卡号：41622124757264		中国建设银行 电子回单 专用章

第二联贷方（回单）

打印时间：2019-12-14　　交易柜员：320125584268　　交易机构：320128953

上述原始凭证中：

表 3-12-1 是中国建设银行客户专用回单的第二联贷方回单，此联应作为收款方收取款项的记账依据。该原始凭证注明，"收款人"是本公司，"账号"是 41622124757264。这表明本公司已收到款项并存入账号 41622124757264 的基本户。进行会计核算时，"金额"应记入"银行存款——建行 41622124757264"科目的借方；同时，"付款人"是江苏欲德股份有限公司，"用途"是货款，这表明本公司收到江苏欲德股份有限公司的尚未结清货款。进行会计核算时，"金额"应记入"应收账款"（客户"江苏欲德"）科目的贷方。

该笔业务在 T3 系统中的操作流程如下：

（1）以 302102 会计将风明的身份于"2019-12-14"登录。"总账"→"凭证"，单击"填制凭证”，打开记账凭证编制界面。

（2）单击“增加”按钮，增加一张空白凭证，凭证类型、凭证编号及制单日期自动生成；附单据数录入“1”。

（3）第1行摘要处录入“收到货款”。

（4）第1行输入借方科目名称“银行存款——建行 41622124757264”，输入结算方式“网银”、票号“00810094”及借方金额“439 750.00”。回车。

（5）第2行输入贷方科目名称“应收账款”，客户选择“江苏欲德股份有限公司”，输入贷方金额“43 9750.00”。

（6）单击“保存”按钮。

12月份“0012”号记账凭证填制完成后界面，如图3-12-1所示。

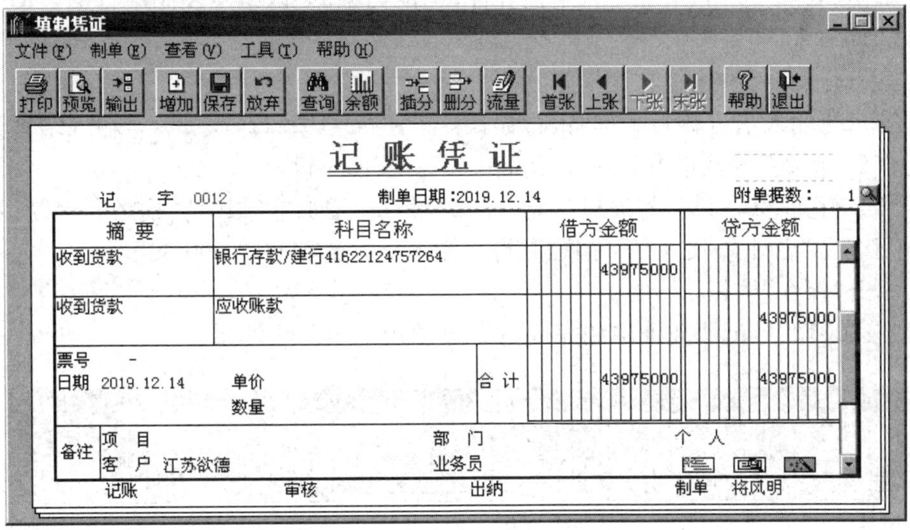

图3-12-1 12月份“0012”号记账凭证填制完成后界面

【业务13】 2019-12-14，取得原始凭证1张。

表3-13-1

中国建设银行客户专用回单

币别：人民币　　2019 年 12 月 14 日　　流水号 320120027J0500810128

付款人	全称	中车股份有限公司	收款人	全称	南京成功股份有限公司
	账号	41622124268786		账号	41622124757264
	开户行	中国建设银行上海市黄浦区支行		开户行	中国建设银行南京市建邺区支行
金额		（大写）人民币 贰拾伍万元整			（小写）¥250000.00
凭证种类		网银	凭证号码		
结算方式		转账	用途		捐赠
			打印柜员：320125584257 打印机构：中国建设银行南京市建邺区支行 打印卡号：105035474816		

第二联贷方（回单）

（印章：中国建设银行 电子回单 专用章）

打印时间：2019-12-14　　交易柜员：320125584268　　交易机构：320110500541181589

上述原始凭证中：

表 3-13-1 是中国建设银行客户专用回单的第二联贷方回单，此联应作为收款方收取款项的记账依据。该原始凭证注明，“收款人”是本公司，“账号”是 41622124757264，这表明本公司已收到款项并存入账号 41622124757264 的基本户。进行会计核算时，“金额”应记入“银行存款——建行 41622124757264”科目的借方；同时，“付款人”是中车股份有限公司，“用途”是捐赠，这表明本公司收到中车股份有限公司捐赠的款项，进行会计核算时，“金额”应记入“营业外收入——捐赠利得”科目的贷方。

该笔业务在 T3 系统中的操作流程如下：

(1) 以 302102 会计将风明的身份于“2019-12-14”登录。“总账”→“凭证”，单击“填制凭证”，打开记账凭证编制界面。

(2) 单击“增加”按钮，增加一张空白凭证，凭证类型、凭证编号及制单日期自动生成；附单据数录入“1”。

(3) 第 1 行摘要处录入“收到捐赠款”。

(4) 第 1 行输入借方科目名称“银行存款——建行 41622124757264”，输入结算方式“网银”、票号“00810128”等及借方金额“250 000.00”。按回车键。

(5) 第 2 行新增（在科目栏通过搜索——编辑——增加“630101”“捐赠利得”科目）并输入贷方科目名称“营业外收入——捐赠利得”，输入贷方金额“250 000.00”。

(6) 单击“保存”按钮。

12 月份“0013”号记账凭证填制完成后界面，如图 3-13-1 所示。

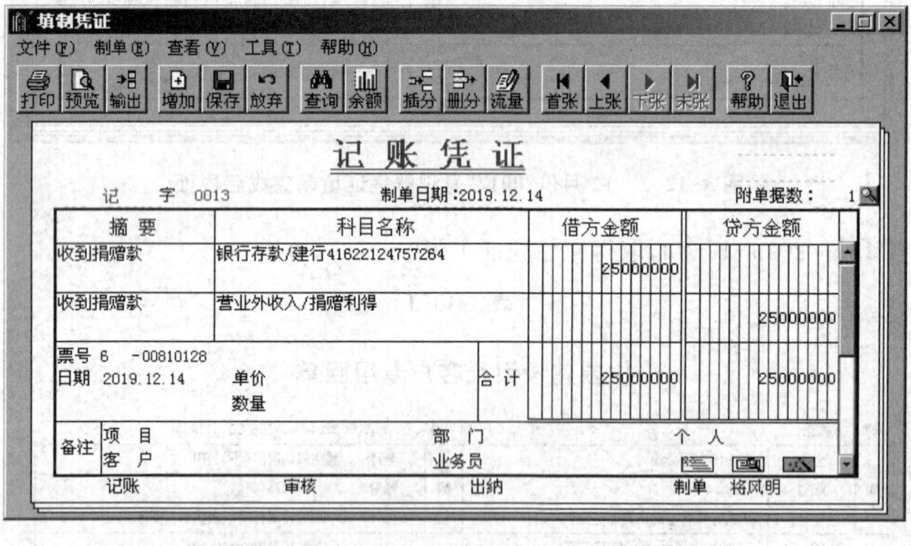

图 3-13-1　12 月份“0013”号记账凭证填制完成后界面

【业务 14】 2019-12-15，取得原始凭证 1 张。

表 3-14-1

中国建设银行客户专用回单

币别：人民币　　2019　年 12　月 15　日　　流水号 320120027J0500810123

付款人	全称	南京成功股份有限公司	收款人	全称	徐州明丰股份有限公司
	账号	41622124757264		账号	41622124078425
	开户行	中国建设银行南京市建邺区支行		开户行	中国建设银行徐州市鼓楼区支行
金额		（大写）人民币 玖万肆仟玖佰贰拾元整			（小写）¥94920.00
凭证种类		网银	凭证号码		
结算方式		转账	用途		支付货款
			打印柜员：320125584257 打印机构：中国建设银行南京市建邺区[illegible] 打印卡号：4162212475726		

中国建设银行 专用章

第一联借方（回单）

打印时间：2019-12-15　　交易柜员：320125584268　　交易机构：320110500541181592

上述原始凭证中：

表 3-14-1 是中国建设银行客户专用回单的第一联借方回单联，此联应作为付款方支付款项的记账依据。该原始凭证注明，"付款人"是本公司，"账号"是 41622124757264，这表明本公司已通过账号为 41622124757264 的基本户支付了款项。进行会计核算时，"金额"应记入"银行存款——建行 41622124757264"科目的贷方；同时，"收款人"是徐州明丰股份有限公司，"用途"是支付货款，而"应付账款——供应商"中"徐州明丰股份有限公司"科目，2019 年 11 月 30 日的贷方余额为 94 920.00 元，这表明本公司向徐州明丰股份有限公司支付了前欠货款，进行会计核算时，"金额"应记入"应付账款——供应商"中"徐州明丰股份有限公司"的借方。

该笔业务在 T3 系统中的操作流程如下：

（1）以 302102 会计将风明的身份于"2019-12-15"登录。"总账"→"凭证"，单击"填制凭证"，打开记账凭证编制界面。

（2）单击"增加"按钮，增加一张空白凭证，凭证类型、凭证编号及制单日期自动生成；附单据数录入"1"。

（3）第 1 行摘要处录入"支付货款"。

（4）第 1 行输入借方科目名称"应付账款——供应商"，供应商选择"徐州明丰股份有限公司"，输入借方金额"94 920.00"。按回车键。

（5）第 2 行输入贷方科目名称"银行存款——建行 41622124757264"，输入结算方式"网银"、票号"00810123"及贷方金额"94 920.00"。

（6）单击"保存"按钮。

12 月份"0014"号记账凭证填制完成后界面，如图 3-14-1 所示。

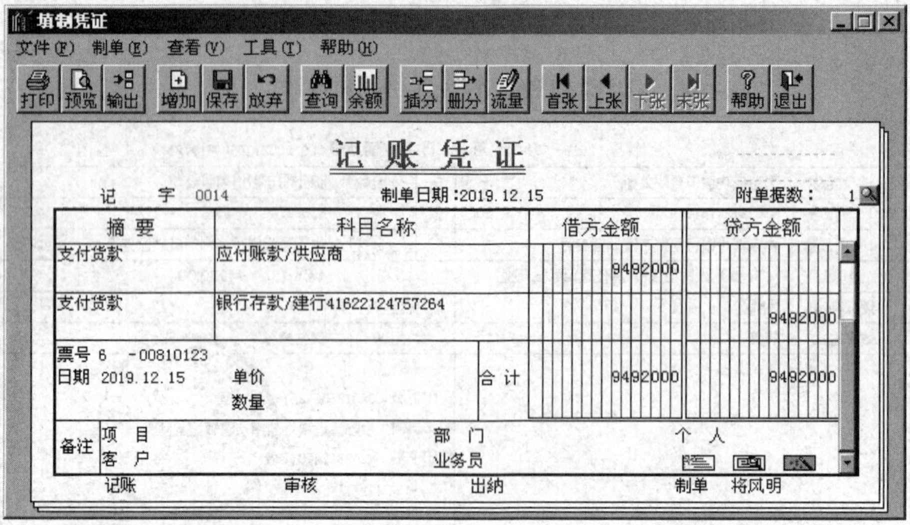

图 3-14-1 12 月份“0014”号记账凭证填制完成后界面

【业务 15】 2019-12-15,取得原始凭证 3 张。

表 3-15-1

3201161140 江苏增值税专用发票 № 27205335 3201161140 27205335

抵扣联

开票日期:2019年12月13日

购买方	名称:南京成功股份有限公司 纳税人识别号:913201436012042987 地址、电话:江苏省南京市国家高新区创业路1238号 025—80982852 开户行及账号:中国建设银行南京市建邺区支行 41622124757264				密码区	81*3187<4/+4752<+95-59+7<174 9869<0-->>-6>525<151342->7*7 87*3187<4/+8490<+38873256701 6+<712/<1+9016>5336++>84>387		
货物或应税劳务、服务名称	规格型号	单位	数量	单价	金额	税率	税额	
运输费		次	1	5000.00	5000.00	9%	450.00	
合计					¥5000.00		¥450.00	
价税合计(大写)	⊗伍仟肆佰伍拾元整				(小写) ¥5450.00			
销售方	名称:跑得快物流有限公司 纳税人识别号:913201027535494613 地址、电话:江苏省南京市玄武区吴洪街鲁俊路93号 025-72637005 开户行及账号:中国建设银行南京市玄武区支行 41622124394708				备注	起运地:南京市 到达地:南京市 车种车号:中型货车 苏X54715 货物名称:K01、S02		

收款人: 复核: 开票人:孙峰岭 销售方:(章)

左侧:税总函【XXXX】XXX号 XXXXXXX公司

右侧:第二联:抵扣联 购买方扣税凭证

印章:跑得快物流有限公司 913201027535494613 发票专用章

上述原始凭证中:

表 3-15-1 是江苏增值税专用发票的第二联抵扣联,此联应作为购买方抵扣进项税额的依据。该抵扣联不能作为记账凭证的附件,专门用于在规定期限内到税务机关办理认证或在平台办理勾选确认,并在认证通过或勾选确认的次月申报期内,向主管税务机关申报抵扣进项税额。

表 3-15-2 是江苏增值税专用发票的第三联发票联,此联应作为购买方的记账依据。该原始凭证注明,“购买方”是本公司,“销售方”是跑得快物流有限公司,“货物或应税劳务、服务名称”是运输费,备注中注明运输的是 K01 及 S02 两种产品,这表明跑得快物流有限公司

表 3-15-2

3201161140　江苏增值税专用发票　№ 27205335　3201161140 27205335

全国统一发票监制章 江苏 国家税务总局监制

开票日期：2019年12月13日

购买方	名　　称：南京成功股份有限公司 纳税人识别号：913201436012042987 地 址、电 话：江苏省南京市国家高新区创业路1238号 025—80982852 开户行及账号：中国建设银行南京市建邺区支行 41622124757264				密码区	81*3187<4/+4752<+95-59+7<174 9869<0-->>-6>525<151342->7*7 87*3187<4/+8490<+38873256701 6+<712/<1+9016>5336++>84>387		
货物或应税劳务、服务名称	规格型号	单位	数量	单价	金额	税率	税额	
运输费		次	1	5000.00	5000.00	9%	450.00	
合　　计					￥5000.00		￥450.00	
价税合计（大写）	⊗伍仟肆佰伍拾元整				（小写）￥5450.00			
销售方	名　　称：跑得快物流有限公司 纳税人识别号：913201027535494613 地 址、电 话：江苏省南京市玄武区吴洪街鲁俊路93号 025-72637005 开户行及账号：中国建设银行南京市玄武区支行 41622124394708				备注	起运地：南京市 到达地：南京市 车种车号： 913201027535494613 货物名称：K01、S02 发票专用章		

收款人：　复核：　开票人：孙峰岭　销售方：（章）

税总函【XXXX】XXX号 XXXXXXX公司

第三联：发票联 购买方记账凭证

表 3-15-3

中国建设银行客户专用回单

币别：人民币　2019 年 12 月 15 日　流水号 320120027J0500810148

付款人	全称	南京成功股份有限公司	收款人	全称	跑得快物流有限公司
	账号	41622124757264		账号	41622124394708
	开户行	中国建设银行南京市建邺区支行		开户行	中国建设银行南京市玄武区支行
金额		（大写）人民币 伍仟肆佰伍拾元整		（小写）￥5450.00	
凭证种类		网银	凭证号码		
结算方式		转账	用途	支付运输装卸费	
			打印柜员：320125584257 打印机构：中国建设银行南京市建邺区支行 打印卡号：41622124757264	中国建设银行 电子回单 专用章	

打印时间：2019-12-15　交易柜员：320125584268　交易机构：320110537

第一联 借方（回单）

向本公司提供了产品运输服务。进行会计核算时，“金额”应记入“销售费用——运输装卸费”科目的借方，“税额”应记入“应交税费——应交增值税——进项税额”科目的借方。

表 3-15-3 是中国建设银行客户专用回单的第一联借方回单，此联应作为付款方支付款项的记账依据。该原始凭证注明，“付款人”是本公司，“账号”是 41622124757264，“用途”是运输装卸费，这表明本公司通过账号为 41622124757264 的基本户支付了款项。进行会计核算时，“金额”应记入“银行存款——建行 41622124757264”科目的贷方。

该笔业务在 T3 系统中的操作流程如下：

(1) 以 302102 会计将风明的身份于“2019-12-15”登录。“总账”→“凭证”，单击“填制凭证”，打开记账凭证编制界面。

（2）单击“增加”按钮，增加一张空白凭证，凭证类型、凭证编号及制单日期自动生成；附单据数录入“2”。

（3）第 1 行摘要处录入“支付运输费”。

（4）第 1 行输入借方科目名称“销售费用——运输装卸费”，输入借方金额“5 000.00”；回车。第 2 行输入借方科目名称“应交税费——应交增值税——进项税额”，输入借方金额“450.00”。按回车键。

（5）第 3 行输入贷方科目名称“银行存款——建行 41622124757264”，输入结算方式“网银”、票号“00810148”及贷方金额“5 450.00”。

（6）单击“保存”按钮。

12 月份“0015”号记账凭证填制完成后界面，如图 3-15-1 所示。

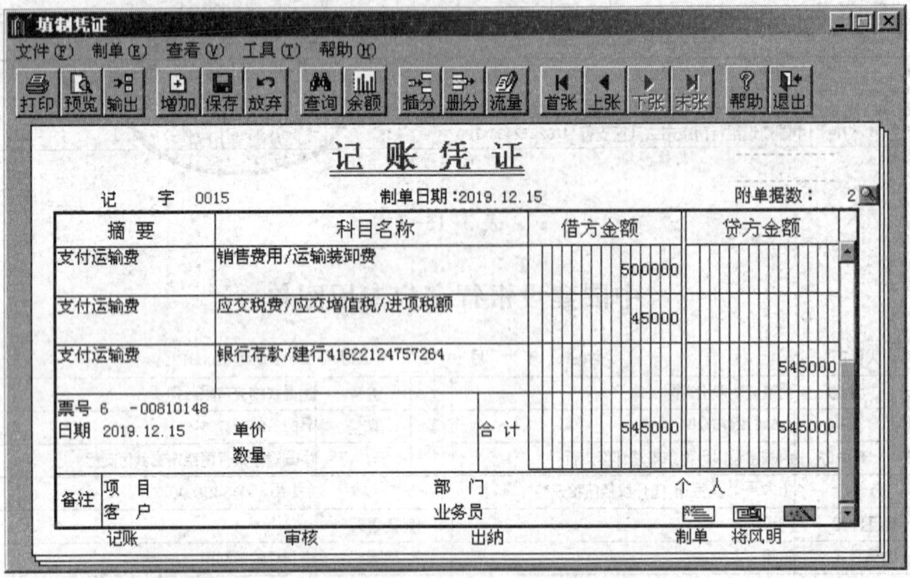

图 3-15-1 12 月份“0015”号记账凭证填制完成后界面

【业务 16】 2019-12-16，取得原始凭证 1 张。

表 3-16-1 收 款 收 据

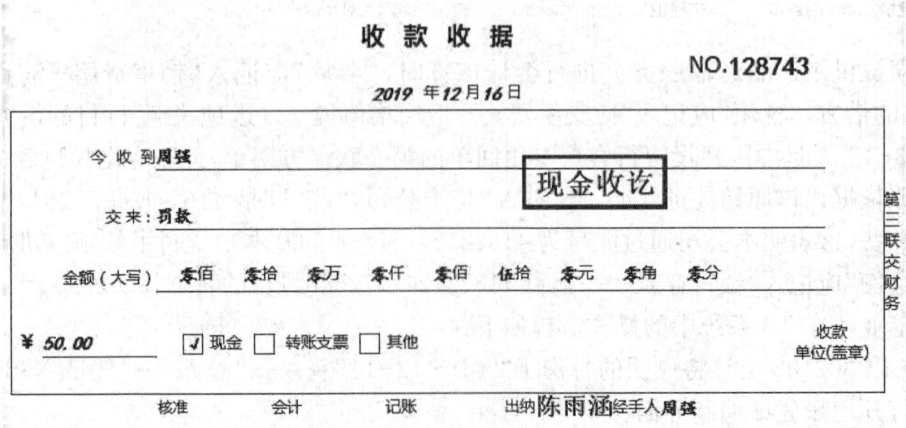

收 款 收 据

NO.128743

2019 年 12 月 16 日

今 收 到 周强

现金收讫

交来：罚款

金额（大写） 零佰 零拾 零万 零仟 零佰 伍拾 零元 零角 零分

¥ 50.00 ☑ 现金 ☐ 转账支票 ☐ 其他

收款单位(盖章)

第三联交财务

核准 会计 记账 出纳 陈雨涵 经手人 周强

上述原始凭证中：

表 3-16-1 是收款收据，此联应作为收款方收到款项的记账依据。该原始凭证注明，收款方式是现金，表明本公司收到了现金，进行会计核算时，“金额”应记入“库存现金”科目的借方。同时，交款人是职工周强，收款事由是罚款，这表明本公司收到的是职工周强的罚款，进行会计核算时，“金额”应记入“营业外收入——罚款收入”科目的贷方。

该笔业务在 T3 系统中的操作流程如下：

（1）以 302102 会计将风明的身份于“2019-12-16”登录。“总账”→“凭证”，单击“填制凭证”，打开记账凭证编制界面。

（2）单击“增加”按钮，增加一张空白凭证，凭证类型、凭证编号及制单日期自动生成；附单据数录入“1”。

（3）第 1 行摘要处录入“收到职工周强罚款”。

（4）第 1 行输入借方科目名称“库存现金”，输入借方金额“50.00”。按回车键。

（5）第 2 行在科目处通过查询及编辑的方式，新增编号“630102”名称“罚款收入”的科目，并输入到贷方科目名称为“营业外收入——罚款收入”，输入贷方金额“50.00”。

（6）单击“保存”按钮。

12 月份“0016”号记账凭证填制完成后界面，如图 3-16-1 所示。

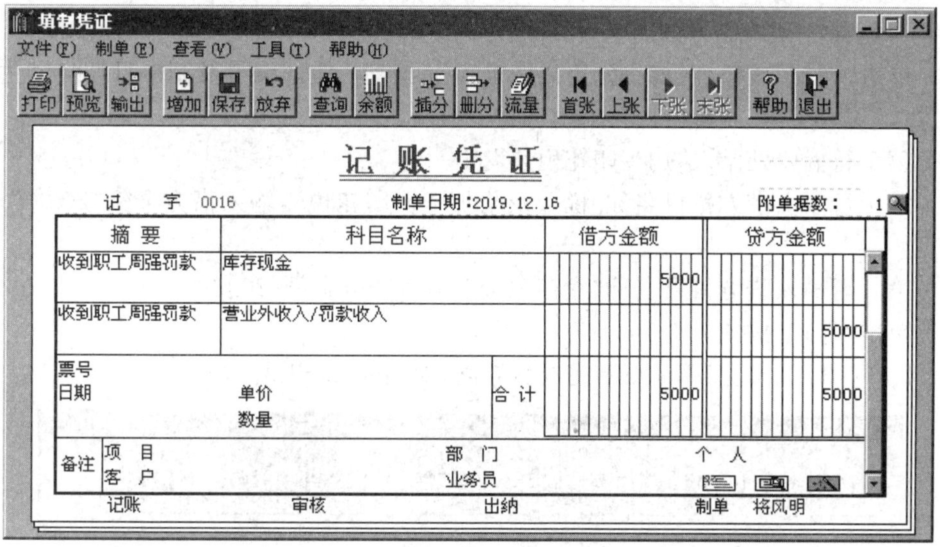

图 3-16-1　12 月份“0016”号记账凭证填制完成后界面

【业务 17】　2019-12-19，取得原始凭证 1 张。

下述原始凭证中：

表 3-17-1 是中华人民共和国印花税票销售凭证的第二联收据联，此联应作为购买方核算印花税的记账依据。该原始凭证注明，“购买单位”本公司，“印花税票”总计 20 元，这表明该公司购买了印花税票。进行会计核算时，“金额总计”应记入“税金及附加——印花税”科目的借方；同时，原始单据是盖有“现金付讫”章，表明本公司用库存现金支付上述款项。进行会计核算时，“金额总计”应记入“库存现金”科目的贷方。

表 3-17-1

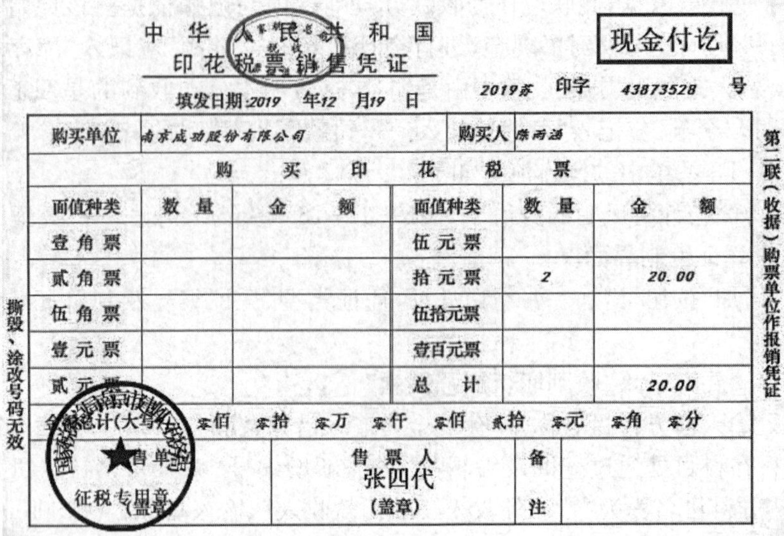
现金付讫

中华人民共和国
印花税票销售凭证

填发日期:2019 年12 月19 日　　2019苏 印字 43873528 号

购买单位	南京成功股份有限公司		购买人	陈雨涵	
购买印花税票					
面值种类	数量	金额	面值种类	数量	金额
壹角票			伍元票		
贰角票			拾元票	2	20.00
伍角票			伍拾元票		
壹元票			壹百元票		
贰元票			总计		20.00
金额总计(大写)	零佰 零拾 零万 零仟 零佰 贰拾 零元 零角 零分				
售票单位(盖章)	售票人 张四代 (盖章)		备注		

撕毁、涂改号码无效

第二联(收据)购票单位作报销凭证

该笔业务在 T3 系统中的操作流程如下:

(1) 以 302102 会计将风明的身份于“2019-12-19”登录。“总账”→“凭证”,单击“填制凭证”,打开记账凭证编制界面。

(2) 单击“增加”按钮,增加一张空白凭证,凭证类型、凭证编号及制单日期自动生成;附单据数录入“1”。

(3) 第 1 行摘要处录入“购买印花税票”。

(4) 第 1 行输入借方科目名称“税金及附加——印花税”,输入借方金额“20.00”。按回车键。

(5) 第 2 行输入贷方科目名称“库存现金”,输入贷方金额“20.00”。

(6) 单击“保存”按钮。

12 月份“0017”号记账凭证填制完成后界面,如图 3-17-1 所示。

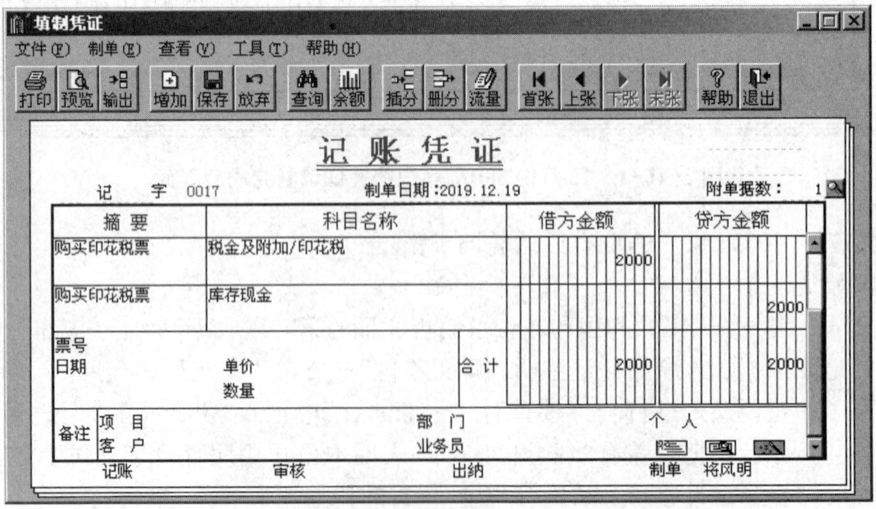

图 3-17-1　12 月份“0017”号记账凭证填制完成后界面

会计类 规划教材 Kuaijilei Guihua Jiaocai

【业务 18】 2019-12-21，取得原始凭证 2 张。

表 3-18-1

交通银行股份有限公司贷款还息凭证

打印日期 2019 年 12 月 21 日

客户号：05273410		机构代码 ：105	
借款单位：南京成功股份有限公司			
产生利息账号	还息金额	Osp现有余额	备 注
41924996454477	2200.00元		合同号：1912901
金额合计	（大写）人民币 贰仟贰佰元整 （小写）CNY****2200.00		
付款账号：41924996708646			
合同编号：1912901			
交易业务号：105LAA110089008			

开票：王俊杰 记账 复核 （盖章）

交通银行 南京市建邺区支行 2019-12-21 转讫 （01）

表 3-18-2

03201971202 江苏增值税普通发票 № 69946654 03201971202 69946654

（全国统一发票监制章 江苏 国家税务总局监制） 发票联

校验码 21891 22888 79253 21418 开票日期：2019年12月21日

购买方	名 称：南京成功股份有限公司 纳税人识别号：913201436012042987 地 址、电 话：江苏省南京市国家高新区创业路1238号 025—80982852 开户行及账号：中国建设银行南京市建邺区支行 41622124757264				密码区	51*3187<4/+8141<+95-59+7<289 5918<0-->>-6>525<656928->7*7 87*3187<4/+8490<+91843423246 9+<712/<1+9016>2215++>84>278	
货物或应税劳务、服务名称	规格型号	单位	数量	单价	金额	税率	税额
贷款服务			1	2075.47	2075.47	6%	124.53
合 计					¥2075.47		¥124.53
价税合计（大写）	⊗贰仟贰佰元整				（小写）¥2200.00		
销售方	名 称：交通银行股份有限公司南京市分行 纳税人识别号：913201056005494699 地 址、电 话：江苏省南京市建邺区宋春街文志路34号 025-62568776 开户行及账号：交通银行股份有限公司南京市营业部 32010572883680472606				备注		

收款人： 复核： 开票人：吴江华 销售方：（章）

交通银行南京市建邺区支行 913201056005494699 发票专用章

税总函【XXXX】XXX号 XXXXXXX公司

第二联：发票联 购买方记账凭证

上述原始凭证中：

表 3-18-1 是中国银行股份有限公司贷款还息凭证，此凭证应作为借款方支付利息的记账依据。该原始凭证注明，“借款单位”是本公司，“付款账号”是 41924996708646，这表明本公司已从账号为 41924996708646 的结算户支付了款项，进行会计核算时，“金额合计”应记入“银行存款——交行 41924996708646”科目的贷方。

表 3-18-2 是江苏增值税普通发票的第二联发票联，此联应作为购买方的记账依据。该原始凭证注明，“购买方”是本公司，“销售方”是中国银行股份有限公司南京分行，“货物或应税劳务、服务名称”是贷款服务，这表明本公司向中国银行借款产生利息支出。进行会计核算时，“价税合计”应记入“应付利息——短期借款（交通银行）”科目的借方。

该笔业务在 T3 系统中的操作流程如下：

（1）以 302102 会计将风明的身份于“2019-12-21”登录。“总账”→“凭证”，单击“填制凭证”，打开记账凭证编制界面。

（2）单击“增加”按钮，增加一张空白凭证，凭证类型、凭证编号及制单日期自动生成；附单据数录入“2”。

（3）第 1 行摘要处录入“支付短期借款利息”。

（4）第 1 行输入借方科目名称“应付利息”（辅助项录入“1101”，双击之，自动显示项目名），输入借方金额“2 200.00”。按回车键。

（5）第 2 行输入贷方科目名称“银行存款——交行 41924996708646”，输入结算方式“其他”及贷方金额“2 200.00”。

（6）单击“保存”按钮。

12 月份“0018”号记账凭证填制完成后界面，如图 3-18-1 所示。

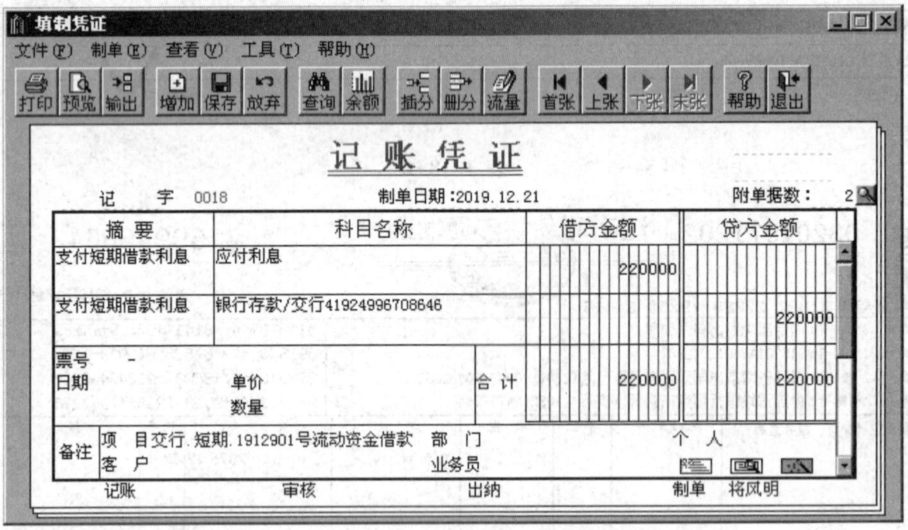

图 3-18-1　12 月份“0018”号记账凭证填制完成后界面

【业务 19】　2019-12-21，取得原始凭证 2 张。

表 3-19-1

中国建设银行客户专用回单

币别：人民币　　2019 年12 月21 日　　流水号：320120027J05008101

户名：南京成功股份有限公司			账号：41622124757264		
计息项目	起息日	结息日	本金/积数	利率（%）	利息金额
	2019-09-21	2019-12-20	*** ***	0.385%	5637.33
合计金额	（大写）伍仟陆佰叁拾柒元叁角叁分			¥5637.33	
上列存款利息，已照收你单位 41622124757264 账户			打印柜员：320125584257 打印机构：中国建设银行南京市建邺区支行 打印卡号：41622124757264		

中国建设银行 电子回单 专用章

打印时间：2019-12-21　　交易柜员：320125584268　　交易机构：320110521

表 3-19-2

交通银行客户专用回单

币别：人民币　　2019 年12 月21 日　　流水号：320120027J05009601

户名：南京成功股份有限公司			账号：41924996708646		
计息项目	起息日	结息日	本金/积数	利率（%）	利息金额
	2019-09-21	2019-12-20	*** ***	0.385%	1209.34
合计金额	（大写）壹仟贰佰零玖元叁角肆分			¥1209.34	
上列存款利息，已照收你单位 41924996708646 账户			打印柜员：320125587639 打印机构：交通银行南京市建邺区支行 打印卡号：41924996708646		

打印时间：2019-12-21　　交易柜员：320125587654　　交易机构：320130133

（印章：交通银行 电子回单 专用章）

上述原始凭证中：

表 3-19-1 是中国建设银行客户专用回单，此单作为收款方收取款项的记账依据。该原始凭证注明，“户名”是本公司，“账号”是 41622124757264，“计息项目”是活期存款，这表明本公司收到了账号为 41622124757264 基本户的存款利息。进行会计核算时，“合计金额”应记入“银行存款——建行 41622124757264”科目的借方。同时，因收到的是存款利息收入，进行会计核算时，“合计金额”应记入“财务费用——利息收入”科目的贷方（注：在会计信息化中记在借方，金额用负数）。

表 3-19-2 是中国银行客户专用回单，此单作为收款方收取款项的记账依据。该原始凭证注明，“户名”是本公司，“账号”是 41924996708646，“计息项目”是活期存款，这表明本公司收到了账号为 41924996708646 一般户的存款利息。进行会计核算时，“合计金额”应记入“银行存款——交行 41924996708646”科目的借方。同时，因收到的是存款利息收入，进行会计核算时，“合计金额”应记入“财务费用——利息收入”科目的借方，金额用红字。

该笔业务在 T3 系统中的操作流程如下：

(1) 以 302102 会计将风明的身份于“2019-12-21”登录。“总账”→“凭证”，单击“填制凭证”，打开记账凭证编制界面。

(2) 单击“增加”按钮，增加一张空白凭证，凭证类型、凭证编号及制单日期自动生成；附单据数录入“2”。

(3) 第 1 行摘要处录入“收到活期存款利息”。

(4) 第 1 行输入借方科目名称“银行存款——建行 41622124757264”，输入结算方式“7”，票号“05008101”，借方金额“5 637.33”。回车。第 2 行输入借方科目名称“银行存款——交行 41924996708646”，输入结算方式“7”，票号“05009601”，借方金额“1 209.34”。按回车键。

(5) 第 3 行输入贷方科目名称“财务费用——利息收入”，输入借方金额“－6 846.67”。

(6) 单击“保存”按钮。

12 月份“0019”号记账凭证填制完成后界面，如图 3-19-1 所示。

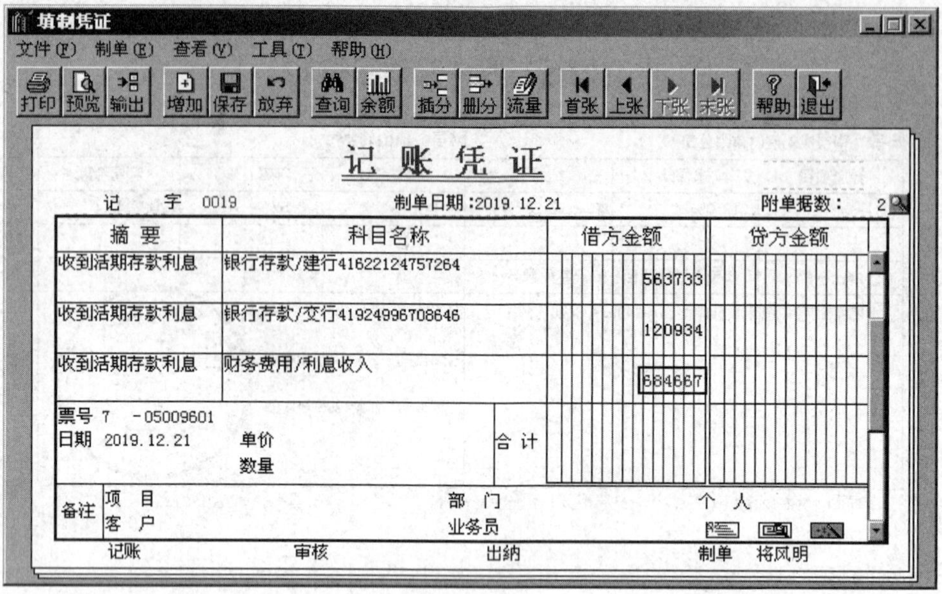

图 3-19-1 12 月份“0019”号记账凭证填制完成后界面

需要说明的是：

① 图 3-19-1 内，“财务费用”科目的红字金额用框显示。

② 在会计信息化下有一个最基本规定：“在业务中涉及损益类收入科目的，该科目在记账凭证中的金额方向必须在贷方，如果业务中是相反方向的，在记账凭证中仍然在贷方，金额用红字（负数）处理；在业务中涉及损益类费用或支出科目的，该科目在记账凭证中的金额方向必须在借方，如果业务中是相反方向的，在记账凭证中仍然在借方，金额用红字（负数）处理。”在平时业务中，不论是填制还是生成的记账凭证，只要涉及损益类收入或支出科目，则必须按本规定进行调整处理。收入或支出科目是根据损益类总分类科目的余额方向进行判断。

【业务 20】 2019-12-23，取得原始凭证 2 张。

表 3-20-1 销 售 单

购货单位：江苏跃达股份有限公司 地址和电话：江苏省淮安市清河区张莉街王福路 67 号 0517-53148932 单据编号：XS09863

纳税识别号：913208027393180502 开户行及账号：中国建设银行淮安市清河区支行 41622124974978 制单日期：2019-12-23

编 码	产品名称	规格	单位	单价	数量	金额	备注
	S02		件	113.00	2 200	248 600.00	含税价
合计	人民币（大写）：贰拾肆万捌仟陆佰元整				—	￥248 600.00	

会计联

销售经理：张玉林 经手人：李晓明 会计：将风明 签收人：赵兴东

表 3-20-2　产品销售合同

合同号:20191201

购货单位:江苏跃达股份有限公司　(以下简称甲方)

供货单位:南京成功股份有限公司　(以下简称乙方)

第一条　乙方向甲方提供 S02 共计 2 200 件,价款是 220 000.00 元,增值税为 28 600.00 元,价税合计是 248 600.00 元

第二条　交货日期:2019 年 12 月 23 日

第三条　验收标准

购买方收到商品后一个工作日内提出质量异议,不包括运输过程中造成的质量问题。自收到商品之日起 90 天内可以提出退货,运费由甲方承担。

以下条款略

甲方:________(盖章)　　　　乙方:________(盖章)

法定(授权)代表人:周进　周进
2019.12.6

法定(授权)代表人　李胜利　李胜利
2019.12.6

表 3-20-3

3201161140　江苏增值税专用发票　№ 32098225　3201161140　32098225

此联不作报销、扣税凭证使用

开票日期:2019年12月23日

购买方	名称:江苏跃达股份有限公司 纳税人识别号:913208027393180502 地址、电话:江苏省淮安市清河区张莉街王福路67号 0517-53148932 开户行及账号:中国建设银行淮安市清河区支行 41622124974978				密码区	32*3187<4/+7429<+95-59+7<032 4947<0-->>-6>525<148307->7*7 87*3187<4/+8490<+98128479475 5+<712/<1+9016>5832++>84>390	
货物或应税劳务、服务名称	规格型号	单位	数量	单价	金额	税率	税额
S02		件	2200	100.00	220000.00	13%	28600.00
合计					¥220000.00		¥28600.00
价税合计(大写)	⊗ 贰拾肆万捌仟陆佰元整				(小写) ¥248600.00		
销售方	名称:南京成功股份有限公司 纳税人识别号:913201436012042987 地址、电话:江苏省南京市国家高新区创业路1238号 025—80982852 开户行及账号:中国建设银行南京市建邺区支行 41622124757264				备注		

收款人:　复核:　开票人:将风明　销售方:(章)

税总函【XXXX】XXX号 XXXXXXX公司

第一联:记账联　销售方记账凭证

上述原始凭证中:

表 3-20-1 是销售单的会计联,此联应作为销售方发货的记账依据。该原始凭证注明,“销售方”是本公司,“购买方”是江苏跃达股份有限公司,“产品名称”是 S02,这表明本公司已将 S02 产品发货给江苏跃达股份有限公司。

表 3-20-2 是销售合同复印件,此销售合同附有退货条款,注明收到货物可以在 90 日内退货。本公司会计政策说明中,产品销售业务的预计退货率为 1%,因此,应按照合同金额的 99%和 1%分别确认主营业务收入和预计负债。

表 3-20-3 是江苏增值税专用发票的第一联记账联,此联应作为销售方的记账依据。该原始凭证注明,“销售方”是本公司,“购买方”是江苏跃达股份有限公司,“货物或应税劳务、

服务名称”是 S02，这表明本公司销售了 S02 产品给江苏跃达股份有限公司。销售产品是本公司的主营业务，结合表 3-20-1 和表 3-20-2，进行会计核算时，“金额”中的 99%即 217 800.00元，应记入“主营业务收入”科目中的“S02”项目的贷方，“金额”中的 1%即 2 200.00元，应记入“预计负债——应付退货款”科目中的“S02”项目的贷方，“税额”应记入“应交税费——应交增值税——销项税额”科目的贷方。

此外，本业务没有收取款项的原始凭证，2019 年 11 月末也没有相关预收款项的金额，进行会计核算时，应记入“应收账款”（客户“江苏跃达”）科目的借方。

该笔业务在 T3 系统中的操作流程如下：

（1）以 302102 会计将风明的身份于“2019-12-23”登录。“总账”→“凭证”，单击“填制凭证”，打开记账凭证编制界面。

（2）单击“增加”按钮，增加一张空白凭证，凭证类型、凭证编号及制单日期自动生成；附单据数录入“3”。

（3）第 1 行摘要处录入“销售产品，款未收”。

（4）第 1 行输入借方科目名称“应收账款”新增客户编号“11002”名称“江苏跃达股份有限公司”简称“江苏跃达”（建议在增加凭证前，通过“基础设置——往来单位——客户档案”新增客户档案比较合理），输入借方金额“248 600.00”；按回车键。

（5）第 2 行输入贷方科目名称“主营业务收入”，输入“S02”项目销售数量“2 178”，单价“100”，生成金额“217 800.00”，移至贷方；回车。第 3 行输入贷方科目名称“预计负债——应付退货款”，输入“S02”项目销售数量“22”，单价“100”，生成金额“2 200.00”，移至贷方；按回车键。第 4 行输入贷方科目名称“应交税费——应交增值税——销项税额”，输入贷方金额“28 600.00”。

（6）单击“保存”按钮。

12 月份“0020”号记账凭证填制完成后界面，如图 3-20-1 所示。

图 3-20-1　12 月份“0020”号记账凭证填制完成后界面

【业务 21】 2019-12-24，取得原始凭证 3 张。

表 3-21-1 销 售 单

购货单位：长虹股份有限公司　地址和电话：上海市黄浦区解汉街孙政路 91 号 021-61338563　单据编号：XS09864

纳税识别号：913101014814186204　开户行及账号：中国建设银行上海市黄浦区支行 41622124323617　制单日期：2019-12-24

编　码	产品名称	规格	单位	单价	数量	金额	备注
	RP		千克	22.60	1 000	22 600.00	含税价
合计	人民币(大写)：贰万贰仟陆佰元整				—	￥22 600.00	

会计联

销售经理：张玉林　经手人：李晓明　会计：将风明　签收人：牛瑞营

表 3-21-2

3201161140　**江苏增值税专用发票**　№ 32098226　3201161140　32098226

此联不作报销、扣税凭证使用　开票日期：2019年12月24日

购买方	名　　称：长虹股份有限公司 纳税人识别号：913101014814186204 地　址、电　话：上海市黄浦区解汉街孙政路91号 021-61338563 开户行及账号：中国建设银行上海市黄浦区支行 41622124323617	密码区	48*3187<4/+5260<+95-59+7<627 1935<0-->>-6>525<893148->7*7 87*3187<4/+8490<+37918187433 4+<712/<1+9016>3194++>84>617

货物或应税劳务、服务名称	规格型号	单位	数量	单价	金额	税率	税额
RP		千克	1000	20.00	20000.00	13%	2600.00
合　　计					￥20000.00		￥2600.00
价税合计（大写）	⊗ 贰万贰仟陆佰元整				（小写） ￥22600.00		

销售方	名　　称：南京成功股份有限公司 纳税人识别号：913201436012042987 地　址、电　话：江苏省南京市国家高新区创业路1238号 025－80982852 开户行及账号：中国建设银行南京市建邺区支行 41622124757264	备注	

收款人：　复核：　开票人：将风明　销售方：（章）

税总函【XXXX】XXX号 XXXXXXX公司

第一联：记账联　销售方记账凭证

表 3-21-3

中国建设银行客户专用回单

币别：人民币　2019 年 12 月 24 日　流水号 320120027J0500810247

付款人	全称	长虹股份有限公司	收款人	全称	南京成功股份有限公司
	账号	41622124323617		账号	41622124757264
	开户行	中国建设银行上海市黄浦区支行		开户行	中国建设银行南京市建邺区支行
金　额		（大写）人民币 贰万贰仟陆佰元整		（小写）￥22600.00	
凭证种类		网银	凭证号码		
结算方式		转账	用途		货款
			打印柜员：320125584257 打印机构：中国建设银行南京市建邺区支行 打印卡号：41622124757264		

中国建设银行 电子回单 专用章

打印时间：2019-12-24　交易柜员：320125584268　交易机构：320161187

第二联贷方（回单）

上述原始凭证中：

表 3-21-1 是销售单的会计联，此联应作为销售方发货的记账依据。该原始凭证注明，“销售方”是本公司，“购买方”是长虹股份有限公司，“产品名称”是 RP，这表明本公司已将 RP 原材料发货给长虹股份有限公司。

表 3-21-2 是江苏增值税专用发票的第一联记账联，此联应作为销售方的记账依据。该原始凭证注明，“销售方”是本公司，“购买方”是长虹股份有限公司，“货物或应税劳务、服务名称”是 RP，这表明本公司销售了 RP 材料给长虹股份有限公司。销售材料是本公司的其他业务，进行会计核算时，“金额”应记入“其他业务收入——材料销售”科目的贷方，“税额”应记入“应交税费——应交增值税——销项税额”科目的贷方。

表 3-21-3 是中国建设银行客户专用回单的第二联贷方回单，此联应作为收款方收取款项的记账依据。该原始凭证注明，“收款人”是本公司，“账号”是 41622124757264，这表明本公司已通过账号 41622124757264 的基本户收取了款项，进行会计核算时，“金额”应记入“银行存款——建行 41622124757264”科目的借方。

该笔业务在 T3 系统中的操作流程如下：

(1) 以 302102 会计将风明的身份于“2019-12-24”登录。“总账”→“凭证”，单击“填制凭证”，打开记账凭证编制界面。

(2) 单击“增加”按钮，增加一张空白凭证，凭证类型、凭证编号及制单日期自动生成；附单据数录入“3”。

(3) 第 1 行摘要处录入“销售材料款已收”。

(4) 第 1 行输入借方科目名称“银行存款——建行 41622124757264”，输入结算方式“网银”，票号“00810247”，借方金额“22 600.00”。按回车键。

(5) 第 2 行输入贷方科目名称“其他业务收入——材料销售”，输入 RP 销售数量“1 000”，单价“20”，生成金额“20 000.00”，移至贷方；回车。第 3 行输入贷方科目名称“应交税费——应交增值税——销项税额”，输入贷方金额“2 600.00”。

(6) 单击“保存”按钮。

12 月份“0021”号记账凭证填制完成后界面，如图 3-21-1 所示。

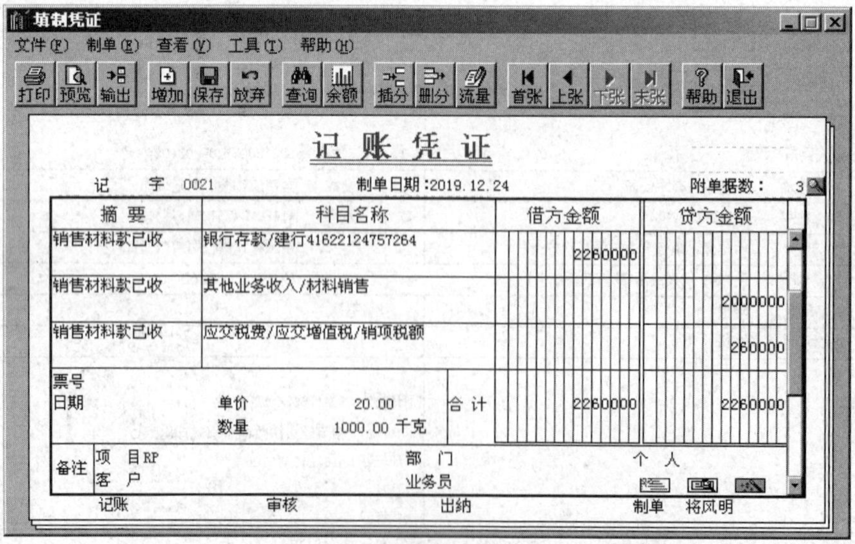

图 3-21-1　12 月份“0021”号记账凭证填制完成后界面

【业务 22】 2019-12-31，取得原始凭证 2 张

表 3-22-1 12 月工资计算表

2019 年 12 月 31 日

员工姓名	所属部门	职务	工资总额	员工姓名	所属部门	职务	工资总额
李胜利	办公室	法人总经理	7 000.00	李 亚	生产车间	生产工人	4 500.00
周长虹	办公室	办公室主任	6 500.00	蒋明洁	生产车间	生产工人	4 300.00
于成功	办公室	办公室职员	5 500.00	黄忆成	生产车间	生产工人	3 800.00
张福平	办公室	仓管员	3 800.00	周永海	生产车间	生产工人	3 800.00
周 琳	财务部	财务经理	4 100.00	李永波	生产车间	生产工人	3 600.00
将风明	财务部	会计	5 000.00	蒋 敏	生产车间	生产工人	4 200.00
陈雨涵	财务部	出纳	3 000.00	李洁洪	生产车间	生产工人	3 600.00
强洪森	采购部	采购经理	4 500.00	周 强	生产车间	生产工人	3 400.00
李 娟	采购部	采购员	3 700.00	吴敏洁	生产车间	生产工人	4 300.00
张玉林	销售门市	销售经理	4 800.00	陈立生	生产车间	生产工人	3 200.00
李晓明	销售门市	销售员	3 600.00	—	—	—	—
周络顺	生产车间	车间主任	4 800.00	合计			95 000.00

制表：将风明　　　　审核：周琳

表 3-22-2 12 月工资费用分配汇总表

2019 年 12 月 31 日

应借账户	直接计入	分配计入			合计
		生产工时	分配率	分配金额	
生产成本——K01		800		12 384.00	12 384.00
——S02		1 700		26 316.00	26 316.00
合 计		2 500	15.48	38 700.00	38 700.00
制造费用	4 800.00				4 800.00
管理费用	43 100.00				43 100.00
销售费用	8 400.00				8 400.00
合计	56 300.00			38 700.00	95 000.00

制表：将风明　　　　审核：周琳

上述原始凭证中：

表 3-22-1 是 12 月工资计算表，表 3-22-2 是工资费用分配汇总表，此表应作为期末计算分配工资费用的记账依据。该原始凭证注明的内容表明，本月支付给职工的工资总额是 95 000.00 元，进行会计核算时，“应付工资”合计金额应记入“应付职工薪酬——工资”科目的贷方；同时，生产 K01、S02 产品分别发生了工资费用 12 384 元和 26 316 元，应分别记入“生产成本——直接人工”中辅助核算项目“K01”和“S02”科目的借方；此外，生产车间、管理

部门和专设销售机构分别发生了工资费用 4 800.00 元、43 100.00 元和 8 400.00 元，进行会计核算时，应分别记入“制造费用——工资”“管理费用——工资”和“销售费用——工资”科目的借方。

该笔业务在 T3 系统中的操作流程如下：

(1) 以 302102 会计将风明的身份于“2019-12-31”登录。“工资”→“业务处理”，选中“工资变动”，根据表 3-22-1 资料检查各职工的工资总额，与上月工资数据完全一致，则进行工资费用分摊；如果数据不一致，把不一致的数据修改后重新计算，待数据审核一致后再进行工资费用的分摊。

(2) 工资费用凭证的生成，在“工资分摊”对话框中，在“计提工资费用”复选框中打“√”，选择所有的核算部门，以分配到部门，明细到工资项目的要求，单击“确定”按钮，显示“分配工资费用一览表”，在“合并科目相同、辅助荐相同的分录”复选框中打“√”，选中“制单”命令，生成分配工资费用的记账凭证；生成的记账凭证类型默认为“记”；凭证编号和制单日期自动生成；附单据数录入“2”。在第 5 行借方科目名称“生产成本——直接人工”中，下移打开辅助项对话框，录入项目名称“K01”；在第 4 行借方科目名称“生产成本——直接人工”中，下移打开辅助项对话框，录入项目名称“S02”；单击“保存”按钮。

12 月份“0022”号记账凭证保存界面，如图 3-22-1 所示。

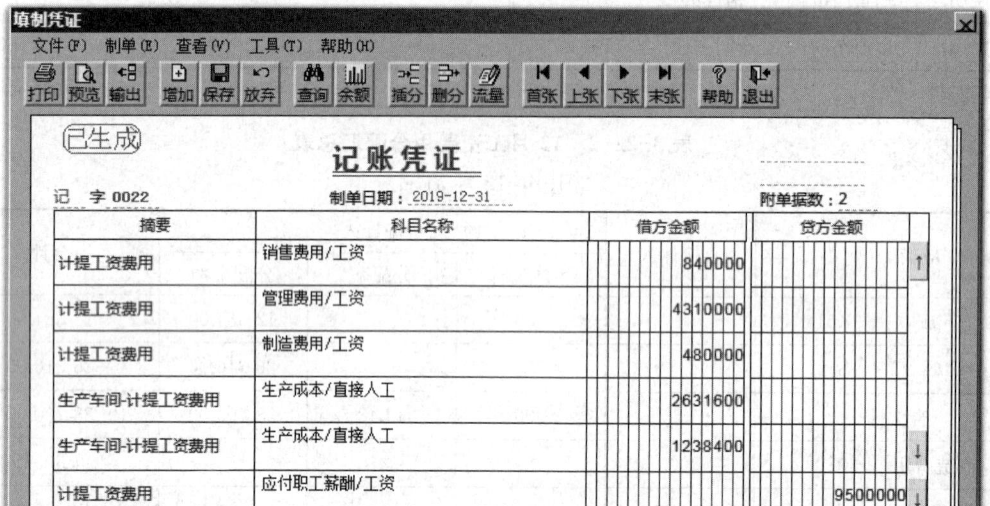

摘要	科目名称	借方金额	贷方金额
计提工资费用	销售费用/工资	840000	
计提工资费用	管理费用/工资	4310000	
计提工资费用	制造费用/工资	480000	
生产车间-计提工资费用	生产成本/直接人工	2631600	
生产车间-计提工资费用	生产成本/直接人工	1238400	
计提工资费用	应付职工薪酬/工资		9500000
票号 日期	单价 数量	合计 9500000	9500000

图 3-22-1 12 月份“0022”号记账凭证保存界面

需要说明的是：

在会计信息化下，2019 年 11 月已录入工资变动数据并进行了工资分摊的设置，如果 2019 年 12 月工资数据不变，则可以根据已设置分摊方式生成凭证。这样操作可以提高会计核算效率。

【业务 23】 2019-12-31,取得原始凭证 1 张。

表 3-23-1 四险一金计算表

2019 年 12 月 31 日

应借账户	工资总额	养老保险	医疗保险	失业保险	工伤保险	住房公积金	四险一金合计
生产成本——K01	12 384.00	1 981.44	1 213.63	61.92	9.91	1 238.40	4 505.30
——S02	26 316.00	4 210.56	2 578.97	131.58	21.05	2 631.60	9 573.76
合计	38 700.00	6 192.00	3 792.60	193.50	30.96	3 870.00	14 079.06
制造费用	4 800.00	768.00	470.40	24.00	3.84	480.00	1 746.24
管理费用	43 100.00	6 896.00	4 223.80	215.50	34.48	4 310.00	15 679.78
销售费用	8 400.00	1 344.00	823.20	42.00	6.72	840.00	3 055.92
合计	95 000.00	15 200.00	9 310.00	475.00	76.00	9 500.00	34 561.00

制表:将风明 审核:周琳

上述原始凭证中:

表 3-23-1 是四险一金计算表,此表应作为期末计算分配四险一金的记账依据。该原始凭证注明的内容表明,本月应承担的四险一金合计数为 34 561.00 元,进行会计核算时,合计金额,应分别记入“应付职工薪酬——社会保险费”“应付职工薪酬——设定提存计划”和“应付职工薪酬——住房公积金”科目的贷方;同时,生产 K01、S02 产品分别发生了四险一金费用为 4 505.30 元和 9 573.76 元,进行会计核算时,应分别记入“生产成本——直接人工”辅助核算“K01”和“S02”科目的借方;此外,生产车间、管理部门和专设销售机构分别发生了四险一金费用为 1 746.24 元、15 679.78 元和 3 055.92 元,应分别记入“制造费用——四险一金”“管理费用——四险一金”和“销售费用——四险一金”科目的借方。

该笔业务在 T3 系统中的操作流程如下:

以 302102 会计将风明的身份于“2019-12-31”登录。在“工资分摊”对话框中,在“计提四险一金”复选框中打“√”,选择所有的核算部门,以分配到部门,明细到工资项目的要求,单击“确定”按钮,显示“计提四险一金一览表”,在“合并科目相同、辅助荐相同的分录”复选框中打“√”,选中“制单”命令,生成计提四险一金的记账凭证;生成的记账凭证类型、制单日期、凭证编号自动生成;附单据数录入:“1”。在第 4 行借方科目名称“生产成本——直接人工”,下移打开辅助项对话框,选择项目名称“K01”;在第 5 行借方科目名称“生产成本——直接人工”,下移打开辅助项对话框,选择项目名称“S02”;贷方科目应付职工薪酬——社会保险费、设定提存计划和住房公积金等科目分别按表 3-23-1 的合计金额进行修改。修改完成单击“保存”按钮。

12 月份“0023”号记账凭证保存界面,如图 3-23-1 所示。

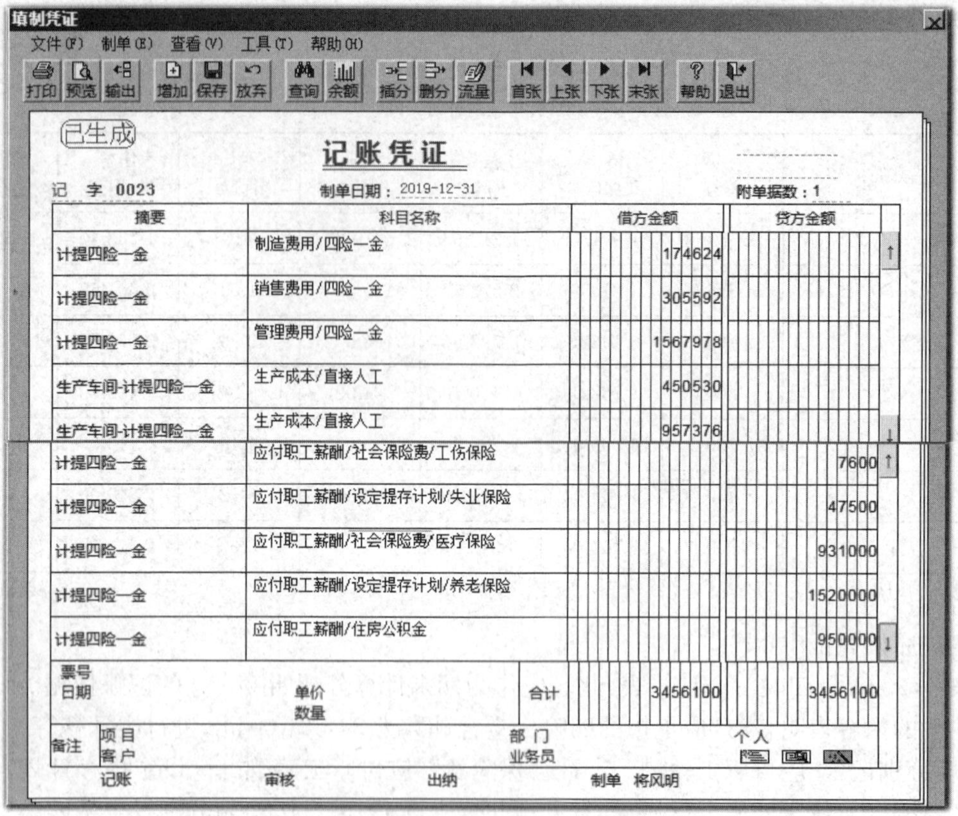

记账凭证

记 字 0023　　制单日期：2019-12-31　　附单据数：1

摘要	科目名称	借方金额	贷方金额
计提四险一金	制造费用/四险一金	174624	
计提四险一金	销售费用/四险一金	305592	
计提四险一金	管理费用/四险一金	1567978	
生产车间-计提四险一金	生产成本/直接人工	450530	
生产车间-计提四险一金	生产成本/直接人工	957376	
计提四险一金	应付职工薪酬/社会保险费/工伤保险		7600
计提四险一金	应付职工薪酬/设定提存计划/失业保险		47500
计提四险一金	应付职工薪酬/社会保险费/医疗保险		931000
计提四险一金	应付职工薪酬/设定提存计划/养老保险		1520000
计提四险一金	应付职工薪酬/住房公积金		950000
票号 日期	单价 数量　合计	3456100	3456100

备注　项目　部门　个人
　　　客户　业务员

记账　审核　出纳　制单 将风明

图 3-23-1　12 月份“0023”号记账凭证保存界面

【业务 24】 2019-12-31，取得原始凭证 5 张。

表 3-24-1

3201180140　江苏增值税专用发票　№ 26399942　3201180140 26399942

抵扣联

开票日期：2019年12月31日

购买方	名称：南京成功股份有限公司 纳税人识别号：913201436012042987 地址、电话：江苏省南京市国家高新区创业路1238号 025—80982852 开户行及账号：中国建设银行南京市建邺区支行 41622124757264			密码区	48*3187<4/+7646<+95-59+7<397 8524<0-->>-6>525<028062->7*7 87*3187<4/+8490<+47980217831 7+<712/<1+9016>3589++>84>689		
货物或应税劳务、服务名称	规格型号	单位	数量	单价	金额	税率	税额
水费		吨	600	3.689702	2213.82	3%	66.41
合计					¥2213.82		¥66.41
价税合计（大写）	⊗贰仟贰佰捌拾元贰角叁分				（小写）¥2280.23		
销售方	名称：江苏水务股份有限公司 纳税人识别号：913201051167476863 地址、电话：江苏省南京市建邺区解红街胡春路01号 025-24643937 开户行及账号：中国建设银行南京市建邺区支行 41621526485817			备注			

收款人：　复核：　开票人：王建武　销售方：（章）

第二联：抵扣联 购买方扣税凭证

表 3-24-2

3201180140 江苏增值税专用发票 № 26399942

3201180140
26399942

开票日期：2019年12月31日

购买方	
名称	南京成功股份有限公司
纳税人识别号	913201436012042987
地址、电话	江苏省南京市国家高新区创业路1238号 025—80982852
开户行及账号	中国建设银行南京市建邺区支行 41622124757264

密码区：
48*3187<4/+7646<+95-59+7<397
8524<0-->>-6>525<028062->7*7
87*3187<4/+8490<+47980217831
7+<712/<1+9016>3589++>84>689

货物或应税劳务、服务名称	规格型号	单位	数量	单价	金额	税率	税额
水费		吨	600	3.689702	2213.82	3%	66.41
合计					¥2213.82		¥66.41
价税合计（大写）	⊗贰仟贰佰捌拾元贰角叁分				（小写）¥2280.23		

销售方	
名称	江苏水务股份有限公司
纳税人识别号	913201051167476863
地址、电话	江苏省南京市建邺区解红街胡春路01号 025-24643937
开户行及账号	中国建设银行南京市建邺区支行 41621526485817

收款人： 复核： 开票人：王建武 销售方：（章）

税总函【XXXX】XXX号 XXXXXXX公司

第三联：发票联 购买方记账凭证

表 3-24-3

032011801202 江苏增值税普通发票 № 26398682

032011801202
26398682

校验码 08764 11927 09003 35742

开票日期：2019年12月31日

购买方	
名称	南京成功股份有限公司
纳税人识别号	913201436012042987
地址、电话	江苏省南京市国家高新区创业路1238号 025—80982852
开户行及账号	中国建设银行南京市建邺区支行 41622124757264

密码区：
01*3187<4/+9058<+95-59+7<967
1462<0-->>-6>525<901996->7*7
87*3187<4/+8490<+74152058367
2+<712/<1+9016>2124++>84>447

货物或应税劳务、服务名称	规格型号	单位	数量	单价	金额	税率	税额
污水处理费		南京通用	600	1.35	810.00	0%	***
合计					¥810.00		¥0
价税合计（大写）	⊗捌佰壹拾元整				（小写）¥810.00		

销售方	
名称	江苏水务股份有限公司
纳税人识别号	913201051167476863
地址、电话	江苏省南京市建邺区解红街胡春路01号 025-24643937
开户行及账号	中国建设银行南京市建邺区支行 41621526485817

收款人： 复核： 开票人：常文光 销售方：（章）

税总函【XXXX】XXX号 XXXXXXX公司

第二联：发票联 购买方记账凭证

表 3-24-4　水费分配表

2019 年 12 月 31 日

部门	吨	自来水单价	自来水分配金额	污水处理费单价	污水处理费金额	合计分配金额
办公室、财务部和采购部	30	3.689 702	110.69	1.35	40.5	151.19
销售门市部	20	3.689 702	73.79	1.35	27	100.79
车间	550	3.689 702	2 029.34	1.35	742.5	2 771.84
合计	600	3.689 702	2 213.82	1.35	810	3 023.82

制表：将风明　　审核：周琳

表 3-24-5

中国建设银行客户专用回单

币别：人民币　　2019 年 12 月 31 日　　流水号 320120027J0500810340

付款人	全称	南京成功股份有限公司	收款人	全称	江苏水务股份有限公司
	账号	41622124757264		账号	41621526485817
	开户行	中国建设银行南京市建邺区支行		开户行	中国建设银行南京市建邺区支行
金额		（大写）人民币 叁仟零玖拾元贰角叁分		（小写）￥3090.23	
凭证种类		网银		凭证号码	
结算方式		转账		用途	支付水费
			打印柜员：320125584257 打印机构：中国建设银行南京市建邺区支行 打印卡号：41622124757264		

第一联借方（回单）

中国建设银行 电子回单 专用章

打印时间：2019-12-31　　交易柜员：320125584268　　交易机构：320110562

上述原始凭证中：

表 3-24-1 是江苏增值税专用发票的第二联抵扣联，此联应作为购买方抵扣进项税额的依据。该抵扣联不能作为记账凭证的附件，专门用于在规定期限内到税务机关办理认证或在平台办理勾选确认，并在认证通过或勾选确认的次月申报期内，向主管税务机关申报抵扣进项税额。

表 3-24-2 是江苏增值税专用发票的第三联发票联，此联应作为购买方的记账依据。该原始凭证注明，“购买方”是本公司，“销售方”是江苏南京水务股份有限公司，“货物或应税劳务、服务名称”是水费，这表明本公司在生产经营过程中使用了自来水。

表 3-24-3 是江苏增值税普通发票的第二联发票联，此联应作为购买方的记账依据。该原始凭证注明，“购买方”是本公司，“销售方”是江苏南京水务股份有限公司，“货物或应税劳务、服务名称”是污水处理费，这表明本公司在生产经营过程中使用自来水而发生污水处理费。根据表 3-24-2 和表 3-24-3，进行会计核算时，“金额”的合计数应根据使用部门分配记入成本、费用等科目的借方，“税额”记入“应交税费——应交增值税——进项税额”科目的借方。

表 3-24-4 是水费分配表，此表应作为分配水费的记账依据。该原始凭证的内容表明，管理部门（包括办公室、财务部和采购部）、专设销售机构和生产车间分配的金额，应分别记入“管理费用——水电费”“销售费用——水电费”和“制造费用——水电费”科目的借方。

表 3-24-5 是中国建设银行客户专用回单的第一联借方回单，此联应作为付款方支付款项的记账依据。该原始凭证注明，“付款人”是本公司，“账号”是 41622124757264，这表明本公司已通过账号 41622124757264 的基本户支付了款项，进行会计核算时，应记入“银行存款——建行 41622124757264”科目的贷方。

该笔业务在 T3 系统中的操作流程如下：

(1) 以 302102 会计将风明的身份于“2019-12-31”登录。“总账”→“凭证”，单击“填制凭证”，打开记账凭证编制界面。

(2) 单击“新增”按钮，增加一张空白凭证，凭证类型、凭证编号及制单日期自动生成；附单据数录入“4”。

(3) 第 1 行摘要处录入“分配水费”。

（4）第 1 行输入借方科目名称“管理费用——水电费”，输入借方金额“151.19”；回车。第 2 行输入借方科目名称“销售费用——水电费”，输入借方金额“100.79”。按回车键。第 3 行输入借方科目名称“制造费用——水电费”，输入借方金额“2 771.84”；回车。第 4 行输入借方科目名称“应交税费——应交增值税——进项税额”，输入借方金额“66.41”。按回车键。

（5）第 5 行输入贷方科目名称“银行存款——建行 41622124757264”，输入结算方式：网银，票据号 00810340，贷方金额“3 090.23”。

（6）单击“保存”按钮。

12 月份“0024”号记账凭证填制完成后界面，如图 3-24-1 所示。

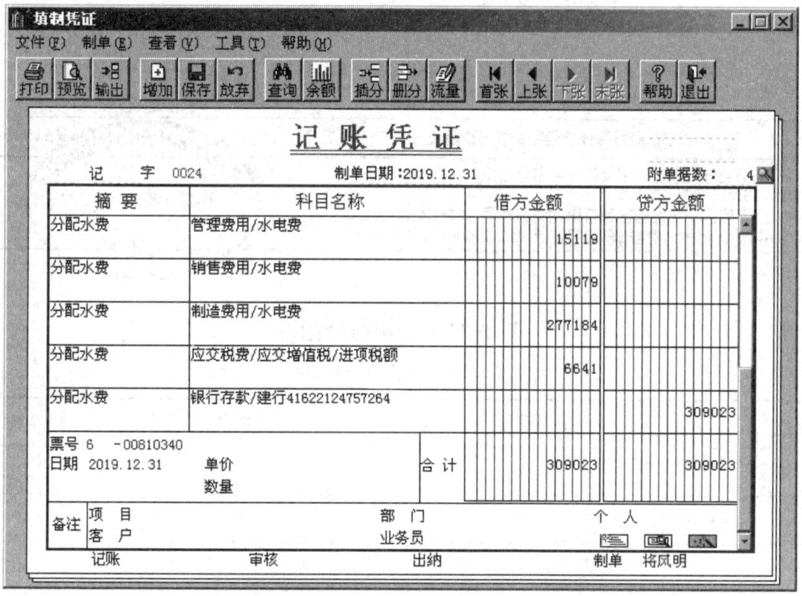

摘要	科目名称	借方金额	贷方金额
分配水费	管理费用/水电费	15119	
分配水费	销售费用/水电费	10079	
分配水费	制造费用/水电费	277184	
分配水费	应交税费/应交增值税/进项税额	6641	
分配水费	银行存款/建行41622124757264		309023
票号 6 -00810340 日期 2019.12.31	单价 数量 合 计	309023	309023

图 3-24-1　12 月份“0024”号记账凭证填制完成后界面

【业务 25】　2019-12-31，取得原始凭证 3 张。

表 3-25-1

3201180140　江苏增值税专用发票　№ 41456469　3201180140 41456469

抵扣联

开票日期：2019年12月31日

购买方	名　　称：南京成功股份有限公司 纳税人识别号：913201436012042987 地址、电话：江苏省南京市国家高新区创业路1238号 025-80982852 开户行及账号：中国建设银行南京市建邺区支行 41622124757264	密码区	36*3187<4/+9011<+95-59+7<926 4049<0-->>-6>525<299967->7*7 87*3187<4/+8490<+03957213397 3+<712/<1+9016>0872++>84>228

货物或应税劳务、服务名称	规格型号	单位	数量	单价	金额	税率	税额
电					10192.00	13%	1324.96
合　　计					￥10192.00		￥1324.96
价税合计（大写）	⊗壹万壹仟伍佰壹拾陆元玖角陆分				（小写）￥11516.96		

销售方	名　　称：江苏省电力股份有限公司南京市分公司 纳税人识别号：913201050645002233 地址、电话：江苏省南京市建邺区韩春街刘海路39号 025-73049758 开户行及账号：中国建设银行南京市建邺区支行 41247650539092	备注	江苏省电力股份有限公司南京市分公司 913201050645002233 发票专用章

收款人：　　复核：　　开票人：张民强　　销售方：（章）

第二联：抵扣联　购买方扣税凭证

表 3-25-2

3201180140　　江苏增值税专用发票　　№ 41456469　　3201180140 41456469

发票联

开票日期：2019年12月31日

购买方	名　称：南京成功股份有限公司 纳税人识别号：913201436012042987 地址、电话：江苏省南京市国家高新区创业路1238号 025-80982852 开户行及账号：中国建设银行南京市建邺区支行 41622124757264				密码区	36*3187<4/+9011<+95-59+7<926 4049<0-->>-6>525<299967->7*7 87*3187<4/+8490<+03957213397 3+<712/<1+9016>0872++>84>228	
货物或应税劳务、服务名称	规格型号	单位	数量	单价	金额	税率	税额
电					10192.00	13%	1324.96
合计					¥10192.00		¥1324.96
价税合计（大写）	⊗壹万壹仟伍佰壹拾陆元玖角陆分				（小写）¥11516.96		
销售方	名　称：江苏省电力股份有限公司南京市分公司 纳税人识别号：913201050645002233 地址、电话：江苏省南京市建邺区韩春街刘海路39号 025-73049758 开户行及账号：中国建设银行南京市建邺区支行 41247650539092				备注		

收款人：　　复核：　　开票人：张民强　　销售方：（章）

（印章：江苏省电力股份有限公司南京市分公司 913201050645002233 发票专用章）

税总函【XXXX】XXX号 XXXXXXX公司

第三联：发票联　购买方记账凭证

表 3-25-3　电费分配表

2019 年 12 月 31 日

部门	耗用数量	单位成本	金额(元)
办公室、财务部和采购部	120		192.00
销售门市部	250		400.00
车间	6 000		9 600.00
合计	6 370	1.6	10 192.00

制表：将风明　　审核：周琳

上述原始凭证中：

表 3-25-1 是江苏增值税专用发票的第二联抵扣联，此联应作为购买方抵扣进项税额的依据。该抵扣联不能作为记账凭证的附件，专门用于在规定期限内到税务机关办理认证或在平台办理勾选确认，并在认证通过或勾选确认的次月申报期内，向主管税务机关申报抵扣进项税额。

表 3-25-2 是江苏增值税专用发票的第三联发票联，此联应作为购买方的记账依据。该原始凭证注明，“购买方”是本公司，“销售方”是江苏省电力股份有限公司南京市分公司，“货物或应税劳务、服务名称”是电，这表明本公司在生产经营过程中使用了电。进行会计核算时，“金额”的应根据使用部门分配记入成本、费用等科目的借方，“税额”记入“应交税费——应交增值税——进项税额”科目的借方。

表 3-25-3 是电费分配表，此表应作为分配电费的记账依据。该原始凭证的内容表明，管理部门(包括办公室、财务部和采购部)、专设销售机构和生产车间分配的金额，应分别记入“管理费用——水电费”“销售费用——水电费”和“制造费用——水电费”科目的借方。

此外，本业务中没有支付款项的原始凭证，而 11 月 30 日“预付账款——供应商”科目中的“南京电力”有借方余额，进行会计核算时，“合计”应记入“预付账款——供应商”科目的贷方。

该笔业务在 T3 系统中的操作流程如下：

(1) 以 302102 会计将风明的身份于“2019-12-31”登录。“总账”→“凭证”，单击“填制凭证”，打开记账凭证编制界面。

(2) 单击“增加”按钮，增加一张空白凭证，凭证类型、凭证编号及制单日期自动生成；附单据数录入“2”。

(3) 第 1 行摘要处录入“分配电费”。

(4) 第 1 行输入借方科目名称“管理费用——水电费”，输入借方金额“192.00”；回车。第 2 行输入借方科目名称“销售费用——水电费”，输入借方金额“400.00”；第 3 行输入借方科目名称“制造费用——水电费”，输入借方金额“9 600.00”；按回车键。第 4 行输入借方科目名称“应交税费——应交增值税——进项税额”，输入借方金额“1 324.96”。按回车键。

(5) 第 5 行输入贷方科目名称“预付账款——供应商”，输入供应商信息“南京电力”及贷方金额“11 516.96”。

(6) 单击“保存”按钮。

12 月份“0025”号记账凭证填制完成后界面，如图 3-25-1 所示。

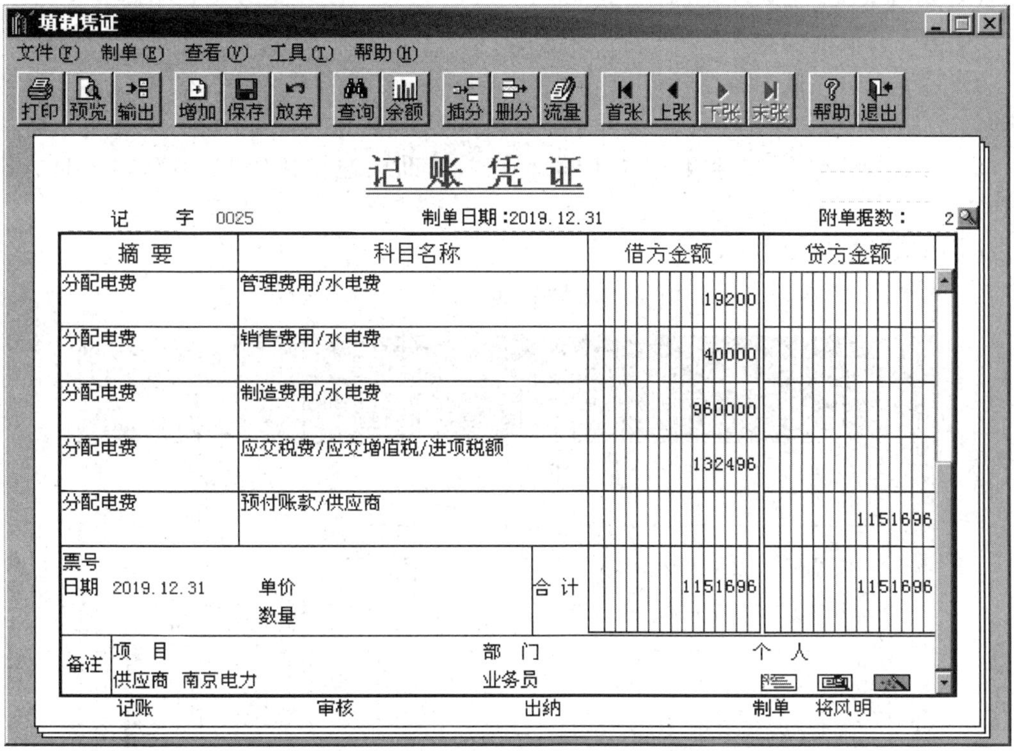

图 3-25-1　12 月份“0025”号记账凭证填制完成后界面

【业务 26】 2019-12-31，取得原始凭证 1 张。

表 3-26-1　银行借款利息计算单

2019 年 12 月 31 日

借款种类	借款金额	年贷款利率	月利息额	备　注
周转金借款	600 000	6.6%	3 410.00	2019 年 12 月 1 日借入
合　计			3 410.00	

制表：将风明　　　　审核：周琳

上述原始凭证中：

表 3-26-1 是银行借款利息计算单，此单应作为借款方期末计算利息支出的记账依据。该原始凭证注明，“借款种类”是 3 个月周转借款，这表明本公司发生短期借款利息支出，进行会计核算时，“月利息额”应记入“财务费用——利息支出”科目的借方；同时，由于本业务没有支付利息的原始凭证，因此，进行会计核算时，“月利息额”应记入“应付利息——短期借款(交通银行)”科目的贷方。

该笔业务在 T3 系统中的操作流程如下：

(1) 以 302102 会计将风明的身份于“2019-12-31”登录。“总账”→“凭证”，单击“填制凭证”，打开记账凭证编制界面。

(2) 单击“增加”按钮，增加一张空白凭证，凭证类型、凭证编号及制单日期自动生成；附单据数录入“1”。

(3) 第 1 行摘要处录入“计提借款利息”。

(4) 第 1 行输入借方科目名称“财务费用——利息支出”，输入借方金额“3 410”。按回车键。

(5) 第 2 行输入贷方科目名称“应付利息”，辅助项选择代码“1101”，输入贷方金额“3 410”。

(6) 单击“保存”按钮。

12 月份“0026”号记账凭证填制完成后界面，如图 3-26-1 所示。

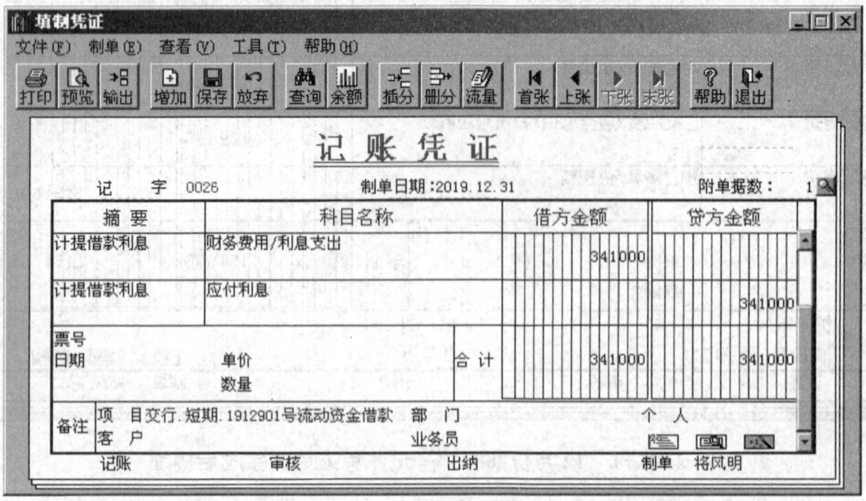

图 3-26-1　12 月份“0026”号记账凭证填制完成后界面

【**业务 27**】 2019-12-31，取得原始凭证 1 张。

表 3-27-1 保险费摊销计算表

2019 年 12 月 31 日

部门	金额	摊销期限	本期金额
办公室	5 400	12	450
合计	5 400		450

制表：将风明　　　　审核：周琳

上述原始凭证中：

表 3-27-1 是汽车保险费摊销表，此表应作为确认本期保险费摊销金额的记账依据。该原始凭证的内容表明，本公司管理部门（办公室）本月应承担的保险费为 450 元，进行会计核算时，“本期金额”应记入“管理费用——汽车费用”科目的借方；同时，11 月 30 日“管理费用——汽车费用”科目有借方余额，故摊销保险费时，“本期金额”应记入“预付账款——汽车保险费”科目的贷方。

该笔业务在 T3 系统中的操作流程如下：

(1) 以 302102 会计将风明的身份于“2019-12-31”登录。“总账”→“凭证”，单击“填制凭证”，打开记账凭证编制界面。

(2) 单击“新增”按钮，增加一张空白凭证，凭证类型、凭证编号及制单日期自动生成；附单据数录入“1”。

(3) 第 1 行摘要处录入“摊销汽车保险”。

(4) 第 1 行输入借方科目名称“管理费用——汽车费用”，输入借方金额“450.00”；按回车键。

(5) 第 2 行输入贷方科目名称“预付账款——汽车保险费”，输入贷方金额“450.00”。

(6) 单击“保存”按钮。

12 月份“0027”号记账凭证填制完成后界面，如图 3-27-1 所示。

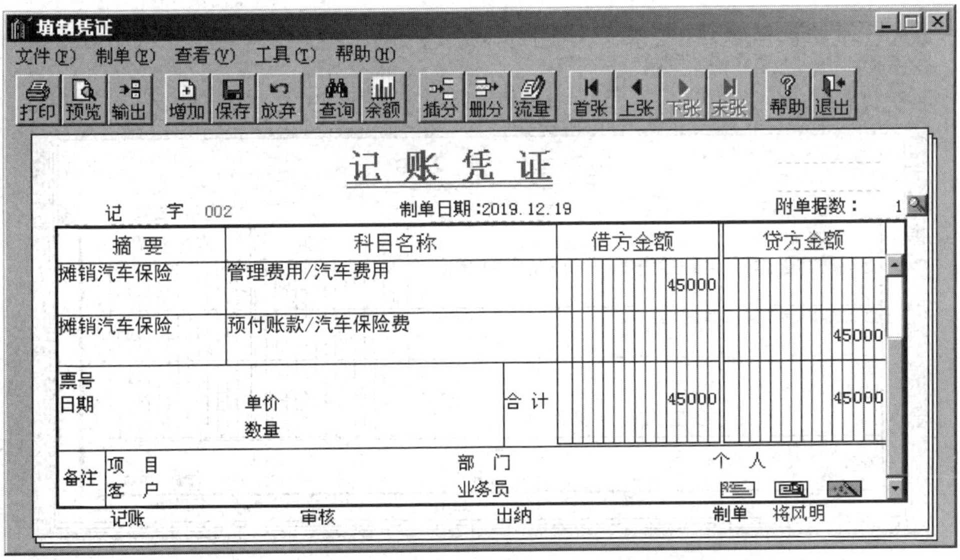

图 3-27-1　12 月份“0027”号记账凭证填制完成后界面

【**业务 28**】 2019-12-31，取得原始凭证 1 张。

表 3-28-1 库存现金盘点表

2019 年 12 月 31 日　　　　编号 201908

账存金额	实存金额	盘盈	盘亏	备注
1 630.00	1 430.00		200.00	

监盘人(签章)：将风明　　　　盘点人(签章)：陈雨涵

上述原始凭证中：

表 3-28-1 是库存现金盘点表，此表应作为核算盘点库存现金的记账依据。该原始凭证的内容表明，“账存金额”是 1 630 元，“实存金额”是 1 430 元，“盘亏”是 200 元，表明本公司期末库存现金短款 200 元，进行会计核算时，“盘亏”金额应分别记入“库存现金”科目的贷方和“待处理财产损溢——待处理流动资产损溢”科目的借方。

该笔业务在 T3 系统中的操作流程如下：

(1) 以 302102 会计将风明的身份于“2019-12-31”登录。“总账”→“凭证”，单击“填制凭证”，打开记账凭证编制界面。

(2) 单击“增加”按钮，增加一张空白凭证，凭证类型、凭证编号及制单日期自动生成；附单据数录入“1”。

(3) 第 1 行摘要处录入“盘点发现现金短款”。

(4) 第 1 行输入借方科目名称“待处理财产损溢——待处理流动资产损溢”，输入借方金额“200.00”。按回车键。

(5) 第 2 行输入贷方科目名称“库存现金”，输入贷方金额“200.00”。

(6) 单击“保存”按钮。

12 月份“0028”号记账凭证填制完成后界面，如图 3-28-1 所示。

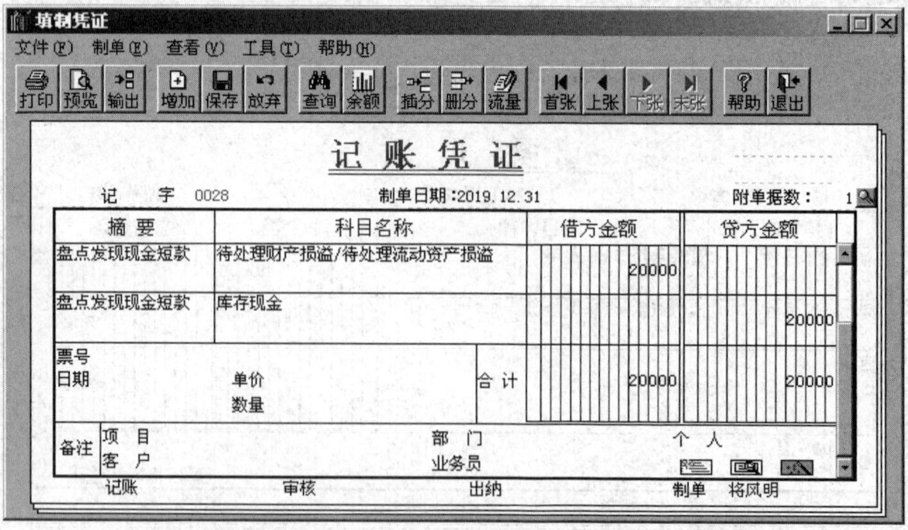

图 3-28-1 12 月份“0028”号记账凭证填制完成后界面

【业务 31】 2019-12-31，取得原始凭证 1 张。

表 3-31-1 存货盘盈盘亏核销报告表

2019 年 12 月 31 日

编号	品名	单位	账面数量	实存数量	盘盈		盘亏		原因
					数量	金额	数量	金额	
	RP	千克	5 000	4 900			100	1 220.00	自然挥发
	合计							1 220.00	
财务部门意见： 盘亏按《企业会计准则》规定进行处理。 周琳 2019 年 12 月 31 日			保管部门意见： 同意 张福平 2019 年 12 月 31 日				公司领导意见： 同意 李胜利 2019 年 12 月 31 日		

审核：周琳　　　　编制：将风明

上述原始凭证中：

表 3-31-1 是存货盘盈盘亏核销报告表，此表应作为企业期末处理存货盘盈盘亏的记账依据。该原始凭证的内容表明，原材料 RP 盘亏 100 千克，总金额为金额 1 220 元，“原因”是自然原因，属于非管理原因，“处理意见”是盘亏全部计入费用。进行会计核算时，“金额”应分别记入“管理费用——盘亏损失”科目的借方和“待处理财产损溢——待处理流动资产损溢”科目的贷方。

该笔业务在 T3 系统中的操作流程如下：

(1) 以 302102 会计将风明的身份于“2019-12-31”登录。“总账”→“凭证”，单击“填制凭证”，打开记账凭证编制界面。

(2) 单击“增加”按钮，增加一张空白凭证，凭证类型、凭证编号及制单日期自动生成；附单据数录入“1”。

(3) 第 1 行摘要处录入“处理盘亏材料”。

(4) 第 1 行输入借方科目名称“管理费用——盘亏损失”，输入借方金额“1 220.00”。按回车键。

(5) 第 2 行输入贷方科目名称“待处理财产损溢——待处理流动资产损溢”，输入贷方金额“1 220.00”。

(6) 单击“保存”按钮。

12 月份“0031”号记账凭证填制完成后界面，如图 3-31-1 所示。

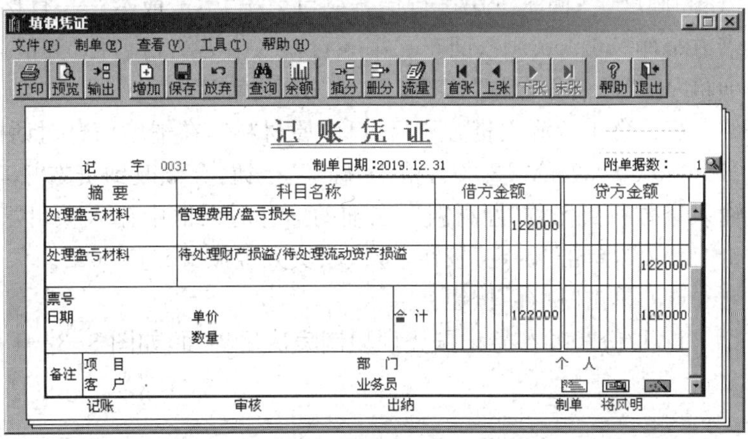

图 3-31-1 12 月份“0031”号记账凭证填制完成后界面

【业务 32】 2019-12-31，取得原始凭证 1 张。

表 3-32-1 原材料发出汇总表

2019 年 12 月 31 日

类别 / 产品	RP 材料		QA 材料		合计
	数量	金额	数量	金额	
K01 产品	15 000	183 000.00			183 000.00
S02 产品			4 000	56 000.00	56 000.00
销售	1 000	12 200.00			12 200.00
合计	16 000	195 200.00	4 000	56 000.00	251 200.00

制表：将风明　　审核：周琳

上述原始凭证中：

表 3-32-1 是原材料发出汇总表，此表应作为期末计算分配材料费用的记账依据。该原始凭证的内容表明，本月发出 RP、QA 材料的成本分别为 195 200 元和 56 000 元，进行会计核算时，各材料“金额合计”应分别记入“原材料——RP”和“原材料——QA”科目的贷方；同时，生产 K01、S02 产品发生原材料费用分别为 183 000 元和 56 000 元，销售原材料 RP 成本为 12 200 元。进行会计核算时，各产品“合计”应分别记入“生产成本——直接材料”辅助核算项目“K01”和“S02”以及“其他业务成本——材料销售”（辅助项“RP”）科目的借方。

该笔业务在 T3 系统中的操作流程如下：

(1) 以 302102 会计将风明的身份于“2019-12-31”登录。“总账”→“凭证”，单击“填制凭证”，打开记账凭证编制界面。

(2) 单击“增加”按钮，增加一张空白凭证，凭证类型、凭证编号及制单日期自动生成；附单据数录入“1”。

(3) 第 1 行摘要处录入“结转发出材料成本”。

(4) 第 1 行输入借方科目名称“生产成本——直接材料”，核算项目“K01”及借方金额“183 000.00”；回车。第 2 行借方科目名称“生产成本——直接材料”，输入核算项目“S02”及借方金额“56 000.00”；回车。第 3 行输入借方科目名称“其他业务成本——材料销售”，输入项目“RP”及借方金额“12 200.00”。按回车键。

(5) 第 4 行输入贷方科目名称“原材料”，在辅助信息对话框中输入项目“RP”数据，数量“16 000.00”，单价“12.20”，单击“确定”按钮，金额改到贷方“195 200.00”；按回车键。第 5 行输入贷方科目名称“原材料”，在辅助信息对话框中输入项目“QA”数据，数量“4 000.00”，单价“14.00”，单击“确定”按钮，金额改贷方金额“56 000.00”。

(6) 单击“保存”按钮。

12 月份“0032”号记账凭证填制完成后界面，如图 3-32-1 所示。

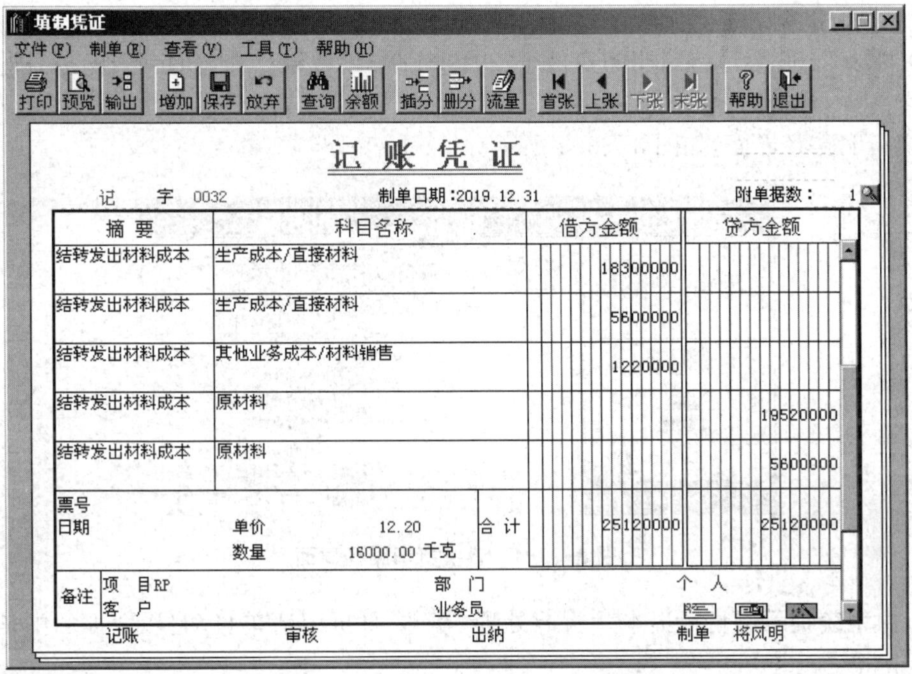

图 3-32-1 12 月份“0032”号记账凭证填制完成后界面

【业务 33】 2019-12-31，取得原始凭证 1 张。

表 3-33-1 固定资产折旧计算表

2019 年 12 月 31 日　　单位：元

固定资产类别	使用部门	品名	单位	数量	月折旧率	月折旧额
机器设备	生产车间	KL	台	3	0.80%	360.00
	生产车间	UY	台	2	0.80%	2 080.00
运输工具	管理部门	汽车	辆	1	2.00%	3 964.08
电子设备	管理部门	电脑	台	5	2.67%	667.50
	销售门市部	电脑	台	1	2.67%	133.50
	生产车间	电脑	台	1	2.67%	133.50
合计	—					7 338.58

制表：将风明　　审核：周琳

上述原始凭证中：

表 3-33-1 是固定资产折旧计算表，此表应作为期末计提固定资产折旧的记账依据。该原始凭证的内容表明，本公司计提了折旧，进行会计核算时，应记入“累计折旧”科目的贷方；同时，还表明管理部门承担了折旧费用 4 631.58 元，进行会计核算时，应记入“管理费用——折旧费”科目的借方，专设销售机构承担了折旧费用 133.5 元，进行会计核算时，应记入“销售费用——折旧费”科目的借方，生产车间承担了折旧费用 2 573.50 元，进行会计核算时，应记入“制造费用——折旧费”科目的借方。

该笔业务在 T3 系统中的操作流程如下所述。

1）计提折旧

（1）以 302102 会计将风明的身份于“2019-12-31”登录。在“固定资产”→“业务处理”中选择“计提本月折旧”命令。

计提折旧路径界面，如图 3-33-1 所示。

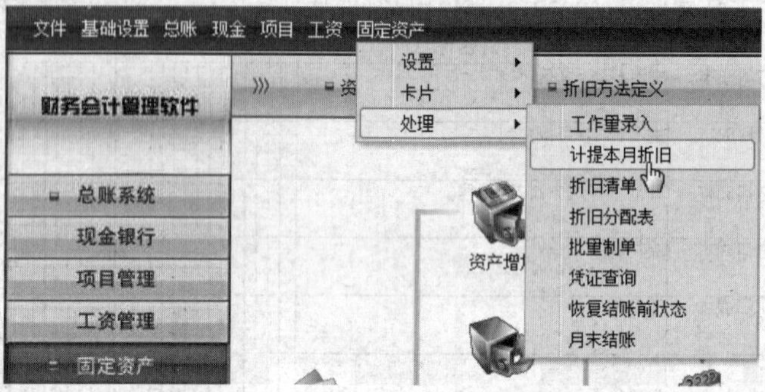

图 3-33-1 计提折旧路径界面

（2）由系统提示进行计提本月折旧处理，其 12 月折旧清单自动显示，提示中是否生成凭证，单击“否”。

12 月折旧清单，如图 3-33-2 所示。

卡片编号	资产编号	资产名称	原值	计提原值	本月折旧	累计折旧	净残值	折旧率
00001	30102001	KL	15,000.00	15,000.00	120.00	120.00	600.00	0.0080
00002	30102002	KL	15,000.00	15,000.00	120.00	120.00	600.00	0.0080
00003	30102003	KL	15,000.00	15,000.00	120.00	120.00	600.00	0.0080
00004	30102004	UY	130,000.00	130,000.00	1,040.00	1,040.00	5,200.00	0.0080
00005	30102005	UY	130,000.00	130,000.00	1,040.00	1,040.00	5,200.00	0.0080
00006	10103001	轿车	198,204.00	198,204.00	3,964.08	3,964.08	7,928.16	0.0200
00007	10104001	HP电脑	5,000.00	5,000.00	133.50	133.50	200.00	0.0267
00008	10104002	HP电脑	5,000.00	5,000.00	133.50	133.50	200.00	0.0267
00009	10204001	HP电脑	5,000.00	5,000.00	133.50	133.50	200.00	0.0267
00010	10204002	HP电脑	5,000.00	5,000.00	133.50	133.50	200.00	0.0267
00011	10304001	HP电脑	5,000.00	5,000.00	133.50	133.50	200.00	0.0267
00012	20104001	HP电脑	5,000.00	5,000.00	133.50	133.50	200.00	0.0267
00013	30104001	HP电脑	5,000.00	5,000.00	133.50	133.50	200.00	0.0267
合计			538,204.00	538,204.00	7,338.58	7,338.58	1,528.16	

图 3-33-2 12 月折旧清单

2）生成凭证

以 302102 会计将风明的身份于“2019-12-31”登录。“固定资产”→“处理”，点击“批量制单”，进入固定资产生成凭证“制单选择”界面，录入记录号“5”，制单栏双击，显示“Y”；点击“制单设置”，单击“制单”命令，在生成的凭证中，录入附单据数“1”，摘要“计提折旧”；完成后单击“保存”命令。

12 月份“0033”号记账凭证保存后界面，如图 3-33-3 所示。

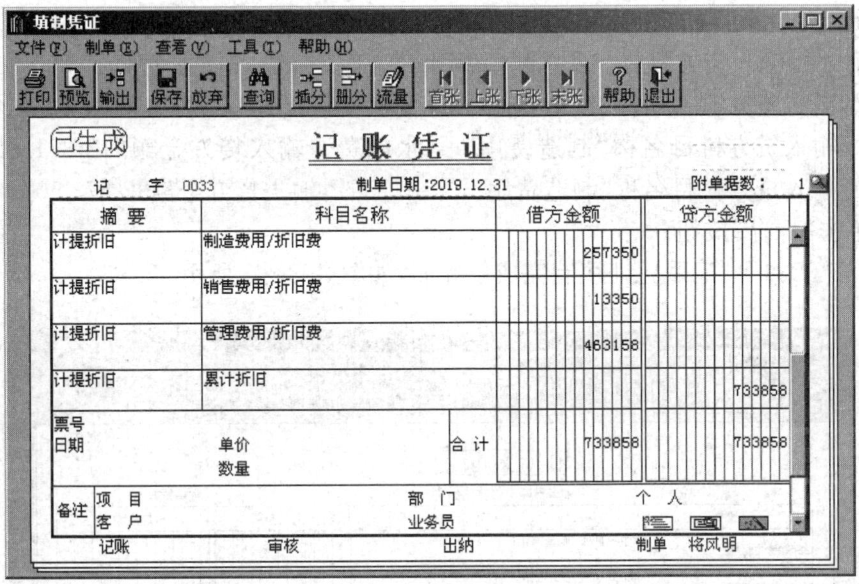

图 3-33-3　12 月份“0033”号记账凭证保存后界面

【业务 34】 2019-12-31,取得原始凭证 1 张。

表 3-34-1　制造费用分配表

2019 年 12 月 31 日

产品名称	生产工时	分配率	分配金额
K01	800		6 877.31
S01	1 700		14 614.27
合计	2 500	8.596 632	21 491.58

制表:将风明　　　　审核:周琳

上述原始凭证中:

表 3-34-1 是制造费用分配表,此表应作为期末计算分配制造费用的记账依据。该原始凭证的内容表明,本月生产 K01、S02 产品应承担的制造费用分别为 6 877.31 元和 14 614.27元,进行会计核算时,应分别记入“生产成本——制造费用”核算项目“K01”和“S02”科目的借方;同时,还表明本月发生的制造费用 21 491.58 元已分配结转,进行会计核算时,应分别记入“制造费用”各明细科目的贷方。

该笔业务在 T3 系统中的操作流程如下:

(1) 以 302102 会计将风明的身份于“2019-12-31”登录。“总账”→“凭证”,单击“填制凭证”,打开记账凭证编制界面。

(2) 单击“新增”按钮,增加一张空白凭证,凭证类型、凭证编号及制单日期自动生成;附单据数录入“1”。

(3) 第 1 行摘要处录入“结转制造费用”。

(4) 第 1 行输入借方科目名称“生产成本——制造费用”,输入核算项目“K01”及借方金额“6 877.31”;按回车键。第 2 行输入借方科目名称“生产成本——制造费用”,输入核算项目“S02”及借方金额“14 614.27”。按回车键。

（5）第 3 行输入贷方科目名称“制造费用——工资”，输入贷方金额“4 800.00”；按回车键。第 4 行输入贷方科目名称“制造费用——四险一金”，输入贷方金额“1 746.24”；按回车键。第 5 行输入贷方科目名称“制造费用——水电费”，输入贷方金额“12 371.84”；按回车键。第 6 行输入贷方科目名称“制造费用——折旧费”，输入贷方金额“2 573.50”。

（6）单击“保存”按钮。

12 月份“0034”号记账凭证填制完成后界面，如图 3-34-1 所示。

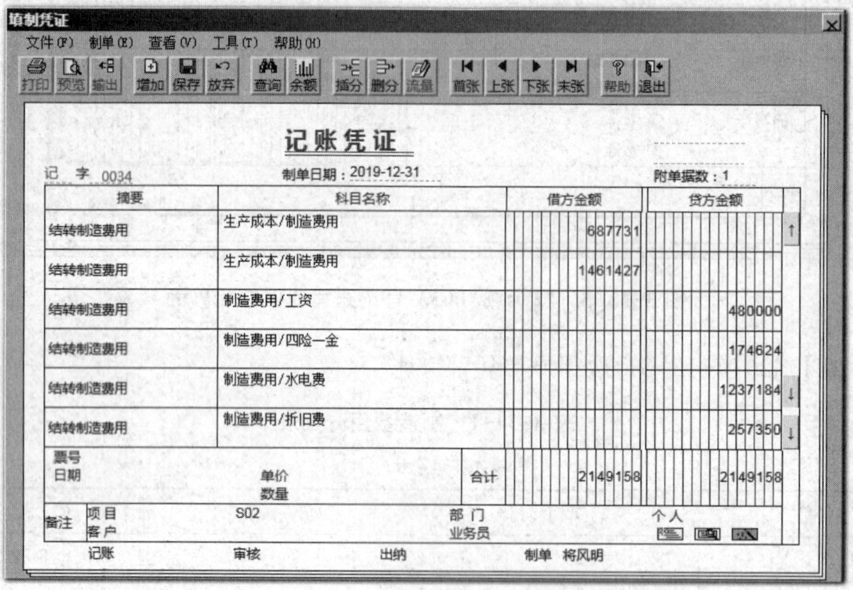

图 3-34-1　12 月份“0034”号记账凭证填制完成后界面

【业务 35】　2019-12-31，取得原始凭证 3 张。

表 3-35-1　产成品入库汇总表

2019 年 12 月 31 日　　编号：0182202

产品编号	名称	规格	计量单位	数量	单价	金额	备注
	K01 产品		件	25 000	8.30	206 766.61	
	S02 产品		件	2 000	53.94	106 504.03	

制表：将风明　　审核：周琳

表 3-35-2　产品成本计算单

产品：K01 产品　　2019 年 12 月 31 日　　本月完工产品　25 000　月末在产品　0

项目	直接材料	直接人工	制造费用	合计
月初在产品成本	0	0	0	0
本月生产费用	183 000.00	16 889.30	6 877.31	206 766.61
生产费用合计	183 000.00	16 889.30	6 877.31	206 766.61

（续表）

项目	直接材料	直接人工	制造费用	合计
完工产品成本	183 000.00	16 889.30	6 877.31	206 766.61
月末在产品成本	0	0	0	0

制表:将风明　　　　审核:周琳

表 3-35-3　产品成本计算单

产品:S02 产品　　2019 年 12 月 31 日　　本月完工产品　2 000　　月末在产品　0

项目	直接材料	直接人工	制造费用	合计
月初在产品成本	0	0	0	0
本月生产费用	56 000	35 889.76	14 614.27	106 504.03
生产费用合计	56 000	35 889.76	14 614.27	106 504.03
完工产品成本	56 000	35 889.76	14 614.27	106 504.03
月末在产品成本				

制表:将风明　　　　审核:周琳

上述原始凭证中：

表 3-35-1 是产成品入库单的第二联记账联，此联应作为完工产品验收入库的记账依据。该原始凭证的内容表明，本月本公司有 25 000 件 K01 产品和 2 000 件 S02 产品已经完工验收入库，进行会计核算时，应分别记入“库存商品”辅助项目“K01”和“S02”科目的借方。

表 3-35-2 是产品成本计算单，此单应作为期末结转完工产品成本的记账依据。该原始凭证的内容表明，本月完工 K01 产品的成本 206 766.61 元应予以结转，进行会计核算时，应记入“K01”项目相关的“生产成本”各明细科目的贷方。

表 3-35-3 是产品成本计算单，此单应作为期末结转完工产品成本的记账依据。该原始凭证的内容表明，本月完工 S02 产品的成本 106 504.03 元应予以结转，进行会计核算时，应记入“S02”项目相关的“生产成本”各明细科目的贷方。

该笔业务在 T3 系统中的操作流程如下：

（1）以 302102 会计将风明的身份于“2019-12-31”登录。“总账”→“凭证”，单击“填制凭证”，打开记账凭证编制界面。

（2）单击“增加”按钮，增加一张空白凭证，凭证类型、凭证编号及制单日期自动生成；附单据数录入“3”。

（3）第 1 行摘要处录入“结转完工产品成本”。

（4）第 1 行输入借方科目名称“库存商品”，在辅助信息对话框中输入“K01”项目数据，数量“25 000.00”，单击“确定”按钮，借方金额“206 766.61”；按回车键。第 2 行输入借方科目名称“库存商品”，在辅助信息对话框中输入“S02”项目数据，数量“2 000.00”，单击“确定”按钮，金额“106 504.03”。按回车键。

（5）第 3 行输入贷方科目名称“生产成本——直接材料”，输入项目“K01”及贷方金额“183 000.00”；按回车键。第 4 行输入贷方科目名称“生产成本——直接人工”，输入项目“K01”及贷方金额“16 889.30”；按回车键。第 5 行输入贷方科目名称“生产成本——制造费用”，输入项目“K01”及贷方金额“6 877.31”；按回车键。第 6 行输入贷方科目名称“生产成本——直接材料”，输入项目“S02”及贷方金额“56 000.00”；按回车键。第 7 行输入贷方科目名称“生产成本——直接人工”，输入项目“S02”及贷方金额“35 889.76”；按回车键。第 8 行输入贷方科目名称“生产成本——制造费用”，输入项目“S02”及贷方金额“14 614.27”。

（6）单击“保存”按钮。

12 月份“0035”号记账凭证填制完成后界面，如图 3-35-1 所示。

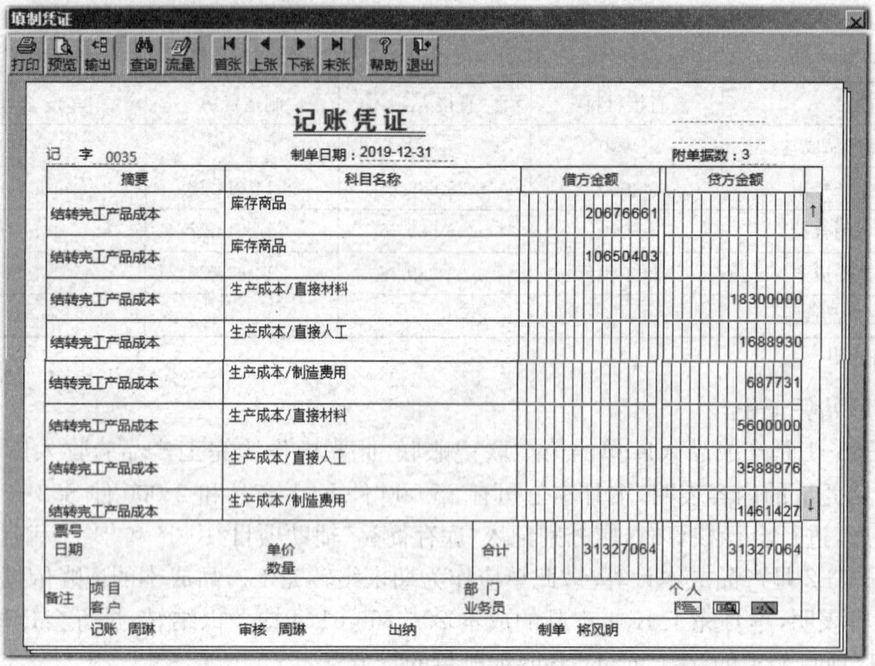

记账凭证

记 字 0035　　制单日期：2019-12-31　　附单据数：3

摘要	科目名称	借方金额	贷方金额
结转完工产品成本	库存商品	20676661	
结转完工产品成本	库存商品	10650403	
结转完工产品成本	生产成本/直接材料		18300000
结转完工产品成本	生产成本/直接人工		1688930
结转完工产品成本	生产成本/制造费用		687731
结转完工产品成本	生产成本/直接材料		5600000
结转完工产品成本	生产成本/直接人工		3588976
结转完工产品成本	生产成本/制造费用		1461427
票号 日期	单价 数量	合计 31327064	31327064
备注 项目 客户		部门 业务员	个人

记账 周琳　审核 周琳　出纳　制单 将风明

图 3-35-1　12 月份“0035”号记账凭证填制完成后界面

【业务 36】　2019-12-31，取得 1 张原始凭证。

表 3-36-1　发出产品成本计算表

2019 年 12 月 31 日

产品	期初		本期入库		加权平均单位成本	发出	
	数量	成本	数量	成本		数量	成本
K01 产品	4 000	31 749.18	25 000	206 766.61	8.22	23 000	189 060.00
其中：销售						22 770	187 169.40
预计退货						230	1 890.60
S02 产品	500	23 431.99	2 000	106 504.03	51.97	2 200	114 334.00
其中：销售						2 178	113 190.66
预计退货						22	1 143.34
合计	—	55 181.17		313 270.64	—	—	303 394.00

制表：将风明　　审核：周琳

上述原始凭证中：

表 3-36-1 是单位产品成本计算表，此表作为期末计算产成品销售成本的记账依据。该原始凭证注明的内容表明，K01、S02 产品的单位销售成本分别为 8.22 元和 51.97 元；此表

也作为期末计算产成品销售成本的记账依据。该原始凭证注明的内容表明，本公司本月销售发出 K01、S02 产品总成本分别为 189 060 元和 114 334 元，根据会计政策，预计退货期 90 天，预计退货率 1%；进行会计核算时，发出 K01、S02 产品总成本中的销售成本，应分别记入"主营业务成本"科目的辅助核算项目"K01"和"S02"的借方，发出 K01、S02 产品总成本中的预计退货成本，应分别记入"应收退货成本"科目的辅助核算项目"K01"和"S02"的借方。

此表也作为确定本期发出产成品的记账依据。进行会计核算时，发出 K01、S02 产品总成本应分别记入"库存商品"科目辅助核算项目"K01"和"S02"的贷方。

该笔业务在 T3 系统中的操作流程如下：

(1) 以 302102 会计将风明的身份于"2019-12-31"登录。"总账"→"凭证"，单击"填制凭证"，打开记账凭证编制界面。

(2) 单击"增加"按钮，增加一张空白凭证，凭证类型、凭证编号、制单日期自动生成；附单据数录入"1"。

(3) 第 1 行摘要处录入"结转发出产品成本"。

(4) 第 1 行输入借方科目名称"主营业务成本"，输入项目"K01"数量"22 770"，单价"8.22"，自动生成借方金额"187 169.40"；按回车键。第 2 行输入借方科目名称："应收退货成本"，输入项目"K01"销售数量"230"，单价"8.22"，自动生成借方金额"1 890.60"；按回车键。第 3 行输入借方科目名称"主营业务成本"，输入项目"S02"销售数量"2178"，单价"51.97"，自动生成借方金额"113 190.66"；按回车键。第 4 行输入借方科目名称"应收退货成本"，输入项目"S02"数量"22"，单价"51.97"，自动生成借方金额"1 143.34"；按回车键。

(5) 第 5 行输入贷方科目名称"库存商品"，输入项目"K01"数量"23 000"，单价"8.22"，自动生成借方金额"189 060.00"，将其移到贷方；回车。第 6 行输入贷方科目名称："库存商品"，输入项目"S02"，数量"2 200"，单价"51.97"，自动生成借方金额"114 334.00"，将其移到贷方。

(6) 单击保存。

12 月份"0036"号记账凭证保存后界面完成的凭证，如图 3-36-1 所示。

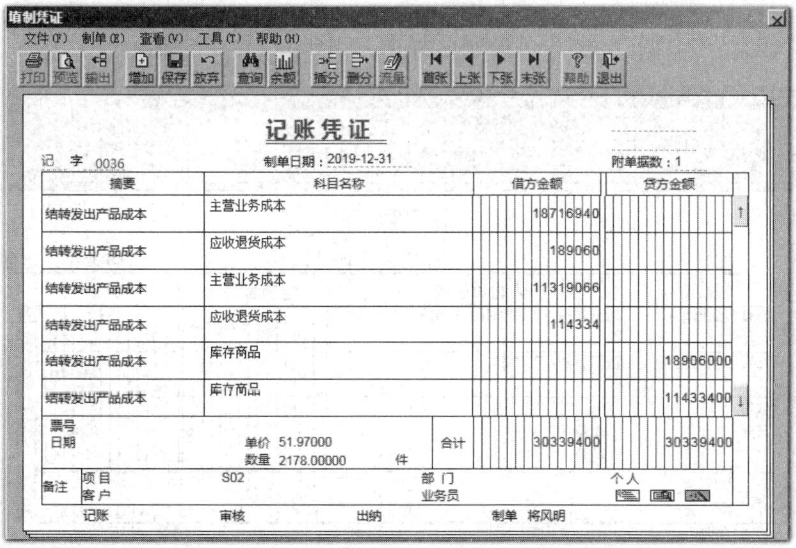

摘要	科目名称	借方金额	贷方金额
结转发出产品成本	主营业务成本	18716940	
结转发出产品成本	应收退货成本	189060	
结转发出产品成本	主营业务成本	11319066	
结转发出产品成本	应收退货成本	114334	
结转发出产品成本	库存商品		18906000
结转发出产品成本	库存商品		11433400
票号 日期	单价 51.97000 数量 2178.00000 件 合计	30339400	30339400

图 3-36-1　12 月份"0036"号记账凭证保存后界面

【业务 37】 2019-12-31，原始凭证共 1 张。

表 3-37-1　应交增值税计算表

2019 年 12 月 31 日

一、增值税	金额	一、增值税	金额
销项税额	105 950.00	期末留抵税额	
进项税额	27 438.90	简易征收办法计算的应纳税额	
上期留抵税额	5 060.95	应纳税额减征额	
进项税额转出		应纳税额合计	73 450.15
应纳税额	73 450.15		

制表：将风明　　　　审核：周琳

上述原始凭证中：

表 3-37-1 是应交增值税计算表，此表应作为期末计算应交增值税的记账依据。该原始凭证注明的内容表明，本公司本月应交的增值税是 73 450.15 元，进行会计核算时，“应纳税额合计”应记入“应交税费——应交增值税——转出未交增值税”科目的借方。同时“应纳税额合计”应记入“应交税费——未交增值税”科目的贷方。

该笔业务在 T3 系统中的操作流程如下：

(1) 以 302102 会计将风明的身份于“2019-12-31”登录。“总账”→“凭证”，单击“填制凭证”，打开记账凭证编制界面。

(2) 单击“增加”按钮，增加一张空白凭证，凭证类型、凭证编号及制单日期自动生成；附单据数录入“1”。

(3) 第 1 行摘要处录入“结转应交增值税”。

(4) 第 1 行输入借方科目名称“应交税费——应交增值税——转出未交增值税”，输入借方金额“73 450.15”。按回车键。

(5) 第 2 行输入贷方科目名称“应交税费——未交增值税”，输入贷方金额“73 450.15”。

(6) 单击“保存”按钮。

12 月份“0037”号记账凭证填制完成后界面，如图 3-37-1 所示。

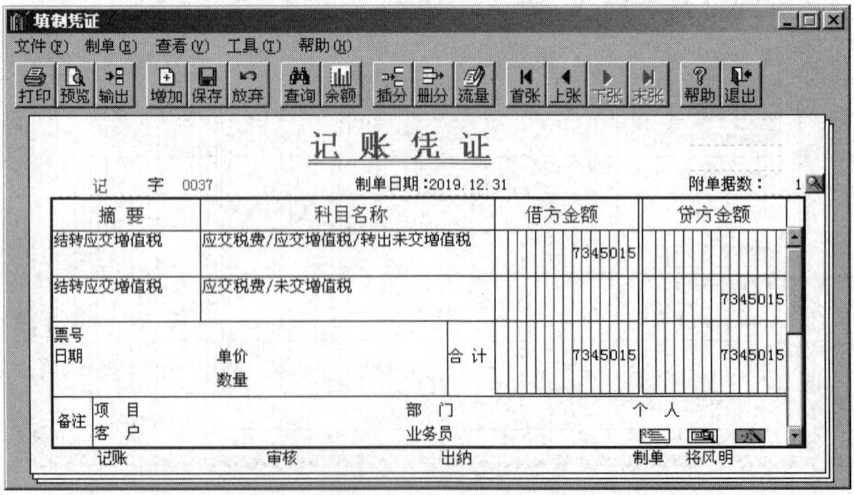

图 3-37-1　12 月份“0037”号记账凭证填制完成后界面

【业务 38】 2019-12-31,原始凭证共 1 张。

表 3-38-1 城市维护建设税及教育费附加计算表

2019 年 12 月 31 日

税种	计税依据	税率(%)	应交金额
城市维护建设税	73 450.15	7%	5 141.51
教育费附加	73 450.15	3%	2 203.50
地方教育费附加	73 450.15	2%	1 469.00
合计			8 814.01

制表:将风明 审核:周琳

上述原始凭证中:

表 3-38-1 是城市维护建设税及教育费附加计算表,此表应作为企业期末计算城市维护建设税及教育费附加的记账依据。该原始凭证注明,“城市维护建设税”的“应交金额”是 5 141.51 元,“教育费附加”的“应交金额”是 2 203.50 元,“地方教育费附加”的“应交金额”是 1 469.00 元,这表明本公司本月发生了税金及附加费用,进行会计核算时,“应交金额”应记入“税金及附加”各明细科目的借方。进行会计核算时,“城市维护建设税”“教育费附加”和“地方教育费附加”的“应交金额”应分别记入“应交税费——应交城市维护建设税”“应交税费——应交教育费附加”和“应交税费——应交地方教育费附加”科目的贷方。

该笔业务在 T3 系统中的操作流程如下:

(1) 以 302102 会计将风明的身份于“2019-12-31”登录。“总账”→“凭证”,单击“填制凭证”,打开记账凭证编制界面。

(2) 单击“增加”按钮,增加一张空白凭证,凭证类型、凭证编号及制单日期自动生成;附单据数录入“1”。

(3) 第 1 行摘要处录入“结转税金及附加”。

(4) 第 1 行输入借方科目名称“税金及附加——城市维护建设税”,输入借方金额“5 141.51”;按回车键。第 2 行输入借方科目名称“税金及附加——教育费附加”,输入借方金额“2 203.50”;按回车键。第 3 行输入借方科目名称“税金及附加——地方教育费附加”,输入借方金额“1 469.00”。按回车键。

(5) 第 4 行输入贷方科目名称“应交税费——应交城市维护建设税”,输入贷方金额“5 141.510”;按回车键。第 5 行输入贷方科目名称“应交税费——应交教育费附加”,输入贷方金额“2 203.50”;按回车键。第 6 行输入贷方科目名称“应交税费——应交地方教育费附加”,输入贷方金额“1 469.00”。

(6) 单击“保存”按钮。

12 月份“0038”号记账凭证填制完成后界面,如图 3-38-1 所示。

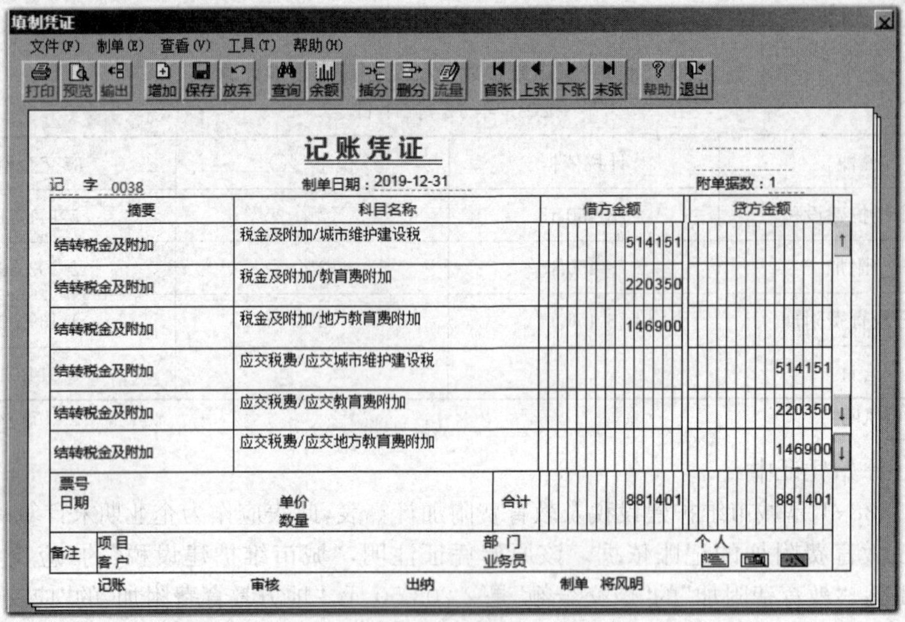

图 3-38-1 12 月份“0038”号记账凭证填制完成后界面

【业务 39】 2019-12-31，原始凭证共 1 张。

表 3-39-1 所得税计算表

2019 年 12 月 31 日

行次	项 目	本期金额
1	一、按照实际利润额预缴	
2	营业收入	807 050.00
3	营业成本	312 560.06
4	利润总额	652 415.37
5	加：特定业务计算的应纳税所得额	
6	减：不征税收入和税基减免应纳税所得额	
7	固定资产加速折旧(扣除)调减额	530 865.42
8	弥补以前年度亏损	
9	实际利润额(4 行+5 行−6 行−7 行−8 行)	121 549.95
10	税率(25%)	25%
11	应纳所得税额	30 387.49

制表：将风明　　　　　　　　审核：周琳

上述原始凭证中：

表 3-39-1 是月度应交所得税计算表，此表应作为期末计算本期应交所得税费用的记账依据。该原始凭证注明的内容表明，本公司本月发生了所得税费用 30 387.49 元，进行会计核算时，“应纳所得税额”应记入“所得税费用”科目的借方；同时，应记入“应交税费——应交所得税”科目的贷方。

该笔业务在 T3 系统中的操作流程如下：

(1) 以 302102 会计将风明的身份于“2019-12-31”登录。“总账”→“凭证”，单击“填制凭证”，打开记账凭证编制界面。

(2) 单击“增加”按钮，增加一张空白凭证，凭证类型、凭证编号及制单日期自动生成；附单据数录入“1”。

(3) 第 1 行摘要处录入“结转企业所得税”。

(4) 第 1 行输入借方科目名称“所得税费用”，输入借方金额“30 387.49”。按回车键。

(5) 第 2 行输入贷方科目名称“应交税费——应交所得税”，输入贷方金额“30 387.49”。

(6) 单击“保存”按钮。

12 月份“0039”号记账凭证填制完成后界面，如图 3-39-1 所示。

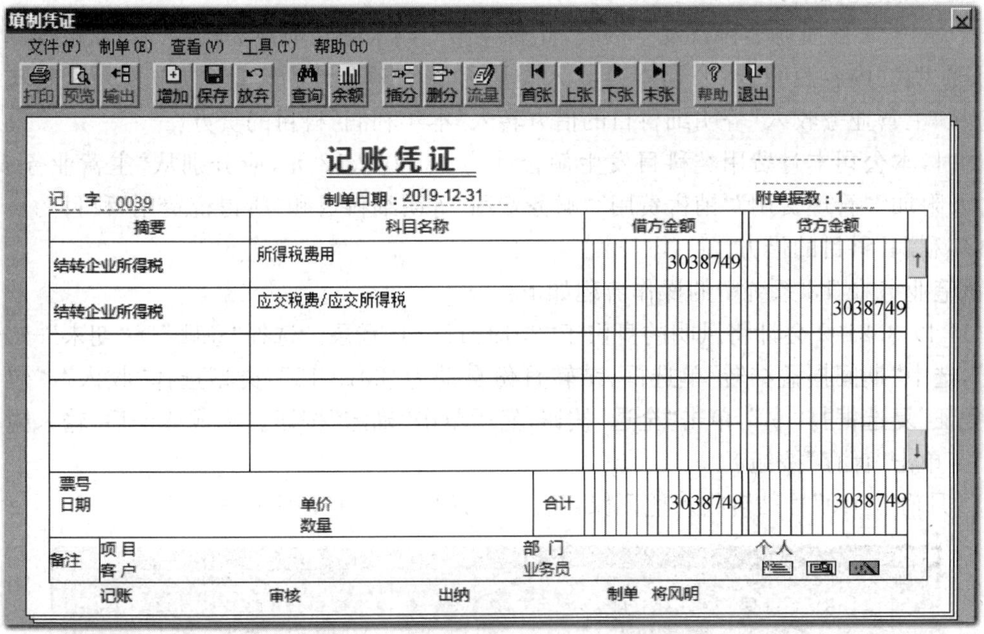

图 3-39-1 12 月份“0039”号记账凭证填制完成后界面

【业务 40】 2019-12-31，原始凭证共 1 张。

表 3-40-1 损益类科目发生额表

2019 年 12 月 31 日

账户名称	借方发生额合计	贷方发生额合计
主营业务收入		787 050.00
其他业务收入		20 000.00
营业外收入		250 050.00
主营业务成本	300 360.06	
其他业务成本	12 200.00	
税金及附加	8 834.01	

（续表）

账户名称	借方发生额合计	贷方发生额合计
管理费用	66 424.55	
销售费用	20 302.68	
财务费用	－3 436.67	
营业外支出		
所得税费用	30 387.49	
合计	435 072.12	1 057 100.00

制表：将风明　　　　审核：周琳

上述原始凭证中：

表 3-40-1 是损益类科目发生额表，此表应作为期末结转损益类科目的记账依据。该原始凭证注明的内容表明，本公司本月收入类科目发生额合计为 1 057 100.00 元，期末结转时，应从“主营业务收入”等明细科目的借方转入“本年利润”科目的贷方。

同时，本公司本月费用类科目发生额合计为 435 072.12 元，应分别从“主营业务成本”“税金及附加”“管理费用”“销售费用”“财务费用”等明细科目和“所得税费用”科目的贷方转入“本年利润”科目的借方。

该笔业务在 T3 系统中的操作流程如下：

（1）以 302102 会计将风明的身份于“2019-12-31”登录。选择“总账”→“期末”→“转账生成”，选中“期间损益结转”单选框，结转月份自动为“2019.12”，类型选择“收入”，“包含未记账凭证”复选框打“√”，单击“全选”按钮，然后单击“确定”按钮。生成凭证后，输入附单据数“1”。单击“保存”按钮。

12 月份“0040”号结转收入凭证保存后界面，如图 3-40-1 所示。

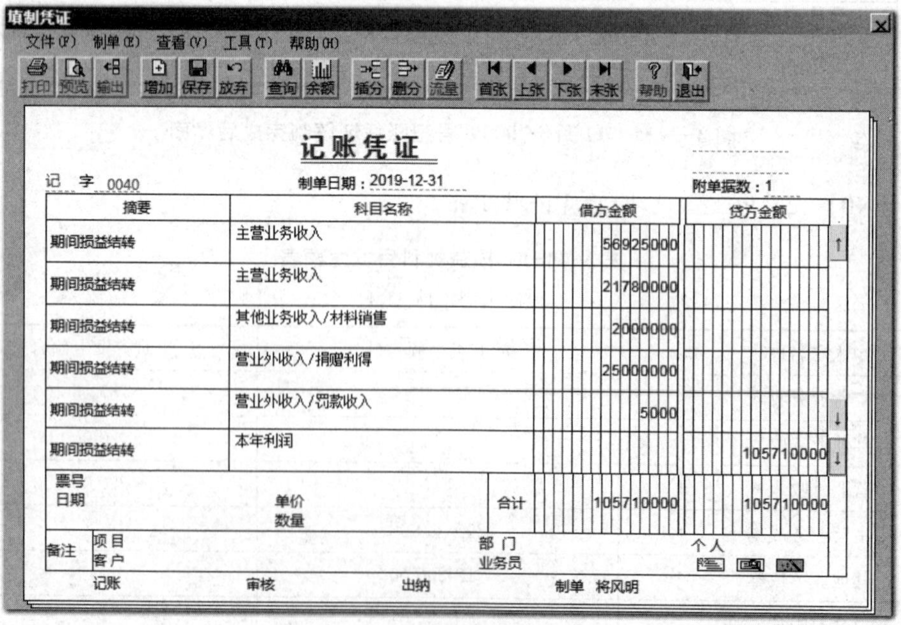

图 3-40-1　12 月份“0040”号结转收入凭证保存后界面

(2) 进入“转账生成”界面，其他条件与(1)保持一致的情况下，类型选择“支出”，单击“全选”，单击“确定”按钮。生成凭证，单击“保存”。

12 月份“0041”号结转支出凭证保存后界面，如图 2-40-2 所示。

记账凭证

记 字 0041　　制单日期：2019-12-31　　附单据数：0

摘要	科目名称	借方金额	贷方金额
期间损益结转	本年利润	43507212	
期间损益结转	主营业务成本		18716940
期间损益结转	主营业务成本		11319066
期间损益结转	其他业务成本/材料销售		1220000
期间损益结转	税金及附加/城市维护建设税		514151
期间损益结转	税金及附加/教育费附加		220350
期间损益结转	税金及附加/地方教育费附加		146900
期间损益结转	税金及附加/印花税		2000
期间损益结转	销售费用/工资		840000
期间损益结转	销售费用/四险一金		305592
期间损益结转	销售费用/水电费		50079
期间损益结转	销售费用/差旅费		321247
期间损益结转	销售费用/折旧费		13350
期间损益结转	销售费用/运输装卸费		500000
期间损益结转	管理费用/工资		4310000
期间损益结转	管理费用/四险一金		1567978
期间损益结转	管理费用/水电费		34319
期间损益结转	管理费用/通讯费		100000
期间损益结转	管理费用/折旧费		463158
期间损益结转	管理费用/汽车费用		45000
期间损益结转	管理费用/盘亏损失		122000
期间损益结转	财务费用/利息支出		341000
期间损益结转	财务费用/利息收入		684667
期间损益结转	所得税费用		3038749
票号 日期	单价 数量	合计 43507212	43507212
备注	项目　客户	部门　业务员	个人

记账　　审核　　出纳　　制单 将风明

图 3-40-2　12 月份“0041”号结转支出凭证保存后界面

【业务 41】 2019-12-31，原始凭证共 1 张。

表 3-41-1　年度净利润计算及结转表

2019 年 12 月 31 日

项目	金额
利润总额	1104 629.37
所得税费用	143 440.99
净利润	961 188.38

制表：将风明　　　　审核：周琳

上述原始凭证中：

表 3-41-1 是年度净利润计算及结转表，该表应作为结转本年利润的记账依据。该原始凭证注明的内容表明，本公司本年度的利润总额为 1 104 629.37 元，所得税费用为 143 440.99元，净利润为 961 188.38 元，进行会计核算时，净利润的金额应从“本年利润”科目的借方转入“利润分配——未分配利润”科目的贷方。

该笔业务在 T3 系统中的操作流程如下：

(1) 以 302102 会计将风明的身份于“2019-12-31”登录。“总账”→“凭证”，单击“填制凭证”，打开记账凭证编制界面。

(2) 单击“增加”按钮，增加一张空白凭证，凭证类型、凭证编号及制单日期自动生成；附单据数录入“1”。

(3) 第 1 行摘要处录入“结转全年净利润”。

(4) 第 1 行输入借方科目名称“本年利润”，输入借方金额“961 188.38”。按回车键。

(5) 第 2 行在科目名称中通过查询及编辑功能新增科目代码为“410415”、名称为“未分配利润”的科目，并选择贷方科目名称“利润分配——未分配利润”，输入贷方金额“961 188.38”。

(6) 单击“保存”按钮。

12 月份“0042”号填制完成后界面，如图 3-41-1 所示。

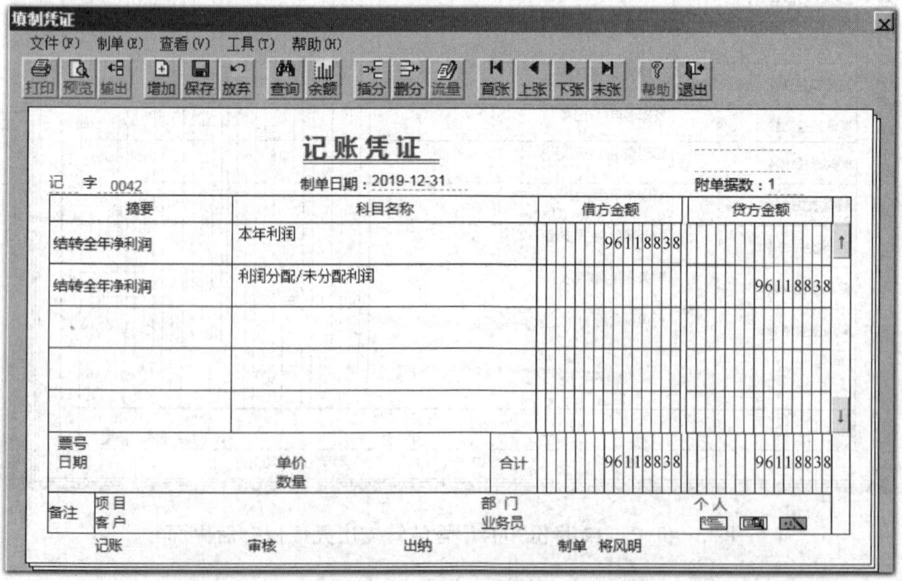

图 3-41-1　12 月份“0042”号填制完成后界面

【**业务 42**】 2019-12-31，原始凭证共 1 张。

表 3-42-1 计提盈余公积计算表

2019 年 12 月 31 日

项目	比例	金额
法定盈余公积	10%	96 118.84
任意盈余公积	5%	48 059.42
合计		144 178.26

制表：将风明　　　　审核：周琳

上述原始凭证中：

表 3-42-1 是计提盈余公积计算表，此表应作为企业期末计提盈余公积的记账依据。该原始凭证注明的内容表明，本公司按年度净利润的 10%提取法定盈余公积 96 118.84 元，按年度净利润的 5%提取任意盈余公积 48 059.42 元，进行会计核算时，应分别记入“利润分配”各明细科目的借方和“盈余公积”各明细科目的贷方。

该笔业务在 T3 系统中的操作流程如下：

(1) 以 302102 会计将风明的身份于“2019-12-31”登录。“总账”→“凭证”，单击“填制凭证”，打开记账凭证编制界面。

(2) 单击“增加”按钮，增加一张空白凭证，凭证类型、凭证编号及制单日期自动生成；附单据数录入“1”。

(3) 第 1 行摘要处录入“提取盈余公积”。

(4) 第 1 行在科目名称中通过查询及编辑功能新增科目代码为“410401”、名称为“提取法定盈余公积”的科目，输入借方科目名称“利润分配——提取法定盈余公积”，输入借方金

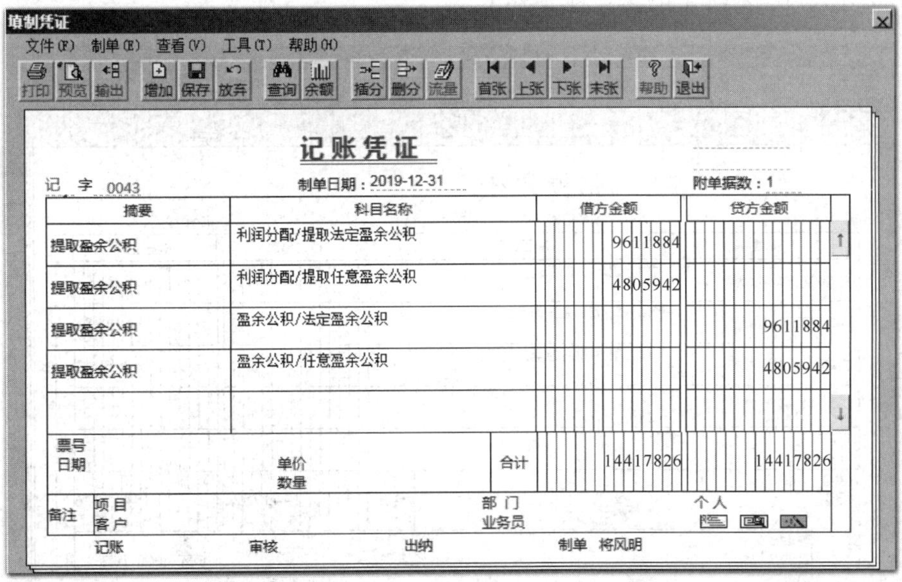

图 3-42-1　12 月份“0043”号填制完成后界面

额“96 118.84”；回车。第 2 行新增代码为“410402”、名称为“提取任意盈余公积”的科目，并输入借方科目名称“利润分配——提取任意盈余公积”，输入借方金额“48 059.42”。按回车键。

（5）第 3 行新增代码为“410101”、名称为“法定盈余公积”的科目，并输入贷方科目名称“盈余公积——法定盈余公积”，输入贷方金额“96 118.84”；按回车键。第 4 行新增代码为“410402”、名称为“任意盈余公积”的科目，并输入贷方科目名称“盈余公积——任意盈余公积”，输入贷方金额“48 059.42”。

（6）单击“保存”按钮。

12 月份“0043”号填制完成后界面，如图 3-42-1 所示。

【业务 43】 2019-12-31，原始凭证共 1 张。

表 3-43-1 利润分配明细项目结转表

2019 年 12 月 31 日

项目	金额
提取法定盈余公积	96 118.84
提取任意盈余公积	48 059.42

制表：将风明　　　　审核：周琳

上述原始凭证中：

表 3-43-1 是利润分配明细项目结转表，此表应作为企业期末结转利润分配各明细账的记账依据。该原始凭证注明的内容表明，本公司已经按年度净利润的 10%和 5%提取法定盈余公积 96 118.84 元和任意盈余公积 48 059.42 元，进行会计核算时，“金额”应分别从“利润分配——提取法定盈余公积”和“利润分配——提取任意盈余公积”科目的贷方转入“利润分配——未分配利润”科目的借方。

该笔业务在 T3 系统中的操作流程如下：

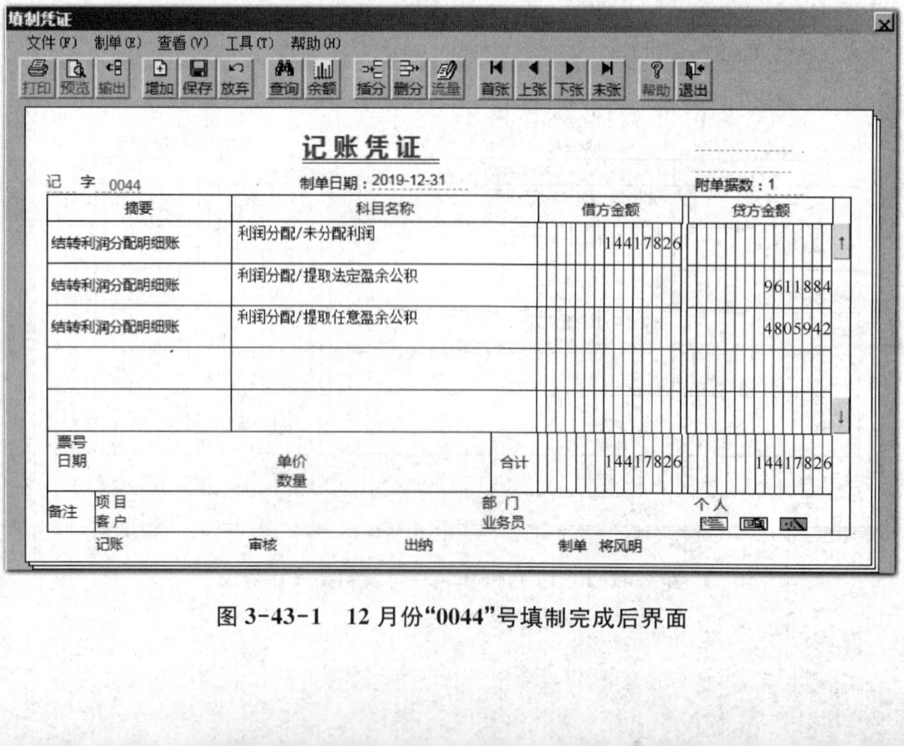

图 3-43-1 12 月份“0044”号填制完成后界面

(1) 以 302102 会计将风明的身份于“2019-12-31”登录。“总账”→“凭证”，单击“填制凭证”，打开记账凭证编制界面。

(2) 单击“增加”按钮，增加一张空白凭证，凭证类型、凭证编号及制单日期自动生成；附单据数录入“1”。

(3) 第 1 行摘要处录入“结转利润分配明细账”。

(4) 第 1 输入借方科目名称“利润分配——未分配利润”，输入借方金额“144 178.26”。按回车键。

(5) 第 2 行输入贷方科目名称“利润分配——提取法定盈余公积”，输入贷方金额“96 118.84”；按回车键。第 3 行输入贷方科目名称“利润分配——提取任意盈余公积”，输入贷方金额“48 059.42”。

(6) 单击“保存”按钮。

12 月份“0044”号填制完成后界面，如图 3-43-1 所示。

【业务 44】 记账凭证期末处理。

1. 出纳签字

(1) 以 302103 陈雨涵身份于 2019.12.31 登录 T3。“总账”→“凭证”，单击“出纳签字”，打开“出纳签字”对话框，点击“确定”→“确定”按钮，进入“出纳签字”编辑界面。

(2) 选择“出纳”，单击“成批出纳签字”命令，完成出纳签字工作。

2. 凭证审核

(1) 以 302101 周琳宏身份登录。“总账”→“凭证”，单击“审核凭证”，打开“凭证审核”对话框，点击“确定”按钮，进入审核凭证界面。

(2) 选中“审核”中的“成批审核凭证”命令，则完成记账凭证审核工作。

3. 凭证记账

以 302101 周琳宏身份登录。“总账”→“凭证”，单击“记账”，打开“记账”对话框，点击“全选”按钮，然后选择“下一步”，出现“记账报告”，选择“下一步”，点击“记账”按钮，出现期初试算平衡表，显示“试算结果平衡”，选择“确认”按钮，完成凭证记账工作。

4. 结账

(1) 以 302101 周琳宏身份登录。在“固定资产”→“业务处理”中选择“计提本月折旧”命令，由系统进行计提本月折旧处理，处理完成后在“固定资产”→“业务处理”中选择“月末结账”命令，单击“开始结账”按钮，由系统完成固定资产结账的操作。

(2) 进行工资系统的结账工作。单击“月末处理”，出现提示。年末工资系统结转具体操作如下所述。

工资系统年终结账提示界面，如图 3-44-1 所示。

图 3-44-1 工资系统年终结账提示界面

① 建立 2020 年度账(需要使用正版软件)。以 302101 周琳宏身份登录系统管理,“年度账”→“建立”,弹出“建立年度账”对话框,单击“确认”按钮,按提示处理,由系统自动完成。

建立 2020 年度账及成功界面,如图 3-44-2 所示。

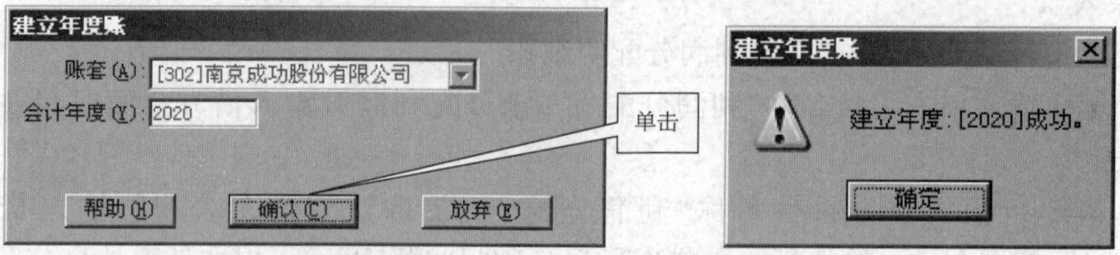

图 3-44-2 建立 2020 年度账及成功界面

② 以 302101 周琳宏身份登录系统管理,会计年度选择“2020”,“年度账”→“结转上年数据”→“工资管理结转”,按软件提示逐步操作,注意不要清零,完成 2019 工资数据转入 2020 的工作。同时完成工资系统的年度结账工作。

结转工资管理数据路径,如图 3-44-3 所示。

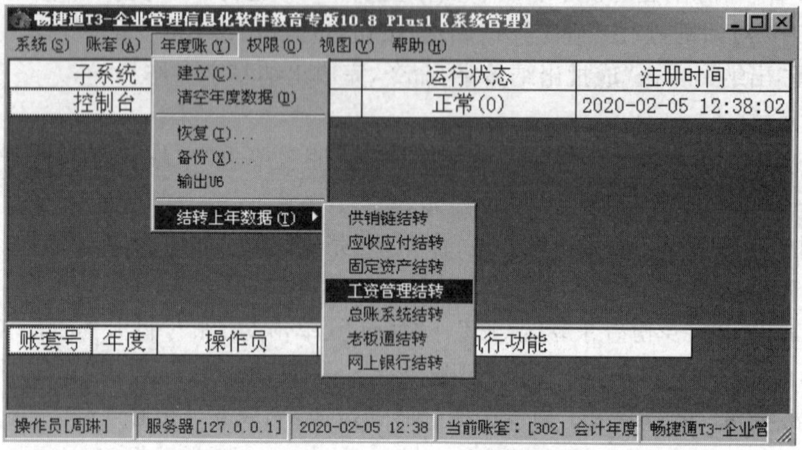

图 3-44-3 结转工资管理数据路径

(3) 总账期末结账和结账。以 302101 周琳宏身份于 2019-12-31 登录 T3 软件,在“总账”→“期末”中选择“对账”,在出现的界面中“2019.12”这行的“是否对账”单击“选择”命令,然后执行“对账”命令完成对账工作。在“总账”→“期末”中选择“结账”,按系统提示完成结账工作,一般经过“开始结账”“核对账簿”“月度工作报告”和“完成结账”四个阶段。

【业务 45】 编制资产负债表

(1) 以 302101 周琳宏身份于“2019-12-31”登录 T3 软件。单击左侧“财务报表”,打开财务报表窗口,选择“文件”中的“新建”命令,进入“新建”界面。选择“一般企业(2007 新会计准则)”,选中“模板”中的“2019 资产负债表”,打开资产负债表模板。在“格式”状态下可以修改报表模板公式单元,其中需要修改的项目公式有“未分配利润”,期末余额公式为“QM("4103","月","贷",,"年",,,,"否")+QM("4104","月","贷",,"年",,,,"否")”,年初余额公式为“QC("4103","全年","贷",,"年",,,,"否")+QC("4104","全年","贷",,

"年",,,,"否")"；"合同负债"项目期末余额公式应为"QM("2204","月","贷",,"年",,,,"否")"，其年初余额公式应为"QC("2204","全年","贷",,"年",,,,"否")"；"应交税费"项目期末余额公式应改为"QM("2221",月,,,年,,)－QM("222101",月,,,年,,)"，年初余额公式为"QC("2221","全年","贷",,"年",,,,"否")－QC("222101","全年","贷",,"年",,,,"否")"；"其他流动资产"项目期末余额公式应改为"QM("1902","月","借",,"年",,,,"否")－QM("222101","月","贷",,"年",,,,"否")"，其年初余额公式应改为"QC("1902","全年","借",,"年",,,,"否")－QC("222101","全年","贷",,"年",,,,"否")"；"其他流动负债"项目，期末余额公式为"QM("280101","月","贷",,"年",,,,"否")"，其年初余额公式为"QC("280101","全年","贷",,"年",,,,"否")"；"预计负债"项目，其期末余额公式应改为"QM("2801","月","贷",,"年",,,,"否")－QM("280101","月","贷",,"年",,,,"否")"，其年初余额公式应改为"QC("2801","全年","贷",,"年",,,,"否")－QC("280101","全年","贷",,"年",,,,"否")"。所有表内合计等计算公式由于项目的调整均需要审核其已有公式。

(2) 生成"资产负债表"数据，单击资产负债表左下"格式"，变换成"数据"状态，在"数据"菜单下选择"关键字"中的"录入"，录入单位"南京成功股份有限公司"，日期选择"2019-12-31"，要求表页重算，完成后，单击"文件"中"另存为"按钮，在指定路径下文件名改为"南京成功资产负债表201912"，单击"保存"按钮。

资产负债表，如表3-45-1所示。

表3-45-1 资产负债表

会企01表

单位名称：南京成功股份有限公司　　2019年12月31日　　单位：元

资　产	期末余额	年初余额	负债及所有者权益（或股东权益）	期末余额	年初余额
流动资产：			流动负债：		
货币资金	11 413 463.60		短期借款	600 000.00	
交易性金融资产			交易性金融负债		
衍生金融资产			衍生金融负债		
应收票据			应付票据	298 320.00	
应收账款	248 600.00		应付账款	293 800.00	
应收款项融资			预收款项		
预付款项	143 400.64		合同负债		
其他应收款	200.00		应付职工薪酬	129 561.00	
存货	70 637.81		应交税费	112 673.63	
合同资产			其他应付款	1 210.00	
持有待售资产			持有待售负债		
一年内到期的非流动资产			一年内到期的非流动负债		
其他流动资产	6 035.54		其他流动负债	16 450.00	

（续表）

资　产	期末余额	年初余额	负债及所有者权益（或股东权益）	期末余额	年初余额
流动资产合计	1 1882 337.59		流动负债合计	1 452 014.63	
非流动资产：			非流动负债：		
债权投资			长期借款		
其他债权投资			应付债券		
长期应收款			其中：优先股		
长期股权投资			永续债		
其他权益工具投资			租赁负债		
其他非流动金融资产			长期应付款		
投资性房地产			预计负债		
固定资产	530 865.42		递延收益		
在建工程			递延所得税负债		
生产性生物资产			其他非流动负债		
油气资产			非流动负债合计		
使用权资产			负债合计	1 452 014.63	
无形资产			所有者权益（或股东权益）：		
开发支出			实收资本（或股本）	10 000 000.00	
商誉			其他权益工具		
长期待摊费用			其中：优先股		
递延所得税资产			永续债		
其他非流动资产			资本公积		
非流动资产合计	530 865.42		减：库存股		
			其他综合收益		
			专项储备		
			盈余公积	144 178.26	
			未分配利润	817 010.12	
			所有者权益（或股东权益）合计	10 961 188.38	
资产总计	12 413 203.01		负债和所有者权益（或股东权益）总计	12 413 203.01	

公司法定代表人：李胜利　　　　主管会计工作负责人：李胜利　　　　会计机构负责人：周琳

【业务 46】 编制利润表

（1）以 302101 周琳身份于“2019-12-31”登录。单击左侧“财务报表”，打开财务报表窗口，选择“文件”中的“新建”命令，进入“新建”界面。选择“一般企业（2007 新会计准则）”，双击“模板”中的“2019 利润表”。

（2）生成“利润表”数据。单击利润表左下“格式”，变换成“数据”状态，在“数据”菜单下选择“关键字”中的“录入”，单位名称“南京成功股份有限公司”、年“2019”、月“12”，单击“确认”按钮，重算报表，单击“文件”中“另存为”按钮，在指定路径下文件名改为“南京成功利润表 201912”，单击“保存”按钮。

利润表，如表 3-46-1 所示。

表 3-46-1　利润表

会企 02 表

单位名称：南京成功股份有限公司　　2019 年 12 月　　单位：元

项　　目	本期金额	上期金额
一、营业收入	807 050.00	略
减：营业成本	312 560.06	
税金及附加	8 834.01	
销售费用	20 302.68	
管理费用	66 424.55	
研发费用		
财务费用	−3 436.67	
其中：利息费用		
利息收入	6 846.67	
加：其他收益		
投资收益（损失以“－”填列）		
其中：对联营企业和合营企业的投资收益		
以摊余成本计量的金融资产终止确认收益		
净敞口套期收益		
公允价值变动收益（损失以“－”填列）		
信用减值损失（损失以“－”填列）		
资产减值损失（损失以“－”填列）		
资产处置收益（损失以“－”填列）		
二、营业利润（亏损以“－”填列）	402 365.37	
加：营业外收入	250 050.00	
减：营业外支出		
三、利润总额（亏损总额以“－”填列）	652 415.37	
减：所得税费用	30 387.49	
四、净利润（净亏损以“－”填列）	622 027.88	
（一）持续经营净利润（损失以“－”填列）	622 027.88	
（二）终止经营净利润（损失以“－”填列）		
五、其他综合收益的税后净额		

（续表）

项　目	本期金额	上期金额
（一）不能重分类进损益的其他综合收益		
1. 重新计量设定受益计划的其他综合收益		
2. 权益法下不能转损益的其他综合收益		
3. 其他权益工具投资公允价值变动		
4. 企业自身信用风险公允价值变动		
……		
（二）将重分类进损益的其他综合收益		
1. 权益法下可转损益的其他综合收益		
2. 其他债权投资公允价值变动		
3. 金融资产重分类计入其他综合收益的金额		
4. 其他债权投资信用差值准备		
5. 现金流量套期储备		
6. 外币财务报表折算差额		
……		
六、综合收益总额	622 027.88	
七、每股收益：		
（一）基本每股收益		
（二）稀释每股收益		

公司法定代表人：李胜利　　主管会计工作负责人：李胜利　　会计机构负责人：周琳